本书为国家社科基金重大项目《法国大通史》（编号：12&ZD187）的最终研究成果

大国通史丛书

总主编 钱乘旦

法国通史

A History of France

沈 坚 主编

【第二卷】

君主制民族国家的构建

（1328—1715）

庞冠群 等 著

江苏人民出版社

图书在版编目(CIP)数据

法国通史. 第二卷,君主制民族国家的构建:1328—
1715 / 沈坚主编;庞冠群等著. — 南京:江苏人
民出版社,2024.11
(大国通史丛书/钱乘旦总主编)
ISBN 978 - 7 - 214 - 29084 - 7

Ⅰ. ①法… Ⅱ. ①沈… ②庞… Ⅲ. ①法国—
历史 Ⅳ. ①K565.0

中国国家版本馆 CIP 数据核字(2024)第 086805 号

书　　　名　法国通史·第二卷　君主制民族国家的构建(1328—1715)
主　　　编　沈　坚
著　　　者　庞冠群 等
策　　　划　王保顶
责 任 编 辑　张惠玲
装 帧 设 计　刘葶葶
责 任 监 制　王　娟
出 版 发 行　江苏人民出版社
地　　　址　南京市湖南路 1 号 A 楼,邮编:210009
照　　　排　江苏凤凰制版有限公司
印　　　刷　南京爱德印刷有限公司
开　　　本　652 毫米×960 毫米　1/16
印　　　张　211　插页 24
字　　　数　2831 千字
版　　　次　2024 年 11 月第 1 版
印　　　次　2024 年 11 月第 1 次印刷
标 准 书 号　ISBN 978 - 7 - 214 - 29084 - 7
定　　　价　880.00 元(全 6 卷)

(江苏人民出版社图书凡印装错误可向承印厂调换)

各章作者：

庞冠群　顾　杭：第一章

熊芳芳：第二章

庞冠群：第三章

江　晟：第四章：第一节、第二节

崇　明：第四章：第三节

洪庆明：第五章：第一节

秦　臻：第五章：第二节、第三节

唐运冠：第六章

江天岳　闫波桥：第七章：第一节、第二节

林玉萍：第七章：第三节

庞冠群：北京师范大学历史学院教授

顾　杭：北京外国语大学历史学院副教授

熊芳芳：武汉大学历史学院教授

江　晟：浙江师范大学人文学院历史系副教授

崇　明：北京大学历史系长聘副教授

洪庆明：上海师范大学人文学院世界史系教授

秦　臻：浙江大学历史学院博士研究生

唐运冠：温州大学人文学院历史系副教授

江天岳：北京师范大学历史学院副教授

闫波桥：北京大学历史系博士研究生

林玉萍：清华大学历史系博士研究生

目　录

从 1328 年瓦卢瓦王朝建立，至 1715 年路易十四去世，这段历史跨越近四个世纪，见证了从等级君主制向绝对君主制的演变以及民族国家的兴起。在中世纪末，法兰西经历了战争与瘟疫的双重摧残，以封君—封臣关系为纽带的封建制逐渐解体。随着百年战争后国家的重建，绝对君主制初露端倪，自此逐渐奠定了持续至大革命的旧制度。在这 400 年中，既有百年战争、宗教战争中政治与社会秩序的大断裂，也有福隆德运动中贵族与国王政府的对抗，但是法国的君主制在艰难险阻中一次次复兴、巩固与加强，最终创立了欧洲最为典型的绝对主义王权。在与英国人的长期军事对抗中，催生了法兰西的民族意识，文艺复兴的发展则塑造了民族语言与文化，太阳王时代的法国文化为整个欧洲树立了典范，提升了民族自信心。16、17 世纪，法国逐渐推行海外殖民探险与扩张，追求贸易带来的财富，建立起美洲殖民地。到路易十四去世时，法国已成为英国、荷兰等海上强国在海洋上的重要竞争对手，殖民帝国业已形成。本卷围绕着君主制民族国家发展这一线索，以专题的形式从多个层面展现法兰西近代早期历史的曲折进程。

第一章　从等级君主制到绝对君主制

　　法国的等级君主制，随着 1302 年三级会议的首次召开而确立，它本质上是君主、教俗封建主和市民之间的政治联盟。召集等级会议的主要目的是为了解决财政问题。当国家长期处于战乱之中，财政支出频频告急时，王权就会与等级会议紧密结合，等级会议君主政体模式得以巩固。英法百年战争为法国三级会议的代表们提供了发挥作用的历史舞台。

　　三级会议确立不久便迎来了王朝的更替。1328 年，随着查理四世的去世，卡佩王朝走向终结。卡佩王族的旁系成员菲利普·德·瓦卢瓦登上王位，成为菲利普六世，他开创了持续至 1589 年的瓦卢瓦王朝。自此，法兰西经历了三次政治秩序的大断裂：14—15 世纪的百年战争、16 世纪的宗教战争与 17 世纪的福隆德运动。在佩里·安德森看来，这三次断裂意味着三次大危机，"每一次的危机总是先使王朝从中世纪形态向绝对主义的转变停顿下来，然后又刺激了其向前发展。危机的最终结果是在路易十四时代确立了在西欧无与伦比的对王权的崇拜"。[①] 可以说，在这四个世纪中，法兰西在不幸中挣扎，在危机中发展，逐渐摆脱了

[①] 佩里·安德森：《绝对主义国家的系谱》，刘北成、龚晓庄译，上海人民出版社，2000 年，第 83 页。

中世纪封建制度的束缚,向着绝对君主制演变,成为绝对主义的典型代表。从 15 世纪开始,"民族"和"祖国"两个观念开始流行,法兰西的民族感情得到了发展。在绝对主义之下,国王是"祖国之父",王朝是民族认同的中心,君主制民族国家得以巩固。

第一节 百年战争及其历史遗产

一、从战争爆发到丢失加莱

14 世纪至 15 世纪前期的法国经历了深重的危机,百年战争的厮杀,瘟疫的蹂躏,饥馑的威胁,令法国人民饱受折磨。

百年战争首先是一场王朝战争,借王朝的继位之争而酝酿。自 10 世纪卡佩王朝统治以来,王室一直非常幸运地拥有男嗣,子承父位的继承原则长期存续,王位继承从来都不是问题。危机首先出现在 1316 年路易十世去世之际,他生前曾提到女性应拥有和男性同等的继承权,并表示期望其幼女让娜(Jeanne,1311—1349)未来即位。然而,14 世纪初法国王室领地内未曾有过女性继承王位的先例,要让不足 5 岁的让娜登基困难重重。在各派势力斗争之后,最终路易十世的弟弟菲利普五世(Philippe V,1292—1322)登上王位。为了巩固自身的王位,菲利普五世于 1317 年 2 月令在巴黎举行的三级会议达成决议:"女性不能继承法兰西王位。"①菲利普五世在位只有 5 年多,于 1322 年 1 月去世。其兄弟查理四世(Charles IV,1294—1328)即位,但三任妻子都没有为他生下男嗣,1328 年 2 月查理也撒手人寰。卡佩王朝的直系就此终结。查理四世去世后,年仅 16 岁的英王爱德华三世(Edward III,1312—1377)以菲利普四世外孙的身份提出王位继承要求,法国的贵族精英们当然不希望让一个年少的外国国王来统治,他们提出因母系血统而成为法国君主后裔

---

① 参汤晓燕:《〈萨利克法典〉"神话"与十六七世纪法国排斥女性的政治文化传统》,《世界历史》2017 年第 4 期,第 63 页。

的男性亦不可继承王位。最终,查理四世的堂兄、35 岁的菲利普即位,成为菲利普六世(Philippe Ⅵ,1293—1350)。其实,爱德华三世并没有幻想真能继承法国王位,他只是借继承问题制造政治危机,从而在大陆的封地问题上占据优势。[①] 显而易见,爱德华三世要想摆脱附庸关系的束缚,最好的办法就是宣称菲利普六世的王位不具备合法性,那么他们之间也就不存在合法的封君封臣关系了。

值得注意的是,在这次即位之争中没有人提及《萨利克法典》。[②]《萨利克法典》长期被当作排除女性继承法国王位的根本大法。《萨利克法典》是萨利克法兰克人习惯法的汇编,形成于 5 世纪末 6 世纪初,即墨洛温王朝的创始人克洛维统治时期。这部法典涉及萨利克法兰克人在日常生活中所应遵循的基本准则,但编排相当混杂,缺乏逻辑性与条理性,它逐渐无法满足社会生活的需要,在 9—11 世纪末长期湮没无闻。在百年战争爆发之后,法国仍缺乏一部明确的王位继承法,内外交困的瓦卢瓦王室需要证明自身王权的合法性。在 14、15 世纪的编年史家、法学家的发掘与阐释下,《萨利克法典》中关于“萨利克的任何土地遗产都不能由妇女继承”这一私法条款,被演绎成了排除女性以及女性之子嗣继承王位的王国公法。[③] 诞生于百年战争的这一王位继承原则成了法国君主制的根本大法。

百年战争也具有封建冲突的性质,它可以被视作吉耶内公爵与他的封君法国国王之间的封建冲突。这场战争的起源可以追溯至 12 世纪,当时安茹伯国的亨利既是诺曼底公爵,又成了英国国王,并因为娶了阿基坦的女公爵埃莉诺(Eleanor)而主宰阿基坦公国。尽管英王统治的区域广袤,但他仍是法国国王的封臣。在 13 世纪,法王菲利普二世(即菲

---

① Boris Bove, *Le temps de la guerre de cent ans*, Belin, 2014, pp. 60—61.

② Boris Bove, *Le temps de la guerre de cent ans*, p. 60.

③ 参陈文海:《〈撒利克法典〉在法国中世纪后期的复兴和演化》,《历史研究》1998 年第 6 期,第 109—114 页;汤晓燕:《〈萨利克法典〉“神话”与十六七世纪法国排斥女性的政治文化传统》,《世界历史》2017 年第 4 期,第 64—66 页。

利普·奥古斯都)和他的继任者们成功地将英国国王的大陆领土缩小至吉耶内(Guyenne)地区。根据 1259 年法王路易九世和英王亨利三世签订的《巴黎条约》,在欧陆拥有领地吉耶内的英王必须臣服于法国国王①,并且要接受法国司法的制约,这也造成了日后英法之间的长期冲突。菲利普五世和英王爱德华二世打交道时就面临麻烦。在加斯科涅,爱德华二世并不甘心充当菲力普五世的封臣,两位国王的关系逐渐恶化。从英法两国的君主关系来看,陈旧的封建观念将封建利益置于民族之上,在迈向君主制民族国家的过程中,这样的观念必然会遭到抛弃。当时,许多具有争议的问题都悬而未决,冲突随时可能爆发。

此外,百年战争的背景中也包含着经济因素。法国当时的产业主要集中于纺织业,西北部的佛兰德尔(Flandre)、阿图瓦(Artois)和皮卡第(Picadie)等地是纺织业较为发达的地区。② 毛织品堪称中世纪唯一以出口为目的而大量生产的工业品。佛兰德尔也是当时欧陆最富庶的地区之一,在毛织品贸易中,当地的商人和工匠与出售羊毛的英国人联系密切。商人们从英国买来未经加工的羊毛,然后将这些羊毛卖给工匠,让他们在作坊中加工,最后再回购制成品,并将成品销往国外。不过,佛兰德尔的贵族仍然是亲法派。法国国王对于英国与佛兰德尔的密切联系十分不满。

同样与英国人联系密切的还有布列塔尼,它是位于法国西北部的半岛,是一个相对独立的公国。布列塔尼与英国的历史渊源颇深。布列塔尼人的祖先正是英吉利海峡对岸的不列吞人,他们于 9 世纪中叶建立了布列塔尼王国。该王国后成为卡佩王室附庸,国王获公爵头衔。对布列

---

① 在法国西南部,自古以来被称为阿基坦的广大地区,分裂为许多片段,其中只有波尔多附近的地方保留阿基坦的名字,亦称吉耶内。吉耶内这个名字最初是通过 1259 年的《巴黎条约》而变得重要的,根据此条约路易九世接受亨利三世为吉耶内与加斯科涅(Gascogne)的附庸。加斯科涅公爵的头衔自 12 世纪就和阿基坦的继承权一道转给了英国金雀花王朝的国王们。在英法断断续续的冲突中,加斯科涅一直是英王在法国西南部控制的核心区域。

② Jonathan Sumption, *The Hundred Years War*, volume I, *Trial by Battle*, London and Boston: Faber and Faber, 1990, p. 12.

塔尼人而言,英格兰是重要的出口商品的市场,这些商品包括盐、帆布、布料等。此外,公国也正处在英格兰与阿基坦之间的交通线上。布列塔尼公爵家族曾在1066年征服者威廉入主英格兰时为其提供服务,自此,他们便获得了在英格兰的封地,并经常出入英国宫廷。①

在百年战争前夕,无论是王朝继承层面、封建关系层面还是经济纽带层面,都存在推动战争的因素。从法兰西国土整合的历史进程来看,位于大西洋沿岸的三大封地是导致政治分歧的因素。阿基坦公国被英国国王统治,但法国国王不可避免地要去控制它、争夺它。14世纪初,佛兰德尔伯国被法国割走了里尔(Lille)、杜埃(Douai)和贝蒂讷(Béthune)三个城镇,由此加深了与法国的紧张关系。此外,佛兰德尔伯国和布列塔尼公国也因经济上的利益或政治上的纽带与英格兰紧密相连。

在1333—1335年间,英王爱德华三世与苏格兰作战,而法国答应了苏格兰的援助请求,与之结盟,这令英王感到恼怒。与此同时,罗贝尔・德・阿图瓦(Robert d'Artois)事件进一步恶化了英法关系。罗贝尔是一位伯爵,他因娶了菲利普六世的姊妹而成为御前会议中的重要人物。然而,此人为了继承阿图瓦的遗产而制作伪证,因此于1332年被贵族法庭(la cour des Pairs)判处流放。他先逃往佛兰德尔,几经辗转最终逃到了英国,并受到英王的欢迎。1336年,法国宣布罗贝尔为王国的敌人。那个时代的编年史作品常常强调罗贝尔对于爱德华三世的负面影响,并将此作为百年战争的起因。如今,从导致英法两国君主制对立的结构性问题来看,罗贝尔事件影响甚微,但我们也不能将之忽略。②

1337年5月,法国国王菲利普六世以罗贝尔事件为借口,宣布没收英王在欧陆的领地吉耶内。爱德华三世对此反应激烈,10月,英王公开宣布他应该拥有法兰西王位,菲利普六世是篡位者,百年战争的大幕由此拉开。战争爆发时,貌似强大的法国似乎更占据优势。法国的人口、

---

① Jonathan Sumption, *The Hundred Years War*, volume I, *Trial by Battle*, p. 35.

② Boris Bove, *Le temps de la guerre de cent ans*, p. 63.

军事力量和可以利用的资源都远在英国之上。然而,战争开始不久,英国人以弱胜强,连连告捷。在 1340 年 6 月的埃克吕兹(Écluse)战役中,法国舰队在布鲁日的外海被摧毁。法军参加战斗的 213 艘战舰,有 190 艘被英国人俘获。英国舰队的根本优势在于拥有更多的非海军人员,其中包括装备良好的士兵和弓箭手,英军使用的长弓也明显优于法国人使用的弩。[①] 在埃克吕兹海战之后,法国人失去了制海权,在接下来的战争中英国人占据了海上优势。在 1346 年 8 月的克雷西(Crécy)战役中,法国骑士团遭受重创,被英国弓箭手和下马作战的骑兵打得落花流水。法国人战术混乱,命令错误传达,阿朗松伯爵率领重骑兵向英军阵地发起疯狂且鲁莽的进攻,绝大部分骑兵都被英格兰的弓箭手射落马下。更糟糕的是,法方雇用的热那亚弩兵遭到了自家军队铁骑的践踏。在这场战役中,法军战死的将士多达 1 万多人,其中领主和骑士就有 1500 多人,包括洛林公爵、阿朗松伯爵、布卢瓦伯爵等人。爱德华三世则打出了西欧历史上的一场大胜仗。1346—1347 年,经过长期围攻,英军获得了法国海滨重镇加莱(Calais)。加莱城位于英吉利海峡最狭窄的地方,距离英格兰海岸线仅仅 20 英里左右,其战略意义突出。此后,英国人占据加莱长达两个世纪,直到 1558 年 1 月法国人才收复这座城市。在这两个世纪中,加莱都是英国人进出法国的门户。

二、黑死病的打击

加莱陷落不久,来自中亚大草原的黑死病突然侵袭。1347—1348 年爆发的黑死病(la peste noire)令 14 世纪的人震惊不已,因为自 767 年以来这种鼠疫未曾在欧洲传播过。这个时代虽然存在麻风病、麻疹、天花和麦角病等流行病,但是这些未构成大瘟疫的疾病与人类形成了某种平衡状态。因此,当鼠疫降临时人们对它并不了解。时人已经意识到他们

---

① Jonathan Sumption, *The Hundred Years War*, volume I, *Trial by Battle*, pp. 326—327.

面对的是前人未曾确切描述过的疾病,只是含糊地称其为"流行病"(l'épidémie)。① 法国著名的外科医生居伊·德·肖利亚克(Guy de Chauliac,约 1300—1368)正确地分析了两种形式的疾病,一种是伴有脓肿的腺鼠疫,另一种是伴有咳血的肺鼠疫,后者更具传染性且能让感染者暴毙。德·肖利亚克更为关注致命的肺鼠疫,不过,中世纪的鼠疫主要是腺鼠疫。② 较为常见的腺鼠疫是由鼠蚤间接传播的,而较为少见的肺鼠疫则是在人与人之间直接传播的,它潜伏期短,病变迅速。20%—40%的腺鼠疫感染者幸存,其余病人都死于急性败血症,并伴有心脏、肾脏、肺部等内脏的并发症。换言之,60%—80%感染瘟疫的人都难逃一死。瘟疫沿着贸易路线传播,顺着海岸、河流侵袭法兰西,河流上航行的船只既搭载货物,也搭载传播瘟疫的跳蚤。

反复侵袭的瘟疫造成了大量人口的死亡,在某些地区人口损失高达三分之一至二分之一。③ 人口密集、卫生条件差的城镇尤其遭受了致命的打击,农村的死亡率要低得多。④ 在短时间内出现如此大规模的死亡,对于人们的情感也造成了巨大冲击。瘟疫反复爆发,在闷热、潮湿的春夏更易流行,因为此时跳蚤更易繁殖。像德·肖利亚克这样的医生虽然注意到了鼠疫极具传染性,但也不了解其成因。恐慌因瘟疫而蔓延,人们纷纷逃离城市,留下空旷、寂静的街道与空气中弥漫的尸体的腐臭。然而人们无序的逃离,又加重了瘟疫的传播。在恐慌与绝望中,有些人沉溺于酒精的麻痹,另一些人则寻找替罪羊,怀疑有人在井水或泉水中投毒,犹太人和那些被怀疑施行巫术的人深受其害。在卡尔卡松、普罗

---

① Danielle Jacquart, "La perception par les contemporains de la peste de 1348", *Publications de l'Académie des Inscriptions et Belles-Lettres*, Année 2006, p. 242.

② Boris Bove, *Le temps de la guerre de cent ans*, Belin, 2014, pp. 282—283.

③ Roger Price, *A Concise History of France*, Cambridge: Cambridge University Press, 2014, p. 23.

④ Lucien Febvre, "Maladies et civilisations: La peste noire en 1348", *Annales. Economies, société, civilisations*, 4ᵉ année, N. 1, 1949, p. 102.

旺斯、多菲内和萨伏依都出现了屠杀犹太人的情况。[①] 反犹行为在阿尔萨斯地区尤其突出,1349 年,2000 名犹太人在斯特拉斯堡惨遭杀害。还有些人把瘟疫看作是神意的体现,认为是上帝在惩罚人类的罪行。在中世纪基督教的世界观中,世界是上帝的作品,自然界的首要法则是上帝的意志。在这种观念支配下,人们认为摆脱灾祸最好的办法就是进行灵魂的救赎,祈求造物主的宽恕。于是,虔诚的信徒诚心悔罪,参加神职人员组织的游行。随着时间的流逝,造成感染的细菌毒性逐渐减弱,也许人们也形成了某种免疫力,此外政府建立起来的防疫封锁线也能在一定程度上阻止瘟疫的传播。[②] 然而,1360 年黑死病卷土重来,此后每 6—13 年瘟疫就会定期出现一次,这种循环一直持续到 1722 年。[③]

1348—1349 年,黑死病在整个欧洲蔓延,造成人口锐减、经济萧条,英法两国也不得不在随后几年中暂时放弃大规模军事行动。

三、从普瓦提埃的溃败到《特鲁瓦条约》的签订

1350—1355 年之间,英法两国没有发生直接的冲突。但是,布列塔尼爵位继承战争持续进行,英法双方各自支持的家族展开了对于布列塔尼公国控制权的争夺,双方互有胜负。1356 年,英国的"黑太子"(爱德华三世长子)在卢瓦尔河谷一带袭击、抢劫,法国国王"好人"让二世(Jean II le Bon,1319—1364)不甘示弱,决定还以颜色。让二世召集了大量的贵族与骑士,组建了一支庞大的军队,其人数远胜英格兰军队,后者可能至多不超过 1 万或 1.2 万人(一说只有 6000 多人,不及法军的五分之一)。自克雷西战役惨败后,法国人并没有招募、训练大量的弓箭手,尽管他们完全清楚英格兰弓箭手对于法国骑兵的杀伤力。让二世的策略是,命令大部分骑兵下马徒步冲向英军阵地,只有少部分优秀的骑士成

① Boris Bove, *Le temps de la guerre de cent ans*, p. 289.
② Roger Price, *A Concise History of France*, p. 24.
③ Boris Bove, *Le temps de la guerre de cent ans*, pp. 304—305.

9

为骑兵先锋,负责快速冲向英国弓箭手,将其驱散。然而,1356 年 9 月19 日的普瓦提埃战役结局与克雷西战役并无二致,英国人再次凭借战术优势确保了胜利。冲锋的法国骑兵队列遭遇了英国弓箭手部队,法国骑士的战马中箭后横冲直撞,甚至踩踏自己的主人,而跌落马下的骑士根本无法自救,甚至难以挪动,造成一片混乱。紧接着,是惨烈的肉搏战。战斗到了最后阶段,英军又重新上马,突袭那些没有来得及上马的法国军人。到这一天的战斗结束时,法国国王让二世竟然已经成了英国人的俘虏。依照中世纪的惯例,贵族武士战斗的首要目的是俘获而非杀戮敌人,对待俘虏的态度要依据其身份地位而定,要优待尊贵俘虏,让他们缴纳高昂的赎金以获取自由。这种情况就发生在法王让二世身上。

从克雷西战役到普瓦提埃战役,在战场上,英国的胜利得益于使用长弓和步兵。法国人用弩,英国人使用射程更远、速度更快的长弓,而且英国弓箭手在威尔士和苏格兰的游击战中得到了锻炼,富有经验。[1] 在上述两场战役中,以长弓为主要装备的英国步兵向法国骑兵队发出整齐而密集的射击,致使"法兰西骑士之花"迅速凋零。研究者克利福德·罗杰斯提出,百年战争期间欧洲的军事出现了革命性的变化,先后产生了"步兵革命"和"火炮革命",这样的转变从根本上改变了欧洲战争的模式,可谓军事革命。[2] 由封建贵族组成的重装骑兵,曾经在中世纪欧洲战场上扮演重要角色,如今则被招募自平民的步兵所超越,"骑士时代"走向了终结,这便是所谓 14 世纪前期步兵革命的内涵。步兵的装备与技能相对简单,不像封建骑兵那样为贵族阶级所垄断,这一点产生了深远的社会影响,推动了西欧封建制的瓦解。[3]

法王让二世被俘后,国内马上陷入混乱,中央政府濒于崩溃。其实,

---

[1] Pierre Goubert, *The Course of French History*, London and New York: Routledge, 1991, p. 44.

[2] Clifford J. Rogers, "The Military Revolutions of the Hundred Years' War", *The Journal of Military History*, Apr. , 1993, Vol. 57, No. 2, pp. 243—244.

[3] 参许二斌:《14—17 世纪欧洲的军事革命与社会变革》,《世界历史》2003 年第 1 期,第 62 页;许二斌:《14 世纪的步兵革命与西欧封建制的瓦解》,《史学理论研究》2004 年第 4 期。

自 1354 年以来,王国就已经处在破产的边缘,国王比任何时候都需要臣民的配合来为战争筹措经费。[1] 最糟糕的还不是国王被俘,而在于他仍是国王又不能正常管理国家事务。王太子查理年仅 19 岁,十分羸弱,毫无威望,似乎无法肩负政治大业。普瓦提埃溃败结束几周之后,王太子在巴黎召开了奥伊语地区的三级会议,希望讨论如何赎回国王以及筹措战争费用的问题。然而,三级会议的代表和巴黎的资产阶级都认为这样的溃败代价高昂,难以容忍。代表们群情激奋,提出进行彻底的行政改革,减免税收,罢免某些王室顾问,声称正是这些王室顾问给国王造成了不良影响,致使国家满目疮痍。1356 至 1357 年冬天,三级会议的第三等级代表、担任巴黎商会会长(le prévôt des marchands parisiens)[2]的艾田·马赛(Étienne Marcel),鼓动民众起义,反对王太子。1357 年 3 月,三级会议结束时宣布了进行改革的大敕令(la Grande Ordonnance)。王太子由于缺乏资金,只得让步,批准了大敕令。该敕令将国王政府置于三级会议的监督之下:罢免了 22 名被控腐败的官员,其他所有官员都可能因贪污而受到调查,大议政会的部分成员被更换。[3] 但双方的较量并没有终止,艾田·马赛等人越来越难以约束。1358 年 2 月,艾田·马赛引导巴黎 3000 多个商人、手工业者闯入位于西岱岛的王宫,在王太子的卧室里,当着他的面处死了香槟元帅和诺曼底元帅。深受惊吓的王太子于 3 月逃出了巴黎,他试图孤立首都,并在贡比涅召集三级会议,在此他获得了资金上支持。不久,他率领军队夺取了巴黎附近的一个堡垒。到此时,商人们又开始反对野心勃勃的艾田·马赛。7 月底,他被人用斧头砍死,这标志着马赛领导的巴黎革命彻底结束。随后,王太子回到巴黎,巴黎市民又对他表示了拥戴。[4]

---

[1] Boris Bove, *Le temps de la guerre de cent ans*, p. 102.

[2] 商会会长这个职务类似于巴黎市长,艾田·马赛也被视作巴黎历史上的首位市长。

[3] Boris Bove, *Le temps de la guerre de cent ans*, p. 104.

[4] Jean-François Sirinelli (dir.), *Dictionnaire de l'histoire de France*, paris: Larousse, 2006, p. 707; Deborah A. Fraioli, *Joan of Arc and the Hundred Years War*, Greenwood, 2005, p. Liv.

在巴黎城市骚乱的同时,周边乡村也动荡不安。1358 年 5 月,爆发了被称为扎克雷起义的农民反抗运动。扎克雷(Jacques)这个词来源于对反叛农民的谴称——贵族轻蔑地称农民为雅克(Jacques)。起义袭击了巴黎盆地的北部地区,这是法国最富裕的平原地区。它并不是由贫困引发,也并非专门针对国王,而是把国王视作民众的保护者,只是向那些他们认为出卖了法国的贵族和骑士发动攻击。贵族领导的法国军队令国家蒙羞,这使农民们感到气愤。他们指责领主肆无忌惮地剥削农民,却没有为他们提供保护,也没能保护王国免受外敌攻击。起义队伍不断壮大,他们摧毁城堡,屠杀贵族,暴力活动四处蔓延。但起义仅持续了两周便被镇压。①

在国内陷入混乱之际,法国使臣也正在和英国人谈判,希望他们可以释放国王。1360 年 5 月,英法双方在沙特尔(Chartres)附近的布雷蒂尼(Brétigny)村进行谈判,几天之内英国黑太子就与法国的王太子查理达成了协议。10 月 24 日,在加莱正式签署了《布雷蒂尼-加莱条约》。根据此和约,法国要为让二世支付 300 万埃居的赎金,同时将吉耶内、利摩赞、普瓦图、昂古莫瓦(Angoumois)等地的完整主权拱手让与英国,这意味着法国损失了三分之一的领土。

爱德华三世收到部分赎金后,准许让二世回法国,并留下他的三个儿子作为人质。然而,1363 年夏,作为人质之一的法王次子安茹公爵违反了誓言,逃离了伦敦。讲究骑士精神的让二世深感震惊,他不顾大臣们的劝阻,于 1364 年初主动回到伦敦。虽然让二世在英国受到了极高的礼遇,但四个月后便死于疾病。② 王太子查理随即继承法国王位,成为查理五世。查理五世身体羸弱,但颇为博学,对于神学、历史和法律都有兴趣,堪称学者型国王。正因此,编年史家称其为"智者"(Le Sage)查

---

① Jean-François Sirinelli(dir), *Dictionnaire de l'histoire de France*, pp. 582—583; Boris Bove, *Le temps de la guerre de cent ans*, p. 108.
② [英]德斯蒙德·苏厄德:《百年战争简史》,文俊译,成都:四川人民出版社,2017 年,第 89—90 页。

理。他通过复杂的宗教仪式来提高君主的权威,并强调法国君主制的神圣起源。在治国理政方面,他开展的一系列改革取得了成效,恢复了国力。尤其值得一提的是,他建立了一支由税收供养的长期军队(还称不上常备军),其中包括 3000—6000 名重装骑兵和 800 名弓箭手。① 到 1380 年,查理五世去世时,法国已经凭借游击战收复了《布雷蒂尼条约》割去的大部分土地,至此百年战争第一阶段结束。然而,法兰西再次时运不济,迎来了"疯王"查理六世(1368—1422 年)的统治。查理六世脾气暴躁,喜怒无常。更糟糕的是,从 1392 年开始他变成了间歇性发作的精神病人,直至 1422 年去世。勃艮第公爵和奥尔良公爵等人把持了政权,这两位公爵都十分贪婪,屡屡中饱私囊,并渴望统治法兰西,因此产生了极其尖锐的冲突。法国的领主们因此分成了勃艮第派和奥尔良派,后者一般被称为阿马尼亚克派,因奥尔良公爵岳父名为阿马尼亚克,乃是这一派的头领。

此时的英国也产生了危机,发生了改朝换代的变化。1399 年,兰开斯特的亨利趁英王查理二世在爱尔兰征战期间率领军队进入伦敦,篡夺了王位,自称亨利四世,并且受到了人民的拥戴。查理二世随后遭到囚禁并离奇死亡,金雀花王朝就此终结。篡权夺位的亨利四世面临资金短缺、贵族反叛、民众起义等问题,因而无力进攻法国。而到了 1400 年,法兰西又重新成为西欧最强大的国家。奥尔良公爵路易认为法国收回吉耶内的时机已经成熟。1402 年,法王查理六世的幼子被封为吉耶内公爵,奥尔良公爵开始进攻吉耶内,并占领了几座城堡。1413 年,25 岁的英国国王亨利五世即位。他深谙治国之道,曾血腥镇压威尔士起义,同时对陷入派系斗争的法国虎视眈眈,随时准备重燃战火。

1415 年 8 月,亨利五世率船队启航,英军并没有在加莱登陆,而是选择了位于诺曼底的塞纳河河口阿夫勒尔(Harfleur),这个港口城市具有

---

① [英]德斯蒙德·苏厄德:《百年战争简史》,文俊译,成都:四川人民出版社,2017 年,第 99—100 页。

重要的战略意义,由此可以占领诺曼底并沿着塞纳河进攻巴黎。经过一个多月的围攻,亨利五世拿下了阿夫勒尔这个重要的基地。围城战也使英军付出了惨痛的代价,三分之一的士兵或战死,或病亡,还有一些生病的士兵被送回了英国。[①] 最后,1.2万名参与远征的英军战士,只有半数来到了阿金库尔(Azincourt)的战场。而法军人数至少是英军的三倍,为了夺回沦陷的阿夫勒尔,数以千计的法兰西骑士从法国西北部各地奔赴战场,其中包括不少王公贵族。然而,在10月25日的阿金库尔战役中,法国人又一次遭受耻辱性的溃败。王公们率领的法军,没有听取作战专家的建议。战斗方案仿照当时的社会秩序:王公、大贵族们在前方,王家军官在两翼,普通士兵在后方。而对面是纪律严明的英军,前排是弓箭手,情报员也提供了充分的信息。[②] 仅仅用了几个小时,英军便大获全胜。最令人震惊的是战场上堆积如山的死尸绝大部分是法国人,法军中的大部分贵族将领阵亡。据估计法军有三四千人丧生。[③]这场战役是英法百年战争中又一次以少胜多的战役,英国的长弓在战斗中再次发挥了至关重要的作用。尽管经历了克雷西和普瓦提埃战役的惨败,但是法国人依然没有认可长弓的优势,结果被英国弓箭手打得毫无还手之力。

　　阿金库尔战役之后,英军逐渐占领了法国北部的许多领土。1417年8月亨利五世进攻靠近拉芒什海峡的港口城市卡昂(Caen,又译冈城)。英国人获胜后,对城内居民展开了大屠杀,至少有包括妇孺在内的2000人惨遭杀害。到了1418年春天,整个下诺曼底地区都被英军占领了。1419年1月,亨利五世又拿下了北方重镇鲁昂。随后英国人又占领了其他几个诺曼底城市,到了年底,英国人已经完全征服了诺曼底地区。外敌当前,法国的勃艮第派和阿马尼亚克派依然争斗不休,二者间的相互仇视更甚对于英国人的仇视。勃艮第公爵打算与英国人共同统治法国北部,因而与亨利五世结为盟友。于是,亨利五世与勃艮第公爵一道同

---

① [英]德斯蒙德·苏厄德:《百年战争简史》,第154页。
②③ Jean-François Sirinelli(dir.), *Dictionaire de l'histoire de France*, p. 73.

查理六世谈判。而查理六世疯疯癫癫，操纵谈判的是王后伊萨博（Isabeau de Bavière）。1420 年 5 月，"疯王"查理六世同英王签订《特鲁瓦条约》（traité de Troyes），其中规定查理六世的女儿卡特琳娜将嫁给英王亨利五世，并且剥夺了法国王太子的继承权，指定亨利五世为真正的儿子与王位继承人，并立即成为王国的摄政。① 两年后，查理六世和亨利五世相继离世，未满周岁的亨利六世即位，号称英格兰与法兰西的国王，由亨利五世的兄弟贝德福德公爵摄政。

四、从贞德出现到百年战争结束

在圣女贞德横空出世之前，法国一分为三：一个是英国人掌控的法国，疆域从吉耶内到加莱；一个是勃艮第公爵控制的法国，它远离军事冲突；还有一个是王太子查理统治的、以布尔日（Bourges）为中心的法国。查理六世去世后，卢瓦尔河以南的地区效忠王太子。然而，王太子虚弱无力、优柔寡断，他因王后声名不佳而被怀疑为私生子。

1412 年贞德出生于法国东部香槟与洛林交界的栋雷米（Domrémy）村。她自称从 13 岁开始听到了圣徒的召唤，要赶走英国人拯救法国。在那个法兰西沉沦的年代，很多虔诚的少男少女都声称听到了上帝或圣徒的召唤，都认为自己注定要拯救法兰西。贞德的独特之处在于她取得了一系列的成功。首先，她说服了同伴和沃库勒尔（Vaucouleurs）的领主（这个领主是王太子在亲勃艮第地区的代理人），并从他们那里获得了一把剑、一张安全通行证、一套男装和一支小型护卫队，护卫队包括一名骑士、一个乡绅和四个仆人。为了避开英国人和勃艮第人，他们只能夜间行进，用了 11 天时间从沃库勒尔赶到了希侬（Chinon）。贞德的第二个成功之处在于，她于 1429 年 2 月在希侬觐见了王太子，王太子藏身于廷臣之中，但贞德成功地辨认出了他。后世学者认为，如果王太子身边的人帮了贞德的忙，她认出来也不是难事。她向王太子透露他是天选之

---

① Jean-François Sirinelli(dir.), *Dictionnaire de l'histoire de France*, p. 1118.

人,注定要成为国王,上帝命她击败英国人。接着,贞德通过了普瓦提埃高等法院对她进行的调查和测试,其中还包括对其童贞的检验,这证实了她道德上的清白,消除了关于她玩弄巫术的嫌疑。贞德还赢得了广大士兵的信任与尊敬,这些人都听说过一则预言:法国将因一个女人(指王后伊萨博)被摧毁,又因一个少女而获得拯救。[1] 1429 年 3 月 22 日,贞德函告英王,"要向姑娘投降,她是上帝——天国之主——派来的","如果你们愿意让她感到满意——其途径是放弃法兰西,偿还你们所得到的东西,那么她就准备讲和"。贞德指出其目的就是将英国人逐出法国,信末警告敌人,若不撤离,"你们很快将受到重创"。[2]

1429 年 4 月 29 日—5 月 8 日,贞德率领军队解救了被英军围困多时的奥尔良城,王太子派的士气随之高涨。名声大噪的贞德极力劝说查理随她到兰斯加冕。7 月 17 日,王太子在兰斯被涂圣油,加冕为法国国王。在整个仪式进行的过程中,贞德一直站在查理七世旁边。然而此后国王逐渐对贞德失去了兴趣,因为她积极主战,而查理七世希望通过勃艮第公爵签署协议,实现和平。1430 年 5 月,贞德在贡比涅被一个勃艮第的士兵俘虏,经过转手最终于 11 月被卖给了英国人。经过漫长的审讯后,贞德于 1431 年 2 月至 5 月期间被审判。5 月 30 日,年仅 19 岁的贞德在鲁昂被处以火刑,其罪名为异端和行使巫术。在审判贞德的大部分法官看来,她的文化似乎就是一种巫术文化,因为它是建立在某种神奇的事物和某种邪恶的超自然的事物之上。英国人攻击贞德为女巫,是为了攻击查理七世被女巫加冕,不具备王权的合法性。1431 年 12 月 16 日,英国摄政王贝德福德也匆忙在巴黎圣母院将亨利六世加冕为法国国王。

贞德蒙难之际,查理七世袖手旁观,他在 20 年后下令调查贞德死因,呼吁为贞德昭雪,这其实也是为了证明自身的合法性。1456 年教会的宗教法庭为贞德恢复了名誉,教宗宣布对贞德的判决无效。1909 年教会将贞德

---

[1] Pierre Goubert, *The Course of French History*, pp. 63—64; Deborah A. Fraioli, *Joan of Arc and the Hundred Years War*, Greenwood, 2005, p. 59.

[2] Deborah A. Fraioli, *Joan of Arc and the Hundred Years War*, p. 148.

列为真福品(教会列品有圣人和真福两个级别),1920 年为她封圣。

　　贞德用短暂的一生唤醒了法兰西的民族情感,在给英王的信函中她表达了法兰西民族的边界意识,要求英国人撤出法国。贞德的胜利鼓舞了法国人的士气,使最终收复北方失地成为可能。在 16、17 世纪贞德几乎被人们遗忘。文艺复兴时期和 17 世纪,人们在古希腊、罗马寻找典范,认为中世纪是黑暗的。此外,绝对君主制也容不下一个功高盖主的女英雄。[①] 18 世纪以后,贞德才逐渐成为具有多种形象的人物:少女、战士、救星、异端、圣徒,她的事迹激发了无数史家、诗人、艺术家的灵感,每个人都要塑造一个不同的贞德形象。根据历史学家的研究,贞德的形象可以概括为四种类型[②]:首先是伏尔泰笔下的贞德形象。伏尔泰于 1762年出版了讽刺史诗《奥尔良少女》(La Pucelle),创作了一个在 18 世纪后期、19 世纪前期广泛传颂的贞德形象。这是伏尔泰最具争议性的作品之一,它以轻浮的口吻讲述贞德的事迹。在《哲学辞典》中,伏尔泰也描绘了贞德,质疑她是否是上帝派来的。谈到贞德受审时他写道:"一个不幸的傻女子,本来很英勇地为国王和祖国帮了很大的忙,却竟然被四十四位法国神甫判处火刑,杀害她来给英国乱党做了牺牲品。""我们也想不通为什么我们在干了无数骇人听闻的恐怖行为之后,还敢于说旁的民族野蛮。"[③]伏尔泰描绘贞德其实主要是为了批判天主教会。其次是米什莱笔下的贞德形象。米什莱在其《法国史》中也谴责了对贞德的审判,他笔下的贞德就是一个纯朴的农村女孩,对法兰西王国极其忠诚。第三种贞德形象是天主教会和王室塑造的贞德,她是上帝派来拯救教会与国王的。第四种则是国家层面的贞德形象,她是天主教徒和爱国者,是法兰西的守护神。到了 19 世纪后期,无论是保王派、波拿巴派还是共和派都需要利用贞德的形象,都对其进行崇拜。贞德逐渐成为了法国史上一个

---

① Boris Bove, Le temps de la guerre de cent ans, p. 548.

② 关于贞德四种形象的概括参 Robert Gildea, The Past in French History, New Haven : Yale University Press, 1994, pp. 154—155.

③ 伏尔泰:《哲学辞典》下册,王燕生译,北京:商务印书馆,1991 年,第 588 页。

记忆的亮点。①

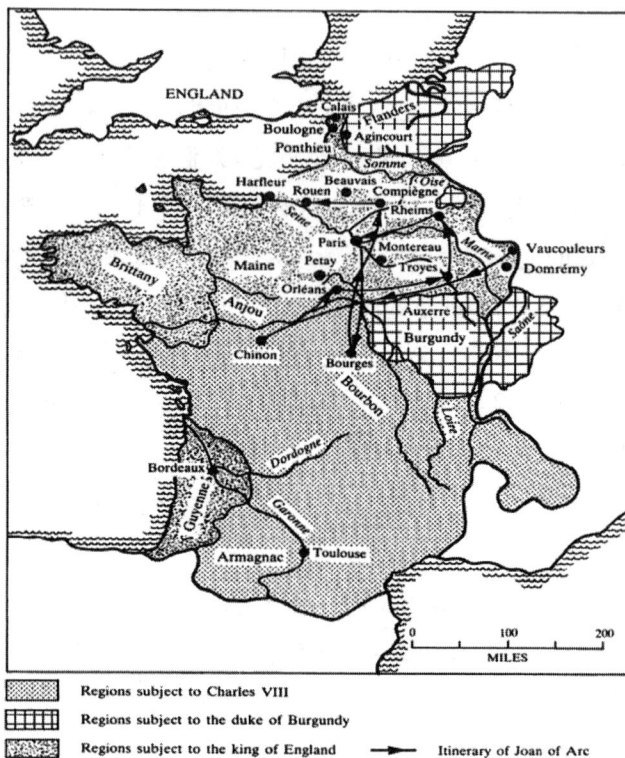

贞德时代的法兰西,1429—1431 年

图片来源:Pierre Goubert, *The Course of French History*, p. 58。

　　15 世纪 30 年代,英格兰在法国北方的统治气数将尽。英统区下的法国人民频繁起义。1451 年,波尔多和巴约内(Bayonne)被收复。但是次年英国将领塔尔伯特(Talbot)远征吉耶内,在波尔多登陆。波尔多人长期受英国统治,而且向英国出口葡萄酒,他们把塔尔伯特视作解放者。然而,这名老将在 1453 年 7 月 17 日的卡斯蒂荣战役中阵亡,他所率领的

_____

① 关于贞德的历史记忆可参阅米歇尔·维诺克的《贞德》,载于皮埃尔·诺拉主编《记忆之场:
　法国国民意识的文化社会史》,黄艳红等译,南京:南京大学出版社,2015 年,第 277—336 页。

英军也被彻底摧毁。卡斯蒂荣战役是百年战争中的最后一场战役,法国人取得了胜利,英国人被逐出了法国领土,只保留了加莱一隅(至 1558年)。300 多门攻城大炮的使用,是法国人获胜的重要因素。在 1346 年的克雷西战役中已经出现了火炮,但到 15 世纪,大炮才成为有效的攻城武器,能够摧毁最厚重的城墙。大炮的使用导致城堡逐渐失去了军事防御功能而转向纯居住功能。固若金汤的石头城堡曾是封建体制的重要支柱,而火炮技术的升级摧毁了这一支柱。在卡斯蒂荣战役三个月后波尔多居民投降,百年战争至此结束,然而没有签署任何条约来确认这一事实,许久之后英国人才带有保留地承认这一点。尽管只拥有加莱,但是英国君主长期自称"法兰西国王"。① 随着战争的结束,法国逐渐繁荣发展。到 15 世纪中叶,查理七世成了欧洲最具影响力的君主。

佩里·安德森指出:"百年战争长期考验的最重要遗产就是它终于使君主政体在财政、军事上摆脱了中世纪政体的局限。因为只有在抛弃由骑士服役的宗主召集附庸作战的体系、建立领取薪俸的正规军队之后,才赢得了这场战争。"②前面所说的步兵革命正是突破中世纪体制局限的关键因素之一,军事领域的变革促进了封建制瓦解。百年战争期间,王室为组织正规军,征收了第一笔重要的全国性税收——1439 年征收的王室军役税,到了 15 世纪 40 年代,它成为常规性的军事人头税,贵族、教士和一批市镇则免交此税。因此,到了 15 世纪后半期,法国君主已经拥有了一支由贵族指挥的早期正规军,不过当时法国王权的国家的暴力机器和财政机构的规模依然很小。查理七世的正规军从未超过 1.2万人,这样一支武装力量不足以威慑全国,贵族依然保留了地方自治权。此外,百年战争在法兰西民族感情的产生过程中起到了决定性作用。③随着民族情感的萌发与民族意识的上升,查理七世于 1438 年颁布了《布尔日国事诏书》(*La pragmatique sanction de Bourges*),以确立法国教会

---

① Pierre Goubert, *The Course of French History*, p. 65.

② 佩里·安德森:《绝对主义国家的系谱》,第 84 页。

③ 让—皮埃尔·里乌等著:《法国文化史》第一卷,华东师范大学出版社,2006 年,第 292 页。

的自主性。诏书声称宗教会议的权力高于教皇,宣布其行政机构独立于罗马教廷,拒绝每年向教廷缴纳贡金,禁止教皇干涉法国高级教士的任命。总之,百年战争期间,法国君主拥有了可以长期维持的正规军并设立了成为定制的税收①,同时挑战了罗马教廷的权威,百年战争的这些遗产为法国迈向绝对君主制作了铺垫。

第二节　文艺复兴时期绝对君主制的初步发展

百年战争之后法国经历了复兴与重建,在路易十一(1461—1483 年在位)统治时期,法国的绝对主义初现端倪。这一发展进程颇为曲折,瓦卢瓦的君主们在欧洲的战场上角逐,有胜利的辉煌,也有惨痛的失败。法国的文艺复兴运动使法兰西的民族文化与民族情感都得到了发展。

一、"万能蜘蛛"聚合国土

路易十一的统治只有 20 多年,然而对法国历史影响深远。他其貌不扬,但足智多谋,精力过人,他的敌人们称其为"万能蜘蛛"(the universal spider):能够编织出周密复杂的阴谋网,捕捉到敌人。路易十一最狡猾的一个对手阿拉贡的让二世曾指出,法兰西的国王"在各种谈判中总是要成为胜利者"。② 路易十一作为太子时,曾两次企图废黜其父王查理七世,但未得逞。为此,他曾经向勃艮第公爵寻求庇护。1461 年 7 月查理七世去世,路易立刻返回法国,8 月份在兰斯加冕,随后入主巴黎。其人生经历引起了后世小说家与历史学家的极大热情,有人以最阴暗的笔触描绘他,也有些人对他充满敬仰之情。路易十一对于奢华、排场毫无兴趣,像资产阶级一样简朴,他的目标很明确——扩张王国领土,

---

① Lucien Bély, *La France moderne*, *1498—1789*, PUF, 1994, p. 5.

② Paul Murray Kendall, *Louis XI : The Universal Spider*, Compton Printing Ltd., 1971, p. 28.

令人听命于他。为了达到这一目标，他几乎不择手段，完全不讲信义。[1]
即位之后，路易十一便冷酷地将许多服务于先王的官员——从司法大臣
到地方管理者——解职，这在政治上是不明智的，被边缘化的大人物们
自然要与国王为敌。正如研究者保罗·默里·肯德尔所言，作为无权无
势的青年，路易反抗整个世界，而当他成为有权势的国王时便撼动整个
世界来对抗他。[2]　国王的威望因此下降，强大的领主们强化了敌对性的
政权，其中最有影响的是勃艮第、布列塔尼和普罗旺斯。"万能蜘蛛"各
个击破，聚合国土。1462年，路易十一从阿拉贡的让二世手中得到鲁西
永（Roussillon）与塞尔达尼（Cerdagne）；1470年他重新占据索姆河流域
的城市；1472年他占领皮卡第。1475年后，路易十一更坚决地要摧毁勃
艮第王朝。他支持瑞士同盟和洛林的勒内二世对抗勃艮第的莽夫查理。
1477年1月，查理在南锡战败身亡，路易十一肢解了勃艮第公国，希望尽
可能地将其领土并入法国王室领地。

在拥土自立的亲王之中，安茹（Anjou）家族地位特殊，该家族拥有安
茹公国、巴鲁瓦（Barrois）公国、曼恩（Maine）伯国与普罗旺斯伯国；该家
族还与英国王室联姻，其力量不容小觑。[3]　对于安茹家族产业的继承是
路易十一去世前不久才开始的。该家族的国王勒内和其他继承人先后
去世，安茹亲王的采邑和普鲁旺斯的伯国都被并入王室领地。1482年，
他还并入了弗朗什—孔泰和阿图瓦两地。到1483年路易去世时，差不
多整个法国都处于瓦卢瓦王朝的直接统治之下。

最后一个独立的大诸侯国是布列塔尼。15世纪初的布列塔尼高度
自治，拥有类似瓦卢瓦王朝的中央集权的组织机构，其行政管理体制更
专业，税务系统更复杂，他们的"弓箭手"民兵队伍于1425年创立，这比
法国的同类组织早20年。面对独立性强、组织先进的布列塔尼，瓦卢瓦
的统治者没有贸然行事，查理八世和路易十二相继用同布列塔尼女继承

---

[1] Pierre Goubert, *The Course of French History*, pp. 67—68.

[2] Paul Murray Kendall, *Louis XI: The Universal Spider*, p. 26.

[3] Joël Blanchard, *Louis XI*, Perrin, 2015, p. 48.

人联姻的方式将其吞并。可以说,路易十一及其后人勾画出了今日法兰西的轮廓。这位"蜘蛛王"不仅殚思竭虑地并入领土,他还非常重视对外派遣大量使节,这些人都处在他的监控之下,一切尽在他的掌握之中。①

　　在内政方面,路易十一也表现出了过人的精力,他颁布的敕令数量之多,已经超过了查理曼时代以来的任何一位法国君主。② 他建立一支王家军队,镇压土匪,制服反叛的贵族。在征税方面他获得了比都铎王朝的君主们更为强大的权力,后者必须经过议会同意方能征税。国王依靠由专业律师组成的团体提供咨询意见,他任人唯才,不重视门第,王家顾问更像官僚而非趾高气扬的朝臣。同时,他还整饬国家的司法、军事、行政和税务机构,并加强了对于大学的控制。总之,路易十一的统治已经初具绝对主义的形态。

二、意大利战争与法国的发展

　　路易十一死后,他的儿子 13 岁的查理八世(Charles VIII, 1483—1498 年在位)即位,被称为"友善者"。查理八世身材矮小,相貌不佳。1491 年 12 月,查理八世和布列塔尼的女公爵安娜在朗热城堡举行了婚礼。安娜比任何女性都更像中世纪国家间权力冲突游戏的牺牲品。1488 年,布列塔尼公爵弗朗索瓦二世去世,其年仅 11 岁的女儿安娜成了继承人,这意味着整个公国将成为她的嫁妆。1490 年,奥地利的马克西米利安成为安娜的追求者,他派遣代理人与安娜间接结婚,安娜从没有见过这个挂名的丈夫。如果让马克西米利安控制了布列塔尼,那么法国将受到哈布斯堡王朝的钳制。于是,查理八世带着 4 万人的军队迫使布列塔尼女公爵与之完婚。

　　查理八世统治时间不长,但他发动了持续 65 年、历经 4 代君主的意大利战争(1494—1559)。从 15 世纪后期开始,意大利文艺复兴的光芒

---

① Jacques Heers, *Louis XI*, Perrin, 1999, p. 522.
② Paul Murray Kendall, *Louis XI : The Universal Spider*, pp. 26—27.

辐射到了法兰西,阿维农的教皇宫和普罗旺斯的勒内的宫廷,成为了扩大意大利文化影响的渠道。意大利的灿烂文化与富庶的城市是诱使法国人发动侵略的原因之一。其实,查理八世也是沿着路易十一的扩张之路继续前行的。年轻的国王雄心勃勃,他要获得那不勒斯王国,围绕在他身边的预言家们声称他将是查理曼的真正继承者。[1] 1494 年 1 月,那不勒斯国王去世,查理八世决定趁机展开军事行动,7 月法国的年轻贵族们积极响应,汇聚于里昂,他们希望像英法百年战争末期的将领们那样建功立业。此时作战的是职业军人,他们还装备了便携式火力装置火绳枪。9 月,查理和奥尔良公爵率领军队跨越阿尔卑斯山,法国的军队长驱直入意大利,5 个月胜利进军,几乎没有遇到多少抵抗。法国人的远征甚至给一些意大利人带来了希望,比萨摆脱了佛罗伦萨的监管,佛罗伦萨人赶走了美第奇家族。法国人控制了那不勒斯王国的半岛部分,但没有控制西西里。[2] 查理八世在 1495 年 3 月 28 日给皮埃尔·德·波旁的信中这样写道:"你无法相信我在这个城市所看到的美丽花园。依我看,只有亚当和夏娃才能造出这样的人间天堂,它们如此美妙,到处都是美好的和奇特的事物……此外,我还在这个国家发现极美的绘画,人们用绘画装饰最漂亮的房顶……"[3]然而,法国人轻而易举获得了巨大的成功,他们态度傲慢,在意大利经常表现得像在被征服的国家一样,这很快引起了意大利人的焦虑和恐惧,并导致形成了一个广泛的联盟。教皇亚历山大六世、神圣罗马帝国皇帝马克西米利安、阿拉贡国王、米兰公爵和威尼斯结成联盟,迫使查理撤军。1495 年 7 月,查理八世在帕尔马东南的福尔诺沃地区(Fornoue)遭遇意大利联军,经过激战未能击溃联军,法军被逐出了意大利。那不勒斯王国也很快丢失:1496—1497 年,留在那里的军队和查理八世的盟友被击败。

查理八世入侵意大利时,美洲刚刚被发现。在葡萄牙和西班牙进行

---

[1] Philippe Hamon, *Les Renaissances*, 1453—1559, Paris: Belin, 2009, p. 22.

[2] Philippe Hamon, *Les Renaissances*, p. 24.

[3] 乔治·杜比、罗贝尔·芒德鲁:《法兰西文明史》I,傅先俊译,东方出版社,2019 年,第 342 页。

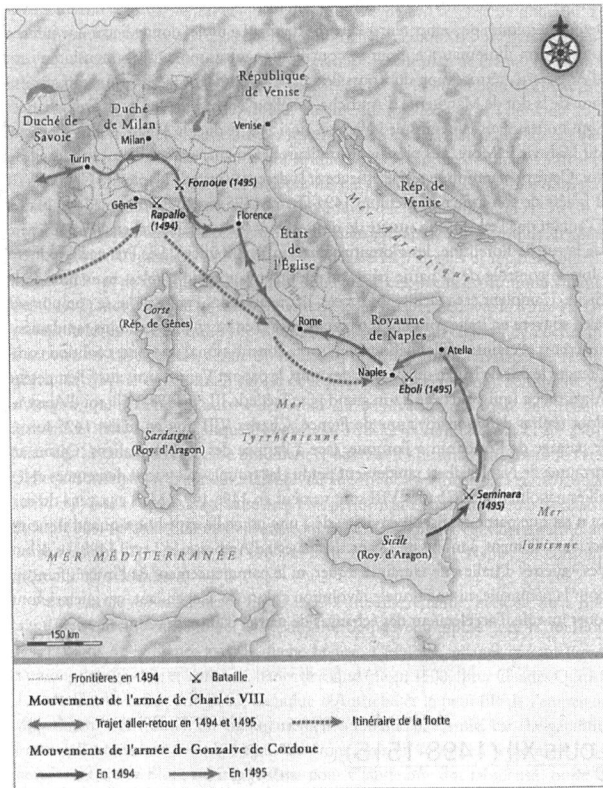

查理八世军队的行进

图片来源：Philippe Hamon, *Les Renaissances*, p. 23.

海外拓殖的时代，法国更希望在意大利攻城略地，这似乎也预示着法兰西的历代君主更在意在欧洲称霸，而非海外殖民。吕西安·贝雷指出，1500 年前后常常被视作近代历史的开端，但此时的法国没有出现明显的断裂。① 的确，我们要理解意大利战争也应放置在百年战争末期法国的扩张势头中加以理解。

　　1498 年，查理因意外事故英年早逝，年仅 28 岁。据说他在观看网球

----

① Lucien Bély, *La France moderne*, *1498—1789*, p. 1.

赛(jeu de paume,一种早期的网球运动)时撞到了低矮的门梁,受伤而死。网球曾是那个时代最流行的游戏之一。在查理八世去世前,他的四个孩子都已夭折。因此,依据《萨利克法典》,查理之父路易十一的堂弟奥尔良的路易(Louis d'Orléans)继承王位,成为路易十二(1498—1515年在位)。路易十二是一位通过政治婚姻寻求力量的君主。他的第一任妻子是路易十一的女儿让娜(Jeanne de France),由路易十一为其指婚。据说这位公主身材瘦小、驼背,且没有生育能力。查理八世和安娜·德·布列塔尼在 1491 年签订的婚约中规定,如果国王死在王后之前且二人没有男嗣,那么王后将改嫁新任国王。此项规定为了确保布列塔尼的领地留在法国。① 于是,路易让教皇宣布与第一任妻子的婚姻无效,并娶了查理八世的遗孀。安娜·德·布列塔尼赞助文艺发展,一些作家将自己的作品献给王后,这使她堪称法国早期文艺复兴运动的推动者。安娜王后死后,50 岁的路易十二又娶了第三任妻子玛丽·都铎,即英王亨利八世的妹妹。然而三次婚姻都没有生下男嗣。

路易十二像其前任国王一样对意大利怀有野心。他首先要征服米兰,他其实是米兰公爵女儿的孙子,于是,他以此为由提出领土要求。②1499 年夏天,路易十二占领米兰,然而,不久后发生的起义赶走了法国人。1500 年春天,法国再次发动远征。4 月,米兰公爵被俘,此后的十二年中米兰成为法国在意大利的主要据点。为了重新夺取那不勒斯,路易十二选择与阿拉贡国王费迪南合作,后者同样希望获取那不勒斯。二者签订条约,决定联手征服那不勒斯。1501—1502 年,根据条约那不勒斯王国由法、西军队共同占领。然而,双方在某些区域的占领问题上存在争端,最后爆发战争。战争断断续续进行了两年,西班牙人获胜。法国人被逐出了那不勒斯,但仍然拥有米兰。法国在意大利的战争并没有就

---

① Didier Le Fur, *Louis XII, Un autre César*, Perrin, 2001, p. 70. 1532 年法国与布列塔尼签订合并条约,布列塔尼公国才变成了一个行省。国内学界关于安娜王后的研究参熊芳芳:《16 世纪法国的地方记忆与王国认同——以安娜王后为中心》,《历史研究》,2024 年第 1 期。
② Philippe Hamon, *Les Renaissances*, p. 25.

此结束,经过一番较量,法国国王于 1514 年被教皇国、威尼斯、阿拉贡、瑞士、英国组成的反法同盟逐出了意大利。1515 年,路易十二去世,因无男嗣,由其女婿弗朗索瓦即位,弗朗索瓦属于瓦卢瓦家族昂古莱姆(Angoulême)支系成员。

在弗朗索瓦一世(1515—1547 年在位)这一具有骑士风度、讲究排场的国王的统治之下,法国的绝对君主制有了进一步发展。他在诏书的末端,经常加上"此乃朕之美意",这成为诏书的格式,一直沿用至拿破仑帝国和波旁王朝复辟时期。[①] 他是一个强有力的统治者,具有强硬、自信的人格,听取小型议政会的建议,并贯彻自身的意志。他重新定都巴黎,但也像路易十一一样,被卢瓦尔河谷深深吸引,在此建造了象征王权荣耀的尚博尔城堡(Chambord),这个城堡成为宫廷生活的中心。经过长期的战争,封建关系在很大程度上解体,它被非正式的恩主—扈从关系所取代。君主令其贵族扈从们分享权力,允许他们维护自己的私人利益。[②] 在 1523 年时,宫廷中已经有 540 人为王室服务。[③] 吕西安·费弗尔指出,弗朗索瓦一世的宫廷一直伴随国王巡游,"跟着他走大道,穿森林,跨河流,越田间,与其说是一座宫廷,倒不如说是一列长途旅游火车"[④]。国王有时还在田间或草地上搭建的大帐篷里宿营。因此,弗朗索瓦一世的情妇们皮肤黝黑,她们经常在山岗上或者河谷里,骑马或乘船,跟着国王到处风吹日晒。卢瓦尔河沿岸和附近森林中星罗棋布的大城堡正是王亲国戚们出征狩猎的歇脚点。[⑤]

16 世纪初,哈布斯堡王朝在欧洲迅速崛起。1519 年,19 岁的西班牙国王查理一世在竞选皇帝的角逐中击败法王弗朗索瓦一世,成为神圣罗马帝国皇帝查理五世(1519—1556 年在位)。于是,哈布斯堡家族的帝国

① 郭华榕:《法国政治制度史》,人民出版社,2005 年,第 37 页。
② Roger Price, *A Concise History of France*, p. 57.
③ Lucien Bély, *La France moderne*, *1498—1789*, p. 32.
④ 吕西安·费弗尔:《法国文艺复兴时期的生活》,施诚译,上海三联书店,2018 年,第 16 页。
⑤ 乔治·杜比、罗贝尔·芒德鲁:《法兰西文明史》I,第 347 页。

领有西班牙、那不勒斯、弗朗什—孔泰和荷兰（外加美洲大片土地），形成了对法国的包围。此外，母语为法语的查理五世，也是勃艮第公国的继承人（他的祖母是勃艮第女继承人玛丽），他希望获得其祖先莽夫查理所统治的勃艮第和皮卡第，这注定要与法国国王发生冲突。[1] 查理五世当选皇帝后，弗朗索瓦一世于 1520 年 6 月在加莱附近设豪华的"金锦营"（Le Camp du Drap d'Or，又译金帐），隆重接待英王亨利八世，谋求结盟对抗哈布斯堡王朝。这次会晤以宴饮作乐、跳舞、比武为主，却没有签订任何联盟条约。

弗朗索瓦一世继续在意大利角逐，他既取得过辉煌的胜利，也遭遇过惨痛的失败。1515 年，法军在马里尼昂战役中获得大捷，弗朗索瓦一世趾高气扬地占领了米兰，这场胜利得益于 300 门大炮的威力。但十年之后，弗朗索瓦一世在帕维亚战役中遭受重创，西班牙的火绳枪部队摧毁了法国骑兵。16 世纪初的战争表明，马背上的骑士不再是一支军事力量，这是一个火绳枪和滑膛枪、加农炮和迫击炮的时代。国王战败被俘，次年被迫接受了《马德里和约》中的羞辱性条款，放弃米兰公国和那不勒斯，将勃艮第让与查理五世。弗朗索瓦一世一被释放便撕毁了和约，打算再挑起争端。自 1526 年春天获释开始，法王的统治进入到新阶段，新一代的顾问崭露头角，国王还决定更多地居住在巴黎和法兰西岛。卢瓦尔河的城堡让位于枫丹白露宫。[2]

为了牵制哈布斯堡王朝，法国国王展开了强大的外交攻势。法王不仅与先前的敌手英王亨利八世和解，而且与德意志新教王公结盟，甚至还与异教徒奥斯曼土耳其人结盟，这在欧洲外交史上还是第一次。法国与哈布斯堡王朝的冲突断断续续，双方互有胜负，席卷欧洲的宗教改革成为制约冲突的重要因素。1547 年弗朗索瓦一世去世时，法国保住了勃艮第，但被逐出了意大利，即位的亨利二世（1547—1559 年在位）继续进

---

[1] Pierre Goubert, *The Course of French History*, pp. 89—90.

[2] Philippe Hamon, *Les Renaissances*, p. 36.

行意大利战争。

弗朗索瓦一世之子亨利二世没有很高的历史声望,但他清醒地意识到巩固东北部的边界比远征意大利更为重要。在他统治之下,战场的焦点转移到了法国东北部与神圣罗马帝国相邻的区域。虔诚的天主教徒亨利二世,为了政治利益,依旧与德意志新教王公结盟,甚至出资收买他们的忠诚。后者允许法军于1552年占领梅斯(Metz)、图勒(Toul)和凡尔登三个主教辖区。此外,亨利二世还继承了他父亲的政策,与奥斯曼土耳其的苏丹苏莱曼建立起密切的联系,这令整个基督教欧洲深感不安。1558年,法军又从英国人手中夺取了北方的海滨城市加莱。在漫长的意大利战争中,以瓦卢瓦王朝和哈布斯堡王朝为主的交战双方都没有占有明显的优势。1559年4月,亨利二世与西班牙国王菲利普二世(即查理五世之子)缔结了卡托—康布雷齐和约。法国虽然保住了上述三个主教辖区,但放弃了对意大利的野心。同时,西班牙国王要娶亨利二世的女儿为妻。6月30日,为了庆祝婚礼,国王举行了盛大的比武大会。亨利二世参加的是马上比武,这是两个对手之间的战斗,使用的武器主要是长矛,有时也用佩剑。双方都力图将对手挑落马下,其危险在于长矛可以通过护面甲上的网孔刺入。[1] 亨利二世比武时就发生了类似的事故而身亡。比武场事故时有发生,以至于当时人们在开始比武前就在比武场放上一口棺材,以告诫参赛者一定要当心! 当时频繁举行的比武,也反映出贵族们对于暴力有着难以遏制的需求。

意大利战争产生了深远的影响。首先,为支持长期的对外战争,必须发展民族经济。法国政府尤其重视铸炮业、造船业和印刷业的发展。为了运输原材料,政府必须开凿运河,架桥修路,从而保障商路畅通。弗朗索瓦一世在倡导工商业的同时,还改革了国家的财政税收。1523年设立储金库司库(trésorier de l'épargne)职位,逐渐削弱了财政区区长

---

① 伊旺·克卢拉:《文艺复兴时期卢瓦尔河谷的城堡》,肖红译,上海人民出版社,2007年,第163—164页。

(généraux des finances)的权力。1532 年 2 月，一项新改革又将储金库
放在了卢浮宫中，并将所有王室收入存在其中。[1] 1542 年，在王国设立
了 16 个总税务所(recettes générales)。[2] 税收的增加使政府可以维持一
支兵员众多且忠于国王的职业军队。法国此时也形成了欧洲最庞大、高
效的行政机构，有利于遏制地方贵族的权力，这促进了中央集权的进一
步发展。

三、法兰西的文艺复兴

意大利战争时期，法国的文艺复兴也得以展开。这里涉及了史学界
一个长期争论不休的问题：一派认为法国的文艺复兴以查理八世远征意
大利为开端，只不过是意大利文艺复兴的翻版；另一派则认为法国的文
艺复兴与"法兰西精髓"合拍，它博采众长。[3] 吕西安·费弗尔就曾指出，
并非因意大利人涌入法国导致严格而狭隘的法兰西风格被改变，实际上
15—16 世纪法国一直是弗拉芒和意大利艺术家们竞争的场所，也是不同
艺术风格的调和之地。[4] 然而，无可否认，法国人在远征亚平宁期间劫掠
了大量意大利文艺复兴时期的艺术品和书籍，开阔了眼界，这推动了法
国文艺复兴的发展。

弗朗索瓦一世以热爱文学和艺术著称，在法国他几乎就是文艺复兴
的代名词。1516 年，他邀请意大利著名的艺术家、发明家达·芬奇
(1452—1519)来到法国宫廷(三年后大师在法国的昂布瓦斯[Amboise]
去世)，这一举动绝佳地展现了人文主义在法国的影响。[5] 在 16 世纪初，
没有哪位欧洲君主比弗朗索瓦一世更热衷于促进语言的发展。他曾聘
请学者纪尧姆·比代(Guillaume Budé,1467—1540)在枫丹白露宫创建

---

[1] Jean-François Sirinelli(dir.), *Dictionnaire de l'histoire de France*, p. 449.

[2] Jean-François Sirinelli(dir.), *Dictionnaire de l'histoire de France*, p. 487.

[3] 让—皮埃尔·里乌等著：《法国文化史》第二卷，第 101—108 页。

[4] 吕西安·费弗尔：《法国文艺复兴时期的生活》，第 44—45 页。

[5] Paul F. State, *A Brief History of France*, Facts On File, 2010, p. 101.

王国图书馆,该馆被视作法国国家图书馆的基础之一。在比代的建议下,他于 1530 年建立了王家学院,专门研究希腊文、希伯莱文和拉丁文,因此又被称为"三语研究院",它被当作法兰西公学(Collège de France)的前身。[1] 对于语言问题的关注还体现在:1539 年 8 月,弗朗索瓦一世颁布了著名的《维莱科特雷法令》(Ordonnance de Villers-Cotterêts),其中规定政府工作事务必须以法语开展并记录,自此法语取代了拉丁语成为法律和行政层面的官方语言。时至今日,该法令的部分条款在法国仍具法律效力。在弗朗索瓦一世治下,整个王国内的生育、死亡和婚姻都被系统地登记。[2] 为了更好地收藏从意大利抢来的艺术品,弗朗索瓦一世还于 1546 年开始扩建卢浮宫,如今卢浮宫已经成为世界上最著名的博物馆之一。弗朗索瓦一世不仅聘请了来自意大利的艺术家,还聘请了建筑师,他们致力于将质朴的狩猎小屋改造成豪华的城堡。可以说,意大利的影响在建筑装饰方面尤为明显。在 16 世纪 30 年代,意大利风格主义画家罗索(Rosso)和普利马蒂乔(Primaticcio)等人被聘请来装饰枫丹白露宫,他们的作品色彩瑰丽,由此产生了"第一枫丹白露画派"。[3]

意大利文化的影响在法国广泛渗透,从烹饪艺术到建筑风格,从服装时尚到装饰艺术都能看到意大利元素。意大利文化的渗透也带动了法国文艺复兴运动的发展。在法国文艺复兴中,最引人瞩目的成就当属人文主义文学,法国人文主义文学的代表人物和团体有拉伯雷、蒙田和七星诗社。

拉伯雷(François Rabelais,约 1494—1553 年[4])是法国文学史上一块真正的丰碑。他出身于希侬附近一个地主和律师家庭。他初习法律,随后成为方济各会的修士,然而他又由于一场争论转入本笃会。1530 年

---

[1] Jean-François Sirinelli(dir.), *Dictionnaire de l'histoire de France*, p. 132.

[2] Paul F. State, *A Brief History of France*, p. 103.

[3] 亨利四世执政时,一批法国画家装饰新宫殿时亦采用同一风格,他们被称作"第二枫丹白露派"。

[4] 也有观点认为拉伯雷出生于 1483 年或 1484 年。参 Jean-François Sirinelli(dir.), *Dictionnaire de l'histoire de France*, p. 923.

拉伯雷离开本笃会开始了学医、行医的生涯,最后在巴黎郊外以本堂神甫的身份终老。他见多识广,博学多才,在神学、天文、地理、数学、法律、医学等众多领域均有造诣。著名的人文主义者纪尧姆·比代曾鼓励他从事文学与语言学活动。1532 年,拉伯雷化名出版了他的第一部小说《庞大固埃》(*Pantagruel*)。该书语言幽默多彩,情节跌宕起伏,充满激情与灵感,出版后深受读者欢迎,很快风靡全国。1533—1534 年间,《庞大固埃》至少再版 8 次,整个 16 世纪大约卖出了 10 万本。[①] 1534 年拉伯雷又出版了《庞大固埃之父、巨人卡冈都亚骇人听闻的传记》。这两部喜剧小说构成了《巨人传》的前两卷。1546—1564 年间,又陆续出版了后三卷。[②] 拉伯雷的作品实际上是一部新型的小说,他以戏谑的方式塑造了两位巨人——卡冈都亚(Gargantua,又译高康大)和庞大固埃的形象。

《巨人传》的末尾揭示了神瓶的谕示:“喝”。要喝爽口的美酒,因为“酒能使人清醒”;“它有能力使人的灵魂充满真理、知识和学问”。[③] 法国著名作家法朗士认为,神谕“请他们到知识的源泉去畅饮……摆脱虚妄的恐惧;研究人类和宇宙;了解物理和道德世界的法则,以便只服从这些法则;畅饮吧,畅饮知识;畅饮真理;畅饮爱情”。[④] 正如费弗尔所言,当卡冈都亚“以巨大的象征性胃口坐在桌边时,整个大自然都被丰富地陈列在他面前……古典思想、基督教的传统、自然的崇拜仪式同时并存,这就是那些感情强烈的人的营养,或更确切地说,贪婪地渴求的东西”。[⑤] 总之,巨人的形象符合文艺复兴时期法国人渴望求知的特点。

法国文艺复兴后期最重要的人文主义作家是蒙田(Michel · de · Montaigne ,1533—1592,又译蒙泰涅)。蒙田出生于穿袍贵族家庭,他父

---

① 此后它长期作为法国的经典文学作品出售,在 17 世纪大约有 20 个版本,18 世纪有约 30 个版本,19 世纪达到 60 个版本。参 Philippe Hamon, *Les Renaissances*, p. 551.

② 第五卷的真伪至今尚有争议。

③ 拉伯雷:《巨人传》,成钰亭译,上海译文出版社,2007 年,第 836—837 页。

④ Anatole France, *Rabelais*, Paris:Calmann-Lévy,1928, p. 234.

⑤ 吕西安·费弗尔:《法国文艺复兴时期的生活》,第 42 页。

亲随弗朗索瓦一世参加过意大利远征,崇尚意大利文化。他少年时代曾学习哲学和法律,1557—1571 年间,任职于波尔多高等法院。渴望"自由、宁静和休闲"的蒙田辞去了高等法院的职务,并着手创作《随笔集》第一卷。[①] 蒙田开创了随笔作为一种文学体裁的先河,使散文作品进入了文学的殿堂。使蒙田闻名于世的正是他的《随笔集》,这是 16 世纪法国乃至全世界最重要的散文作品。在《随笔集》中,蒙田提倡内省的艺术,将自己作为研究对象,他认为研究自己就是研究人类。他试图权衡或"分析"他的天性、习惯、自己的观点以及其他人的观点。他通过反思他的阅读、旅行以及他的经验来寻找真理。蒙田的写作风格轻松自然。他也是文艺复兴时期怀疑主义的杰出代表。在《随笔集》中最著名的篇章《雷蒙・塞邦赞》中,蒙田充分展示了其深刻的怀疑主义观点,并归结为"我知道什么?"这句话流传至今,成为名言。

　　人文主义文学中也体现了民族情感的发展。七星诗社(la Pléiade)为提升民族语言,激发民族情感做出了贡献。七星诗社是以龙萨(Pierre de Ronsard)和杜贝莱(Joachim du Bellay)为首的 7 位人文主义诗人组成的团体。该团体旨在将作为文学表达工具的法语提升至古典语言的水平。1549 年,由杜贝莱执笔完成了《保卫与弘扬法兰西语言》(Défense et illustration de la langue française),它被视作七星诗社的宣言书。这部著作明确地提出要使法语更加纯洁规范、丰富多彩。杜贝莱建议未来的诗人要"整天反复地翻阅希腊语和拉丁语的经典作品,要把所有那些古老的法语诗歌留给图卢兹的百花诗赛(Floraux de Toulouse)或鲁昂组织诗歌比赛的宗教文艺团体(Puy de Rouen):像回旋诗、民谣、王室歌(chants royaux,中世纪的一种诗歌形式)、歌曲和其他类似的杂七杂八的东西,它们破坏了我们的语言品位,只不过证明了我们的无知"[②]。作

---

① Jean-François Sirinelli(dir.), *Dictionnaire de l'histoire de France*, pp. 755—756.

② Joachim du Bellay, "Quels genres de poems doit élire le poete françois", *La Défense et Illustration de la langue française, suivie De la Précellence du langage françois par Henri Estienne*, Chapitre IV, Édition de Louis Humbert,1930,p. 85.

者认为法语的诗歌传统是粗鄙的,需要学习希腊语、拉丁语的文化遗产。杜贝莱希望法兰西文学至少应和意大利文学并驾齐驱,期待用法语创作出堪与古代诗歌媲美的法兰西诗歌作品。16 世纪 40 年代,龙萨、杜贝莱等七星诗人在巴黎一起学习,他们尝试了许多体裁,从小令、颂歌、十四行诗到悲剧。他们的诗歌摆脱了宗教的束缚,具有独特的华丽风格,充满了强烈的浪漫情感。①

1558 年杜贝莱在罗马写下的一首著名的十四行诗——《美好的旅行》,以拳拳之心表达了诗人对祖国和家乡的一片眷恋之情。

> 唉！何时才能看到我的小村庄的
> 袅袅炊烟,何时才能
> 看到我那寒舍前的小园?
> 这里是我的天地,久别重逢会格外亲切。
>
> 巍峨的罗马宫殿怎比我祖先建造的陋室,
> 那硬梆梆的大理石,
> 又怎能比得上故乡屋顶上的细石板;
>
> 我喜欢高卢的卢瓦尔河胜过拉丁人的第伯尔河,
> 我爱我的里雷小镇超过柏拉丁山,
> 而,比起那海风,我更爱昂热的恬淡。②

在法国文艺复兴发展之际,也迎来了一项重要革新——印刷书的诞生。印刷书始于 1450 年左右的莱茵兰和 1470 年的巴黎,出现了数以千计真正的印刷书。美因茨的古腾堡在这一革新中发挥了重要作用。到 1480 年,大约有 100 个欧洲城市拥有至少一个印刷作坊——法国只有 9 个,而意大利有 40 多个。到 1500 年,这个数字几乎翻了三倍。这些印

---

① Paul F. State, *A Brief History of France*, pp. 105—106.
② 参罗芃、冯棠、孟华:《法国文化史》,北京大学出版社,1997 年,第 39 页。

刷书比以前抄写员的手稿便宜 20—50 倍。事实上,这场革命的本质正是书的价格优惠且数量众多。如果没有印刷书,人文主义者和宗教改革家的思想,以及古代异教和基督教的伟大著作,都不可能在仅由数千人构成的精英圈子之外传播。到了 1520 年,巴黎书商的书店里有 5 万—10 万本关于虔信或娱乐的小册子,这样的书显然是为工匠、店主、教区神甫和地主等读者群体准备的。[①] 巴黎、里昂、鲁昂和其他城市的印刷机印刷廉价的小册子和宣传单,它们充当了政治和宗教宣传的有效工具。

第三节　宗教战争与波旁王朝的创立

一、政治动荡与宗教战争

亨利二世不幸去世之后,三兄弟先后登上了国王宝座。第一位是亨利二世之子、多病的弗朗索瓦二世(1559—1560 在位),身心脆弱的他在位仅有一年多时间。1558 年,年仅 14 岁的弗朗索瓦和比他大两岁的玛丽结婚,后者正是著名的苏格兰女王玛丽·斯图亚特。这里需要指出,法国国王 14 岁已经成年。国王 13 岁成年,这是一项王国的根本法。根据查理五世 1374 年的法令,在 13 岁生日之后,当国王们步入第 14 个年头就已经成年,不再受监护,并且可以管理国家,因为,相比其他生活卑贱的同龄人而言,这些领受上天挚爱,涂抹圣油的人具备前者没有的美德和品质。[②] 然而,实际上,弗朗索瓦二世几乎没有控制权。掌权的是王后玛丽·斯图亚特的两个舅舅,即吉斯公爵(le duc de Guise,1519—1563)弗朗索瓦和洛林红衣主教夏尔·德·洛林(Le cardinal Charles de Lorraine,1525—1574)。吉斯公爵负责军事事务,红衣主教接管宗教、外

---

① Pierre Goubert,*The Course of French History*, pp. 80—81. 关于印刷书的问题,可参看费弗尔(中译本译作费夫贺)、马尔坦:《印刷书的诞生》,广西师大出版社,2006 年。

② Roland Mousnier, "The State", in *The Institutions of France under the Absolute Monarchy, 1598—1789.* The University of Chicago Press, 1979, pp. 651—652.

交和财政事务。① 亨利二世的遗孀、来自佛罗伦萨的卡特琳娜·德·美第奇,因丧夫悲痛欲绝,同时也不愿干预"成年"国王的事务,放手让吉斯公爵处理。1560 年 12 月 5 日,弗朗索瓦二世去世,彻底改变了政治局势。此时王太后决定掌权,并于 1574 年起担任女摄政,掌控宫廷政治直到她 1589 年去世。在王位继承方面崇尚《萨利克法典》的法国,王太后的统治在某种程度上加剧了王朝的衰落。

弗朗索瓦二世去世后,王位传给了他年仅 10 岁的弟弟查理九世(1560—1574 年在位),查理九世即位不久,便于 1560 年 12 月 13 日召开了三级会议。当时王太后和大臣都希望通过对话、协商解决分歧,因此在奥尔良召开了由 127 名神职人员、107 名贵族和 221 名第三等级代表参与的三级会议。年幼的国王在母后陪同下出席,大臣米歇尔·德·洛皮塔尔(Michel de L'Hospital)发表了长篇大论的讲话,呼吁所有法国人团结起来。他还倡导各等级的联合,回顾了自 1484 年以来从未召开过的三级会议的角色。洛皮塔尔指出,三级会议将成为国王与代表交流的空间,代表们可就影响王国的重大事务发表意见。② 被湮没已久的三级会议重新召开,说明法国君主制面临危机,政治动荡不安。查理九世去世后,登基的是颇受非议的亨利三世(1574—1589 年在位)。据说,他喜欢排场、珠宝和年轻男子,当然关于亨利三世为同性恋的传闻也可能来自反对派的中伤。亨利三世在成为法国国王之前,已然担任波兰国王。当时波兰实行选举国王的制度,大贵族们为了执掌大权,尤其偏爱选举易于控制的外国人当国王。但兄长查理九世去世后,亨利三世迅速返回了法国即位。

在 1562—1598 年间,法国被断断续续的八次内战搞得动荡不安,这八次战争被统称为宗教战争。关于宗教战争的来龙去脉详见第四章"16—17 世纪的宗教冲突与政治发展"。宗教战争使得外部的角逐转变

---

① Nicolas Le Roux, *Les Guerres de Religion*, Belin, 2009, p. 36.

② Nicolas Le Roux, *Les Guerres de Religion*, pp. 46—47.

为内部的厮杀,法兰西遭遇了比百年战争更严重的伤害。宗教信仰的冲突,大贵族之间对权力的争夺,完全打断了16世纪前半期绝对主义发展的进程。然而,也正是在宗教战争期间,法国确立了两条根本法。首先是法国王室领地不可让渡的根本法。王室领地不可侵犯,这一古老的原则在1566年2月和1579年5月分别由《穆兰法令》和《布卢瓦法令》确定。领地绝对不可转让,除非三级会议同意。这是一项具有国际维度的原则,如果没有当地居民的同意和全国人民的同意,国王不能将他王国的任何一寸领土让与外国力量。其次是国王必须皈依天主教的根本法。1588年在布卢瓦召开的三级会议宣告了这一根本法,由1593年7月5日亨利四世改宗天主教,以及他于1594年2月在沙特尔(Chartres)举行的祝圣仪式所确定:法兰西只能将其命运交给一位天主教国王。[1] 根据法国历史学家阿莱特·茹阿纳的研究,圣巴托罗缪大屠杀对法国君主制产生了重大影响。大屠杀中的大规模动乱令人们意识到需要一个强有力的王权。同时,人们接受了这样的观点:"定期召开三级会议且将三级会议作为共同立法者的契约君主制在宗教分裂时期藏有颇多隐患。"此外,围绕着国王查理九世在大屠杀中的责任问题而产生的争论,使得作为个体的国王被赋予了神圣性。[2] 宗教战争伴随着"三亨利之战"(1587—1589)而走向尾声。"三亨利之战"是宗教战争中八次内战的最后一次,其目的是争夺法国王位的继承权。所谓三亨利分别指法国国王亨利三世、纳瓦尔的亨利和洛林的亨利(即吉斯公爵)。1588年亨利三世派人暗杀了吉斯公爵,1589年亨利三世又被狂热的多明我会修士刺杀。亨利三世去世前指定,纳瓦尔的亨利为王位继承人。纳瓦尔的亨利因此登上了王位,成为亨利四世,开创了波旁王朝。

---

[1] Roland Mousnier, "The State", in *The Institutions of France under the Absolute Monarchy* 1598—1789. The University of Chicago Press,1979,pp.652—653.

[2] 阿莱特·茹阿纳:《圣巴托罗缪大屠杀——一桩国家罪行的谜团》,梁爽译,北京大学出版社,2015年,第318—320页。

二、亨利四世重建王国

　　新国王在即位之初面临巨大的困难,天主教贵族意识到他们的信仰以及他们先前从王室获得的特权将受到威胁。不过,亨利是调和各种矛盾的高手,而且人心思定,舆论普遍支持拥有合法性的新国王。[①] 1593年,亨利四世决定接受天主教信仰,这使得政治局势获得了很大改善。1594年2月25日,亨利四世在夏特尔加冕。3月22日,巴黎隆重迎接亨利四世入城;当晚,西班牙驻军不得不撤离法国首都。其实,国王皈依天主教并没有带来迅速的归顺,但是加冕礼和巴黎入城仪式对法国北部的许多城市产生了教育意义。1594年3月30日鲁昂承认了亨利四世,4月4日特鲁瓦也紧跟着归附。在那些大教堂中,人们唱起了《感恩曲》以感谢上帝给这场浩劫带来美好的结局。[②] 然而,神圣联盟的屈从并非自然而然,国王需要再战数年才能控制整个王国。比如,经过两个月的围城和三次进攻,拉昂(Laon)才于7月22日投降。1598年3月,占据布列塔尼的梅尔克尔公爵最终归顺。4月13日,亨利四世颁布了著名的《南特敕令》。

　　《南特敕令》赋予胡格诺教徒有限的宗教自由。敕令首先规定天主教为法国国教,不过,胡格诺贵族可以在自己的城堡中举行新教仪式,其他胡格诺信徒可以在指定地点祈祷。敕令还允许胡格诺派在某些城镇建造防御工事。此外,胡格诺派在民事和担任公职方面和天主教徒享有同样的权利。因此,可以说《南特敕令》朝着宗教宽容迈出了一大步,具有划时代的意义。不过,也应看到,这个敕令对后世的历史学家而言具有更长远的合理性,而大多数时人并未意识到。教皇克莱蒙八世对此批判道:"信仰的自由……是世界上最糟糕的事情。"[③]《南特敕令》遭到了天

---

① Roger Price, *A Concise History of France*, pp. 62—63.

② Nicolas Le Roux, *Les Guerres de Religion*, Belin, 2009, pp. 311—312.

③ 参拉鲁斯百科全书南特敕令词条, https://www. larousse. fr/encyclopedie/divers/édit_de_Nantes/134720。

主教徒和胡格诺教徒的强烈抵制,胡格诺派认为所获不多,天主教徒则认为走得太远。巴黎高等法院于1599年1月2日拒绝对其进行登记。1月7日,国王召集了一定数量的法官到卢浮宫,敦促他们服从,然而高等法院的立场并没有动摇。1599年2月25日,该敕令经些许修订才被巴黎高等法院登记。格诺罗布尔、波尔多、图卢兹、第戎、雷恩等外省高等法院也都抵制登记,鲁昂高等法院的抵抗一直持续到1609年。[1]《南特敕令》实际上确认了统一的法兰西版图上胡格诺派"国中之国"的地位,让政治、军事、司法和财政方面各种深刻的不稳定因素潜伏下来,危机早晚会重新爆发。因此,针对亨利四世的谋杀此起彼伏,在他统治期间大概有20次。如此看来,亨利四世被刺身亡几乎是必然的。[2]

宗教战争给法国的经济生活造成了重创,城镇与乡村都满目疮痍。城镇人口急剧下降,乡村之中役畜难寻,农民只能亲自拉犁。面对凋敝的经济状况,亨利四世的政权首先致力于休养生息,恢复经济。苏利(Sully)公爵在亨利四世的政府中扮演着重要角色。他担任财政总监察官(surintendant des finances),实际上掌管着多种职权,除了控制财政以外,他还管理王家的防御工事、建筑、海军和炮兵,同时还要负责维护公路、桥梁和运河。[3] 面对国家财政危机,苏利采取了一系列有力的措施。他取消或降低一批税收,增加了盐税、葡萄酒税、票据税等间接税,并设立了官职税(paulette)。[4] 苏利和国王都认为土地是国家首要的财富,非常重视农业发展。1599年,亨利四世聘请荷兰水利专家来传授排干沼泽的技术,将吉伦特和普瓦图大片的沼泽区改造成耕地。国王推荐新教农学家奥利维·德·塞雷(Olivier de Serres)的《农业景观和田间管理》(*Théâtre d'agriculture et mesnage des champs*)。国王自己出资传播

---

[1] Lucien Bély(dir.), *Dictionnaire de l'Ancien Régime : royaume de France, XVe – XVIIIe siècle*, Paris, PUF, 1996, p. 471.

[2] 关于刺杀亨利四世的问题,可参阅 Roland Mousnier, *L'assassinat d'Henri IV*, Folio, 1992。

[3] Robin Briggs, *Early Modern France, 1560—1715*, Oxford: Oxford University Press, 1977, p. 83.

[4] 郭华榕:《放言惊世法兰西》,北京:东方出版社,2018年,第103—104页。

德·塞雷的著作。每天晚饭后，亨利四世都让人给他读上半小时这位农学家的著作。① 国王和贵族的狩猎权是农民的一项负担，于是亨利四世禁止贵族穿越长着谷物的农田或收获前的葡萄园。为了防止饥馑，国王严禁谷物贸易。在那个时代，饥荒频仍，谷物匮乏现象严重，粮食从不缺国外的买主。为了改善国内交通状况，亨利四世政府积极修复、拓宽道路，排干沼泽，并且开凿运河。

亨利四世统治时期，也开始发展重商主义。苏利的得力助手巴泰勒米·德·拉菲马（Barthélemy de Laffemas）是一名新教徒，一个受封贵族的经济学家。他受那个时代重商主义学说的影响，努力确保贸易出超，鼓励国内奢侈品行业发展从而不必进口丝绸等奢侈品，并支持法国在北美的扩张。② 16、17 世纪，西欧国家最为典型的特征之一便是国家加强了对于经济生活的控制，追求建立具有竞争力的工商业。法国也顺应这一潮流，积极扶持丝织业、制毯业、亚麻业、陶瓷业、玻璃制造业等行业。亨利四世休养生息、发展经济的政策，产生了良好的效果。法国成了欧洲一流的经济强国，人口也在长期停止后出现了增长。到 1600 年时，法国境内已经有 1700—1800 万人口。③

宗教战争不仅破坏了经济，此前弗朗索瓦一世和亨利二世为加强王权所做的种种努力大部分也付诸东流。亨利四世重新致力于发展绝对君主制的事业。他整治议政会，将大议政会变为小议政会，使其更听命于国王，更具绝对主义色彩。他没有召开过三级会议，还通过打击法官群体、省三级会议、市政机构等中间团体，以更好地推行个人意志。尽管亨利四世通过各项举措为波旁王朝打下了一个良好的基础，然而在他所生活的年代其统治依然艰难。他处在不同政治集团的纷争之中，是各种暗杀的对象。1609 年，尤利尔-克莱弗（Juliers-Clèves）公国在莱茵河的

---

① G·勒纳尔、G·乌勒西：《近代欧洲的生活与劳作》，杨军译，上海三联书店，2008 年，第 183、191 页。

② Paul F. State, *A Brief History of France*, p. 117.

③ Nicolas Le Roux, *Les Guerres de Religion*, p. 361.

领土继承问题上引发了争端。哈布斯堡王朝和波旁王朝的阵营都提出了继承要求,神圣罗马帝国皇帝宣布代管这些遗产,亨利四世则计划于1610年5月下半月率军出征克莱弗,联合德意志新教徒对抗哈布斯堡王朝。正是针对克莱弗的行动计划引起了一些天主教徒的不安,在他们看来,国王考虑对于一个天主教小公国发动战争,这似乎暴露了他皈依天主教并无诚意,或者说他对信仰问题玩世不恭。在1609年圣诞节前后还流传着这样的谣言,即新教徒正计划对天主教徒进行大屠杀,而且国王将对教皇发动战争。[①]狂热的天主教徒拉瓦亚克(François Ravaillac)可能听信了这些谣言,于5月14日在巴黎的街道上刺杀了亨利四世。5月27日,拉瓦亚克在河滩广场被处以极刑。7月1日在圣德尼为国王举行了葬礼。亨利四世去世之后,人们开始意识到他统治的成就,于是诞生了"好国王亨利"的神话。日后流行的好国王亨利的形象——头戴白羽毛,留着漂亮胡须,背着孩子,并且期望每个农民锅里有一只鸡——是在其身后被有意制造出来的。这种好国王的形象逐渐变得鲜活生动,然而其真实性令人怀疑。[②] 1614年8月23日,一尊亨利四世骑马的青铜雕像被永久安放在巴黎市中心的新桥上。从此,亨利四世就属于一个田园诗般的黄金时代。[③]

第四节　两位枢机主教与路易十四的统治

一、两位枢机主教的统治

从亨利四世到路易十四亲政这段法国史,国王似乎并不重要,执掌大权的是两位枢机主教与两位摄政母后。1624—1661年间两位枢机主教的政权,对法国的政府和社会产生了深远的影响。黎塞留和马扎然的

---

① Yves-Marie Bercé, *The Birth of Absolutism. A History of France, 1598—1661*, translated by Richard Rex, London: Macmillan Press Ltd, 1996, p. 34.

② Pierre Goubert, *The Course of French History*, p. 104.

③ Yves-Marie Bercé, *The Birth of Absolutism. A History of France, 1598—1661*, p. 37.

统治无论在内政还是外交层面都具有连续性。亨利四世遇刺后,年仅 9 岁的路易十三即位,随后的四年间由其母后美第奇家族的玛丽(Marie de Médicis)摄政。按照当时法国的传统,当国王年满 13 岁时便已成年,不再需要监护,可以管理国家。然而,1614 年后,玛丽·德·美第奇又把持了三年朝政。在她统治期间,佛罗伦萨人孔契尼(Concino Concini)成为宠臣。1617 年 4 月,想要挣脱束缚的路易十三,在心腹大臣的谋划下诛杀了不得人心的孔契尼,并迫使太后迁居布卢瓦。后世历史学家常常关注王太后与国王的争吵以及王太后与红衣主教黎塞留的政治斗争(正是这样的斗争使她最终在流放中死亡),却很少意识到她统治时期是法国近代早期最繁荣的时期之一。①

黎塞留(1585—1642),生于普瓦图的一个贵族家庭,他原想从军,但为保住家族占有的主教职位而进入教会。1614 年,黎塞留以普瓦图教士代表身份出席三级会议,博得太后青睐而参政。② 29 岁的黎塞留便成为王太后的顾问,30 多岁时成为红衣主教,在 40 岁前便担任了路易十三的首相。在接下来的 18 年里,他权倾一时,在时人眼中冷酷无情。黎塞留专制、冷酷的形象存在很大程度上的歪曲,其实这位红衣主教也非常善于妥协与沟通,虽然必要时他会很无情。或许,黎塞留真正的成功在于能够长期拥有国王的信任,要知道路易十三生性多疑、很难相处。红衣主教不仅要投入大量精力管理王国,还要对国王察言观色,照顾其情绪。③ 富有政治经验与雄才大略的黎塞留提出了内容广泛的改革计划。他致力于天主教复兴、改革财政、发展工商业、拓展航海事业。复兴天主教的事业,势必激起新教徒的反对,胡格诺教徒在拉罗歇尔、朗格多克等

---

① Yves-Marie Bercé, *The Birth of Absolutism. A History of France*, *1598—1661*, p. 43.
② 这次三级会议于 1614 年 10 月在巴黎召开,其中有 141 名教士代表、135 名贵族代表和 198 名第三等级代表。在大会上,年轻的国王表达了他的意愿:希望在王国中建立起良好的秩序,以服务上帝,减轻人民的痛苦。三个等级分开议事,辩论集中在官职买卖问题。参 Nicolas Le Roux, *Les Guerres de Religion*, Belin, 2009, p. 339.
③ Robin Briggs, *Early Modern France*, *1560—1715*, Oxford: Oxford University Press, 1977, p. 96.

地挑起叛乱,黎塞留则于1627—1629年间进行了征讨与镇压。

17世纪初,法国的四周仍被哈布斯堡王朝的领地所包围,法国政府采取一切手段扩展边界,以冲破包围。黎塞留为法国设计了最终的目标,即实现"天然疆界":除把比利牛斯山脉作为法、西永久边界外,还应该把法国边界向东推进至莱茵河,特别是要控制梅斯、洛林和斯特拉斯堡。因为这些地方有利于法国的防御而且可以作为攻击德意志的重要门户。黎塞留在《政治遗嘱》中提出,"我秉政之目的在于:为高卢收回大自然为它指定的疆界,让所有高卢人臣服于一位高卢国王,将法国置于高卢的位置上,在原属古代高卢的一切地方建立新高卢"①。在黎塞留主政时期,法国经历了三十年战争(1618—1648年)的大部分岁月。当时的法国人口众多,相对富有,有足够的力量多线作战。然而,漫长的战争需要法国付出巨大的努力,战争迫使黎塞留及随后的马扎然采取战时的独裁体制,对人民横征暴敛。因此,法国农民起义频繁,抗议不断。各地民众的抗议运动包括:反对盐税官,反对征收人头税、封建主地税、间接税等各项捐税的征税史。民众暴动来势汹汹,有时资产阶级和法官都不准备阻止,担心对自己产生不利影响,也多少对民众的疾苦有些同情。②

马扎然(1602—1661)生于意大利,1630年作为教皇使节调节法国、西班牙冲突而来到法国,并得到黎塞留的赏识。他于1641年担任枢机主教。黎塞留在去世(1642年)之前,向路易十三推荐了马扎然接替其职务。1643年路易十三去世,马扎然成为首相,开启了与摄政太后奥地利的安娜共治的双头政治。他深得王太后的宠信,大权在握。然而马扎然的统治不及黎塞留强硬。作为一个出身于意大利的首相,他的权力遭人嫉恨,早在玛丽·德·美第奇和孔契尼当政期间,法国精英就形成了反意大利的潮流。那些曾臣服于黎塞留铁腕的大贵族们谋划在摄政时期提升自己的地位。黎塞留也遗留给马扎然一场无休止的战争和难以化

---

① Peter Salins,"Natural Frontiers Revisited: France's Boundaries since the Seventeenth Century",*The American Historical Review*,Vol. 95,No. 5(Dec.,1990),p. 1425.
② 乔治·杜比、罗贝尔·芒德鲁:《法国文明史》II,傅先俊译,第393页。

解的财政困难。这一切使得枢机主教执政的头十年相当混乱。在1648—1653年间,他先后平息了高等法院福隆德运动(la Fronde,又译投石党运动)和亲王福隆德运动。在反叛运动时期,产生了大量攻击马扎然的小册子,谴责他腐化堕落、思想阴暗,其统治罪孽深重。[1] 在压制了福隆德运动之后,马扎然成为政府系统中真正的核心人物,权力大大巩固,无论是在财政领域还是在教会与宫廷中,都是他的亲信获得提拔。在马扎然去世时,其聚敛的财富高达3500万利弗尔。[2] 他支持文化艺术事业,创立了王家绘画雕塑学院,并建立了留存至今的马扎然图书馆,这也是法国最古老的公共图书馆。

在外交政策上,马扎然沿袭了黎塞留反哈布斯堡王朝的策略。1648年他缔结了《威斯特伐利亚和约》,结束了三十年战争,这个和约不仅使法国获得了阿尔萨斯地区的大部分土地(斯特拉斯堡除外),而且沉重打击了哈布斯堡王朝,进一步加深了德意志政治上的分裂,提升了法国的实力与国际地位。三十年战争结束后,马扎然联合英国继续抗击西班牙,1659年迫使西班牙签订《比利牛斯条约》(Le traité des Pyrénées),并且促成了路易十四与西班牙公主联姻。1661年,临终的马扎然向路易十四举荐了自己的私人助理科尔贝(Jean-Baptiste Colbert,1619—1683)。异常勤奋、精力充沛的科尔贝,于1661年任财政监察官(intendant des Finances),1665年担任财政总监(contrôleur général des Finances),他努力改革毫无章法的财政体系,整顿经济秩序,大力发展工商业,其权限还延伸至贸易、建筑、海军、殖民地等多个领域。[3] 他奉行实施的重商主

[1] Jeffrey Merrick,"The Body Politics of French Absolutism", in Sara E. Melzer and Kathryn Norberg(eds.), *From the Royal to the Republican Body：Incorporating the Political in Seventeenth-and Eighteenth-Century France*, Berkeley, Calif.：University of California Press,1998, pp. 25—29.

[2] Hervé Drévillon, *Les Rois absolus*, Berlin,2011, p. 210.

[3] 参 https://www. larousse. fr/encyclopedie/personnage/Jean-Baptiste_Colbert/114048；Jean-François Sirinelli(dir.), *Dictionnaire de l'histoire de France*, p. 236；关于科尔贝的研究可参丹尼尔·德塞尔:《科尔贝尔:路易十四王朝的神话》,廖宏鸿译,社会科学文献出版社,2023年。

义政策,改善了法国的经济,为路易十四称霸欧洲奠定了物质基础。

二、路易十四的对外扩张

冲龄即位的路易十四成为法国历史上统治时间最长的君主,在位 72 年,亲政 54 年。马扎然去世后,23 岁的路易十四不再设立首相一职(财政总监成为最重要的大臣),他亲自执政,事必躬亲。太阳王治下的法国是以会议体系进行运转的,国王的会议名目繁多。路易十四时代,法国的绝对君主制达到顶峰。此时的法国政府大大加强了中央政府对各省的控制。由国王政府派遣监察官执掌各省或财政区的司法、治安、财政的制度,在福隆德运动期间曾被取消,路易十四亲政后予以恢复。[1] 这些钦差大臣控制住了地方,既能遏制横行霸道的领主,也可压制农民的反抗。

路易十四的绝对主义以军事为重要基础,他重视对军队的改革与重建,以加强君主对于军队的控制权。以前大贵族对军队有很强的私人影响,他们凭借委任状招募、训练自己的军队。军队与其说效忠国王,不如说效忠统领它的贵族。政府很难调动军队,指挥官是为了自己的利益而战。路易十四依靠大臣、军事改革家米歇尔·勒泰利耶(Michel Le Tellier)和他的儿子弗朗索瓦-米歇尔·勒泰利耶[2],对军队进行大刀阔斧的改革,减小贵族对军队的影响,加强王权的控制。路易十四派往外省的监察官平时负责控制地方的行政和财政,战时则可以指挥地方军队。监察官充当国王的代理人,将地方贵族的军事指挥权架空,使得国王能够调动地方军事力量。勒泰利耶还设立了新的军队中枢机构——总指挥部,还完善了法国军队的运输和补给系统,使得国王能够更加直接地影响和控制基层的军队和忠诚不足的贵族军官。

---

[1] Lucien Bély (dir.), *Dictionnaire de l'Ancien Régime*, p. 668.

[2] 从 1662 年开始,父子二人开始担任战争国务秘书,参 Hervé Drévillon, *Les Rois absolus*, Berlin, 2011, p. 33.

可以说,路易十四要使法国的一切武装为了国王一个人服务。他把军衔、军阶系统化,确立了指挥系统等级,使自己居于首位。高级军官依赖政府,得受军纪约束。士兵穿制服,要操练,这样便能够严明军纪。政府还承担装备,供养军队,成立了一个军需部以取代那种过去靠乡村来供给军队的做法。1670 年,路易十四下令成立了荣军院,令伤残老兵有所依靠。更重要的是,国王不断扩大军队。1689 年,法国有 15.8 万现役军人,1691 年,这个数字达到了 27.3 万,而到了 1693 年估计高达 40 万人。[1] 总之,"太阳王"创立了一个新的军事机器,它成为欧洲其他国家仿效的对象。

路易十四继承了黎塞留的遗志,继续推行天然疆界政策。他的愿望可以说更为宏大,为此四面出击,以实现两大目标:一是把法国的疆域向东扩展,直抵莱茵河,吞并西属尼德兰;二是获得西班牙的继承权。好战的路易十四亲政 54 年,有 31 年处于战争状态。

路易十四时期的主要战争(1661—1715)

战争名称	直接原因	主要战役	同盟	敌手	条约
遗产战争 (1667—1668)	法国索要西属尼德兰的遗产;法国入侵		无	西班牙	亚琛条约,1668 获得:12 处西属尼德兰防御要塞
法荷战争 (1672—1679)	法国入侵联省	马斯特里赫特(1673,占领) 菲利普斯堡(1676,丧失) 卡塞尔(1677,获胜) 根特(1678,占领)	英国(1672—1674) 瑞典(1675—1679)	联省 西班牙(1673—1679) 神圣罗马帝国皇帝(1673—1679)	尼姆维根条约,1679 获得:弗朗什-孔泰、在西属尼德兰更多的城镇。 损失:对荷兰的商业让步

---

[1] 理查德·邦尼主编:《欧洲财政国家的兴起:1200~1815 年》,沈国华译,上海财经大学出版社,2016 年,第 142—143 页。

续表

战争名称	直接原因	主要战役	同盟	敌手	条约
奥格斯堡同盟战争（九年战争，1688—1697）	法国入侵巴拉丁领地	菲利普斯堡（1688,占领）弗勒鲁斯（1690,胜利）比奇角（1690,海军胜利）那慕尔（1692,占领）拉乌格（1692,海军失败）内尔温登（1693,胜利）那慕尔（1695,丧失）	无	联省英国帝国皇帝西班牙萨伏依勃兰登堡巴伐利亚	里斯维克和约,1697损失:大部分占领的土地（不含斯特拉斯堡）;洛林大部分
西班牙王位继承战，（1701—1713）	法国接受让安茹的菲利普继承西班牙王位;占领屏障要塞;承认英格兰的"詹姆斯三世"	奇亚里（1701,战败）布莱尼姆（1704,战败）拉米伊（1706,战败）都灵（1706,战败）奥德纳尔德（1708,战败）里尔（1708,丧失）马尔普拉凯（1709,不分胜负）德南（Denain）（1712,胜利）	西班牙巴伐利亚	联省英国帝国皇帝萨伏依勃兰登堡葡萄牙	乌特勒支和约,1713和拉施塔特条约,1714损失:瓜分西班牙帝国,排除了西班牙波旁王室对于法国王位的继承权,荷兰人驻防许多屏障要塞,敦刻尔克防御工事被拆毁。损失了一些殖民地,英国亚森托（Asiento）协议获得30年的奴隶贸易特权。

来源 Robin Briggs, *Early Modern France 1560—1715*, Oxford：Oxford University Press,1977, p. 152.

　　路易十四发动的第一场战争是遗产战争(la guerre de Dévolution，1667—1668)，他要以王后的名义继承西属尼德兰的遗产。1665 年 9 月，西班牙国王菲利普四世去世，路易十四以其王后、菲利普四世长女玛丽亚·泰利萨(Marie-Thérèse)之名义要求继承遗产。他的一个理由是王后玛丽亚·泰利萨嫁给他时，《比利牛斯条约》中曾许诺了 50 万金埃居，但西班牙一直没支付这笔钱。通过这次战争，法国获得了包括杜埃、里尔在内的十多处要地，其中一些地盘位于西属尼德兰的领土之上，等于在那里占据了飞地。① 事实上，西班牙已无力防守，而路易十四则相信此战役证明了他是杰出的战略家。②

　　路易十四小试牛刀便获得了胜利，这使他愈发得寸进尺，又把目标对准了荷兰，发动了对荷兰的战争(la guerre de Hollande，1672—1679)。对荷战争也堪称一场欧洲之战，路易十四的动机是多方面的，既有经济竞争的因素(荷兰造船业占据欧洲主要市场)，也有政治上的不满，路易十四是不可能承认共和制成功的。同时，这也可能是关乎荣誉的冲突，因为荷兰人撰写了大量讽刺法国的小册子。③ 1672 年 4 月，路易十四率领 12 万大军出征，掩护他的是当时最杰出的军事家孔代(Condé)和蒂雷纳(Turenne)。法军 6 月 12 日越过莱茵河，6 月 20 日占领乌特勒支。面对国土的沦陷，荷兰人不得不掘开堤坝，以阻止法军的入侵。荷兰执政官威廉组建了一个强大的欧洲联盟以对抗路易十四。本应速战速决的战争拖了六年，法国陷入财政困境。1678—1679 年，法国、荷兰、西班牙、神圣罗马帝国等国在荷兰的尼姆维根签订了一系列结束法荷战争的和约，统称《尼姆维根条约》。法国获得了弗朗什-孔泰，并巩固了它在北部和东部的边防。但路易十四要放弃觊觎荷兰，荷兰保全了自己的领土和独立。

---

① Hervé Drévillon, *Les rois absolus*, Belin, 2011, p. 231 ; Joël Cornette, *Absolutisme et Lumières, 1652—1783*, Hachette Livre, 2014, p.88.
② 丹尼尔·德塞尔:《科尔贝尔:路易十四王朝的神话》,第 256—257 页。
③ Joël Cornette, *Absolutisme et Lumières, 1652—1783*, Hachette Livre, 2014, p.90.

　　从 1679 年到 1688 年,路易十四奉行和平吞并的政策,做出了各种挑衅行为,这导致了太阳王与欧洲诸国的冲突。1688—1697 年,法国同周边反法的国家交战近十年,史称奥格斯堡同盟战争(la guerre de la ligue d'Augsbourg)。所谓奥格斯堡同盟是指 1686 年 7 月 9 日缔结的一个同盟,它包括奥地利、瑞典、萨克森、巴伐利亚、荷兰等国,目的在于阻止路易十四的侵略扩张,要把法国的边界限定于《威斯特伐利亚和约》与《比利牛斯条约》中的规定。不久英国加盟,奥格斯堡同盟更显得声势浩大。[1] 这次战争的结果是法国退出了对荷战争占据的所有土地,不过,仍保留了斯特拉斯堡。1700 年,西班牙国王查理二世无嗣而终,引发了旷日持久的西班牙王位继承战(la guerre de succession d'Espagne)。西班牙国王的遗嘱指定路易十四的孙子、安茹公爵菲利普继承西班牙王位。接受西班牙的继承权意味着法国再次面临欧洲联盟的威胁。1701 年,菲利普继承西班牙王位,称菲利普五世,同时路易十四派兵进驻西属尼德兰。这引起了欧洲各国对于法国势力过大的担忧,英国、荷兰和奥地利形成反法大联盟,并得到勃兰登堡、葡萄牙和意大利萨伏依公国的支持,法国则依靠西班牙和巴伐利亚。主要战场在意大利、尼德兰和德意志,还蔓延到了美洲,规模之大堪称"世界大战"。战争旷日持久,法国被拖得筋疲力尽,再加上反法联盟内部的分歧,参战国最终选择了和谈。1713 年和 1714 年,签订《乌特勒支和约》和《拉施塔特条约》。根据《乌特勒支和约》,路易十四的孙子保住了西班牙王位,但不得兼任法国国王。表面上法国实现了战争的主要目标:菲利普保住了西班牙王位,但是代价巨大,不仅有海外殖民地的损失,还有大量人口的损失,战争的结果使法国受到削弱。战争的胜利曾赋予太阳王荣耀,但却使王国中的民众境遇悲惨。[2]

　　从 15 世纪到 17 世纪,法国绝对主义王权发展之路相当曲折,绝对

---

[1] Joël Cornette, *Absolutisme et Lumières*,*1652—1783*,Hachette Livre, 2014, p. 96.

[2] Hervé Drévillon, *Les rois absolus*, Belin, 2011, pp. 437—438.

君主制的理论原则在历史演进中逐渐形成,其中包含着复杂性与矛盾性。17 世纪绝对主义体制得以巩固的一个标志是中间团体的衰落:三级会议从 1614—1615 年的会议后没有再召集,直到大革命来临;最后一次显贵会议是在 1626—1627 年召开的;多菲内的三级会议也停止召集;诺曼底的最后一次三级会议则是在 1655 年召开的;教士大会、市政会议也都受到了控制。[①]

三、绝对主义王权理论

绝对主义(Absolutisme)一词于 1797 年在法语中首次出现,这一用法变成通用的概念则是 19 世纪的事情。[②] 绝对主义与拉丁文 absolvere 有关,它的分词形式为 absolutus,意指"纯粹的""不含异质成分"的。因此,绝对君主制就是不含有任何民主政体或贵族政体成分的纯粹政体。[③] 在这样的国家中,王权至上,君主作为最高的行政长官、立法者和审判者进行统治。

法国最突出的绝对主义的倡导者是让·博丹(Jean Bodin,1530—1596)和雅克·波舒哀(Jacques-Bénigne Bossuet,1627—1704),从此二者的思想中,我们可以看出法国绝对主义的基本特征。博丹对于绝对主义的贡献在于他提出了主权的理论。他将主权界定为"一国之中绝对的和永恒的权力",主权之所以是"绝对"的,因其不可分割,整个委托给了惟一的权威,同时也因为它具有行使终审判决的权能。[④] 在法国无疑应由君主一人独掌主权。君主虽然因行使主权而享有绝对权威,但他并不能成为肆意妄为的暴君,而是要受到如下制约。首先,他要遵守神法和

---

① 乔治·杜比主编:《法国史》,吕一民、沈坚、黄艳红等译,上卷,商务印书馆,2010 年,第 666 页。

② Richard Bonney,*L'absolutisme*,Paris:PUF,1989,p. 6;Nicholas Henshall,*The Myth of Absolutism*,London and New York:Longman,1992,p. 1.

③ 彼得·赖尔等著:《启蒙运动百科全书》,刘北成等译,上海:上海人民出版社,2004 年,第 3 页。

④ Jean-Louis Thireau," l'absolutisme monarchique a-t-il existé ?",*Revue française d'histoire des idées politiques*,6,1997,p. 295. 在博丹那里,虽然纯粹的君主制(la monarchie pure)要求国王具有终审裁决的权力,但是纯粹君主制并不反对国王在做出决定之前听取各方的意见,包括大臣、顾问甚至是代表不同等级的团体。参 Jean-Louis Thireau,p. 301.

自然法。[1]　其次，他不能改变根本大法。[2]　在《国家六论》(1576 年)中博丹专门提到了两项根本法。其一是排除女性继承王位的萨利克法；其二是，统治者只能使用而不能真正拥有王室领地，这意味着君主无权转让王室领地。[3]　再次，他必须要尊重臣民的财产权，不经其同意不能课税。[4]　最后，虽然博丹强调立法权是主权的根本特性，君主是不受拘束的立法者，但成文法的内容却始终应该符合天理的要求。[5]　总之，博丹在论证绝对王权之重要性的同时，实际上也给绝对权威加上了种种限制。

　　路易十四的同时代人波舒哀主教是另一位重要的绝对主义理论家。他认为法国王权具有以下特征：第一，王权是神圣的。上帝安排国王们作为他的使者，来统治其人民。国王本人是神圣的，谋害国王就是犯渎圣罪。但"国王们必须尊重其专有的权力，而且只能使权力服务于公益(le bien public)"。[6]　第二，王权是父性的。父权君主制(la monarchie

---

[1] Henshall, *The Myth of Absolutism*, p. 126；André Lemaire, *Les lois fondamentales da la Monarchie Française*. Paris：Fontemoing, 1907, pp. 114—115.

[2] 根本法(lois fondamentales)的概念于 16 世纪后期兴起，最早出现在贝兹(Theodorus Beza)的 *Du droit des magistrats*(1573)之中(参 M. P. Thompson, "the History of Fundamental Law in Political Thought from the French Wars of Religion to the American Revolution", *American Historical Review*, vol. 91, No. 5, 1986, p. 1103)。博丹在此并未使用 lois fondamentales 的概念，而是使用了 loix royales(王规)的概念。研究者认为博丹这里所反映的就是根本法的思想。参 Julian H. Franklin, *Jean Bodin and the Rise of Absolutist theory*. Cambridge University Press, 1973, p. 70；André Lemaire, pp. 114—115；昆廷·斯金纳：《近代政治思想的基础》下卷，奚瑞森、亚方译，北京：商务印书馆，2002 年，第 416 页。

[3] 斯金纳：《近代政治思想的基础》下卷，第 416—417 页。博丹认为这两项根本法对政治稳定很重要，同时也与绝对主义相兼容。参见 Franklin, *Jean Bodin and the Rise of Absolutist theory*, chapter 5 "Limitations on Absolute Authority".

[4] 基于国家与家庭关系的考虑，博丹提出了这一主张。他认为私有制与家庭紧密联系在一起，摧毁所有权就是摧毁家庭，而家庭又是国家的基本要素，因此国家应该捍卫所有权。参萨尔沃·马斯泰罗内：《欧洲政治思想史》，黄华光译，北京：社会科学文献出版社，1998 年，第 58 页。

[5] Nicholas Henshall 指出，博丹之所以赋予君主立法权并强调不能与他人分享立法权，也是为了反驳奥特芒(Hotman)和贝兹(Beza)等理论家的观点。他们将任命大臣、宣布战争、铸币等权力赋予了三级会议，而博丹对立法权的界定包含了所有这些君主独有的、不可抗拒的权力。对博丹而言，"立法"只不过是数个世纪以来国王所拥有的那些权力。参 *The Myth of Absolutism*, pp. 126—127.

[6] Richard Bonney, *L'absolutisme*, pp. 50—51.

paternelle)可以理解成许多不同的东西。对于波舒哀来说,这意味着"君主不是为自己而生,而是为了公众而生",如果不是这样,那就是一位暴君。君主还应该满足人民的需求,而且对于人民之中那些软弱无力者当供给最多。① 第三,王权是绝对的,这意味着它是独立的。波舒哀指出,"君主无须向他人汇报他所下达的命令","当君主做出裁决后,便不再存在其他的裁决",不过,君主要服从于"法律的公正",并致力于维护这一点。② 第四,王权是服从于理性的。波舒哀解释道,"统治是一本关于理性和智慧的书籍","君主的才智给人民带来幸福","才智比武力更能拯救国家"。他还提出,君主应通晓法律、政务;能够做到知人并拥有自知之明;应了解王国上上下下所发生的事情;应该会说话,也能保持缄默、守住秘密;应具有预见力;应该能够教育大臣们并且能听取建议。③ 除了归纳王权的基本特征,波舒哀还探讨了根本法与绝对君主制的关系。他声称:"存在一些我们不能改变的根本法。如果违背了这些根本法就是撼动了世界的一切根基,随后发生的只能是王国的崩溃。""最为绝对的君主制在根本法的层面也仍然拥有不可动摇的限度。"在波舒哀看来,首要的根本法是尊重臣民的自由与财产权的。④强调王权之神圣性与绝对性的波舒哀为何如此看重根本法的意义? 其实,使王权接受限制正是保护绝对权威的重要方式,他指出,"精明的君主将种种限度加于自身……他们强迫自己服从某些法律,因为过度的权威最终将自取毁灭"。⑤

通过博丹和波舒哀的观点,我们可以看出法国的君主制虽然是绝对的或神圣的,但它绝非专制主义,绝对权威与专横的暴君迥然有别。甚至可以说,绝对主义恰恰是暴政的对立面。波舒哀写道,"建立政府是为了使所有人摆脱一切的压迫和暴力"。⑥ 而且,君主是为公众而生,王权

---

① Richard Bonney, *L'absolutisme*, pp. 52—53.

② Richard Bonney, *L'absolutisme*, p. 58.

③ Richard Bonney, *L'absolutisme*, p. 63.

④ André Lemaire, *les lois fondamentales*, pp. 179,181.

⑤ André Lemaire, *les lois fondamentales*, p. 183.

⑥ Richard Bonney, *L'absolutisme*, p. 66.

应服务于公益。对于每个臣民而言,君主首先要尊重、保护他们的财产权,无论是博丹还是波舒哀都强调了这一点。除了标榜绝对君主制在统治目标上与专制主义截然不同,绝对主义的理论家们还强调君主要依据不可撼动的根本法治理国家,这才是绝对主义与专制统治的本质区别。值得注意的是,绝对主义的这些原则不仅反映在理论家们的著述之中,作为绝对主义化身的路易十四也明确表达了类似的观点。他曾教导其子说,"我们只是为了公益而生","我们必须为了公共利益(le bien général)而做出牺牲"。① 在王权与根本法的关系问题上,路易十四曾经写道:"主权的属性、王权完美的神圣性使得国王们处于非常幸福的无力状态,他们既不能摧毁国家的法律(这里国家的法律指的就是根本法——引者),也不能破坏公法以及各省特定的习俗、惯例。这并不是最高权威的缺陷或软弱,而是国王们服从其所承诺的信仰与法律的公正。"②"幸福的无力状态",这看似是绝对权威的对立面,其实正是绝对主义原则的体现。

---

① Jean-Louis Thireau, " l'absolutisme monarchique a-t-il existé ? ", p. 305.
② Jean-Louis Thireau, " l'absolutisme monarchique a-t-il existé ? ", p. 306.

第二章　乡村共同体与国家

近代早期的法兰西王国仍是一个传统的农业社会。乡村作为近代早期法兰西王国的主要生活空间，汇集了法国人口的 80％以上，其中主体部分是农民。王国的主要财富来自于农业生产，还有乡村居民、尤其是农民缴纳的赋税。在管理体制尚不十分完备的旧制度，占人口绝大多数的农民实则生活在性质各异的多重制度环境之下，如堂区（paroisse）①、领主庄园（seigneurie）②和乡村共同体（communauté rurale）等。这些制度框架彼此交错，相互制约，共同影响着农民的日常生活，规制着农民与教会、领主、国家之间的相互关系。其中乡村共同体

---

① 堂区（paroisse）是教会进行宗教和世俗管理的基本单位，16 世纪的法国大约有 3 万—4 万个堂区。在王权扩张的过程中，它经常借用已经建立起来的堂区管理单位，如国王的诸多敕令往往是在周日弥撒之后由本堂神甫宣读的。

② 也称领主制，是中世纪封建制度的经济基础，它既体现了领主对土地的占有和支配的经济关系，同时还派生出领主对居住在领地上的居民进行统治的社会关系。中世纪晚期近代早期，随着商品经济的发展，农民人身依附关系削弱，王权在和地方领主争夺收入和权力的过程中，逐步削弱了领主的司法权和征税权。在近代早期的法国，大部分地方的领主庄园对农民的管制已不那么严格，尤其是在巴黎盆地和法国南部地区。领主制在北部力量更为强势，堂区在南部更有影响，但每个地方两者都是相互重叠、互相交织的。堂区和领主制共存，但其地域范围并不一定一致。很多堂区与实际的村庄一致，但有些堂区也包括好几个村庄。领主庄园从地理空间上而言非常复杂，有些领主统治好几个相邻或相隔的村庄，有些村庄或乡村共同体则隶属于两个甚至更多的领主。

直接将农民和国家联接起来。作为一个具有自治性质的政治单位，乡村共同体以习惯法为基础、通过村民会议及其代表自主地管理共同体的公共事务。作为中世纪晚期近代早期非正式的国家基层征税单位，受近代早期法国社会经济形势和王权扩张的影响，乡村共同体的自治方式及其性质发生了较大的转变：村民"委员会"取代中世纪带有"直接民主"性质的村民会议成为共同体的主要决议机构；代表共同体居民利益管理乡村事务的村官则日益成为中央权力的代表。到旧制度晚期，乡村共同体最终被转化为正式的基层行政单位。

第一节　中世纪晚期近代早期法国的乡村共同体

在西方史学界方兴未艾的地方政治史研究中，作为中世纪和近代早期欧洲农民政治实践载体的乡村共同体及与之相关的村民自治问题，备受西方学者的关注。国内学界对这一问题研究的代表作当属近年来赵文洪发表的系列文章，从不同角度对中世纪欧洲的村庄自治及其表现形式进行了解读，并肯定了中世纪欧洲村庄共同体的自治性质。[①] 陈日华在《中古英国地方自治研究综述》中也提到，以戴尔等人为代表的英国学者认为，中古英国村庄一级的地方基层组织具有自治性质。[②] 中世纪晚

---

① 赵文洪：《中世纪欧洲村庄的自治》，载《世界历史》2007 年第 3 期，第 85—98 页；《庄园法庭、村规民约与中世纪欧洲的"公地共同体"》，载《历史研究》2007 年第 4 期，第 138—149 页；《欧洲公地共同体管理中的法制因素》，载《史学理论研究》2008 年第 3 期，第 125—136 页；《公地制度中财产权利的公共性》，载《世界历史》2009 年第 2 期，第 69—78 页。
② 陈日华：《中古英国地方自治研究综述》，载《世界历史》2008 年第 5 期，第 115—116 页。

期近代早期,法国农民的政治生活主要以乡村共同体①为中心展开,与欧洲其他地方的情况大体相似,它通过村民会议及其代表自主地管理乡村中的公共事务,是一个具有自治意义的基层政治单位。②

　　法国学者普遍认可乡村共同体的自治方式及其性质在近代早期有一定的变化,但在变化的程度上尚存在争议。托克维尔在《旧制度与大革命》一书中指出,旧制度时期乡村共同体受中央政府的控制,其自治权完全丧失了。③ 阿尔贝·巴博从制度史层面对 18 世纪勃艮第和香槟地区乡村基层的管理进行了考察,他认为这一时期乡村共同体仍保留了一定的自由。④ 此后,对乡村共同体的研究主要集中在对其社会经济性质的探讨上。20 世纪 70 年代,随着政治史的回归,地方政治史研究出现新潮。让·雅卡尔在 1976 年呼吁扩展对法国乡村共同体管理方式的地区性研究⑤,随后,让-皮埃尔·居东对旧制度时期法国乡村社会生活及其制度框架进行了综合梳理,不过其依据的地区性研究成果相对有限。⑥ 2008 年,安托万·福兰出版了与巴博著作同名的《旧制度时期的村庄》一

① 在近代早期法国的地方文献和已有的研究中存在各种不同的称谓,比如村庄共同体(communauté villageoise),农业共同体(communauté agraire),农民共同体(communauté paysanne),居民共同体(communauté d'habitants),地域共同体(communauté territoriale 或 collectivité territoriale),以及堂区共同体(communauté paroissiale)等。最常见的是 "communauté rurale"这一表述,与"村庄共同体"和"居民共同体"等概念混用。参见 Antoine Follain, "Les communautés rurales en France. Définitions et problèmes(XVe–XIXe siècle)", *Histoire et Sociétés Rurales*, n°12, 1999, pp. 12—13。这里笔者根据法国学者惯常的表述译为"乡村共同体"(也有学者译为"农村公社",但在法语中,"公社"一词一般对应的是"la commune",其词义和性质从中世纪到 19 世纪有很大的变化,不能简单地与"la communauté"等同。两者的区别与联系因涉及社会经济性质上的争论,需另作专文探讨)。

② Jerome Blum, "The Internal Structure and Polity of the European Village Community from the Fifteenth to the Nineteenth Century", *The Journal of Modern History*, Vol. 43, No. 4 (Dec., 1971), pp. 542—576.

③ Alexis De Tocqueville, *L'Ancien Régime et la Révolution*, Paris: Michel Lévy Frères, 1866, pp. 71—76;亦可参考中译本《旧制度与大革命》,冯棠译,商务印书馆,1992 年。

④ Albert Babeau, *Le village sous l'Ancien Régime*, Paris: Librairie académique, 1879.

⑤ Jean Jacquart, "Réflexions sur la communauté d'habitants", *Bulletin du Centre d'histoire économique et sociale de la région lyonnaise*, No. 3, 1976, pp. 1—25.

⑥ Jean-Pierre Gutton, *La sociabilité villageoise dans la France d'Ancien Régime*, Paris: Hachette, 1979.

书,这本综合性著作建立在丰富的地区性研究成果的基础之上,对近代早期法国乡村基层的管理方式和农民的政治生活进行了全面探讨,并指出 17 世纪下半叶之前法国乡村共同体管理模式的地区差异是真实存在的,此后不同类型的乡村共同体最终转变为统一的市政机构。① 本节在梳理法国乡村共同体的起源、基本特点及其自治方式的基础上,将乡村共同体放入近代早期法国社会经济形势以及王权扩张的大背景之中,缕析其自治方式的转变与这些因素之间的关系。

一、乡村共同体的起源及其性质

有关乡村共同体的起源虽然存在争论,但我们可以理出一条大致的线索。② 从 10 世纪开始,随着人口增长和农业技术的进步,乡村人口不断聚集,出现了相对集中的聚居区。最初,堂区和地方宗教团体将这些地域上相邻的人们联系在一起,形成某种"情感共同体"。从 12 世纪起,领主制在乡村共同体的形成过程中开始发挥更为重要的作用。一方面,村庄居民要共同负担领主的各种捐税和劳役,增强了彼此间共同承担义务的责任感,从而催生出"乡村小集体";另一方面,为从领主手中取得司法豁免权和公有地的使用权,在教会和地方宗教团体的支持下,农民也倾向于组成牢固的"村民团体"与领主进行斗争。③ 从 12 世纪末起,有些村庄同城市一样获得成立公社的特权契约,但大多数村庄都只从领主手中取得了特许状,在这一基础上逐渐形成村庄的习惯法,并初步取得了

---

① Antoine Follain, *Le village sous l'Ancien Régime*, Paris: Fayard, 2008.

② Paul Ourliac, "Les Communautés villageoises dans le Midi de la France au Moyen Age", *Les Communautés villageoises en Europe occidentale du Moyen Age aux Temps modernes*, Auch, 1984, pp. 13—27; Robert Fossier, "Les Communautés villageoises en France du Nord au Moyen Age", *Les Communautés villageoises en Europe occidentale du Moyen Age aux Temps modernes*, pp. 29—53; Jean Jacquart, "Réflexions sur la communauté d'habitants", pp. 3—9; Jean-Pierre Gutton, *La sociabilité villageoise dans la France d'Ancien Régime*, pp. 21—28.

③ Marc Bloch, *Les caractères originaux de l'histoire rurale française*, 3ᵉ éd., Paris: Armand Colin, 1988, pp. 199—201.

"共同体"这一称谓。13 世纪的地方文献中已提到乡村共同体的基本活动包括选举共同体的代表、负责地方行政和治安、管理公共财产和资源、共同承担领主的封建义务等,表明这一时期共同体已经是一种较为稳定的存在。例如 12 世纪,北部皮卡第地区的契约文书中一般使用"某某地方的人"之类的说法,到 1250 年左右,"某某共同体"已经成为较为普遍的用词。①

百年战争和黑死病带来的动荡,推动了具有自我保护性质的乡村共同体的进一步发展。同时,中世纪晚期的封建主义危机大大削弱了地方领主的力量,为重建毁于战争和瘟疫的庄园,领主不得不对农民作出诸多的让步,并认可了乡村共同体的法人地位。② 14 世纪,国家也沿用地方领主的征税习惯,以法令的形式将共同体作为王室的基层税收单位确立下来,并赋予其法人身份和管理地方事务的权力(但并非正式的基层行政单位)。③

16 世纪时,"共同体"一词已经频繁出现在各类政令文书中,说明这一政治实体已普遍存在。整个王国当时共有 4 万多个乡村共同体,在地域区划上,乡村共同体与庄园和堂区往往混杂在一起,自中世纪以来便没有严格的区分标准。较大的共同体有时隶属几个不同的领主,或由堂区及附近的村庄组成,也有可能由分属几个不同堂区的相邻小村庄构成,有时一个大堂区还会被分成几个共同体。④ 大体而言,在法国中心地区如诺曼底和巴黎盆地,以及中西部的大部分地区,共同体组织较为松散,一般与堂区重合,受领主的束缚较少;在法国北部、东部和东北部以及中部的部分地区,地方领主势力较为强大,对共同体事务干涉较多;法

---

① Jean Jacquart, "Réflexions sur la communauté d'habitants", p. 5.
② Georges Duby et Armand Wallon(dir.), *Histoire de la France Rurale*, Tome II: *L'Âge classique*(*1340—1789*),Paris: Le Seuil, 1975—1976, p. 134.
③ Hilton-Lewis Root, "État et communautés villageoises dans la France moderne : en Bourgogne aux XVIIᵉ et XVIIIᵉ siècles", *Revue d'histoire moderne et contemporaine*, vol. 39, no. 2, 1992, pp. 304—305.
④ Jean-Pierre Gutton, *La sociabilité villageoise dans la France d'Ancien Régime*, pp. 18—21.

国南部和东南部共同体的组织结构则更为稳固,多以城市"市政委员会"(conseil municipal)的方式来管理共同体,具有较强的自治传统。①

乡村共同体从全体居民的利益出发,通过沿用下来的村规民约构成的习惯法(droits d'usages)②约束共同体居民的行为,调解成员之间的争端。无论哪种类型的乡村共同体,其首要职能是对公有地和农事的管理,比如禁止圈占公有地,实行强制轮作,规定统一的耕种和收割时间,共同行使对牧场和林地的使用权,任命专人看管共同体的庄稼、牲畜或其他公有财产(biens communaux)等,公有地及与之相关的集体权益是共同体的经济基础。不过,这种集体约束的程度存在地方差异,法国北部和东部的敞地制(champs ouverts)地区,对公有地使用的规定非常严格;卢瓦尔河南部的集体义务则较轻,甚至允许进行圈地;而在诺曼底和布列塔尼等居住较为分散的博卡日(Bocage)地区,共同体的精神并不完全反映在土地的集体组织和耕作上,更重要的是村民彼此之间紧密的社会关系和互助实践。③ 除公有地和农事外,共同体还负责部分甚至全部的堂区事务(尤其在共同体与堂区重合的地方),如管理教堂财产,维修教堂和本堂神甫的住宅,维护道路、桥梁、水井和公墓地,修建学校,救济穷人等。此外,乡村共同体还是一个基层税收单位,无论是领主税还是王室税的评估、分摊和征收,均需借助于共同体的自我管理来完成,共同体居民在承担各种赋税和义务时具有连带责任。当然,作为具有法人资格的实体,共同体有权签订契约,支配共同体的收支;在出现与共同体有关的纠纷时,还可根据习惯法作出裁决,或由共同体的代理诉讼人将案

---

① Gabriel Audisio, *Les français d'Hier*, Tome I: *Des paysans*, *XVe - XIXe siècle*, Paris: Armand Colin, 1993, p. 39; Antoine Follain, *Le village sous l'Ancien Régime*, pp. 432—438.

② 有关"村规民约"的探讨,可参考赵文洪《庄园法庭、村规民约与中世纪欧洲的"公地共同体"》,第138—149页。

③ Albert Soboul, "The French Rural Community in the Eighteenth and Nineteenth Centuries", *Past and Present*, No. 10 (Nov., 1956), pp. 82—83.

件提交给领主法庭或王室法庭进行审理。[1]

二、乡村共同体的自治方式

作为乡村基层组织,共同体的自治方式主要体现在以习惯法为基础,通过村民会议(Assemblée de village)[2]这一权力机构及选举出来的管理人员自主地管理共同体的公共事务。[3] 其中村民会议是乡村共同体的最高权力机关,共同体的公共事务均由其进行决议。

在中世纪,召开村民会议一般要得到领主的同意。中世纪晚期近代早期随着领主制的衰落,在法国的大部分地区,领主对村民会议的干涉日益减弱,不过形式上的同意以及在特殊情况下出席会议的情况仍然存在。[4] 不同地方召集会议的频率不相同,比如里昂地区每年平均召开5—6次会议。[5] 但即便是保留下来的会议记录也无法反映真实的情况,福兰认为可能存在大量无记录或者记录丢失的村民议事会议,共同体也可能会因为一些并不重要的事务时常不定期地召开会议。[6] 召开村民会议要进行预先通知,一般由本堂神甫在主日布道时宣布[7],有些地方则通过教堂钟声或敲鼓来召集附近的村民。所有大会均在礼拜日或节假日

---

[1] Hilton-Lewis Root, "État et communautés villageoises dans la France moderne: en Bourgogne aux XVIIe et XVIIIe siècles", pp. 304—306. 中世纪晚期近代早期,国家将共同体的各项集体权利和义务明确列入王室的司法体系中,用王室法庭取代领主法庭,逐渐控制了地方司法。

[2] 也有"共同体大会"(Assemblée de communauté)、"居民大会"(Assemblée d'habitants)、"堂区大会"(le Général de paroisse)等不同表述。不过,村民会议并非普遍的存在,如前所述,法国南部地区主要通过由少数人组成的"市政委员会"来行使共同体公共事务的决议权;在共同体与堂区重合的地方,堂区大会则兼任村民会议的职能;此外,英国普遍存在的村民会议与庄园法庭重合的情况在法国并不多见。

[3] 赵文洪:《中世纪欧洲村庄的自治》,第88—94页。

[4] Antoine Follain, *Le village sous l'Ancien Régime*, p. 226.

[5] Jean-Pierre Gutton, *La sociabilité villageoise dans la France d'Ancien Régime*, p. 71.

[6] Antoine Follain, "Gouverner, Dominer et Servir au Village (XVIe – XVIIIe siècles)", *Enquêtes Rurales*, No. 11, 2007, pp. 15—16.

[7] 1695年和1698年的王室法令剥夺了本堂神甫的这一权利,不过很多地方仍遵循此惯例。参见 Jean-Pierre Gutton, *La sociabilité villageoise dans la France d'Ancien Régime*, p. 73。

的弥撒结束后举行[1]，一般在教堂前的广场或公墓地等公共场所。[2]

中世纪的习惯法规定，所有共同体居民均有权出席大会并参与共同体事务的决议，体现出"直接民主"(démocratie directe)的性质。[3] 村民会议的组织原则是以家庭为单位，由一家之长作为代表出席大会。[4] 与欧洲其他地方有所不同，在法国的很多地方，领主和本堂神甫作为共同体成员也可与会，或派其代表出席并主持会议。[5] 较为正式的会议还要求有一名书记员或公证员负责记录会议内容，并起草大会决议。村民会议讨论的问题涉及共同体事务的各个方面，具体而言包括商议农事活动和与共同体公有财产的出售、购买、交换、租赁等有关的问题；分摊维修教堂、本堂神甫的住宅、共同体的公共建筑、道路和池塘所需的资金和劳力，审查共同体的账簿等；此外，选举共同体的管理人员也是村民会议重点讨论的事情，如选举共同体的代表，任命征税员、放牧员、看护员、巡逻员以及学校教师等。[6] 在近代早期，缴纳王室税、为过往军队提供食宿、战争期间服兵役、组建自卫队等问题，往往是村民会议的主要议题。根据商议的内容，会议对出席人数有最低的要求。如果是与王室直接税有关的会议，要求一半以上的纳税人出席；与共同体债务有关的会议，要求至少三分之二以上的家长代表出席；如果讨论永久性转让公有财产，或分摊领主捐税、劳役等问题，则要求所有居民代表出席。[7]

---

① Antoine Follain, *Le village sous l'Ancien Régime*, p. 234.

② Jean-Pierre Gutton, *La sociabilité villageoise dans la France d'Ancien Régime*, pp. 74—75. 此举显然是为了防止村中某些人勾结起来伪造会议记录，损害共同体其他居民的利益。

③ Jean-Pierre Gutton, *La sociabilité villageoise dans la France d'Ancien Régime*, p. 69. 不过福兰也指出，这是权利而非义务，习惯法并不强迫所有人与会。参见 Antoine Follain, *Le village sous l'Ancien Régime*, p. 252。

④ Antoine Follain, *Le village sous l'Ancien Régime*, p. 219.

⑤ Robert Mandrou, *Introduction à la France moderne. Essai de psychologie collective* (*1500—1640*), Paris：Albin Michel, 1961 et 1974, p. 130; Jerome Blum, "The Internal Structure and Polity of the European Village Community from the Fifteenth to the Nineteenth Century", p. 550.

⑥ Albert Babeau, *Le village sous l'Ancien Régime*, p. 46.

⑦ Antoine Follain, *Le village sous l'Ancien Régime*, p. 253. 对缺席者一般会有所惩罚，如罚款或要求其承担某些公共事务。

村民会议只负责对共同体事务进行决议，还需有专人来执行会议决议，行使乡村日常事务的管理权。① 福兰将这些人统称为"村官"（officier de village）。② 在地方文献中，村官的名称不尽相同，法国中部或北部称"执事"（syndics），南部称"执政官"（consuls），他们一般是共同体的主事者。③ 在需要时，共同体会委派多个管理人员，如普罗旺斯地区，除主事者外，共同体内还有专门负责度量衡和食品质量的监察员，评估土地价值和损失的评估员，负责会议记录的书记官，以及管理共同体财务的财务官等。④ 村官一般由村民会议从共同体居民中选举和任命，任期为一年，经同意还可续任。不同的地区委派村官的方式有很大的差别，如诺曼底地区以投票方式进行民主选举，有些地方则以抽签来决定村官人选，或由上一届执事提出候选人，而法国南部和北部的部分地区，村官有时直接由领主任命。⑤

村官的职权来自村民会议的委任（有些地方还需领主名义上的授权），也由其撤销，是村民进行自我管理的集中体现。村官所负责的事务涉及共同体生活的方方面面，包括管理共同体的财产，将共同体账簿提交给村民会议审查，召集或主持村民会议，监督人们是否遵守共同体的

---

① 在中世纪，领主从自身利益出发应该是支持这一做法的，对其而言，与村中个别代表打交道要比直接面对每户村民更容易。参见 Jerome Blum, "The Internal Structure and Polity of the European Village Community from the Fifteenth to the Nineteenth Century", p. 556。

② Antoine Follain, "Gouverner, Dominer et Servir au Village（XVIᵉ – XVIIIᵉ siècles）", pp. 13—14. 托克维尔将这些管理者统称为"堂区官员"（fonctionnaires de paroisses），巴博使用的是"syndics"一词。参见 Alexis De Tocqueville, *L'Ancien Régime et la Révolution*, p. 40；Albert Babeau, *Le village sous l'Ancien Régime*, pp. 56—72. 本文采用福兰的提法，将其统称为"村官"，负责某项具体事务的村官则称"执事"。

③ 此外还有 procureur, trésorier, maires, échevins, jurats, lieutenants, députés, régents, fabricants, marguilliers, collecteurs 等不同称呼，名称的差异可能意味着管理职能略有不同。

④ Maurice Bordes, "Les communautés villageoises des provinces méridionales à l'époque moderne", *Les Communautés villageoises en Europe occidentale du Moyen Age aux Temps modernes*, p. 163.

⑤ Antoine Follain, *Le village sous l'Ancien Régime*, pp. 309—310；Albert Babeau, *Le village sous l'Ancien Régime*, pp. 60—64；Jean-Pierre Gutton, *La sociabilité villageoise dans la France d'Ancien Régime*, p. 86.

习俗和惯例,处理与共同体有关的诉讼,以及保管与共同体有关的文件等。[1] 比如在朗格多克,委托给村官管理的公共事务包括监督村民遵守主日休息(repos dominical)的情况,核查度量衡,规定食品价格等。[2] 在勃艮第和香槟地区,村官还负责统计村中种马的数量,关注动物疫情,监督道路的维修,防止居民侵占公有农具和牲口等。香槟地区保留下来的记录中有规定,如果村官没有很好地监管田地中的虫害造成的损害,罚款30利弗尔[3];如果不了解牲口发病的情况,罚款50利弗尔。[4]

村官也是乡村共同体与外界联系的代表。一方面,他代表共同体居民的利益,向领主或王室官员传达村民的要求或请愿;在与领主发生冲突时,村官作为共同体的法律代表可以向王室法庭提出诉讼。另一方面,他以领主或国家的名义管理共同体,负责法令的上传下达,以及各种赋税或劳役的摊派和征收等。[5]

担任村官本身并无薪酬,但在实际生活中有一定的好处。有些地方的村官在任职期间可以缴纳固定的王室税,免除需轮流担任的巡逻任务等。[6] 有些共同体会支付给村官一定的报酬,或从公共财产中支付,或从共同体所征税额中按一定比例抽取。[7] 同时,这一职位还可能带来某些荣誉(这一点可能会吸引部分村民),比如诺曼底的村官可以在教堂中居于特殊位置,或在堂区举行的各种仪式中举旗,凡担任过此类职务的居

---

[1] Albert Babeau, *Le village sous l'Ancien Régime*, pp. 65—66.

[2] Maurice Bordes, "Les communautés villageoises des provinces méridionales à l'époque moderne", pp. 159—160.

[3] 近代早期法国的货币单位,1 利弗尔(livre tournois)等于 20 苏(sous),1 苏等于 12 德尼(deniers)。

[4] Albert Babeau, *Le village sous l'Ancien Régime*, pp. 66—67.

[5] Jerome Blum, "The Internal Structure and Polity of the European Village Community from the Fifteenth to the Nineteenth Century", pp. 557—558.

[6] Albert Babeau, *Le village sous l'Ancien Régime*, p. 70.

[7] Brigitte Maillard, "Les Communautés d'habitants et la perception de la taille aux XVIIe et XVIIIe siècles, en Pays d'Élection", in Antoine Follain (dir.), *L'impôt des campagnes. Fragile fondement de l'État dit moderne (XVe - XVIIIe siècle)*, Paris : Ministère de l'Economie, des Finances et de l'industrie, 2005, p. 499.

民在堂区仪式中都有一定的居位优先权。[1]　此外,这一职务也可能为村民谋求其他更有权势的职位提供机会,如拉加代克对布列塔尼卢维涅(Louvigné)堂区的研究表明,27%左右的税务执事最终晋升为堂区的教会财产执事——对堂区居民而言,这算是很高的职位了。[2]

但是,这些好处远不能抵销其工作成本。以专门负责征收王室税的税务执事为例,编订税册、征收赋税的工作不仅耗时耗力,而且还有很大的风险。由于共同体居民在缴纳赋税时具有连带责任,税务执事须以自己的财产作担保,如果有人拖欠或拒缴税款,税务执事则要自己出钱垫付,或采用强制手段征税,以确保税款按时上缴。此类职位对普通村民而言无疑是苦差,为完成征税任务,他们往往倾家荡产,甚至还因此被送进监狱。鉴于这一点,村官一职一般选由经济状况较好的村民担任。正如巴博指出的,在旧制度时期,一般义务都是与权利相伴随的,但村官一职却完全是负担,是必须完成的义务。[3]

三、乡村共同体管理方式的变化

负责行使乡村公共事务决议权和管理权的村民会议和村官,是村民自治的主要体现。但受近代早期法国社会经济形势的影响,其实际运行方式发生了较大的变化。

法国的乡村史家普遍认为在亨利二世统治时期(1547—1559 年在位),法国的乡村人口、农业产量和农民生活等各个方面达到繁荣的顶点,同时也是乡村共同体发展的鼎盛时期。1560 年之后,法国进入一个

---

[1] Antoine Follain, "Gouverner, Dominer et Servir au Village (XVIe - XVIIIe siècles)", pp. 22—23.

[2] Yann Lagadec, "Élites villageoises et pouvoir local : l'exemple de la Bretagne au XVIIIe siècle", in "Société, pouvoirs et politique dans les campagnes", *Enquêtes Rurales*, No. 11, 2007, p. 49.

[3] Albert Babeau, *Le village sous l'Ancien Régime*, pp. 69—70.

"长的 17 世纪"(1560—1715)的萧条时期[1]，货币贬值、物价飞涨[2]以及频繁的农业歉收[3]预示了危机的到来。从 16 世纪中叶开始的长达一个世纪的战乱[4]更是雪上加霜，成片的村庄为过往军队劫掠所毁，土地也被大量抛荒。与频繁的战乱相伴随的是王室税负担的不断攀升。从 16 世纪下半期开始，法国农民的人均税负开始大幅度增长，一直持续到 18 世纪上半期。据统计，18 世纪 30 年代农民的实际税负比 16 世纪 60 年代翻了近七倍。[5]

　　受上述因素的影响，乡村共同体的开支逐渐扩大。从 16 世纪下半期开始，除常规开支外，为驻军或过往军队提供军需，向军队行贿请其撤离，重建为战争或驻军所毁的教堂，向税收官行贿以换取适当的税收摊派额，以及发生税务纠纷时付给律师和法庭的费用等成为共同体的主要负担。乡村共同体的公共收入主要来自公有财产，本身十分微薄，根本无法满足这些巨额的开支，以致这一时期很多共同体均负债累累，共同体组织结构更为松散的北部地区受到的影响更大。勃艮第一个只有 7 户居民的村子所欠债务为 6099 利弗尔，另一个只有 25 户居民的村庄欠债高达 1.5 万利弗尔。[6] 在共同体无法偿还债务时，只得转让或出售公有财产，地方领主和城市资产阶级则借机大肆侵占公有地。1586 年到

---

[1] Georges Duby et Armand Wallon(dir.)，*Histoire de la France Rurale*，Tome II：*L'Âge classique*(*1340—1789*)，pp. 180—185.

[2] 16 世纪，受价格革命和战争的影响，货币大幅度贬值，法国的物价尤其是粮食价格飞涨。以巴黎为例，1558—1670 年间，粮食价格上涨了 105%—110%，其他地方亦是如此。参见 Georges Duby et Armand Wallon(dir.)，*Histoire de la France Rurale*，Tome II：*L'Âge classique*(*1340—1789*)，p. 192。

[3] 受"小冰川期"(petit âge glaciaire)气候的影响，在 1580—1610 年、1640—1665 年和 1690—1710 年间，法国频繁出现农业歉收，造成大规模的饥荒，"生存危机"仍然十分严重。参见 Georges Duby et Armand Wallon(dir.)，*Histoire de la France Rurale*，Tome II：*L'Âge classique*(*1340—1789*)，pp. 186—187.

[4] 影响最大的是"宗教战争"(1562—1598 年)、"三十年战争"(1618—1648 年)和"福隆德运动"(1648—1653 年，又称"投石党运动")。

[5] Philip H. Hoffman，"Taxes and Agrarian Life in Early Modern France：Land Sales，1550—1730"，*Journal of Economic History*，1986，vol. XLVI，No. 1，p. 45.

[6] Jean-Pierre Gutton，*La sociabilité villageoise dans la France d'Ancien Régime*，p. 112.

1594 年间,洛林地区的一个共同体负债 2263 法郎[①],不得不转让部分公有林地,获得 2500 法郎用于还债。随后的驻兵又给其带来 6000 法郎的债务,公有林地被再次出售。[②] 勃艮第北部的一个共同体负债 1.8 万利弗尔,为偿还债务最后被迫转让了所有公有地。[③] 公有地的转让同时也意味着与之相联系的共同体居民享有的各种集体权益失去依托,习惯法被破坏。

共同体财务状况的恶化,公有地及集体权益的不断流失,无疑会降低人们出席村民会议、讨论公共事务的热情。福兰指出,村民会议的出席率从 16—18 世纪不断下降,到 18 世纪,高缺席率已成为村民会议召开时的常态。[④] 以法兰西岛为例,1600 年到 1642 年间布瓦西(Boissy)堂区有 120 户居民,在 41 份保留下来的大会记录中,每次与会人数为 5—64 人不等;拥有 200 户居民的维勒瑞夫(Villejuif)堂区,17 世纪上半期每次与会人数为 9—69 人不等,从 1660—1702 年,每次与会人数为 2—81 人不等,除特殊情况外,一般只有十五六名代表出席,仅占全部居民的 7.5%。[⑤] 法国东部博若莱(Beaujolais)的贝尔维尔(Belleville-sur-Saône)堂区共有 398 户居民,1695 年举行的 8 次会议只有 67 户居民出席。[⑥]

与此相关的问题是经常出席大会的居民代表所占的比例。据雅卡尔统计,维勒瑞夫堂区 1660—1702 年间的记录中,71 次大会有 316 名不同的人与会,到会总人次为 1289,其中 119 位只出现过一次,128 位只出

---

① 按 1795 年法国的币制,1 法郎等于 1 利弗尔 3 德尼。

② Jean Jacquart, "Réflexions sur la communauté d'habitants", pp. 22—23.

③ Georges Duby et Armand Wallon(dir.), *Histoire de la France Rurale*, Tome II : *L'Âge classique*(1340—1789), p. 296.

④ Antoine Follain, *Le village sous l'Ancien Régime*, p. 254.

⑤ Jean Jacquart, "Réflexions sur la communauté d'habitants", p. 15. 不过,仅从会议记录上的签名来确定与会人数并不一定准确,可能存在很多出席会议、但对最终决议不满而拒绝签名的人。"通过沉默来表达自己的反对,这是一种政治姿态。"参见 Antoine Follain, "Gouverner, Dominer et Servir au Village (XVIᵉ - XVIIIᵉ siècles)", pp. 18—19.

⑥ Jean-Pierre Gutton, *La sociabilité villageoise dans la France d'Ancien Régime*, p. 78.

现过 2—5 次,36 位出现过 6—10 次,21 位出现了 11—15 次,12 人的出席超过 16 次,只有 10% 左右的居民出席率达到或超过 40%。[1] 上述贝尔维尔堂区 1695 年举行的 8 次会议中,有 1 人出席了 7 次会议,3 人出席了 4 次会议,6 人出席了 3 次会议,14 人出席了 2 次会议,43 人出席了 1 次会议。[2] 这些出席率较高的居民逐渐形成村民会议的核心群体 (noyau assidu)[3],与会人数的减少,使其得以掌控共同体公共事务的决议权。

由此,自 17 世纪起,村民会议的决议权逐渐从中世纪的全体或大部分共同体居民手中转移到这一核心群体手中,这些人代表其他居民,对共同体的公共事务进行商议并拟定大会决议。诺曼底卡昂的比伊 (Billy)堂区共有 40 多户居民,1646 年的一份大会记录如下:"为商议事务……该堂区居民集会……出席代表为……(共有 16 个人的姓名被列举出——引者注),代表该堂区之全体居民,堂区居民已签署之决议对缺席者具有同等之效力……。"[4]这份记录明确表示出席的 16 人可代表"该堂区之全体居民"。从笔者所见的其他近代早期的堂区会议记录来看[5],无论与会人数多少,会议记录一般都是如此表述。如福兰所言,少数人的决定即等同于整个共同体的决定。[6]

那么,这些核心群体属于乡村社会中的什么阶层? 雅卡尔的研究表明,在 17 世纪的巴黎地区,经常出席大会的村民一般较为富有,如中等

---

① Jean Jacquart, "Réflexions sur la communauté d'habitants", p. 16.

② Jean-Pierre Gutton, *La sociabilité villageoise dans la France d'Ancien Régime*, p. 78.

③ Antoine Follain, "Gouverner, Dominer et Servir au Village (XVIe - XVIIIe siècles)", p. 21.

④ Antoine Follain, "Gouverner, Dominer et Servir au Village (XVIe - XVIIIe siècles)", pp. 9—10.

⑤ 主要是部分论文集所附的原始资料汇编,如 Antoine Follain(dir.), *L'impôt des campagnes. Fragile fondement de l'État dit moderne (XVe - XVIIIe siècle)*, pp. 549—642 ; Antoine Follain(éd.), *L'Argent des villages. Comptabilités paroissiales et communales. Fiscalité locale du XIIIe au XVIIIe siècle*, Rennes, 2000。

⑥ Antoine Follain, "L'administration des villages par les paysans au XVIIe siècle", *XVIIe Siècle*, Janvier-Mars 2007, No. 1, p. 149.

农民,经营有方的手工业者,小商贩等,但不一定是那些最富有的租佃农场主(fermiers)。[①] 法兰西岛大部分堂区中与会率超过 40% 的代表来自少数几个家庭,这些家庭的经济状况在乡村中居于中等[②],但在共同体事务中却是最活跃的力量。里昂附近拥有 346 户居民的博热(Beaujeu)堂区,在 1754—1761 年间仅有 35 户居民经常出席共同体大会,多来自中等的乡村有产者或商人家庭。[③] 可见,村民会议的决策权并不一定完全掌握在乡村中最富有的居民手中。

如何解释这一现象? 对乡村共同体而言,分摊和缴纳各种赋税、共同承担义务是共同体居民关心的头等大事。缴纳赋税越多的家庭,意味着越能为共同体分担义务,理所当然对共同体事务就越有发言权。可能的情况是,某些租种领主土地的租佃农场主,或是购买土地的城市资产者有更多的机会获得免税权,不与共同体其他居民一起分担赋税,因此也就被排除在共同体事务的决策权之外。这是福兰提出的一个重要原则——"谁付税,谁决策"(Qui paie, décide)。[④] 那些经常出席村民会议、享有决议权的居民往往是共同体的主要纳税人,他们利用经济上的优势地位把持了乡村的政治权力。例如,在 1767—1769 年布列塔尼卢维涅堂区的税册上,拥有决议权的 22 人中,有 13 人属于缴纳堂区半数以上王室税的前 56 位纳税者之列。[⑤] 而诺曼底的有些堂区则直接用税册代替村民会议的成员登记簿。[⑥] 在 17、18 世纪的法国,具有"直接民主"性

---

① Jean Jacquart, *La crise rurale en Ile-de-France*, *1550—1670*, Paris : A. Colin, 1974, p. 561; Georges Duby et Armand Wallon(dir.), *Histoire de la France Rurale*, Tome II : *L'Âge classique* (*1340—1789*), p. 288.

② Jean Jacquart, "Réflexions sur la communauté d'habitants", p. 16.

③ Jean-Pierre Gutton, *La sociabilité villageoise dans la France d'Ancien Régime*, p. 80.

④ Antoine Follain, "Rapport Introductif. Comptabilités paroissiales et communales. Fiscalité local du XIIIe au XVIIIe siècle", in Antoine Follain (éd.), *L'Argent des villages. Comptabilités paroissiales et communales. Fiscalité locale du XIIIe au XVIIIe siècle*, p. 5.

⑤ Yann Lagadec, "Élites villageoises et pouvoir local : l'exemple de la Bretagne au XVIIIe siècle", p. 53.

⑥ Antoine Follain, "Gouverner, Dominer et Servir au Village (XVIe - XVIIIe siècles)", p. 12.

质的村民会议逐渐演变成为由这些主要纳税人组成的"寡头统治"
(oligarchie)机构——村民"委员会"(conseil)。①

四、国家对乡村共同体的渗透

近代早期的社会经济形势从内部促使共同体自治方式发生变化的
同时,乡村共同体面临的危机也为王权向地方的渗透提供了契机,君主
政府此后逐步强化对这一地方实体的直接控制。

乡村共同体陷入债务危机,公有财产大量转让,实际上意味着国家
税源的流失。② 早在 16 世纪中期,为确保基层纳税单位乡村共同体的纳
税能力,使其免受其他竞争者的过分剥夺,国家便开始积极地干预乡村
共同体的事务。③ 1630 年,路易十三在部分省份设立监察官
(intendant),由其负责地方事务的管理。"福隆德运动"之后,监察官进
一步加强了对地方行政和税收的控制。自 1661 年起,国王授权监察官
全面接管地方的行政、财政和司法事务,并要求其在全国范围内对共同
体债务进行核查和清理,包括取消不合理的债务,强行降低债务利息,制
定债务偿付方式,禁止共同体随意借债等。此外,政府还强迫一些公有
地的买主归还已买土地,严禁公有财产的随意买卖或抵押,并确保共同
体居民享有的集体权利④,在农民、领主和国家的三角关系中,农民把这

---

① Jean-Pierre Gutton, "Les Communautés villageoises de la France septentrionale aux Temps modernes", *Les Communautés villageoises en Europe occidentale du Moyen Age aux Temps modernes*, p. 169. 有关"委员会"一词的翻译,参见里夏德·范迪尔门:《欧洲近代生活》,王亚平译,东方出版社,2004 年,第 47 页。

② Hilton-Lewis Root, "État et communautés villageoises dans la France moderne : en Bourgogne aux XVIIe et XVIIIe siècles", p. 308.

③ Marc Bloch, *Les caractères originaux de l'histoire rurale française*, p. 214.

④ Georges Duby et Armand Wallon(dir.), *Histoire de la France Rurale*, Tome II: *L'Âge classique(1340—1789)*, pp. 296—297 ; Jean-Pierre Gutton, *La sociabilité villageoise dans la France d'Ancien Régime*, pp. 113—114; Antoine Follain, *Le village sous l'Ancien Régime*, pp. 351—357. 相关王室法令可参见 Pierre de Saint-Jacob, *Documents relatifs à la communauté villageoise en Bourgogne du milieu du XVIIe siècle à la Révolution*, Dijon-Paris, 1962, http://www. pierredesaintjacob. fr/page16. html。

种干预看作防备领主侵犯共同体利益的权宜之计,因此王权利用这一机会扩张的同时为自己涂上了有效的"保护色"。布里格斯指出,监察官利用债务问题掌控了乡村共同体的经济命脉,这一看似保护实则监管的做法实际上"剥夺了其几乎所有的行动自由"[1],将共同体置于政府的"财政监护"(financial tutelage)[2]之下。

与此同时,政府还加强了对乡村共同体的政治控制,首先表现在对村民会议这一权力机关的干预。自 17 世纪开始,地方领主及其代表出席或主持村民会议的权利被进一步限制,村民会议逐渐为王室监察官所掌控。有些地方,村民会议的召集要得到王室监察官的授权,出席的人数由其决定,制定的债务偿付方式和期限也由监察官进行审批。[3] 不过一直要到 18 世纪中叶,大部分地区的村民会议由王室代理监察官(subdélégué)主持后,乡村共同体才被置于国家的直接控制之下。[4] 而村民大会向村民"委员会"这种"寡头统治"模式的转变正好与国家希望以方便且有效之手段控制地方社会的意图相契合,因此得到政府的支持并加以推广。1689 年,朗格多克开始推行小型的"政治委员会"(conseil politique)之后,便不再召集共同体大会了。在勃艮第和下奥弗涅(Basse-Auvergne)地区,也确立了类似的代表制度(système de délégués)。[5] 1776 和 1777 年,香槟地区的监察官创立所谓的"缙绅委员会"(conseil de notables),专门负责共同体公共事务的协商和管理。[6]

机构的变化引起会议地点的改变,出现了相对固定的、专用于共同

---

① Robin Briggs, *Early Modern France*, *1560—1715*, Oxford University Press, 1977, p. 49.

② Philip H. Hoffman, "Taxes and Agrarian Life in Early Modern France: Land Sales, 1550—1730", p. 53.

③ Jean-Pierre Gutton, *La sociabilité villageoise dans la France d'Ancien Régime*, pp. 71—72, pp. 113—114.

④ Hilton-Lewis Root, "État et communautés villageoises dans la France moderne: en Bourgogne aux XVIIe et XVIIIe siècles", p. 309. 不过,有些堂区事务或与公有地有关的事务仍由共同体自己管理。参见 Antoine Follain, *Le village sous l'Ancien Régime*, p. 365。

⑤ Jean-Pierre Gutton, *La sociabilité villageoise dans la France d'Ancien Régime*, pp. 81—82.

⑥ Albert Babeau, *Le village sous l'Ancien Régime*, p. 52.

体公共活动的场所。法国南部很早便存在这种"公共之家"(maison commune),其他地方则出现较晚。布列塔尼卢维涅堂区的会议地点在18世纪上半期从教堂广场、公墓地转到了教堂内的圣器室,与会的人数缩小为由12人组成的"委员会",初步具备了以代表制为基础的政治实体机构的形态。① 与此同时,出席共同体大会、享有决议权的资格越来越受限制。尤其是17世纪下半期和18世纪王室政府进行的税制改革,使拥有一定数量的土地和财产日益成为参与共同体大会、享有决议权的标准。在法国西部,以财产作为参与居民大会的资格限制早在16世纪已经出现,安茹(Anjou)地区堂区大会的记录中经常提及"居民和有产者大会"。② 在南部的普罗旺斯,要进入"委员会"也有最少纳税额的限制。③ 1690年巴黎高等法院规定,在巴黎附近的阿尔让特依(Argenteuil)堂区,缴纳直接税超过100利弗尔的居民才有权出席村民会议。④ 也有少数地区例外,如法国南部的比利牛斯山区,一直到大革命之前仍以传统的村民会议和"直接民主"的方式来管理公共事务。⑤

诸多地方性变革最终推动了1787年6月法令的出台,政府要求在王国各个省区建立"市政会议"(Assemblée municipale),由领主、本堂神甫以及根据共同体大小选出的3—9名成员共同构成,同时规定纳税额在10利弗尔以上的居民才能与会。⑥ 此后,在法国的绝大部分地区,村民会议从共同体全体居民均享有参与权和决议权的"直接民主"转变为"具有寡头统治和纳税选举性质的代表制"(régime représentatif,

---

① Yann Lagadec, "Élites villageoises et pouvoir local : l'exemple de la Bretagne au XVIIIᵉ siècle", pp. 47—48.

② Antoine Follain, "Gouverner, Dominer et Servir au Village (XVIᵉ - XVIIIᵉ siècles)", p. 12.

③ Lucien Bély(dir.), *Dictionnaire de l'Ancien Régime. Royaume de France, XVIᵉ- XVIIIᵉ siècle*, Paris : Presses Universitaires de France, 1996, p. 300.

④ Jean Jacquart, "Réflexions sur la communauté d'habitants", p. 25.

⑤ Jean-Pierre Gutton, *La sociabilité villageoise dans la France d'Ancien Régime*, pp. 82—83.

⑥ A. Jourdan, F. A. Isambert & J. Decrusy (éd.), *Recueil Général des Anciennes Lois Françaises, depuis l'an 420 jusqu'à la Révolution de 1789*, Tome XXVIII, Paris, 1827, pp. 366—369.

oligarchique et parfois censitaire)。①

在控制村民会议、推广"代表制"的同时,君主政府还加强了对村官的控制。由于村官除负责共同体日常事务的管理外,还是处理共同体对外关系的代表,因此国家在与领主争夺乡村控制权时,不会忽视这一重要角色。路易十三曾下令禁止地方人士(主要是领主)干涉堂区居民委派村官②,通过认可共同体自身选举和任命村官的权利以换取其合作。面对王权的渗透,地方领主则不断强调他们对地方事务的管辖权和司法权。但是在近代早期,随着具有近代意义的常规税体制的建立,共同体作为国家基层税收单位的作用进一步突显出来,村官与王室官员的接触更为频繁,日益成为"国家的工具,而不是共同体的代表"。③ 路易十四甚至在 1702 年 3 月出台法令,要求在王国的每个堂区建立"终身执事"(syndic perpétuel)。④ 虽然这一法令收效甚微,但充分体现了政府试图将村官转化为正式的国家官员,代表国王管理地方事务的意愿。

身份的转变与其管理职权的变化密切相关。在近代早期,征收王室税、承担王室徭役、招募民兵、为过往军队提供宿营地和军需等事务日益成为村官的主要职责。受这一时期乡村共同体内忧外患的影响,村官一职的负担更为沉重,村民们大多找借口逃避。而那些较有权势的居民,尤其是村民"委员会"中的成员往往利用自己的影响力将这些职位分派给其他人。⑤ 因此担任村官的并非总是乡村中的上层,很多小农、佃户或雇工也会被迫承担这一职位,他们可能一字不识,加上在村中并无威望,

① Lucien Bély(dir.), *Dictionnaire de l'Ancien Régime. Royaume de France*, *XVIe- XVIIIe siècle*, p. 300.
② F. A. Isambert, A. H. Taillandier & J. Decrusy(éd.), *Recueil Général des Anciennes Lois Françaises*, *depuis l'an 420 jusqu'à la Révolution de 1789*, Tome XVI, Paris, 1829, p. 282.
③ Alexis De Tocqueville, *L'Ancien Régime et la Révolution*, pp. 72—73.
④ F. A. Isambert, J. Decrusy & A. H. Taillandier(éd.), *Recueil Général des Anciennes Lois Françaises*, *depuis l'an 420 jusqu'à la Révolution de 1789*, Tome XX, Paris, 1830, p. 408.
⑤ Albert Babeau, *Le village sous l'Ancien Régime*, p. 71.

无疑会为乡村事务的管理带来诸多不便。为此,监察官动辄以罚款或监禁相威胁,要求那些较为富有且识字的居民担任村官。到18世纪,为了方便自己的管理,监察官逐步篡取了委派和撤销村官的权力。有些地方的村官由村民会议提名,监察官授权①;或由其指定候选人,再进行名义上的投票;村官直接由监察官指派的情况亦很普遍。②

在此基础上,1787年6月法令同时规定,按城市的市政管理体制在乡村中建立代表制度,执事由堂区大会选举,任期为三年,并规定纳税额在30利弗尔以上的居民才享有被选举权。③ 纳税额的限制实际上使大部分的乡村居民丧失了被选举权,从而也就剥夺了共同体的自主管理权。在法国大部分地区,1787和1788年选出的乡村执事均属于富有阶层,且大多来自共同体之外。④ 在此之前,虽然共同体居民对担任村官一职并不十分热心,但至少村官是从共同体居民中选举出来的,是共同体的一员,并代表共同体的利益。此后,乡村共同体完全暴露于外部势力之下,农民参与管理乡村事务的热情进一步受到打击。

1787年法令是乡村共同体向正式的行政单位转变的开始,1789年12月法令最终将其纳入到国家行政体系中,对这一政治实体的名称、管辖权和组织方式等均进行了全面的改革,实现了乡村基层管理组织的正规化。⑤

综上所述,近代早期法国的社会经济形势以及王权的扩张分别从内

---

① Jean-Pierre Gutton, *La sociabilité villageoise dans la France d'Ancien Régime*, p. 85.
② Alexis De Tocqueville, *L'Ancien Régime et la Révolution*, p. 75.
③ A. Jourdan, F. A. Isambert & J. Decrusy (éd.), *Recueil Général des Anciennes Lois Françaises, depuis l'an 420 jusqu'à la Révolution de 1789*, Tome XXVIII, pp. 367—369.
④ Jean-Pierre Gutton, *La sociabilité villageoise dans la France d'Ancien Régime*, pp. 90—92. 这些"外来者"主要是附近城市的贵族、商人、法律人士和王室官员等。
⑤ Antoine Follain, "Le contentieux des réunions de communes en France au début du XIXe siècle : l'exemple normand", *Histoire et Sociétés Rurales*, vol. 25, 1er semestre, 2006, pp. 131—133.

部和外部引起了乡村共同体自治方式及其性质的转变。严峻的社会经济形势造成乡村共同体公有财产的大量流失，人们参与管理乡村事务的热情普遍降低，而作为共同体主要纳税人的部分村民则利用这一机会及其经济上的优势地位逐渐把持了乡村的政治权力，决议权从全体村民手中转移到以其为核心的村民"委员会"之手，带来乡村共同体内部权力机构性质的变化。与此同时，中央政府利用乡村共同体在近代早期所遭遇的经济困难，将其置于自己的"财政监护"之下，在掌握共同体经济命脉的同时，逐步实现了对这一地方政治单位的直接控制，从外部推动了乡村共同体运行方式及其性质的根本性变化，将其从具有"直接民主"性质的自治实体转变为以代表制为基础的国家正式行政单位，由村民会议选举产生、代表共同体居民利益管理乡村事务的村官亦成为正式的国家官员，从而在某种程度上实现了乡村共同体的政治"现代化"。

这一转变同时也是近代早期乡村共同体自治权逐步丧失的过程，绝大部分农民被排斥在共同体的管理体系之外。不过，作为乡村共同体主体的农民真正关心的并非共同体自治权利的大小，而是保证其基本生存需要的公有地和集体权利问题。18 世纪的王室官员出于维护国家税收收入的目的，利用农民的这一心态，鼓励其向领主的封建权利提出质疑，由此激化了农民与地方领主之间的矛盾。[①] 大革命在一定程度上满足了农民的要求，在废除封建领主制的同时，部分地保留了构成乡村共同体社会经济基础的公有地和集体权利，使其在法国长期延存，直到 20 世纪中叶才完全消失。

第二节　国家税收与乡村社会

乡村共同体的主体是农民，其作为基本征税单位，必然与国家发生

---

① Hilton-Lewis Root, "État et communautés villageoises dans la France moderne: en Bourgogne aux XVIIᵉ et XVIIIᵉ siècles", p. 309.

联系。国家税收渗透到乡村社会,与教会的什一税、领主捐税一起,对农民的日常生活和农业生产有着巨大的影响。

对比中世纪晚期近代早期英、法两国农业发展的轨迹,可以看到明显的差异:英国在这一时期初步实现了从小农经济向农业资本主义经济的转变,而法国的农业在"长的17世纪"则几乎处于停滞状态,小农经济始终占主导地位,一直到18世纪晚期均未发生根本变化。是什么因素造成了近代早期法国农业的相对"不发达"? 这一问题长期以来备受经济史家的关注,尽管其解释不尽相同,但大多认可近代早期法国王室的税收体系对农民生活和农业生产的影响。

在近代早期的法国,国家的税收收入由直接税和间接税构成,其中直接税主要由农民承担,农业是近代早期法国最主要的经济部门,农业人口占全国人口的80％以上,是国家赋税的主要承担者。各种形式的王室赋税剥夺了农民的大部分收入,直接影响了农民的消费水平和农业生产的发展。

一、直接税的种类

(1) 达伊税

1695年之前,法国的直接税主要是达伊税(taille,也有学者译为"军役税")[1],以纳税人的财产收入或土地为依据征税。15世纪之前,达伊税只是一种临时性税收,在战争等紧急情况下才能征收,且须取得三级会议的同意。在查理六世时期,达伊税主要按各地驻军的数量向当地居民摊派相应的赋税,用于地方军事给养。百年战争期间,"三级会议在为查理七世提供资助维持一支可以保卫边境和消除内乱的军队的过程中,拱手让出了对征税权的控制"[2]。1439年之后,国王可以不经三级会议

---

[1] 又译为"人头税"或"军役税"。一般分为属人税(taille personnelle)和属物税(taille réelle),前者以个人财产和收入为课税标准,后者以土地为课税标准。

[2] 道格拉斯·诺思、罗伯斯·托马斯:《西方世界的兴起》,华夏出版社,1999年,第152页。

同意征收新税的原则被确认下来,达伊税成为每年征收的常规性赋税,其性质也发生了变化,不再与地方军事开支挂钩,而成为臣民尤其是农民缴纳的主要税种。自达伊税开征之时起,国王便将征税的对象限定于没有贵族身份的平民,随后这一赋税的征收范围被进一步限定在农村,从而使达伊税主要落在农民身上。

不过,一直到旧制度末期,达伊税都未曾在整个王国取得统一的征税税基。法国南北有属人税(taille personnelle)和属物税(taille réelle)①之分,两者在税收归宿②上的差别自查理七世时期确立下来。在法国北部地区(主要是直属财政省区)盛行属人税,以个人财产和收入(动产)为课税标准。受中世纪法兰克法典的影响,属人税强调纳税人的人身关系和属性(rapports personnels),教士、贵族以及享有特权的城市资产阶级属于特权等级,享有免税权。法国南部地区(主要是三级会议省,但不能绝对化),包括朗格多克、普罗旺斯和西南部的部分地区则盛行属物税,以土地(不动产)为课税标准。受罗马法的影响,属物税强调地产的人身属性,与土地所有者的人身属性相分离,平民持有贵族的土地可免税,贵族如果持有平民的土地则要纳税。③ 南部地区的属物税以登记造册的地籍册(cadastres)为课税标准,由税收官或专门人士对土地进行勘查、分级和估价,再根据土地的贫沃程度估征赋税。④

此外,还有一些地区实行某种属人税和属物税的混合税制,如布列塔尼。布列塔尼在 15 世纪晚期 16 世纪初并入法国之时,保留了原有的直接税——炉灶税(fouage⑤),并一直保持较低的税率。国王并未将达

---

① 也可译为“名义达伊税”和“实际达伊税”。译名参考陈文海《权力之鹰:法国封建专制时期监察官制度研究》,吉林大学出版社,1999 年,第 45—46 页。

② 税收归宿(Incidence Tax),亦称“税负归宿”,是现代财政学概念,指的是税收负担的最后承担者。

③ Lucien Bély(dir.), *Dictionnaire de l'Ancien Régime. Royaume de France*(*XVIe - XVIIIe siècle*), pp. 479, 1200.

④ 陈文海:《权力之鹰:法国封建专制时期督办管制度研究》,第 45—46 页。

⑤ 布列塔尼的炉灶税是一种将固定的征税户数在堂区间分摊的直接税,堂区的纳税额以分摊的征税户数乘以税率。

伊税引入这一地区,因此,近代早期布列塔尼的直接税主要是炉灶税。炉灶税以户数为基础征税,虽是定额税,但实际的分摊则是以纳税人的财产和收入,比如住所、耕种土地的面积、牲畜的多少以及其他经济活动的收入为依据。[①] 此外,在考虑纳税户财产和收入多少的同时,还要考虑其所持有土地本身的性质。比如贵族土地免税,平民持有贵族的土地也可免征直接税;而贵族持有平民的土地,理论上则要缴纳炉灶税。因此,布列塔尼实际上是一个混合税制地区。其他一些三级会议省的情况也不尽相同。比如普罗旺斯有和布列塔尼名称相同的炉灶税;多菲内的直接税被称为"octroi",在勃艮第则被称为"octroi"或者"don gratuit"。

（2）附加税

除了地区差异外,近代早期达伊税本身的内涵也在不断扩大。我们所称的"taille"到 16 世纪末实际上是各种新税旧税的混合体。它不仅指代传统的达伊税,还包括一系列新设的直接税。如弗朗索瓦一世创立的60 万利弗尔的追加税(crue),这是一种对收入按 15％比例(3 苏/利弗尔)征收的临时税,主要用来支付两位王子的赎金。[②] 1515—1517 年追加税为每年 50 万利弗尔,1519 年增加到 110 万利弗尔,1523 年除征收常规的追加税外,还要求在下一年征收一笔 240 万利弗尔的额外追加税。从 1524—1541 年,达伊税、追加税和额外追加税并行征收,将直接

---

① Dominique Le Page, "Le fouage en Bretagne au Moyen Âge et aux débuts de l'époque moderne", in Antoine Follain(dir.), *L'impôt des campagnes. Fragile fondement de l'État dit moderne (XVᵉ-XVIIIᵉ siècle)*, Paris : Comité pour l'Histoire Économie et Financière de la France, p. 121.

② James B. Collins, *Fiscal Limits of Absolutism. Direct Taxation in Early Seventeenth-Century France*, Berkeley: University of California Press, 1988, p. 46. 弗朗索瓦一世继续查理八世开始的意大利战争,在 1525 年的帕维亚战役中惨败被俘,被迫与神圣罗马帝国皇帝查理五世签订《马德里条约》,将长子和次子作为人质来交换自己 ,1529 年他最终以 200 万埃居的赎金赎回儿子。

税提高到平均 426.9 万利弗尔的水平。[①] 亨利二世时期增设小达伊税
(taillon)和骑警税(crue des prévôt des maréchaussées),分别用于支付
军饷和维持城市治安。小达伊税以达伊税相同的分摊方式征收,作
为常税一直延续到 1789 年。1551 年的小达伊税为 72 万利弗尔,随
后逐年增加,1567 年升至 120 万利弗尔。[②] 1561—1576 年,宗教战
争的爆发使包括各类附加税在内的直接税的名义税额从亨利二世统
治时期的平均每年 581.8 万利弗尔猛增至 700 万利弗尔。[③]

　　16 世纪下半期,政府还征收过各种公共服务税,如邮政服务、防洪堤
坝的维修、道路和桥梁税等。亨利四世在 1590 之后开始征收大追加税
(grande crue),1594 年、1597 年、1598 年分别在香槟省、直属财政省
(pays d'élection)、布列塔尼和朗格多克征收,目的是为地方驻军提供给
养。[④] 这些小型税种往往与达伊税一直连带征收,实际上成为达伊税的
一种附加税。不过,在征收上则较传统的达伊税更为灵活。各种追加税
和小达伊税等的征税范围是整个王国。而一直到 16 世纪,传统的达伊
税都只在北部的奥依语区征收,在一些保留财税特权的省区,如布列塔
尼、朗格多克,传统的达伊税很难渗透,而新设税种则可相对容易地绕过
这些壁垒,成为政府的新税源。17 世纪晚期,基于取消特权阶层的免税
权、增加财政收入进行的财政改革进一步扩展了直接税税目。1695 年之
后,政府新设普及类(即面向全体臣民)人头税(capitation)、十一税
(dixième)等直接税,试图对包括贵族、教士等特权等级在内的所有阶层

① Pierre Chaunu et Richard Gascon, *Histoire économique et sociale de la France*. Tome 1 : *De 1450 à 1660*, Premier volume: *L'Etat et la Ville*, Paris: Presses Universitaires de France, 1977, pp. 161—162.

② J.-J. Clamageran, *Histoire de l'impôt en France*, T. 2, Paris : Librairie de Guillaumin et Cie, 1868, p. 138; Martin Wolfe, *The Fiscal System of Renaissance France*, New Haven and London : Yale University Press, 1972, p. 305.

③ Pierre Chaunu et Richard Gascon, *Histoire économique et sociale de la France*. Tome 1: *De 1450 à 1660*, Premier volume: *L'Etat et la Ville*, p. 164,172.

④ James B. Collins, *Fiscal Limits of Absolutism. Direct Taxation in Early Seventeenth-Century France*, pp. 46—47.

征税,在遭到特权等级的反对、几番废立后,这些新税多沦为达伊税的附加税。

二、直接税的征税流程

直接税实行分摊制,从中央到地方再到纳税人逐层分摊和征取(见表 1)。以达伊税为例,一般在每年的 7 月,御前会议或王室财政委员确

表 1　17 世纪法国的财税管理机构与直接税的征收

		御前会议 (Conseil du roi) 确定达伊税额度 Fixation de la taille	国库 (Trésor de l'Epargne) 税收入库 Levée de la taille	
中央一级财政机构	税务法庭 Cours des aides 税务纠纷 (contentieux de l'impôt)			审计法院 Chambres des comptes 审查账目 Jugement des comptes
财政区 Généralité		财政署 (法兰西司库) Bureaux des finances Répartition de la taille	总征税官 Receveurs généraux	
财政分区 Elections		财政分区(分区税务官)Elections (élus)	特派征税官 Receveurs particuliers	
城市和乡村共同体 Villes et communautés		估税员 Asséeurs	征税员 Collecteurs	

参考:Christophe Blanquie, *Les Institutions de la France des Bourbons* (1589—1789), Paris:Belin, 2003, p. 168.

定每个财政区下一年度的达伊税应税额,用专函(brevet)的方式发往省

区财政署,由监察官交给财政署的主要官员法兰西司库。在三级会议省,则由代表国王的特派委员会在省级三级会议召开时宣布国王的专函。在收到专函后,直属财政省的法兰西司库会在8月份庄稼收割后巡视各财政分区,根据分区的收成和商业贸易的情况拟定各个财政分区的应税额,并以报告的形式呈交给最高财政总督(或之后的财政监察总长)。9月,御前会议根据发回的报告确定各财政区和财政分区的最终应税额,再发往地方财政署,授权法兰西司库征税。法兰西司库收到授权后先进行登记,并在专函上联署(标上已注册登记的标志),在10月份将最终应税额下发各个财政分区。财政分区税务官(élus)随后在其辖区的各堂区或乡村共同体之间分摊税额。堂区或共同体会在每年的9月份召开村民大会,选出估税员(asséeurs)和征税员(collecteurs)。估税员估算每户居民应缴纳的税额,拟定达伊税纳税册(rôle de la taille),再由征税员(collecteurs)根据税册征税,一般在每年的10—12月开始征税,下一年将分期所征税款逐层向上提交。先是财政分区的特派征税官收取堂区和共同体的赋税,提交给财政区的总征税官,再由总征税官上交给中央国库(总司库)。① 由此可以看出,因达伊税主要由农民承担,其征税流程基本与农时相合。

　　近代早期的法国虽然从制度层面构建起了集权化的财税管理体制,但这并不意味着赋税的征派额度是统一且标准化的,或者征派额一定合理。就达伊税而言,各省区的分配比例实际上延续自中世纪,按地方驻军情况进行征派。到近代早期,达伊税的征派额仍受地方惯例的影响,往往与各省区的实际经济状况或纳税能力并无直接联系。无论是直属财政省与三级会议省之间,还是三级会议省内部都存在较大的差异。直属财政省主要位于传统的王室领地上,达伊税的征收始于这些地区,因此应税比例较高。这些地区不仅要承担传统的达伊税,各类附加税也是

---

① Christophe Blanquie, *Les Institutions de la France des Bourbons*（1589—1789）, Paris：Belin, 2003, pp. 185—189.

叠加征收的。如 1620 年，鲁昂、图尔、夏隆等地的财政分区分别缴纳的直接税多达 16 种，包括达伊税、小达伊税、驻军税、骑警税、邮政税、道路桥梁税等等。[①]

而大部分三级会议省则享有较多的赋税特权，免征或只征少量的达伊税。以 1484 年的达伊税分配方案为例：应税总额为 148.8 万利弗尔，其中法兰西岛、朗格多伊和阿基坦等直属财政省的分配税额约为 81.7 万利弗尔，占总税额的 55% 左右；三级会议省如勃艮第、皮卡第、多菲内分别为 4.5 万利弗尔、5.5 万利弗尔和 2 万利弗尔，共计 8%；朗格多克及周边地区约 18.7 万利弗尔，占 12.5%；诺曼底则为 36.4 万利弗尔，占总税额的 24.5% 左右。[②] 16 世纪也大致维持这一比例。人口在 15 世纪基本相当的朗格多克和诺曼底虽同属三级会议省，但两者在应税额上差别很大。直到 17 世纪下半叶，诺曼底都属于重税区，其直接税应税额一般占总税额的 20% 左右。[③] 此外，有些地区则从未被摊派过达伊税，如布列塔尼。17 世纪之前这一地区的直接税主要是布列塔尼传统的炉灶税，征税户数长期保持固定且税率极低。从查理八世到弗朗索瓦一世时期，税率始终维持在每户 4—6 利弗尔的低水平。17 世纪国王还将布列塔尼的征税户数从 16 世纪初的 36500 户减免到 32440 户[④]，进一步降低了这一地区的直接税税额。17 世纪二三十年代，诺曼底的很多农民为了逃避本地的重税，纷纷逃往布列塔尼。

不过征税额的确定也不全然是随意且武断的。1596 年和 1598 年宗教战争即将结束之时，亨利四世应王室特派官、地方官员以及省三级会

---

① James B. Collins, *Fiscal Limits of Absolutism：Direct Taxation in Early Seventeenth-Century France*, p. 89.

② J.‐J. Clamageran, *Histoire de l'impôt en France*, T. 2, p. 70.

③ James B. Collins, *Fiscal Limits of Absolutism：Direct Taxation in Early Seventeenth-Century France*, p. 167.

④ Ch. de La Lande De Calan, *Documents inédits relatifs aux États de Bretagne de 1491 à 1589*, Nantes, 1908, T. 1, pp. 2, 9—10, 45,55, 84.

议之请,两度免除之前的所有拖欠税款。① 省级三级会议毫无疑问是重要的申诉渠道。1673 年,路易十四在全国设锡器印标税、烟草专卖以及印花税等新税。布列塔尼的三级会议向国王提出废除所有新税法令。经过协商,国王最终接受了一笔 520 万利弗尔的赎买金和贡赋,取消了布列塔尼所设的新税和新官职。② 17 世纪的省级监察官虽被看作是绝对主义王权的"象征性工具",但同时也是下情上达的渠道之一。他们作为国王谕令的直接执行人被派往巡察各财政区并审理与税务、司法等相关的纠纷,整顿税务,但在 17 世纪下半叶,他们还充当了地方说情人的角色。1661—1662 年,诺曼底农业歉收,监察官和地方司库联名向国王请求减免这一地区的直接税,国王同意将税额从诺曼底三个财政区总税额约 662 万利弗尔降到 593 万利弗尔。③ 1678 年 6 月,国王又下令将达依税税额从 5600 万利弗尔降到 4000 万利弗尔,1679 年的税额为 3400 万利弗尔。鲁昂、卡昂和阿朗松三个财政区分别减免 40 万、33 万和 25 万利弗尔的税额。④ 1709 年 4 月,里昂财政区的监察官向国王陈述这一地区由于农业歉收和饥荒导致征税难以顺利进行,请求减免税额并延期支付。8 月,国王同意减免 2 万利弗尔的税额。⑤

三、乡村共同体与直接税的征收

　　具体到乡村一层,如前所述,14 世纪,国家沿用地方领主的征税习

---

① James B. Collins, *Fiscal Limits of Absolutism: Direct Taxation in Early Seventeenth-Century France*, p. 88.

② Jean-Jacques Monnier et Jean-Christophe Cassard, *Toute l'histoire de Bretagne des origines à la fin du XXe siècle*, Morlaix: Skol Vreizh, 2003, p. 349.

③ Edmond Esmonin, *La Taille en Normandie au temps de Colbert*(1661—1683), Paris: Librairie Hachette et Cie, 1913, pp. 68—69.

④ Edmond Esmonin, *La Taille en Normandie au temps de Colbert*(1661—1683), p. 77.

⑤ Anette Smedley-Weill, "Les intendants de province sous Louis XIV: leur comptétence, autorité et pratiques dans les finances des Généralités", in *L'Administration des finances sous l'Ancien Régime*, *Colloque tenu à Bercy les 22 et 23 février 1996*, Paris: Ministère de l'Economie et de Finance, 1997, pp. 228—229.

惯,以法令的形式将乡村共同体作为王室的基层税收单位确立下来,并赋予其法人身份和管理地方事务的权力。作为基层税收单位,无论是领主税还是王室税的评估、分摊和征收,均需借助于共同体的自我管理来完成,共同体居民在承担各种赋税和义务时具有连带责任。

有关税收事务的村民大会一般由堂区司库召集,主要是从堂区居民中选出估税员和收税员(通称为税务执事),专门负责直接税的估算、分摊和征收工作,这一职务由乡村居民轮流担任。勒内·勒塞夫(René Le Cerf)对 17、18 世纪布列塔尼的穆尔(Mûr)堂区大会的研究表明,在整个近代早期,布列塔尼的堂区共同体基本以此类方式召集大会,商议共同体事务。[1] 堂区大会的基本原则是以家庭为单位,由一家之长作为代表出席大会,这些家长被称为共同体的"主要居民"。[2] 是否享有共同体的公共权利,是居民是否归属共同体或被共同体接纳的重要标志。凡属共同体居民,都可以出席共同体的居民大会。在某些地方,存在所谓的"门槛费"(droit d'entrée)[3],新搬来的住户要缴纳一定的费用才有权在共同体定居。法律上规定,堂区新来户只要住满一年就有权出席大会,并参与堂区职位的选举,但在实践中可能要求经历更长的时间,才能真正为共同体所接纳。

这一规定在赋税事务上则是例外。新来住户住满一年后就可以担任税收职务,出席与分摊赋税有关的大会。[4] 前文提及过的巴黎附近的维勒瑞夫(Villejuif)堂区,17 世纪下半期的会议记录表明,很多共同体的新来户被直接选为税务执事,负责直接税的征收,经过这一道检验后,他才能参加共同体大会。[5] 这主要是出于一种分担税收的考虑,新来户能

---

[1] René Le Cerf, "Le général d'une paroisse bretonne [Mûr]", *Revue de Bretagne et de Vendée. Etudes d'histoire locale*, juillet 1888, pp. 54—65.

[2] Antoine Follain, *Le village sous l'Ancien Régime*, p. 219.

[3] Antoine Follain, "Gouverner, Dominer et Servir au Village (XVIe - XVIIIe siècles)", *Enquêtes Rurales, Enquêtes Rurales*, No. 11, 2007, p. 12.

[4] Jean Jacquart, "Réflexions sur la communauté d'habitants", p. 9.

[5] Jean Jacquart, "Réflexions sur la communauté d'habitants", p. 17.

否尽快为共同体所接纳,非常重要的条件之一就是他是否能分担共同体的税负;只有分担共同体的义务,才能享有共同体居民的权益。出席大会,对共同体事务进行商议的居民本身就是直接税的共同承担者,在诺曼底的某些堂区,甚至直接用达伊税税册代替共同体大会的成员登记簿。^① 这种做法强调了共同体的共同义务和责任,履行共同义务是享有公共权利的前提。因此,赋税问题往往是堂区大会中讨论最多的问题之一,尤其是在 17 世纪税负膨胀的时期,大部分居民大会的主题都与此有关。维勒瑞夫堂区在 1662—1702 年的 71 次大会中,有 53 次是讨论达伊税的问题。^② 18 世纪布列塔尼特里戈尔(Trégor)堂区进行的 9761 次大会中,与炉灶税和其他赋税相关的主题占 53%。^③

税务执事被选举出来后,下一步是将应纳税额在堂区居民中进行分摊。这并非一项简单的工作。在属物税地区,由于有地籍册作为估税的标准,赋税的分摊相对简单。在属人税地区,这一工作由分区税务长的下属职员(commis)和乡村税务执事共同负责。税务执事根据堂区居民的财产和收入评估每户的纳税能力,据此分摊每户的应纳税额,编订纳税册。税务执事编订好税册后,共同体有权进行核查,居民大会可以对税务执事提交的税册予以否决或进行修订,指出哪些人应该多付税。

基层的征税行为存在较大的地方差异。比如在北部的大部分地区,直接税从头一年 10 月到下一年 10 月分成相等的四个季度分期交纳。布列塔尼的炉灶税则分两个期限交纳,每年一月份缴付税额的三分之二,同年的九月份交纳剩下的三分之一。^④ 布列塔尼附近的曼恩堂区保

① Antoine Follain, "Gouverner, Dominer et Servir au Village (XVIe- XVIIIe siècles)", p. 12.

② Jean Jacquart, "Réflexions sur la communauté d'habitants", p. 19.

③ Antoine Follain, *Le village sous l'Ancien Régime*, p. 223.

④ Antoine Follain, Gilbert Larguier(dir.), *L'impôt des campagnes. Fragile fondement de l'État dit moderne* (XVe- XVIIIe siècle), Paris : CHEFF, 2005, p. 122.

留下来的一份 1662 年的征税册中,提到采用包租的方式来征税。[1] 在中部的奥弗涅地区,征税按月进行,每月的税款事先预订,乡村中的征税官(也称税务执事)和分区税务官达成协议,在固定的日期上缴预订的税金额,每月不等。每个月,税务执事带着税册到纳税人家中收取部分款项,然后到选区所在地将其交付给税务官,取得一张收据作为凭证。这一方法加重了税务执事的征税工作量。"他们被迫放下自己的事情,跑遍整个堂区,竭尽全力获取每一笔人们不愿缴付的税金。"[2]因此,征税工作是费时又费力的苦差事,而且还经常引发冲突。

就达伊税而言,因课税对象不同造成赋税在实际征收中的困难和地区差异。由于南部的属物税地区以专门拟定的地籍册为课税依据,虽非经常更新,但赋税的分摊显然更为公平合理。而北部的属人税地区由于很难确切估算收入和财产的价值,摊派往往有很强的随意性,逃税避税的情况屡见不鲜。例如在 16 世纪中期巴黎附近的大农业种植区,每个村庄都有几个非常富有的农民,他们通常是领主的大佃农,也是领主的代理人,他们受领主保护几乎很少出现在纳税册上。来自中下层负责征税的农民显然很难要求这些大农户付税,因为他们的生产工具、种子和小额资金一般都是向前者借来的。[3] 显然,在一个彼此熟识且又相对封闭的乡村环境中,税务执事和征税员要履行其职责并不容易。

此外,发生在布列塔尼维特雷城附近阿尔让特雷(Argentré)堂区的税务纠纷也说明了征税的难度。[4] 1539 年这里的堂区居民认为与临近的四个堂区相比,他们缴纳的赋税过多,因此向南特的审计法院提出申诉,希望能减少付税的户数。审计法院派出一名国王理事官(Lieutenant

---

[1] 1662. *Journal ou compte de collecte dans une paroisse du Maine.* 参见 Antoine Follain, Gilbert Larguier(dir.), *L'impôt des campagnes. Fragile fondement de l'État dit moderne (XVe–XVIIIe siècle)*, p. 581.

[2] Frédéric Challet, *Histoire de Saint Vert* (http://saint. vert. free. fr/) (2009 - 10 - 07)

[3] Jean Jacquart, "Réflexions sur la communauté d'habitants", p. 19.

[4] 记录本案件的节选原始文献参见 Antoine Follain, Gilbert Larguier(dir.), *L'impôt des campagnes. Fragile fondement de l'État dit moderne (XVe–XVIIIe siècle)*, pp. 553—559.

du roi)和一名公证员到当地进行调查。① 他们一共听讯了 17 个证人：四个贵族，三个教士，一个领主税执事，一个泥瓦匠，一个黄油商人，一个酒馆老板，一个织布工，一个执达吏，一个书记官，一个旅店老板，两名公证员。证人的选择既考虑到年龄，也考虑到社会出身和所在堂区，其中 6个是堂区的居民，另外 6 个来自和摊派问题关系不大的其他堂区，剩下 5个来自附近的维特雷城。他们中多数都对阿尔让特雷堂区很了解，经常往来此地，比如来此地闲逛或打猎，收取租金和什一税，经营商业等。每个证人都要回答 20 个问题，主要是与那些被检举的逃税者有关。② 其中阿尔让特雷堂区的一位年龄 50 岁上下、名叫迪·普莱西（Léonard du Plesseix）的贵族提及一位名叫科兰·拉斯纳（Collin Lasne）的布列塔尼农民，他故意将房子建在两个相邻的堂区之间，如果一个堂区要他分摊较多的税，他便说自己是另一个堂区的居民：

> 住在切瑞（Charry）村的科兰·拉斯纳，有栋房子一半在布里埃勒（Brielles）堂区，一半在阿尔让特雷堂区……房子的烟囱正位于两个堂区中间……拉斯纳觉得一个堂区要他交的炉灶税太多，他就说自己是另一个堂区的居民……有一两年他在阿尔让特雷堂区只交了 10 苏的炉灶税……而根据其（经济）能力他本应在这一堂区交 40或 50 苏的炉灶税……。③

问题在于，由于堂区和乡村共同体在缴纳直接税时具有连带责任，如果有人逃税或避税，意味着赋税会转嫁给堂区其他居民。正因为如此，直接税在乡村一级的分摊和征收往往会引发各种矛盾甚至是激烈的冲突。

---

① Antoine Follain，Gilbert Larguier(dir.)，*L'impôt des campagnes. Fragile fondement de l'État dit moderne（XVᵉ-XVIIIᵉ siècle）*，p. 127.

② Antoine Follain，Gilbert Larguier(dir.)，*L'impôt des campagnes. Fragile fondement de l'État dit moderne（XVᵉ-XVIIIᵉ siècle）*，pp. 128—129.

③ 1539. Extrait de l'enquête sur les feux de la paroisse d'Argentré en Bretagne，参见 Antoine Follain，Gilbert Larguier(dir.)，*L'impôt des campagnes. Fragile fondement de l'État dit moderne（XVᵉ-XVIIIᵉ siècle）*，pp. 553—559. Réponse 2.

四、近代早期法国农民税负的经济效应

除了直接税主要由农民承担外，间接税对农民也有较大的影响。法国的间接税体系也建立得很早。14 世纪 60 年代末，为支付法王让二世的赎金，王室政府开征间接税。[①] 1383 年之后，国王可以不经三级会议同意征收盐税，盐税逐渐发展成为常规税收。百年战争后期，查理七世开始把消费税像盐税一样也看作是"属于他特有的、不经同意便可以征收的税"。[②] 在近代早期，法国间接税的 70% 均来自对盐和烟草的专卖以及酒税。[④] 间接税针对贸易和消费行为征税，不像直接税那样具有明显的等级差别，体现了某种"粗糙的公平"。[③] 但由于间接税的征税对象多为生活必需品，对穷人的影响远比富人大，尤其是盐税和酒税对法国农民生活影响最大。

近代早期法国的赋税呈直线上升趋势，从 16 世纪下半期开始上升，直到 18 世纪上半叶才逐渐平缓下来。[④] 赋税增长的主要原因是战争。近代早期法国的内外战争接连不断，1562—1598 年的宗教战争使得军费开支大幅上升，随后法国又卷入到欧洲三十年战争(1618—1648)以及被称为"福隆德运动"的五年内战(1648—1653)中。17 世纪下半叶，路易十四为炫耀国威，更是将法国拖入到长期的战乱中。由于战争的需要，军费开支在王室财政中所占的比重越来越大。除军费开支外，庞大的官僚体系以及王室的奢侈消费也使国家赋税不断攀升。1559 年，政府要求征收的直接税税额仅为 670 万利弗尔，1610 年升至 1700 万利弗尔，1635

① J. B. Henneman, "Nobility, Privilege and Fiscal Politics in Late Medieval France", *French Historical Studies*, 1983,(1), p. 9.

② 道格拉斯·诺思、罗伯斯·托马斯：《西方世界的兴起》，华夏出版社，1999 年，第 152 页。

③ Peter Mathias, Patrick O'Brien, "Taxation in Britain and France, 1715—1810. A comparison of the Social and Economic Incidence of Taxes Collected for the Central Governments", *Journal of European Economic History*, 1976,(5), p. 632.

④ Philip T. Hoffman, "Taxes and Agrarian Life in Early Modern France: Land Sales, 1550—1730", *Journal of Economic History*, 1986,(1), p. 45.

年时为 3900 万利弗尔,1642 年达 4400 万利弗尔,相比于 16 世纪 60 年代涨幅高达七倍。[①] 路易十四统治末期,由于新设人头税和廿一税,直接税相对于 17 世纪上半叶又增长了 50% 以上。[②] 不仅直接税在增加,间接税也在增加,红衣主教黎塞留和路易十四的财政大臣科尔贝都采取提高间接税(尤其是盐税)的方法来增加财政收入。盐税在 1632 年时为国王提供的税收约为 665 万利弗尔,1641 年上升到 1407.6 万利弗尔[③],17 世纪下半叶还在继续攀升。盐税的攀升导致食盐价格大幅上涨,从黎塞留上台的 1624 年开始,到 1632 年时食盐的价格便翻了一番,到 1640 年左右为 17 世纪初的三倍,此后基本保持这一高水平。[④]

17 世纪下半叶之前,主要由农民缴付的直接税占政府总税收收入的绝大部分,1660 年之后间接税所占比重有所提高。[⑤] 但即便是在 18 世纪,直接税在法国总税收收入中所占的比重仍高达 50%—60%,而同一时期英国政府的税收收入中直接税所占的比重平均仅为 25%。[⑥] 富人免税、穷人付税的不合理税制使增长的税负、尤其是直接税不可避免地落在最没有承受能力的农民身上。从 16 世纪 60 年代开始,法国农民的人均税负开始攀升,17 世纪中期和 18 世纪初农民负担达到顶点。古贝尔的统计表明,路易十四时期,巴黎盆地一个中等农民每

---

① Georges Duby, Armand Wallon (dir.), *Histoire de la France rurale. Tome 2: L'Âge classique des paysans de* 1340 *à* 1789, Paris: Seuil, 1975, pp. 199, 202.

② Robin Briggs, *Early Modern France*, 1560—1715, Oxford: Oxford University Press, 1977, p. 52.

③ Fernand Braudel, Ernest Labrousse (dir.), *Histoire économique et sociale de la France. Tome* 1: *De 1450 à 1660*, vol. 1: *L'État et la Ville*, Paris: Presses Universitaires de France, 1977, pp. 187—188.

④ Fernand Braudel, Ernest Labrousse (dir.), *Histoire économique et sociale de la France. Tome* 1: *De 1450 à 1660*, vol. 2: *Paysannerie et Croissance*, Paris: Presses Universitaires de France, 1977, pp. 758—759.

⑤ Robin Briggs, *Early Modern France*, 1560—1715, Oxford: Oxford University Press, 1977, pp. 216—217.

⑥ Peter Mathias, Patrick O'Brien, "Taxation in Britain and France, 1715—1810. A comparison of the Social and Economic Incidence of Taxes Collected for the Central Governments", *Journal of European Economic History*, 1976,(5), p. 622.

年要向国家上缴 20 利弗尔的赋税,相当于一头奶牛或六七只绵羊或 500 升小麦的价格,年成好时王室税负担约占总收成的 6%—12.5%,年成不好时占到 20% 以上。[1] 此外,农民还要缴纳教会什一税、封建领主捐税等。霍夫曼指出,就农民缴纳的直接税而言,1560—1730 年间,其人均税负增长了将近七倍[2],沉重的税负对农民生活和农业生产产生着极为恶劣的影响。

近代早期法国农民的生活水平基本上处于生存线上下,食物在农民支出中的比例一般占到绝大部分甚至全部。不过,维持生存的必需品的需求相对于收入来讲是缺乏弹性的,也就是说即使农民的收入水平呈下降趋势,维持最基本生存的粮食需求量也不会有太大的变化。在税负加重的情况下,为了维持自己和家庭的生存,农民一般通过寻找短工、日工补贴家用,甚至不得不借债度日,在年成较差时则只能沦为乞丐或者饿死。因此,税收的收入效应对农民消费的影响是使本已处于生存线上下的农民的生存状态更为恶化,对粮食等必需品的消费往往构成其全部的消费行为。古贝尔描述的 17 世纪法国博韦地区农民的消费水平具有一定的代表性。农民基本的食谱由面包、汤、稀粥、大豆和黄豆组成;普通农民一般养不起家畜,更没有多余的钱消费肉食,他们的食谱中几乎没有肉类;即使饲养家畜,也多为纳税之用;大部分农民都处于营养不良的状况[3],其生存状态可简单地分为"能吃饱的和不能吃饱的"。[4]

税收的替代效应也会对农民的消费行为产生影响。对消费品征收

———

[1] Pierre Goubert, Daniel Roche, *Les Français et l'Ancien régime*. Tome 1：*La Société et L'État*, Paris：Armand Colin, 1984, pp. 110—111.

[2] Philip T. Hoffman, "Taxes and Agrarian Life in Early Modern France：Land Sales, 1550—1730", *Journal of Economic History*, 1986,(1), p. 45.

[3] Pierre Goubert, "The French Peasantry of the Seventeenth Century：A Regional Example ", *Past & Present*, 1956,(10), p. 68.

[4] E. E. 里奇、C. H. 威尔逊 主编:《剑桥欧洲经济史 第五卷:近代早期的欧洲经济组织》,高德步、蔡挺、张林等译,经济科学出版社,2002 年,第 192 页。

的间接税,如盐税、酒税等相当于增加了商品的成本,导致商品相对价格的变化。近代早期法国的间接税主要是对盐、酒和烟草等日常生活品征税。这些赋税对富人的影响并不是太大,但对消费水平本已十分低下的穷人而言,间接税的增长迫使他们的消费结构进一步扭曲。盐在近代早期农民的生活中非常重要,农民的主食多为粗糙的面糊或小米粥,如果没有食盐则难以下咽;此外,盐也是延长食物保存时间的重要配料。随着盐税的攀升和食盐价格的上涨,16世纪下半期法国的食盐销售总量从1.6万矛①下降到1593年的4000矛,1598年之后有所回升,1623年之后又开始下降,17世纪的绝大部分时间都维持在1万矛左右的销售量。总体上,17世纪的人均食盐消费量低于16世纪的平均水平,17世纪中期之后还在继续下降。②

提高酒税税率也导致类似的结果。比如在法国的布列塔尼地区,从16世纪下半叶开始,间接税尤其是酒税开始大幅度提高。柯林斯的统计表明,1583年的酒税为每桶2.5利弗尔,1610年为10利弗尔,1641年则达每桶40利弗尔,30年间增长了四倍;到1662年,一个每天喝半瓶酒的城市手工业者要付的酒税约为1苏,占其日平均收入的5%—10%。③酒税的提高毫无疑问会降低酒类的消费量。由于酒税很重,商人们为了保证自己的利润,通常不放酒脚④,并掺入大量的水,很多酒因为没有酒脚极易变酸,而穷苦的农民只能喝这种酒,"于是便引起这些人害病,又大大减少了这一类的消费"。⑤

---

① 矛(muid),法国古时称量酒、食盐或粮食的量制,各地并无统一标准,巴黎地区称量酒类物品每矛约合286公升。

② Fernand Braudel, Ernest Labrousse (dir.), *Histoire économique et sociale de la France*. Tome 1: *De 1450 à 1660*, vol. 2: *Paysannerie et Croissance*, Paris: Presses Universitaires de France, 1977, p. 750.

③ James B. Collins, *La Bretagne dans l'État royal. Classes sociales, États provinciaux et ordre public de l'Édit d'Union à la Révolte des bonnets rouges*, Rennes: Presses universitaires de Rennes, 2006, pp. 248, 270.

④ 酿酒的酵母,一般放于酒桶底部用以延长酒的保质期。

⑤ 布阿吉尔贝尔:《布阿吉尔贝尔选集》,伍纯武、梁守锵译,商务印书馆,1984年,第46—47页。

此外,税收对农民消费还有另一重影响。近代早期法国的直接税一般由税务官根据纳税人的财产收入状况或土地多少进行摊派,尤其是在根据财产收入课税的地区,并无严格的估税标准,税收摊派往往受很多人为因素的影响,具有任意性。过多的消费会引起村民的注意,税务官也可能据此认为该户农民收入状况较好,而向其摊派更多的赋税。因此,很多农民为了减少自己的赋税摊派额,即使有能力消费,也尽量避免引起其他村民的注意,结果是除生活必需品外农民不敢随意消费。这种情况将人们的经济安全感降到了最低,农民既不愿消费更多,同时也不愿增加对农业的投入。

农业投入毫无疑问是推动农村经济发展的决定因素。由于投资决策主要由税后可支配投资收益决定,因此税收可以通过影响预期投资收益而影响投资行为,对投资产生一定的替代效应。提高税率会减少资本的供给,也会减少资本的税后收益,增加资本使用的成本,从而影响投资,这就是税收的投资效应。利用税收的投资效应理论我们来分析近代早期法国税收对农业投入的影响。

不断攀升的税负造成近代早期法国农民的普遍贫困,农民的可支配收入很少,对农业的投入仅能维持简单再生产。这一点可以从农民占有的基本生产资料中看出。在年成好时,农民勉强能够留出下一年的种子,年成不好或遇上战乱、灾荒,预留的种子也可能由投资转为消费。普通农民饲养的家禽和牲畜很少,因为它们经常会同人"争夺"口粮。古贝尔指出,博韦地区的农民一般仅养三到四只母鸡,很少养猪和牛;穷人真正能养得起的牲畜是羊,因为羊毛和羊羔可以到市场上出售,为农民付税。[1] 多数农民没有犁,耕畜和犁都得向较富有的邻居借用,并支付酬金。如果农民付不起酬金,就只能"用臂力耕种"土地,人力劳动成为最主要的投入。不用牲畜和重犁,而用一般的工具翻地,这是 17 世纪法国

---

[1] Pierre Goubert, "The French Peasantry of the Seventeenth Century: A Regional Example", *Past & Present*, 1956,(10), p. 59.

农民典型的生产状况。[1] 布里格斯认为,近代早期法国的城镇与农村最大也是最不幸的差别在于实际在土地上劳作的人却没有可以使用的资金[2],无法投资于土地的改良或扩大再生产。

税收对农民再生产投入更为重要的影响在于边际税率(新增收入应缴付的税率)过高,从而在很大程度上降低了农民的税后投资收益,以至于农民不愿投资于农业的扩大再生产。税收制度的混乱、缺乏有效的管理等人为地提高了赋税的边际税率,农民往往要为投入土地改良后新增加的产出付更多的税,这使他们对利润的预期非常之低,投资的积极性自然不高。

马赛厄斯和奥布赖恩指出,在近代法国的税收体系中,由于直接税比重大,间接税比重相对较小,对投资的影响比对消费的影响更大,尤其是对农业的投入。18 世纪英国农民承担的人均税负要高于法国农民,但并未对农业的发展造成大的影响;而法国的人均税负虽较英国低,却对农业的发展产生了极大的影响。法国农民改善土地、提高产量后,他可能不得不付更高的税,而英国的土地所有者一般缴纳较为固定的土地课税额,其实际税负从长期来看是下降的。因此,他们认为关键的问题不仅仅在于人均税负的高低,还与赋税结构和赋税管理体制的合理与否,即边际税率的高低有关。[3]

霍夫曼和罗森塔尔也认为,税收对经济发展的影响,关键并不在于税率的高低,更重要的是税收的边际效应。他们指出,近代早期法国的平均税率和人均税负水平虽然低于英国,但其边际税率却是"灾难性的"。高的边际税率会导致"应税部门"的交易活动萎缩,"资源必然流向

[1] Jean Jacquart, "French Agriculture in the Seventeenth Century", in Peter Earle (ed.), *Essays in European Economic History, 1500—1800*, Oxford: Clarendon Press, 1974, p. 170.

[2] Robin Briggs, *Early Modern France, 1560—1715*, p. 209.

[3] Peter Mathias, Patrick O'Brien, "Taxation in Britain and France, 1715—1810. A comparison of the Social and Economic Incidence of Taxes Collected for the Central Governments", *Journal of European Economic History*, 1976, (5), pp. 611—640.

大量出于政治原因而仍保留免税特权的经济活动",税基日益侵蚀,从而造成"激励机制被扭曲、经济增长被破坏"。①

17、18世纪的农学家和税收改革家们便已论及这种边际效应的恶劣程度。法国重农学派的先驱布阿吉尔贝尔详细分析了不合理的赋税制度对农业投入的影响。由于人们必须绝对避免露富,以免增加纳税额,"然而农业生产的要素,就是在土地上施肥,而没有家畜则得不到肥料。可是人们由于怕受邻居嫉妒而导致加倍缴纳达伊税,因而即使有能力也不敢饲养必要数量的家畜",以至于"以前有一千到一千二百头绵羊的教区,现在却连这四分之一也不到"②。因此,增加投资的行为本身可能就会引致纳税额不成比例地提高,而不管投资是否真的取得了收益;当然如果收益提高的话,所付的税可能就更高了。这同时也迫使人们放弃一部分自然条件不太好的土地,因为这些地需要增加投资用于改良土壤,而这是"人们不能、也不敢进行的"。③ 魁奈估计,在18世纪约有一半的法国可耕地无人耕种,或是未开垦,或是被抛荒。④ 路易十四时期著名的税收改革家沃邦元帅曾指出,税收使"事情退化到如此的境地……以至于一个可以使用他的天赋和能力改善其家庭生活的人更愿意无所事事。一个能养上几头牛或羊羔,对其农田有所改善的人,不得不放弃这一做法,以免被接下来几年的达伊税压垮"。⑤

过高的税负和不合理的赋税体制使法国农业在"长的17世纪"缺乏必要的改良。因缺乏资金或有效的投资收益机制的保护,本应进行引流排水的沼泽地或因干旱应进行灌溉的土地最终被抛荒,或为拥有免税权的特权

---

① P. T. 霍夫曼,L. 罗森塔尔:《近代早期欧洲战争和税收的政治经济学:经济发展的历史教训》,载《新制度经济学前沿 第二辑》,经济科学出版社,2003年,第47页。

② 布阿吉尔贝尔:《布阿吉尔贝尔选集》,伍纯武、梁守锵译,商务印书馆1984年,第35页。

③ 布阿吉尔贝尔:《布阿吉尔贝尔选集》,第35—36页。

④ Wilhelm Abel, *Agricultural Fluctuations in Europe : From the thirteenth to the twentieth centuries*, London: Methuen Co. Ltd, 1980, p. 164.

⑤ Philip T. Hoffman, "Taxes and Agrarian Life in Early Modern France: Land Sales, 1550—1730", *Journal of Economic History*, 1986,(1), p. 54.

等级所侵占。诺思和托马斯指出,近代早期法国农业的"日趋虚弱是由于收益递减及阻挠有效调整和新技术创新的制度环境所造成的",而"阻挠全国市场发展的限制主要归因于近代初期法国农业大量保留了中世纪的特征"[①],国家为增加财政收入制定的税收政策强化了这种限制性的"制度环境"。如布里格斯所言:"正是那些特权阶层和君主,他们作为经济的大寄生虫,追求的都是短期利益,从而造成了农业经济的萧条。"[②]

综上所述,近代早期法国赋税的不断攀升以及不合理的赋税体制导致的畸高的边际税率,在剥夺农民可支配收入的基础上,对农民的消费水平以及对农业生产的投入都造成了极大的阻滞。农民根本无钱消费,或因为税收的缘故无法正常消费,绝大部分农民的消费水平极其低下,消费结构非常不合理,农村消费不足难以为其他领域尤其是工业的发展提供有效的需求刺激。与此同时,税收对农业投资的抑制效应亦非常明显,低下的农业投入使近代早期法国的农业长期处于低水平的简单再生产状态,无法实现对小农经济的突破。18 世纪末的法国大革命摧毁了封建土地制度,但并未使法国的农业生产摆脱传统小农经济的束缚。迟至19 世纪中叶以后,农业资本主义关系才在法国农村中迅速发展起来,法国农业从此进入一个新的阶段。[③]

第三节　近代早期的民众起义——以 1675 年布列塔尼城乡　　　　起义为例

承接本章第二节谈到的问题,基于赋税对农民和城市普通民众日常生活和经济活动产生的巨大影响,还应了解民众对此的态度及反应。当然,近代早期民众起义或民众暴动的原因多种多样,有反领主的,有抗税

---

① 道格拉斯·诺思、罗伯斯·托马斯:《西方世界的兴起》,华夏出版社,1999 年,第 157 页。
② Robin Briggs, *Early Modern France, 1560—1715*, 1977, p. 53.
③ 许平:《法国农村社会转型研究(19 世纪—20 世纪初)》,北京大学出版社,2001 年,第 72 页。

的,有城市中因食物供给不足导致的谷物暴动等,其中最主要的是抗税暴动。

　　1675 年,在法国西部的布列塔尼爆发了一场声势浩大的城乡起义,从 4 月初至 9 月中旬持续了五个多月,在法国历史上分别称为城市的"印花税暴动"和乡村的"红便帽起义"①。起义爆发的导火线是国王开征新税。1674 年 4 月路易十四颁布"印花税法令",规定对王国内所有法律契约和公证文书征收印花税;1674 年 9 月 27 日又颁布法令,将烟草专卖权保留给国王,禁止杂货商和零售商售卖烟草;此外,国王还规定对锡器印标征税。这一系列的赋税和专卖法令引起布列塔尼人的不满。1675 年 4 月,雷恩(Rennes)率先发生城市骚乱,接下来的一周,布列塔尼的主要城市——南特(Nantes)、迪南(Dinan)、瓦纳(Vannes)等相继发生暴动,并且很快蔓延到乡村,几乎席卷了整个布列塔尼,直到 9 月中旬起义才被镇压下去。布列塔尼的这场城乡起义在 17 世纪乃至整个近代早期法国的民众运动(mouvements populaires)中都颇具特点,非常值得进行深入探析。②

---

① 乡村中的"红便帽起义"也被称为"托利棒起义"(Révolte des Torreben),因起义者多佩戴红色或蓝色的软便帽,手拿大头棍,高声叫喊"Torreben",意为"砍下他的头"(casse-lui la tête)。

② 对 1675 年布列塔尼城乡起义的研究,在 19 世纪主要是对其过程的梳理和相关原始资料的整理,主要包括:Arthur de La Borderie, *La Révolte du Papier Timbré advenue en Bretagne en* 1675(Saint-Brieuc, 1884 ; Reéd., Rennes, 1995) ; Jean Lemoine, "Documents inédits relatifs à la révolte du Papier timbré en Basse-Bretagne en 1675", *Bulletin de la Société nationale des antiquaires de France*, T. 23, 1896, pp. 125—168 ; et "La révolte du Papier timbré ou des Bonnets rouges en Bretagne en 1675", *Annales de Bretagne*, T. 12, 1897, pp. 317—359 et 523—550 ; T. 13, 1897—1898, pp. 180—259, 347—409 et 524—559 ; T. 14, 1898—1899, pp. 109—140, 189—223 et 438—471。在 20 世纪的专题研究,影响较大的如下:Roland Mousnier, *Fureurs paysannes. Les Paysans dans les révoltes du XVIIᵉ siècle* (*France, Russie, Chine*), Paris, 1967; Yvon Garlan et Claude Nières, *Les Révoltes bretonnes de 1675. Papier timbré et Bonnets rouges*, Paris, 1975 (2004 年修订版: *Les Révoltes Bretonnes. Rébellions urbaines et rurales au XVIIᵉ siècle*, Toulouse, 2004) ; Jean Tanguy, "Les révoltes paysannes de 1675 et la conjoncture en Basse Bretagne au XVIIᵉ siècle", *Annales de Bretagne et des Pays de l'Ouest*, Année 1975, volume 82, pp. 427—442 ; James B. Collins, *La Bretagne dans l'Etat royal. Classes sociales, Etats provinciaux et ordre public de l'Edit d'Union à la Révolte des bonnets rouges*, Rennes, 2006。

从布列塔尼内部而言,这场起义的独特性在于城乡起义表现出的截然不同的特点。城市中的"印花税暴动"集中在布列塔尼东部(上布列塔尼),起义者身份比较复杂,几乎囊括了城市的各个阶层(主体为城市下层),主要抗议国王在布列塔尼设立的新税。而乡村的"红便帽起义"则主要集中在布列塔尼西部(下布列塔尼),起义者由中下层农民组成,反抗的是封建捐税和贵族领主。

将之放入近代早期法国的民众运动中来看,其独特性亦颇为显著。对近代早期法国民众运动的研究得益于20世纪五六十年代东西欧学者所谓的"波穆之争"[①],这场争论推动了对近代早期法国甚至整个欧洲民众运动的研究。[②] 学者们的研究表明,1590—1660年是法国民众运动最为频繁的时期,17世纪60年代是一个转折点。[③] 在路易十四亲政的54年间(1661—1715),除一些小规模的骚乱外,仅发生过为数不多的几次大规模地方暴动,1675年布列塔尼的城乡起义便为其中之一。[④] 较之于17世纪上半叶法国各地风起云涌的民众起义,布列塔尼在1675年之前

---

① 苏联学者波尔什涅夫(Boris Porchnev)于1949年出版了一本研究1623—1648年法国民众起义的著作,认为17世纪法国农民起义是被剥削阶级与剥削阶级之间的阶级斗争,农民起义具有自觉性和自发性。法国历史学家罗朗·穆尼埃(Roland Mousnier)于1958年发文对波尔什涅夫的观点进行反驳,认为这一时期的民众起义并非农民自发的运动,而是精英阶层有意识引导下的产物,是等级斗争而非阶级斗争。随后其他学者也相继加入这场争论,在西方史学界被称为"波穆之争"(Porchnev-Mousnier controversy)。争论的焦点不仅涉及农民起义的性质,还包括近代早期法国的社会结构和社会性质,并扩展到近代早期法国的大众政治文化研究领域。有关"波穆之争"的始末可参考高毅《"波穆之争"的来龙去脉及其他》,载《清华大学学报(哲学社会科学版)》2008年第5期。

② 研究近代早期法国民众运动的主要代表人物除波尔什涅夫和穆尼埃之外,还包括R.芒德鲁(Robert Mandrou, *Classes et luttes de classes en France au début du XVIIe siècle*, 1965)、Y.-M.贝尔塞(Yves-Marie Bercé, *Histoire des Croquants: Etudes des soulèvements populaires au XVIIe siècle dans le sud-ouest de la France*, 1974)、H.内维(Hugues Neveux, *Les révoltes paysannes en Europe(XIVe-XVIIe siècle)*, 1997)、J.尼古拉(Jean Nicolas, *La Rébellion française. Mouvements populaires et conscience sociale*, 1661—1789, 2002)等。

③ Yves-Marie Bercé, *History of Peasant Revolts. The Social Origins of Rebellion in Early Modern France*, Cambridge: Polity Press, 1990, pp.1, 326.

④ 另一场影响较大的是1702年爆发于法国东南部塞汶山区的"卡米扎尔"宗教起义。

的半个多世纪里都保持了相对的平静①,却在 17 世纪下半叶其他地方相对沉寂之时爆发了这样一场被穆尼埃称为"17 世纪最后一次大规模的社会和政治运动"。② 研究还表明,17 世纪的民众起义大多以抗税暴动为主,反抗沉重的王室税和各种新设立的税目是起义的主要诱因③,1675年布列塔尼城市的"印花税暴动"可归入此列,而发生在乡村中的"红便帽起义"则以反封建捐税和领主制为主,美国学者科林斯认为,1675 年布列塔尼乡村中的"红便帽起义"是 17 世纪大规模农民起义中唯一一次以反领主为目标的农民运动。④ 也正因为这场起义超出了抗税的范畴,学者们很难将之归入 17 世纪法国民众运动的主体框架之中,故尔其迟迟未在近代早期法国民众运动史研究中取得应有的位置。⑤ 为什么 1675年布列塔尼城乡起义会如此之特别? 国王的新税并非只针对布列塔尼设立,为何会在这一地区引发大规模暴乱? 城乡起义在地域和反抗对象上的差别之根源何在? 这正是本节试图探讨的问题。

一、税收与特权的冲突

研究近代早期法国民众运动的专家贝尔塞曾指出,"任何一场起义在其可能是经济因素的产物之前都是一个文化事件"⑥,强调政治文化因素在民众起义中的先导性作用。国王在全国设立新税,却导致布列塔尼

① Alain Croix, *L'Age d'or de la Bretagne : 1532—1675*, Rennes : Editions Ouest-France, 1993, pp. 95—99.

② Roland Mousnier, *Fureurs paysannes. Les Paysans dans les révoltes du XVIIᵉ siècle (France, Russie, Chine)*, Paris : Calmann-Lévy, 1967, p. 124.

③ Roland Mousnier, "Recherches sur les Soulèvments populaires en France avant la Fronde", *Revue d'Histoire Moderne et Contemporaine*, Avril-juin 1958, Tome. V, p. 84.

④ James B. Collins, *La Bretagne dans l'Etat royal. Classes sociales, Etats provinciaux et ordre public de l'Edit d'Union à la Révolte des bonnets rouges*, Rennes : Presses universitaires de Rennes, 2006, p. 250.

⑤ Yvon Garlan et Claude Nières, *Les Révoltes Bretonnes. Rébellions urbaines et rurales au XVIIᵉ siècle*, Rennes : Editions Privat, 2004, p. 15.

⑥ Yves-Marie Bercé, *History of Peasant Revolts. The Social Origins of Rebellion in Early Modern France*, pp. 334—335.

人揭竿而起,究其原因,这首先是一场维护布列塔尼所拥有之特权的运动。

中世纪晚期近代早期,法国的王权迅速扩张,大大小小的地方封建小国相继被纳入法王的直辖领地,边境大省中较晚被并入的是布列塔尼。查理八世通过"布法战争"(1487—1491,也称"布列塔尼独立战争")夺取了对布列塔尼的统治权,但迟至 1532 年双方才签订正式的合并条约。征服布列塔尼之后,为了取得地方精英阶层的合作,国王保留了布列塔尼的三级会议,并承诺给予这一地区各种"特权和自由",包括保留该地区原有的赋税体制,保持较低的直接税税率,未经过三级会议同意不得创立新税,不得随意设立新官职等。① 此后国王向布列塔尼颁布诏书和敕令时都会重申这些特权。正因为拥有这些特权,在 16 世纪下半叶和 17 世纪上半叶,法国其他地区税负不断加重之时②,布列塔尼仍得以保持相对较低的直接税负担。③

这些特权无疑是君主政府试图加强中央集权的障碍。早在 1551年,亨利二世便创立了一种直接税的附加税④,并试图将其推行到布列塔尼,但遭到布列塔尼三级会议的反对。国王最后答应撤销这一新税,前提是布列塔尼三级会议向其支付一笔赎买金(后被称为"贡赋"[don gratuit])。此后,这一方法逐渐沿用下来,国王以此作为布列塔尼保留其特权的交换,同时亦满足自己的资金需要。形势在 1661 年路易十

---

① 参见伊勒—维莱讷省档案(Archives départementales d'Ille-et-Vilaine)C 系列:ADIV, série C 3125. *États de Bretagne. Privilèges de la Bretagne*, 1491—1565 : *Contrat de mariage d'Anne de Bretagne avec le roi Charles VIII, en date du 6 décembre 1491* ; *États de Bretagne. Privilèges de la Bretagne*, 1491—1565 : *Contrat de mariage de Louis XII avec Anne de Bretagne, en date du 7 janvier 1498* ; Ch. de La Lande de Calan, *Documents inédits relatifs aux États de Bretagne de 1491 à 1589*, T. 1, Nantes, 1908, pp. 2, 9—10, 45,55。

② Philip T. Hoffman, "Taxes and Agrarian Life in Early Modern France: Land Sales, 1550—1730", *Journal of Economic History*, vol. XLVI, 1986, No. 1. pp. 45—46.

③ James B. Collins, *La Bretagne dans l'Etat royal. Classes sociales, Etats provinciaux et ordre public de l'Edit d'Union à la Révolte des bonnets rouges*, p. 264.

④ 陈文海:《权力之鹰:法国封建专制时期监察官制度研究》,第 45 页。

四亲政后开始发生变化,君主政府试图加强中央集权的意图比以往任何时期都表现得更为明显。路易十四相继颁布法令,不断冲击布列塔尼的特权,包括查处被地方领主僭越的司法权,在布列塔尼设立新机构、新官职和新税。1673 年,国王在布列塔尼设立锡器印标税、烟草专卖以及印花税,省三级会议被迫答应给国王一笔 260 万利弗尔[①]的贡赋赎买这些新税,另加 260 万利弗尔赎买其他新设立的机构和官职。但在 1674 年,国王又故伎重演,未经布列塔尼三级会议同意,重新在布列塔尼设立之前的三种新税,且剥夺了布列塔尼三级会议对新税的赎买权。[②] 对布列塔尼人而言,这些措施是对其一直以来引以为豪的"特权和自由"的无情践踏,极大地伤害了他们的情感。

1675 年 4 月,雷恩城中开始流传国王还将在布列塔尼设立盐税(gabelle)的谣言,法国西南的波尔多(Bordeaux)发生抗税暴动的消息传到布列塔尼后,一场真正的暴动在雷恩首先发生。据说起因是雷恩的一伙杂货商向雷恩高等法院院长请求取得烟草零售权,后者回答说,要等待时机,只有为暴力所迫时才能这么做。杂货商将这一答复作为允诺,广为散播,鼓动人们反抗负责分派烟草的总署。[③] 随后 2000 多人相继洗劫了城中的烟草专署、锡标税专署和印花税专署,殴打税务官员。军机特派官给陆军大臣的信中曾提到,南特城的暴动者高喊"无盐税,国王万岁"(Vive le Roy sans gabelle!);特派官还表示,他了解到南特城"某些人士"的态度,他们都坚定地表示无法容忍烟草税和锡标税。[④] 农村的"红便帽起义"也有类似的行为和表达,攻击税务专署,驱赶税务官。在拟定的"农民法典"(Code de paysan)中,起义者自称聚集起来是为了"维

---

① livre tournois,近代早期法国的货币单位。

② Jean-Jacques Monnier et Jean-Christophe Cassard, *Toute l'histoire de Bretagne des origines à la fin du XXᵉ siècle*, Morlaix : Skol Vreizh, 2003, pp. 348—349.

③ Jean Lemoine, "La révolte du Papier timbré ou des Bonnets rouges en Bretagne en 1675" (documents), *Annales de Bretagne*, T. 13, 1897—1898, pp. 199—200.

④ Jean Lemoine, "La révolte du Papier timbré ou des Bonnets rouges en Bretagne en 1675" (documents), *Annales de Bretagne*, pp. 204—205.

护阿尔莫尼克省①的自由"②,要求取消所有违反布列塔尼特权的法令。③
一个世纪之后的 1789 年,布列塔尼的陈情书中还有类似的表述。④

　　无论是在城市还是乡村,此类的行动和口号无疑表达了人们对触犯
布列塔尼特权的新税政策的反感,强烈要求恢复之前布列塔尼所享有的
各种"特权和自由"。维护布列塔尼的"特权和自由",也是起义者为自身
行为的正当性提供支持的一种政治表达。但是,起义者的这种政治文化
表达仅仅是表象,1675 年起义在地域和抨击对象上的差异无疑有更为深
层的原因。

二、城市的"印花税暴动"

　　1675 年城市的抗税暴动为什么主要发生在东部的上布列塔尼地区?
这里有必要先了解一下布列塔尼的整体经济状况。波多在《1636 年布列
塔尼游记》中曾这样描述这个半岛:"(它)就像一个修道士的头型——边
上有毛发,最顶上和中间则是一片荒芜,如同布列塔尼的海岸是它的头
发和装饰,其余部分荒芜且贫瘠。"⑤这一比喻非常形象地描绘了布列塔
尼当时的人口和经济活动分布状况。

　　布列塔尼是一个人口大省,占当时法国人口的 10%。在西部的下布
列塔尼,人口主要集中在大西洋沿岸的海滨地带,这里土地比较肥沃,种
植价值较高的小麦,是布列塔尼主要的粮食产区和粮食出口区。布列塔
尼中部则是大片贫瘠的荒地,以畜牧业为主。在东部的上布列塔尼,从
雷恩到圣马洛(Saint Malo)一线是省内城市化程度较高的地区,人口也

---

① 布列塔尼的别称。
② Roland Mousnier, *Fureurs paysannes. Les Paysans dans les révoltes du XVIIe siècle*
　 (*France, Russie, Chine*), p. 142.
③ Yvon Garlan et Claude Nières, *Les Révoltes Bretonnes. Rébellions urbaines et rurales au*
　 XVIIe siècle, p. 71.
④ Yvon Garlan et Claude Nières, *Les Révoltes Bretonnes. Rébellions urbaines et rurales au*
　 XVIIe siècle, p. 142.
⑤ 转引自 James B. Collins, *La Bretagne dans l'Etat royal. Classes sociales, Etats provinciaux*
　 et ordre public de l'Edit d'Union à la Révolte des bonnets rouges, p. 49.

主要集中在这条轴线上。高等法院（Parlement）和审计法院（Chambre des comptes）等高级行政司法机构分别设在雷恩和南特，因此聚集了包括城市司法人士和商人在内的大部分布列塔尼的人口及精英人士。粮食、酒和帆布是布列塔尼的主要出口贸易产品，众多的港口城市为对外贸易的发展提供了有利条件，尤其是北部的圣马洛和南部的南特，在整个16、17世纪，与荷兰和西班牙的贸易关系都非常紧密。在16世纪30年代—17世纪60年代这一个多世纪的时间里，布列塔尼经济都保持了相对强劲的发展势头。但是，从17世纪60年代开始，持续近一个半世纪的布列塔尼"黄金时代"[1]开始出现衰退迹象，除受荷兰和英国竞争的影响外，还与布列塔尼的税收体制有着密切的关系。[2]

布列塔尼除享有前述的各项特权外，其省三级会议还拥有自行选择税收归宿和征税方式的权利。1532年之后，布列塔尼三级会议的成员仍以三个等级为基础，即教士、贵族和城市代表，教士和贵族在布列塔尼实际上是同一个阶层，都属于土地贵族。16世纪下半叶，这些土地贵族逐渐把持了省三级会议，到17世纪，第三等级代表也多属于土地所有者阶层（并非"法国模式"中常出现的购买官职的商人资产阶级）。这三个等级共同左右着省三级会议的赋税政策。为维护土地所有者阶层的利益，省三级会议将与土地收入相关的直接税维持在较低的水平，而将各种附加税和特别税的税收归宿分派到主要由城市居民承担的间接税上，其中以酒税[3]的影响最为恶劣。

15世纪末，布列塔尼酒类消费量约在3万桶（1桶约等于900升）左

---

[1] Alain Croix, *L'Age d'or de la Bretagne*:*1532—1675*, Rennes : *Editions Ouest-France*, 1993.

[2] Yvon Garlan et Claude Nières, *Les Révoltes Bretonnes. Rébellions urbaines et rurales au XVIIᵉ siècle*, pp. 79—80.

[3] 在布列塔尼，"impôt"一词专指酒税。此外，"billot""devoir"等词指的也是酒税或饮品税。

右,人均年消费酒量为 18—20 升①,1580 年左右达 7—8 万桶。② 庞大的酒类消费量是布列塔尼内外贸易的重要组成部分,同时也使酒税成为布列塔尼税收收入的重要来源。从 16 世纪下半叶开始,酒税开始大幅度提高。科林斯的统计表明,1583 年的酒税为每桶 2.5 利弗尔,1610 年达到 10 利弗尔,1641 年为每桶 40 利弗尔,30 年间增长了 3 倍。③ 1642 年之后,每年约有 200—250 万利弗尔甚至更高的税额是从酒税中征收的。到 1662 年,一个每天只喝半瓶酒的城市手工业者所付的酒税要占其日平均收入的 5%—10%。④ 高额的酒税抑制了普通民众的消费能力,酒类消费量随着酒税的提高不断下降,直接影响着从事酒类贸易的商人。此类间接税的大幅攀升,遏制了布列塔尼的消费以及与之相关的商业贸易,进而影响着城市手工业和农业的发展。面对荷兰和英国海外贸易的急剧扩张,这一地区逐渐失去了原有的竞争力,其"黄金时代"从 17 世纪60 年代开始慢慢落下帷幕。

在经济形势渐趋恶化的同时,国王一方面打击布列塔尼的特权,另一方面不断加重对该地区的赋税要求。1661 年国王亲政时,要求布列塔尼三级会议上缴一笔 400 万利弗尔的贡赋作为贺礼,省三级会议提出异议,最后被迫同意交纳 300 万利弗尔;1663 年,国王又提出 250 万利弗尔贡赋的要求,最终省三级会议同意给 200 万利弗尔。⑤ 实际上,从1661—1668 年,省三级会议为国王提供的贡赋及因此偿付的借款利息总

---

① 当时英国的人口是布列塔尼的三倍,布列塔尼的酒类消费量则是英国的四倍。

② Jean-Jacques Monnier et Jean-Christophe Cassard, *Toute l'histoire de Bretagne des origines à la fin du XXe siècle*, p. 311.

③ James B. Collins, *La Bretagne dans l'Etat royal. Classes sociales, Etats provinciaux et ordre public de l'Edit d'Union à la Révolte des bonnets rouges*, p. 248.

④ James B. Collins, *La Bretagne dans l'Etat royal. Classes sociales, Etats provinciaux et ordre public de l'Edit d'Union à la Révolte des bonnets rouges*, p. 270.

⑤ Jean-Jacques Monnier et Jean-Christophe Cassard, *Toute l'histoire de Bretagne des origines à la fin du XXe siècle*, pp. 348—349.

共高达 900 万利弗尔。① 同样的情况此后仍在继续。1672 年法国与荷兰开战,为筹措战争经费,路易十四再次出台一系列政策,如前所述,1673 年布列塔尼要向国王提供 520 万利弗尔的贡赋。为筹集这笔巨款,除征收常规的直接税和间接税外,省三级会议开辟了多种税源,包括对贵族征收的特别税、官职税、新的直接税附加税,并以新创立的每瓶酒 26 苏的小酒税(*petit devoir*)作为担保进行借款。② 但是整个布列塔尼已经不堪重负,贵族只愿意支付特别税的一小部分,农民拒绝缴纳直接税,城市已经蠢蠢欲动。紧接着在 1674 年和 1675 年,国王不经布列塔尼三级会议同意,再次设立之前赎买过的新税,且剥夺了布列塔尼三级会议对新税的赎买权。

一方面,布列塔尼三级会议的税收政策向土地所有者倾斜,税负主要落到城市居民身上;另一方面,国王新设立的锡器印标税、烟草专卖以及印花税等均为间接税,直接受到冲击的主要是城市居民,尤其是印花税,因印花公文纸的主要使用群体是司法人士和商人等城市资产阶级以及贵族,其影响较其他间接税更为广泛。因此,城市化程度较高、且聚集了大部分布列塔尼精英人士的上布列塔尼自然成为抗税暴动的主要地区。除城市下层民众外,司法人士、城市商人均以各自的方式表达对王室赋税政策的强烈不满,雷恩的高等法院也被认为参与到暴乱中。③ 1675 年布列塔尼城市起义的模式与近代早期法国其他地方的抗税暴动类似,属于 17 世纪法国反王室税起义的一个组成部分。

三、乡村的"红便帽起义"

城市的抗税暴动蔓延到乡村后,为何会在下布列塔尼发展成为一场

---

① James B. Collins, *La Bretagne dans l'Etat royal. Classes sociales, Etats provinciaux et ordre public de l'Edit d'Union à la Révolte des bonnets rouges*, p. 242.

② James B. Collins, *La Bretagne dans l'Etat royal. Classes sociales, Etats provinciaux et ordre public de l'Edit d'Union à la Révolte des bonnets rouges*, p. 242.

③ Jean Lemoine, "La révolte du Papier timbré ou des Bonnets rouges en Bretagne en 1675" (documents), pp. 241—242.

反领主的农民起义呢？如前所述，城乡起义在地域上的分化与省级经济结构有关。布列塔尼东部的城市体系较为发达，对间接税的变化更为敏感，而西部的滨海区主要是粮食种植区，间接税对这一地区的影响相对较小，而与之相关的直接税则始终被保持在较低的水平。照理西部地区的农民或许能从中受益，但他们同样也揭竿而起，并将矛头指向了贵族领主，究其原因与近代早期布列塔尼所特有的土地所有制——一种被称为"Domaine congéable"的土地承租方式，以及以此为基础的领主制有关。

　　这是一种分享所有权（divided ownership）的土地承租制度，主要分布在布列塔尼西部的大部分地区[①]：土地本身和大部分树木属于土地所有者（绝大部分是贵族领主），土地上的建筑、庄稼和小部分树木则属于租佃农（domanier）。[②] 在当地的惯例中，租约一般每九年签一次；佃农要向领主交纳各种封建捐税，还要承担每年九天的劳役；没有领主的许可，佃农不能随意修建房屋；租约到期后，领主可以提高佃农的租金，或将其驱逐；此外佃农还要受领主司法权的管辖。穆尼埃认为，这一特殊的土地承租方式主要是基于布列塔尼的普遍贫困，不得不将缺少经营手段的所有者与资本不足、但拥有一定生产方式的耕种者结合起来。[③] 作为一种分享所有权的经营方式，这一体制远非建立在平等原则之上，而是将佃农置于领主地产的依附地位。[④] 与这一土地承租制度相适应，下布列塔尼的领主司法权相当强势。在近代早期，法国其他地方的领主司法权逐渐为王室司法权所取代时，布列塔尼的领主仍完整地保留了自己的司

① Jean Gallet, *Seigneurs et paysans Bretons du Moyen Age à la Révolution*, Rennes：Éditions Ouest-France, 1992, p. 188.

② T. J. A. Le Goff and D. M. G. Sutherland, "The Social Origins of Counter-Revolution in Western France", *Past & Present*, No. 99 (May, 1983), p. 66.

③ Roland Mousnier, *Fureurs paysannes. Les Paysans dans les révoltes du XVIIe siècle* (*France, Russie, Chine*), pp. 130—131.

④ Yvon Garlan et Claude Nières, *Les Révoltes Bretonnes. Rébellions urbaines et rurales au XVIIe siècle*, p. 26.

法权。据穆尼埃统计,17 世纪位于巴黎附近的 149 个采邑,只有 25 个有司法权;而在布列塔尼,几乎所有的封建领主都享有司法权。[1]

1660 年之后,布列塔尼整体经济形势的恶化降低了土地贵族的实际收入,为提高收入,他们加强了对农民的封建盘剥。[2] 研究表明,恰恰是在司法体系对领主最有利以及领主最穷的地区,这种封建剥削最为强烈,尤其是在以"domaine congéable"为主体的地区,如位于下布列塔尼的科努瓦耶(Cornouaille)、波埃(Poher)地区以及罗昂子爵领地(Vicomté de Rohan)等。[3] 在科努瓦耶教区,据 1665 年的统计,只有 28 个收入超过 1 万利弗尔的贵族家庭,30—40 个贵族的收入少于 3000 利弗尔,还有二十多个穷困的乡绅家庭靠省三级会议的年金度日。[4] 领主愈穷,便愈发加重对农民的盘剥。甘冈一个领主的征税容器在 1580 年装 65 磅[5]粮食,到 1662 年被凿得可以盛下 82—84 磅甚至 95—100 磅的粮食![6] 与皮埃尔·古贝尔的"博韦模式"相似,布列塔尼西部农民的生活本身就处于一种极不稳定的状态,任何新增的负担都会打破这种岌岌可危的"平衡"。

在城市暴动的触发下,下布列塔尼农村中的骚乱从 5 月开始,主要有两个中心:5 月—7 月集中于科努瓦耶,7 月—9 月以波埃地区为中心。[7] 农民起义者烧毁城堡和封建契约,驱逐或虐待贵族,也与地方税务

---

[1] Roland Mousnier, *Fureurs paysannes. Les Paysans dans les révoltes du XVIIᵉ siècle* (*France*, *Russie*, *Chine*), p. 124.

[2] Jean Tanguy, "Les révoltes paysannes de 1675 et la conjoncture en Basse Bretagne au XVIIᵉ siècle", *Annales de Bretagne et des Pays de l'Ouest* (*Anjou*, *Maine*, *Touraine*), Année 1975, volume 82, p. 427.

[3] Yvon Garlan et Claude Nières, *Les Révoltes Bretonnes. Rébellions urbaines et rurales au XVIIᵉ siècle*, p. 25.

[4] Roland Mousnier, *Fureurs paysannes. Les Paysans dans les révoltes du XVIIᵉ siècle* (*France*, *Russie*, *Chine*), p. 127.

[5] livre,法国古代的重量单位。巴黎地区 1 磅约为 490 克,各省则为 380 到 550 克不等。

[6] Yvon Garlan et Claude Nières, *Les Révoltes Bretonnes. Rébellions urbaines et rurales au XVIIᵉ siècle*, p. 26.

[7] Roland Mousnier, *Fureurs paysannes. Les Paysans dans les révoltes du XVIIᵉ siècle* (*France*, *Russie*, *Chine*), p. 138.

官发生冲突。部分领主为了保全自己，不得不向农民妥协。拉萨勒(La Salle)的领主德·洛奈(Yves de Launay)被迫宣称，"凡依据契约在莫埃卢(Moëllou)堂区占有房屋和土地之人，此后不再服劳役"。[1] 1675 年布列塔尼农民起义诉求最突出之体现，也是这场起义颇具"革命"意义的地方，是农民拟定的所谓"法典"。[2] 在通常被认为最具代表性的"农民法典"——"十四堂区居民条例"(*Copie du règlement fait par les nobles habitants des quatorze paroisses unies du pays Armorique*)中，农民要求废除封建捐税和劳役(条款 4)，允许贵族和农民通婚(条款 5)，降低酒税(条款 7)，降低宗教仪式的费用(条款 9)，分享领主司法权(条款 10)，禁止使用印花纸(条款 10)，废除领主的各种封建特权(条款 11)等。[3] 在被称为"Code Pesavad"("好法典")的法典中，农民也有类似的要求。[4]

在波埃地区的农民起义领袖勒巴尔普(Sébastien Le Balp)[5]被杀之后，下布列塔尼的农民起义很快被镇压下去，历史学家对这场农民起义有着不同的评价。穆尼埃认为不应高估其革命意义，他指出布列塔尼农民反封建、反领主制的斗争和要求并不彻底，他们不过是在表达自己的愤怒和不满而已，并未提出实质的对策。[6] 伯纳德则赞同波尔什涅夫的

---

[1] Jean-Jacques Monnier et Jean-Christophe Cassard，*Toute l'histoire de Bretagne des origines à la fin du XXe siècle*，p. 352.

[2] 有关 1675 年布列塔尼的"农民法典"，其真实性现已为学者所公认，但存在几种不同的称呼和版本，如"Code Pesavad""ordonnance"或"règlement"等。参见 Yvon Garlan et Claude Nières，*Les Révoltes Bretonnes. Rébellions urbaines et rurales au XVIIe siècle*，p. 73。

[3] Yvon Garlan et Claude Nières，*Les Révoltes Bretonnes. Rébellions urbaines et rurales au XVIIe siècle*，pp. 73—75。

[4] Yvon Garlan et Claude Nières，*Les Révoltes Bretonnes. Rébellions urbaines et rurales au XVIIe siècle*，pp. 71—72.

[5] 此人本是一名公证员，在 1675 年起义爆发时，刚从监狱出来，罪名是伪造和偷窃。伯纳德指出这些行为很难证明他是"具有好名声"的资产阶级的一员，而是其所属阶级的"变节者"(apostate)，因此虽然勒巴尔普是波埃地区农民起义的领袖，但并不能就此认为起义是由资产阶级领导的。参见 Leon Bernard，"French Society and Popular Uprisings under Louis XIV"，*French Historical Studies*，Vol. 3，No. 4(Autumn, 1964)，p. 471。

[6] Roland Mousnier，*Fureurs paysannes. Les Paysans dans les révoltes du XVIIe siècle* (*France*，*Russie*，*Chine*)，pp. 143，145，152—154.

观点,认为 1675 年下布列塔尼的农民起义是自发的,"布列塔尼农民提出了真正革命的主张,认为贵族为社会提供的服务与他们所享受的特权早已不成比例"[1]。加朗和尼埃也指出,就布列塔尼农民起义的导向和过程而言,是具有革命性的,农民反对封建生产关系,否定君主政府政策的合理性,但是他们的行动和要求不可能超出其所处的环境,最终因"对等级社会、资产阶级的上升以及中央集权君主制的矛盾还认识不清"而失败。[2]

对"特权和自由"的眷念、对王室税的厌恶、对贵族领主的痛恨,种种因素交织在一起触发了这场 17 世纪法国最为独特的民众起义。正如夏蒂埃所说,布列塔尼民众行为之独特性可以从这个较晚并入法国之省区在行政、税收、领主制和文化上的特性中寻找解释。[3] 不过,17 世纪下半叶的政治环境已与福隆德运动(1648—1653 年)之前大不相同[4],"绝对主义"王权的确立、政府镇压机器的强化决定了起义迅速溃败的命运。但 1675 年在布列塔尼甚至法国历史上都是具有标志性的一年:17 世纪最后一场大规模的民众起义被镇压;1689 年国王在布列塔尼设立监察官(intendant)——这也是最后一个设立监察官制度的省区;布列塔尼的"黄金时代"也就此落下帷幕。但布列塔尼的种种特性并未消失殆尽,在18 世纪晚期,无论是基于革命还是反革命的立场,布列塔尼的民众再次以自己特有的方式参与到轰轰烈烈的大革命之中,其中的根源仍可从1675 年的这场起义中寻得一二。

---

① Leon Bernard, "French Society and Popular Uprisings under Louis XIV", *French Historical Studies*, p. 471.

② Yvon Garlan et Claude Nières, *Les Révoltes Bretonnes. Rébellions urbaines et rurales au XVIIᵉ siècle*, 2004, pp. 146—147.

③ Roger Chartier, "Comptes rendus: Yvon Garlan et Claude Nières, Les révoltes bretonnes de 1675. Papier timbré et Bonnets rouges", *Annales. Économies, Sociétés, Civilisations*, Année 1977, Volume 32, No. 2, p. 295.

④ Roland Mousnier, *Fureurs paysannes. Les Paysans dans les révoltes du XVIIᵉ siècle (France, Russie, Chine)*, p. 123.

第三章　司法体系的政治与社会职能

在中世纪晚期、近代早期，司法对于法国王权而言具有重要意义，主持司法、伸张正义被视作君主的关键角色。16 世纪法国的法学家让·巴凯（Jean Bacquet）曾指出，"司法权是国王王冠上最重要的装饰，通过这一手段他们在上帝的意志和眷顾赐予他们的伟大国家中得以根基牢固，并且他们通过司法权保持其人民和臣民的和平、统一、和谐、安宁，使他们能够平静地享受属于他们的土地和财产，保护他们免受邪恶的武力、压迫和暴行……"。[1] 在这种思想的支配下，法国近代早期的司法人员与各级司法机构迅速发展，形成了一套较为复杂的司法组织架构。在这一司法体系中，最为重要的是各家高等法院，它们不仅具有突出的司法与政治功能，并且在王国的社会治理中扮演着重要角色。本章具体介绍旧制度下的司法体系和高等法院的治理职能。

---

[1] 转引自 Roland Mousnier, *The Institutions of France under the Absolute Monarchy*, *1598—1789*, Chicago and London: University of Chicago Press, 1979, p. 659.

第一节 近代早期的法国司法体系

一、王权司法管理体系的形成

法国旧制度下存在一套复杂的司法体系,其中高等法院是王室法院,其法官为王家法官,它属于王权司法管理(les juridictions royales)体系的重要组成部分。国王是司法之本源,是最高的法官。国王可以委派代表行使司法权,即"委任裁判"(justice déléguée);也可以亲自行使司法权,即"保留裁判"(justice retenue)。[①] 国王如何亲自行使司法权? 在一些非常特殊的情况下,国王可以亲自审案。此外,国王可以通过特派员(commissaires)行使司法权,可以颁发特赦函、昭雪函、减刑函以及密札,还可以通过颁布裁判书来介入民事问题。

在"委任裁判"体系中,国王将其司法权委托给以下机构(数据针对旧制度末年的情况[②]):

(1) 复数的最高法院(cours souveraines):

高等法院(parlements,13 家);

最高法庭(conseils souverains,4 家,最高法庭其实就是小型高等法院)

(2) 次级司法机构(justices de second rang):

初等法院(présidiaux,约 120 家)

巴伊和塞内夏尔法庭(tribunaux de bailliages et de sénéchaussées,约 400 家)

普雷沃辖区法庭(prévôtés)

---

① Guy Cabourdin, Georges Viard, *Lexique historique de la France d'Ancien Régime*, Paris: Armand Colin, 1990, p. 190; Arlette Lebigre, *La justice du roi, la vie judiciaire dans l'ancienne France*, Paris: Albin Michel, 1988, p. 37.

② 数据出自 Philippe Boucher (dir.), *La Révolution de la justice*, Paris: Jean-Pierre de Monza, 1989, pp. 34—37; Bernard Barbiche, *Les institution de la monarchie française à l'époque modern XVIe-XVIIIe siècle*, Paris: PUF, 1999, pp. 360—364。

（3）专门的司法机构

最高级别的：

大法院（grand conseil,1 家）

审计法院（chambres des comptes 或 cours des comptes,12 家）

间接税法院（cours des aides,4 家）

货币法院（cour des monnaies,1 家）

普通级别的：

面向金融、货币、水利和森林、商业、治安等领域的各类法庭

（以上分类参考 Guy Cabourdin, Georges Viard, *Lexique historique de la France d'Ancien Régime*, p. 190.）

在司法体系的最底层是为数众多的普雷沃辖区（les prévôtés），普雷沃辖区起源于 11 世纪，是法国最古老、最小、最基层的司法与行政管理单位。[①] 普雷沃辖区中的普雷沃（prévôt, 即司法官吏）行使着无偿的司法管理，比如监护、托管或者财产管理等等；同时他可以对辖区内几乎所有的民事与刑事案件进行初审，不过涉及贵族、享有特权者以及王室的案件，要由上级司法单位审理。[②] 因此可以说，这是针对平民的日常司法管理。普雷沃在农村扮演着重要角色，但在城市其工作常与巴伊的任务相重合。总体而言，16 世纪后，普雷沃辖区趋于衰落。

在普雷沃辖区之上为巴伊辖区（les bailliages）和塞内夏尔辖区（les sénéchaussées）法庭。这二者为同一级别，只是大体而言前者存在于北

---

① Bernard Barbiche, *Les institution de la monarchie française à l'époque modern XVIᵉ - XVIIIᵉ siècle*, p. 347; Jean Raynal, *Histoire des institutions judiciaires*, Paris: Librairie Armand Colin, 1964, pp. 77—78. 也有些地方基层司法单位不称为普雷沃辖区，比如在诺曼底和巴黎分别称 châtellenie, vicomté; 南方称 viguerie, bailie 或者 jugerie。

② Bernard Barbiche, *Les institution de la monarchie française à l'époque modern XVIᵉ - XVIIIᵉ siècle*, p. 348.

方,后者存在于南方。① 16 世纪中叶,大约有 97 个巴伊或塞内夏尔辖区法庭,此后逐渐增多。② 与普雷沃辖区相同,巴伊辖区与塞内夏尔辖区也是因其长官巴伊(bailli)和塞内夏尔(sénéchal)而得名。早在 12 世纪末,巴伊和塞内夏尔便以某种王权总监察员(inspecteurs généraux)的身份出现,13 世纪则建立了永久性的固定辖区。③ 起初,巴伊辖区和塞内夏尔辖区法庭负责的事务非常广泛,涵盖司法、财政、军事等方面,后来其权力逐渐限于司法领域。巴伊和塞内夏尔辖区法庭,可以审理涉及贵族和特权者的案件,以及重要的刑事与民事案件。④ 16 世纪之后,巴伊和塞内夏尔的权力转移给了名为 lieutenant général(意为总监)的司法长官,由其主持辖区的法庭,而巴伊和塞内夏尔成了荣誉性的头衔。⑤ 巴伊和塞内夏尔由佩剑贵族担任,他们通常是些大领主,也不住在辖区之内,所以其司法权限转移给了其他司法长官。可以说,巴伊和塞内夏尔法院一端连接着领主法官和王家的普雷沃,另一端连接着初等法院和高等法院,其审理居于二者之间。

在巴伊和塞内夏尔辖区之上是初等法院(les présidiaux)。1552 年,亨利二世设立了 60 个初等法院,其中 32 个在巴黎高等法院辖区之内,

---

① 其实,北部地区 Bretagne, Artois, Boulonnais 和 Ponthieu 也存在塞内夏尔辖区,在南部的 Labourd 也存在巴伊辖区。参 Guy Cabourdin, Georges Viard, *Lexique historique de la France d'Ancien Régime*, p. 32。

② Guy Cabourdin, Georges Viard, *Lexique historique de la France d'Ancien Régime*, p. 32. 然而,根据 Barbiche 的研究,1560 年共存在 42 个巴伊和塞内夏尔辖区,1789 年则存在 400 多个。参 *Les institution de la monarchie française à l'époque modern XVIe-XVIIIe siècle*, p. 349。Hervé Leuwers 也认为在大革命前夕有 400 多巴伊和塞内夏尔辖区,参 Leuwers, *La justice dans la France moderne*, Paris: Ellipses Édition Marketing S. A., 2010, p. 20。

③ Bernard Barbiche, *Les institution de la monarchie française à l'époque modern XVIe-XVIIIe siècle*, p. 348.

④ Hervé Leuwers, *La justice dans la France moderne*, p. 20.

⑤ Guy Cabourdin, Georges Viard, *Lexique historique de la France d'Ancien Régime*, p. 32; Jean Raynal, *Histoire des institutions judiciaires*, p. 78; Marcel Rousselet, *Histoire de la Justice*, Paris: Presses Universitaires de France, 1948, p. 31;总监司法长官也分为不同类型,处理刑事案件的称为刑事总监(lieutenant criminel)。

初等法院是高等法院和低层司法机关之间的中间机构。① 亨利二世设立初等法院,主要目的在于出售司法职位以获取资金。② 初等法院的出现,减轻了高等法院的负担,从此高等法院只负责那些重要的诉讼,初等法院成了小案件的上诉法庭。③ 然而,高等法院对初等法院的成立并不满意,因为这在减少高法审理案件数量的同时也减少了高等法院的讼费(les épices)收入。④

初等法院中最为重要的是巴黎的夏特莱法院(Le Châtelet de Paris)。夏特莱法院的实际名称是"prévôté et vicomté de Paris",这个名称较难翻译,prévôté 如前所述意为普雷沃辖区,vicomté 字面意思是子爵领地,这里基本与 prévôté 同义。因为该法院坐落在夏特莱这个地方,故以地名命名。虽然该法院名称中带有普雷沃辖区字眼,但实际上,夏特莱法院行使着巴伊辖区和初等法院的职能。⑤

在王权司法体系金字塔的顶端便是高等法院。各高等法院对民事与刑事案件进行终审,也就是说高等法院法官负责对上诉做出裁决。巴黎高等法院还负责初审整个王国之内的涉及血亲亲王(princes du sang)⑥(比如亲王的采邑问题、婚姻问题)、世卿(pairs)

① Lucien Bély (dir.), *Dictionnaire de l'Ancien Régime : royaume de France*, *XVe - XVIIIe siècle*, Paris:PUF, 1996, p. 1011;到 18 世纪末初等法院增加到了 100 个左右,参 Hervé Leuwers, *La justice dans la France moderne*, p. 20。

② 乔治·杜比主编:《法国史》,上卷,第 604—605 页。

③ Guy Cabourdin, Georges Viard, *Lexique historique de la France d'Ancien Régime*, p. 265;乔治·杜比主编:《法国史》,上卷,第 604 页。

④ Marcel Rousselet, *Histoire de la Justice*, p. 33;讼费制是与卖官鬻爵制联系在一起的。根据旧的司法习惯,诉讼人求助法官时要向他缴纳少量礼品,即"讼费"(最初是糖果、果酱、东方食品)。从 16 世纪起,礼品演变成必交税,可用金钱缴纳。参见索布尔《法国大革命史》,北京:中国社会科学出版社,1989 年,第 59 页。

⑤ Bernard Barbiche, *Les institution de la monarchie française à l'époque modern XVIe - XVIIIe siècle*, p. 351;Guy Cabourdin, Georges Viard, *Lexique historique de la France d'Ancien Régime*, p. 62.

⑥ 所谓血亲亲王理论上是指于格·卡佩的所有直系、合法婚生的男性后裔,实际上法国国王只承认圣路易的后代为血亲亲王。参 Lucien Bély (dir.), *Dictionnaire de l'Ancien Régime*, pp. 1018—1019。

以及王室重臣的案件，还有牵涉国王特权（régale，特指国王征收空缺主教的收入及任命其所属宗教职务之权）、危害王权罪（lèse-majesté）的诉讼案件。

王权司法体系中除了上述法院，还有一些重要的专门法院：大法院、审计法院、间接税法院和货币法院。大法院和巴黎高等法院、审计法院相同，都是从御前会议（conseil du roi）派生出来的，但它出现得较晚，是在1497—1498年间通过法令被纳入高等法院之列的。大法院的权限并不十分明晰，它可以仲裁各高等法院之间的纠纷，也可以处理那些高等法院可能会偏袒的案件。① 审计法院负责涉及王室领地收入（finances ordinaires）的事项，它有两类权限：负责核对公共账目并保管王室产业。在巴黎、第戎、南特、艾克斯、南锡、波城、鲁昂等地都设有审计法院。② 间接税法院负责与那些历史久远的税收（军役税、盐税、间接税和货物进出关税）以及征收入市税的权利相关联的事务，它们主要审理对一审判决提出上诉的税务案件。在巴黎、波尔多、克莱蒙-费朗、蒙彼利埃等地都设有间接税法院。③ 货币法院负责注册与货币相关的王室法令，并审理与货币问题相关的诉讼。④

旧制度下王权司法体系的形成，有助于削弱领主的和教会的司法权，对于发展王权贡献很大。实际上，自圣路易时代以来王权就致力于打击领主司法权（Les justices seigneuriales）。所谓领主司法权，就是领主从君主那里获得的在其领地上司法的权力。16世纪王权进一步将司法体系整合进国家机器之中，有力地约束了领主的司法权。国王禁止领

---

① Bernard Barbiche, *Les institutions de la monarchie française à l'époque moderne XVIᵉ-XVIIIᵉ siècle*, p. 107; Guy Cabourdin, Georges Viard, *Lexique historique de la France d'Ancien Régime*, p. 163.

② Bernard Barbiche, *Les institutions de la monarchie française à l'époque moderne XVIᵉ-XVIIIᵉ siècle*, pp. 359—361.

③ Bernard Barbiche, *Les institutions de la monarchie française à l'époque moderne XVIᵉ-XVIIIᵉ siècle*, pp. 362—363.

④ Guy Cabourdin, Georges Viard, *Lexique historique de la France d'Ancien Régime*, p. 92.

主本人主持司法,甚至不让其出庭。1560 年 1 月的《穆兰敕令》和 1680 年 1 月 12 日的宣告都规定,领主所任命的法官需要经过考试,要拥有法律学位(des grades en Droit),要由王家法官予以授职。[1] 渐渐地,领主们不再能以司法之名谋取利润。[2] 同样,随着旧制度王权的发展,教会法院的权力逐渐被削减。1695 年 4 月敕令,规定教会的权限仅限于圣事问题、宗教愿望、教会规章、神职问题以及纯粹精神上的事物。[3] 于是,教会司法权(les justices ecclésiastiques)逐渐被钳制,不得不臣服于国家的司法体系。如果教会法官的行为胆敢超越其权限,他就可能受到王家法官的惩罚,实际上,这种情况时常发生。[4]

我们知道,在某种程度上,封建领主和教会是法国君主制实现中央集权的障碍,他们手中的司法权不利于绝对君主的统治。而当王权体系发展较为完备、能够覆盖全国各地时,教会与领主手中的司法权力便被限制。由此可见,司法体系的建构是法国王权扩张的重要支柱。

二、司法界的卖官鬻爵制

王国内的法官职位,除了领主任命的,大都是由王权出售的。这又涉及到了法国旧制度下的一项重要制度——官职买卖(Vénalité des

---

① Jean Raynal, *Histoire des institutions judiciaires*, p. 68.

② Lucien Bély (dir.), *Dictionnaire de l'Ancien Régime*, p. 716. 路易十四的顾问曾建议,一举摧毁所有的领主司法权,但太阳王没有采取如此激进的政策。参 Jean Raynal, *Histoire des institutions judiciaires*, p. 69. 对于领主司法权的问题,托克维尔曾经作出简要的说明:"法国贵族很久以来不再接触国家行政,只有一处是例外,那就是司法权。贵族中的首要人物还保持特权,让法官以他们的名义裁决某些诉讼,还在领地范围内不时地制订治安规章;但是王权已逐渐剪除了司法权,使之归属王权……"参《旧制度与大革命》,冯棠译,商务印书馆,1996 年,第 69 页。关于王室司法机构如何挑战领主法庭的司法权问题,可参詹娜《16—17世纪法国王权在中央高原地区的确立——以司法权为中心的考察》,《史学月刊》2018 年第 6 期。

③ Jean Raynal, *Histoire des institutions judiciaires*, p. 70.

④ Lucien Bély (dir.), *Dictionnaire de l'Ancien Régime*, p. 714.

charges,或 Vénalité des offices)。① 这里需要解释旧制度下的官职（offices）一词。用法国思想家卢瓦佐（Charles Loyseau,1564—1627）的话说,"官职即拥有公职头衔"。官职是由国王委派的,其职能可能十分重要（比如担任高等法院法官、法兰西的总财务官）,也可能无足轻重（比如担任初等法院的司法官）,甚或相当卑微（比如司法机构的执达员）。②

　　根据多伊尔的研究,"法国国王们早在 13 世纪就开始通过捐官制来筹钱了",起初只是在有限的时间内出让一些司法权力。③ 从 14 世纪开始,就存在个人之间的官职交易。④ 很长一段时间内,尤其是在 1356 年和 1484 年召开的三级会议的压力之下,法官职位的买卖是被明令禁止的。然而,实际上,在王权的纵容之下,此类交易逐渐发展。⑤ 1522 年,在意大利战争的背景之下,法王弗朗索瓦一世

---

① 在卖官鬻爵制研究方面,法国历史学家罗朗·穆尼埃（Roland Mousnier）曾撰写了博士论文《亨利四世和路易十三时代的官职买卖》(*La Vénalité des offices sous Henri IV and Louis XIII*,1945 年初版,1971 年再版并修订)。在这部皇皇巨著中,穆尼埃展现了从中世纪末期至路易十三时代的卖官鬻爵制历史以及运作机制,考察了官职价格的变迁,揭示了购买官职的穿袍贵族与传统佩剑贵族之间的冲突等问题。近年来,法国学者对旧制度下官职买卖问题的认识更加多元。让·纳格勒（Jean Nagle）指出,官职能够赋予购买者以"尊严",这种尊严可以对抗旧贵族的"荣誉",在 1580—1770 年间,"尊严"和"荣誉"这两种价值观念发生了激烈的冲突。参 Jean Nagle, *Un orgueil français. La vénalité des offices sous l'Ancien Régime*, Paris: Odile Jacob, 2008.英语世界中,在法国卖官鬻爵制研究方面用力最勤的当属英国学者威廉·多伊尔。他也指出,法国的卖官鬻爵制符合既定程序,得到法律承认,并非腐败,而且在 16、17 世纪它基本是上一套运行良好、能够满足国王政府需要的制度。参 William Doyle, *Venality, the Sale of Offices in Eighteenth-Century France*, Oxford: Clarendon Press, 1996, pp. 319—320.中译本参见威廉·多伊尔:《捐官制度:十八世纪法国的卖官鬻爵》,高毅、高煜译,北京:中国方正出版社,2017 年,第 563—564 页。在国内法国史学界,最近,黄艳红从制度史的角度考察了旧制度下的官职买卖,并指出它既是国王政府不可或缺的财政手段,同时也使王权付出了沉重的代价。参黄艳红:《钱与权:制度史视角下法国旧制度时代的职位买卖》,《史林》,2015 年第 5 期,第 185—195 页。
② Lucien Bély (dir.), *Dictionnaire de l'Ancien Régime*, p. 920.
③ 威廉·多伊尔:《捐官制度:十八世纪法国的卖官鬻爵》,第 4 页。
④ Lucien Bély (dir.), *Dictionnaire de l'Ancien Régime*, p. 920.
⑤ 三级会议和其他一些代表团体认为,不应让没有受过训练、不称职的富人掌握王国的司法权。参威廉·多伊尔《捐官制度:十八世纪法国的卖官鬻爵》,第 5—6 页。

(1515—1547 年在位)成立了"额外收入局",其主要功能便是出售官职并对官职交易征收变动费。① 额外收入局甫一成立便向市场投放了巴黎高等法院的 20 个参事职位,二十多年后,司法界的大部分官职都可以购买了。② 虽然 16 世纪前期便出现了司法官职的公开买卖,但是官方对于法官职位买卖的禁令依然维持了一个世纪。直到亨利四世时期,官职买卖才真正合法化。③ 亨利四世政府为了缓解财政困境于 1604 年设立了每年缴纳的官职税,从而进一步巩固了卖官鬻爵制度。

此后,卖官鬻爵制在法国愈演愈烈,官职市场充分发展起来。卖官鬻爵制的盛行,首先是由于 16、17 世纪法国对外战争频仍,国王政府时常处于财政拮据的状态。绝对君主也不再希望利用三级会议的方式来筹措资金,卖官鬻爵制正满足了这一需求。1615 年后,全国三级会议停止召开,省三级会议也几乎废止。④ 其实,资产者购买官职也是一种投资方式。买来的官职不仅可以继承和赠与,还可以在私人之间进行诸如出租、借贷、分割等各类交易。⑤ 应该说,卖官鬻爵制的盛行满足了资产者进行官职投资的需求。在 17 世纪,官职价格总体上呈上涨趋势。至 1635 年,官职价格平均增长五倍,到 17 世纪末升至顶点,进入 18 世纪后

---

① 威廉·多伊尔:《捐官制度:十八世纪法国的卖官鬻爵》,第 6—7 页。
② 威廉·多伊尔:《捐官制度:十八世纪法国的卖官鬻爵》,第 9 页。值得注意的是,对于出售法官职位的做法,高等法院最初是极其反对的。伏尔泰指出,在弗朗索瓦一世时期,"把法官职位出卖给出价最高的竞买人,是一种令高等法院大为惊愕的奇耻大辱。高等法院进行了极为强烈的规劝、告诫、责难……"。参伏尔泰:《巴黎高等法院史》,吴模信译,北京:商务印书馆,2015 年,第 62 页。
③ Lucien Bély (dir.), *Dictionnaire de l'Ancien Régime*, pp. 920—921.
④ 依法国学者罗伯特·狄赛孟之见,官职买卖乃是绝对君主与精英之间建立对话来解决国家债务的途径,出售官职是政府对债务进行融资的独特方式。他还将卖官鬻爵制盛行的法国比作"某种股份制公司",有钱人持有的官职相当于公司的股份。参罗伯特·狄赛孟:"旧制度下法国官职的捐纳:公共借贷抑或腐败",载于陆康等编《罪与罚:中欧法制史研究的对话》,北京:中华书局,2014 年,第 27、31—32 页。
⑤ Lucien Bély (dir.), *Dictionnaire de l'Ancien Régime*, p. 921.

渐趋下降。[1] 高等法院的某些职位则更受追捧,据统计,1596—1635 年间,巴黎高等法院推事职位的平均价格从 1 万上涨到 12 万利弗尔。[2] 花钱买来的官职本身也是一笔价值不菲的资产。在 1630 年左右,法院的官职往往占官职持有者财富的三分之一,到 18 世纪尽管官职价格下跌,也能占到资产总值的近四分之一。[3]

一些历史悠久、位高权重的官职还是由国王来任命的,比如,司法大臣或王室总管(le connétable)。而且,巴黎的治理总监、各高等法院院长以及总检察官的职务最后也要由国王根据其意愿来确定人选;另外,弗朗什-孔泰、洛林等地区很晚才并入法国,因此没有施行卖官鬻爵制。[4]

虽然法官的职位是公开出售的,但是这并不意味着成为高等法院法官只需金钱就足够了,实际上在购买或继承职位的同时还要满足一些条件方能进入高等法院:要拥有法学学士学位;要年满 30 岁(后来降到 27 岁,随后又降到 25 岁)才能当推事;年满 40 岁才能当庭长;该法院中没有近亲[5];还先要在律师团体注册,做一段时间律师。[6] 当然在这些规定面前,也存在一些特许破例的情况。对于法官的任职标准一直都有规定。但是,在路易十四时期才作出了严格的规定,要求法官和律师必须接受为期三年的大学法学教育并获法学

---

[1] Guy Cabourdin, Georges Viard, *Lexique historique de la France d'Ancien Régime*, p. 244. 从 1690—1789 年,高等法院推事的官职价格平均下跌了 35%。参 Frédéric d'Agay, "Quatre-vingt mille magistrats", dans Philippe Boucher (dir.), *La Révolution de la justice*, Paris: Jean-Pierre de Monza, 1989, p. 59.

[2] 乔治·杜比主编:《法国史》上卷,吕一民等译,北京:商务印书馆,2010 年,第 648 页。

[3] Guy Cabourdin, Georges Viard, *Lexique historique de la France d'Ancien Régime*, p. 244.

[4] Bernard Barbiche, *Les institution de la monarchie française à l'époque modern XVIe - XVIIIe siècle*, p. 82. Rousselet 也指出,院长是由国王任命,不过国王仅能在大法庭和刑事庭的庭长(les Présidents à mortier)间选择。参 Marcel Rousselet, *Histoire de la Justice*, Paris: Presses Universitaires de France, 1948, p. 33。

[5] Lucien Bély (dir.), *Dictionnaire de l'Ancien Régime*, p. 961.

[6] François Bluche, *Les magistrats du Palrement de Paris au XVIIIe siècle*, Paris: Economica, 1986, p. 17.

学位。① 此后，各地法官和律师的教育模式比较相似，都接受了一种法学的精英教育。除了学校的教育，高等法院家族子弟还可能在家里同时接受司法教育。比如，克拉里斯·库仑介绍了在 18 世纪的多菲内高等法院家族中父亲教儿子、叔叔教侄子的事例。② 由此可见，在卖官鬻爵制下依然强调法律文凭为法官入职的首要条件。法学精英教育以及家族内司法经验的传授，成了司法界卖官鬻爵制度的重要补充条件。

第二节　高等法院系统的形成及其基本职能

一、高等法院系统的形成

法国的高等法院是王室法院，它们能够以国王的名义在各自的管辖区内对上诉案件行使最终的审判权。③ 除了司法职能，高等法院还拥有一定的行政管理与政治层面的权力。18 世纪，法国的巴黎高等法院完全可以跻身于欧洲最古老、最著名的法院之列。高等法院起源于中世纪的御前会议（*Curia regis*），在接近 1200 年时，御前会议用以召集封臣、高级教士、高官以及王室成员，他们共同辅佐君主行使其政治与司法权力。④ 此时，案件日益增多并且越来越复杂，因此专业法学家变得重要，这为高等法院的出现创造了条件。13

---

① Hervé Leuwers, *La justice dans la France moderne*, p. 89；Caroline Le Mao, *Parlement et Parlementaires：Bordeaux au grand siècle*, Seyssel：Champ Vellon, 2007, p. 197. 确切地说，文凭的规定始于 1679 年，参 Frédéric d'Agay, "Quatre-vingt mille magistrats", Philippe Boucher（dir.）, *La Révolution de la justice*, p. 57。

② Clarisse Coulomb, *Les pères de la patrie：La société parlementaire en Dauphiné au temps des Lumières*, Grenoble：Presses Universitaires de Grenoble, 2006, pp. 239—240.

③ William Doyle, "the Parlements", in Keith Baker（ed.）, *The Political Culture of the Old Regime*, Oxford：Pergamon Press, 1987, pp. 157—158.

④ Jean-François Sirinelli（dir.）, "parlement de Paris", *Dictionnaire de l'histoire de France*, Paris：Larousse, 2006, p. 841.

世纪路易九世统治时期（1226—1270 年在位），名为"la Curia in Parlamento"的会议从御前会议中分离了出来，专门处理司法事务。会议越来越规则地选择在重大宗教节日期间（诸圣瞻礼节、主显节、复活节、圣灵降临节）于巴黎西岱岛上的王宫举行。[1] 可以说，正是卡佩王朝的圣路易创建了巴黎高等法院，规定该机构以国王名义解决司法问题。到菲利普四世统治时期（1285—1314 年在位），随着诉讼的增多，巴黎高等法院出现了每年固定的从圣马丁节（11 月 11 日）至初夏的开庭期。[2]

　　15 世纪中叶百年战争结束，国家秩序逐渐恢复，诉讼增多，王室领地也扩大了，这使得增设外省高等法院成为必然。[3] 自此，外省高等法院陆续设立，以分担巴黎高等法院的司法事务。到 18 世纪后期共存在 12 所外省高等法院，它们分别设在图卢兹（Toulouse,1420 年）、格勒诺布尔（Grenoble,1453 年，又称多菲内高法）、波尔多（Bordeaux,1462 年）、第戎（Dijon,1477 年，又称勃艮第高法）、鲁昂（Rouen,1499 年，又称诺曼底高法）、艾克斯（Aix-en-Provence,1501 年，又称普罗旺斯高法）、东贝（Dombes,1523—1771）、雷恩（Rennes,1554 年，又称布列塔尼高法）、波城（Pau,1620 年）、梅斯（Metz,1633 年）、贝桑松（Besançon,1674 年建于 Dole,1676 年迁至 Besançon）、杜埃（Douai,1686 年建于 Tournai,1713

① Philippe Pichot-Bravard, *Histoire constitutionnelle des Parlements de l'Ancienne France*, Paris: Ellipses Édition Marketing S. A. , 2012, p. 3.

② Philippe Pichot-Bravard, *Histoire constitutionnelle des Parlements de l'Ancienne France*, p. 3. 关于巴黎高等法院作为固定法庭的时间说法不一，斯通认为是 13 世纪末期，罗杰斯特指出是在 1301 年，分别参见 Bailey Stone, *The French Parlements and the Crisis of the Old Regime*, Chapel Hill: the University of North Carolina Press, 1986, p. 17; John Rogister, *Louis XV and the Parlement of Paris, 1737—1755*, Cambridge: Cambridge University Press, 1995, p. 2。

③ 应该注意到,1461—1483 年在位的国王路易十一被称为"国土聚合者",在他治下法兰西版图初具现代的形态。

年迁至 Douai)、南锡(Nancy,1775 年)。① 设立外省高等法院既可以加强司法管理,也可以限制巴黎高等法院的辖区范围。尽管如此,在各地的高等法院之中,巴黎高等法院无疑享有最高的权威。在 16、17 世纪(在路易十四向外扩张之前),巴黎高等法院辖区内的人口占全国的一半,大约在 800 万—1000 万之间。到 18 世纪末,其辖区人口从全国的二分之一降至三分之一。②外省的高等法院基本上是仿照巴黎高等法院而建立,们和首都的高等法院彼此联同一气,自称同源一体。

二、高等法院的注册权与谏诤权

高等法院拥有的最重要的权力是注册权(enregistrement)和谏诤权(remontrance)。所谓注册权(或译登记权),即一切法令、敕令或诏书,甚至外交条约,通常要经过高等法院注册方能生效;所谓谏诤权,即如果高

---

① 这里提到了 13 所外省高法,因为东贝高法在 1771 年被撤消,而南锡高法 1775 年才建立,所以 18 世纪同时存在的外省高法只有 12 所。参 Lucien Bély (dir.), *Dictionnaire de l'Ancien Régime : royaume de France, XVe - XVIIIe siècle*, p. 363;索布尔:《法国大革命史》,马胜利等译,第 58 页。关于各个外省高法建立的时间也有不同说法,尤其卢兹高等法院出现的时间争议最大。比如,Philippe Pichot-Bravard 前引书(第 3 页)认为 1454 年 11 月 14 日的 Mehunsur-Yèvre 敕令创建了图卢兹高等法院;乔治·杜比主编《法国史》认为是 1443 年,参《法国史》上卷(吕一民、沈坚、黄艳红等译,北京:商务印书馆,2010 年),第 548 页;Jean Raynal 也认为是 1443 年创建,参氏著 *Histoire des institutions judiciaires*, p. 92。各外省高法的创立时间之所以会产生不同的说法,是因为某些法院的成立是一个长时间的过程,有一些变更。在此需要补充的沿革信息是:贝桑松高等法院的前身乃是 14 世纪创立的弗朗什-孔泰高等法院(1361—1382 年间创立),该法院于 1668 年被取消,1674 年法国征服弗朗什-孔泰时被重建,1676 年迁移至贝桑松;第戎高等法院的前身是 14 世纪末创立的勃艮第公爵高等法院,1477 年变成了王家高等法院,1494 年固定于第戎;杜埃高等法院的前身是 1668 年于图尔奈(Tournai,今比利时城市)创立的弗兰德尔最高法庭(Conseil souverain),1686 年升格为高等法院,1709 年迁至康布雷(Cambrai),1714 年迁至杜埃;创立于 1775 年的南锡高等法院之前身是洛林-巴华地区的高等法院(Cour souverain);雷恩高等法院创立于 1554 年,但 1560 年才定址于雷恩;鲁昂的高等法院前身是诺曼底古老的高等法院(Échiquier),1499 年成为常设的高等法院,1515 年以诺曼底高等法院的名称被确立;图卢兹高等法院 1420 年建立,1443 年被确认。参 Bernard Barbiche, *Les institution de la monarchie française à l'époque modern XVIe - XVIIIe siècle*, p. 341。

② Bernard Barbiche, *Les institution de la monarchie française à l'époque modern XVIe - XVIIIe siècle*, p. 342.

等法院对国王的政策持有异议,可以拒绝注册,并以法律的名义呈递给国王谏诤书表示抗议。具体而言,当国王的诏书或敕令等起草后,一般经由国王的总检察官(le procureur général du roi)递交给高等法院的院长以进行注册。有时依据诏书的主题需要到审计法院或间接税审理法院注册,那么就不必递交高等法院。在高等法院注册时,院长要召集各个庭进行核查、登记,如果院长发觉其中存在问题,便会以半官方的渠道提醒国王及其身边的顾问,要求修改敕令或诏书中的内容。① 绝大部分情况下,并没有什么问题。研究者约翰·赫特认为,注册本质上意味着发布法令,其流程为:法官们先在法院中公开大声宣读法令,然后抄录在登记簿上,最后再将其印刷版本分发到下属法院中。② 然而,启蒙时期的法官以及某些启蒙精英却赋予注册权更重要的意义,《百科全书》是这样界定注册的:"将一条法令写进登记簿,其目标并非仅是让法官们和民众们知晓它,而是赋予这条法令以某种特性,明确它不是没有经过核查、注册的法令,核查与注册都是依据国王授予高等法院的权威。"③无论怎样阐释注册权,它都意味着法官们参与了国王的立法过程,其结果是引出了谏诤权。

谏诤权也有着悠久的起源,早在 14 世纪初,国王就规定当其敕令不合乎正义时,高等法院有权提出建议。1303 年 3 月 23 日的敕令写道:"我们规定王国内的所有法官,在满怀敬意地接到国王的敕令并满含热情地去执行时,背后是没有任何真实、合理的动机去阻止他们这样做的……他们向我们报告、给我们公开致信,只要盖上他们的印章,阐明其

---

① Philippe Pichot-Bravard, *Histoire constitutionnelle des Parlements de l'Ancienne France*, pp. 11—12.

② John J. Hurt, *Louis XIV and the Parlements : The Assertion of Royal Authority*, New York: Manchester University Press, 2002, pp. 1—2.

③ Denis Diderot, d'Alembert (éds.), *Encyclopédie, ou dictionnaire raisonné des sciences, des arts et des métiers*, Paris, 1752, Tome 5, p. 702.

不执行上述命令的动机……"①在查理九世统治时期(1560—1574),国王在一则与司法改革相关的敕令中确认了谏诤权。② 因此,史学界一般认为,到16世纪,谏诤权逐渐发展成了一种工具,以法律的名义反对王室的政策。③ 法官们利用这种权力来反对开征新税,攻击大臣们的专制,批评宫廷的奢侈、浪费以及各种弊端。不过,国王可以敕令书(lettre de jussion)的形式贯彻其意志,要求高等法院注册。如果依然不能打破僵局,国王还可以举行由君主、显贵、重臣和法官共同出席的庄严的御临法院会议,强迫高等法院注册新法令。所谓御临法院是指国王端坐于高等法院主持司法④,其法语为"Lit de Justice",原意是带着华盖的国王的宝座出现在高等法院之中。⑤ 这个称谓最早出现于14世纪,从15世纪初开始,它尤指在巴黎高等法院举行的重要的国王会议。至16世纪末,御临法院会议已经成了一种强迫高等法院注册法令的机制。⑥

三、高等法院的内部结构

各地高等法院大体上都是按巴黎高等法院的模式建立起来的,只是在各类庭的数量上略有差异,所以我们以巴黎高等法院为例观察其内部结构。巴黎高等法院主要包括一个大法庭(Grand' Chambre)、五个调查庭(Chambres des Enquêtes)、两个诉状审理庭(Chambres des Requêtes)

① Philippe Pichot-Bravard, *Histoire constitutionnelle des Parlements de l'Ancienne France*, pp. 8—9.

② Philippe Pichot-Bravard, *Histoire constitutionnelle des Parlements de l'Ancienne France*, p. 10.

③ William Doyle, "the Parlememt", in Keith Baker (ed.), *The Political Culture of the Old Regime*, p. 158.

④ 也不是所有的御临法院仪式都在高等法院内举行。

⑤ 勒佩日在《关于御临高等法院的信札》中解释了带有华盖的国王宝座被称为 Lit(字面意思是床),其中还包含五个垫子,一个被国王坐着,一个靠着,两个支撑胳膊,一个踩在脚下。参 Louis-Adrien Le Paige, *Lettre sur les Lits de Justice*, 1756, p. 1, source gallica. bnf. fr。

⑥ 1485年,查理八世下令规定御临法院会议只能在巴黎高等法院举行。参 Elizabeth A. R. Brown and Richard C. Famiglietti, *The Lit de Justice: Semantics, Ceremonial, and the Parlement of Paris, 1300—1600*, Sigmaringen: Thorbecke, 1994, pp. 11, 14, 44.

和一个刑事庭(Chambre de la Tournelle)。

大法庭是高等法院的核心,一切重大事务都在这里讨论。当国王御临法院时,注册王室法令时,以及发布谏诤书时,法官们都在此聚集。从司法职能上看,大法庭审理那些牵涉大贵族、王室高官的案件和一些重要的刑事案件,它还负责涉及国王任命主教、大主教问题的诉讼,以及王权管理教区财产问题的诉讼。总之,大法庭可以裁决法兰西最具权势的精英与团体的事务。[①] 在大法庭任职的都是些资格老、地位高的法官,一般至少已经在高法工作了 25 年。[②] 在 18 世纪的大部分时间中,该庭由高等法院院长、9 名"戴白型圆帽的庭长"(présidents à mortier)、33—37 名推事(其中 12 名为教士推事)以及约 40 名荣誉推事(conseillers d'honneur)组成。[③] 而且,司法大臣、亲王、公爵、世卿、巴黎大主教和克吕尼修道院院长等权贵都是大法庭的当然成员。巴黎高等法院有五个调查庭(1756 年后减少到三个,图卢兹高法有三个,波尔多、雷恩和鲁昂高法都只有两个调查庭[④]),它们负责审理从下层司法结构上诉来的民事案件,以及一些小型刑事案件。调查庭由两个庭长以及 82 个推事组成。[⑤] 诉状审理庭面对一个特殊的群体,这群人拥有某种特许权,可以直接到高等法院来告状。诉状审理庭为这样的民事案子初审,终审权交由

---

① Richard Mowery Andrews, *Law, Magistracy, and Crime in Old Regime Paris, 1735—1789*, Volume I, Cambridge and New York: Cambridge University Press, 1994, pp. 81—88.

② Frédéric d'Agay, "Quatre-vingt mille magistrats", p. 48.

③ Frédéric d'Agay, "Quatre-vingt mille magistrats", p. 48;Richard Mowery Andrews, *Law, Magistracy, and Crime in Old Regime Paris, 1735—1789*, Volume I, p. 88. 所谓荣誉推事,是指国王在法院外部指定的一些法官,比如在巴黎,高法荣誉推事包括一些政府人员。参 Bernard Barbiche, *Les institutions de la monarchie française à l'époque moderne XVIe-XVIIIe siècle*, p. 344. 庭长为什么被称为 présidents à mortier? 许明龙先生将其翻译为"戴白型圆帽的庭长",并指出这个职务仅限大法庭和刑事庭,其实只能算副庭长。参"孟德斯鸠究竟做过什么官?",载于《中华读书报》,2011 年 3 月 9 日第 10 版,收于许明龙著《东传西渐——中西文化交流史散论》,北京:中国社科科学出版社,2015 年,第 407—410 页。

④ Bernard Barbiche, *Les institutions de la monarchie française à l'époque moderne XVIe-XVIIIe siècle*, p. 342.

⑤ Frédéric d'Agay, "Quatre-vingt mille magistrats", p. 48.

大法庭。^① 很少有法官在诉状审理庭待上一辈子,通常年轻法官在此任职。该庭由两名庭长以及10—12名推事组成。^②在高等法院内,大法庭、调查庭和诉状审理庭这三类常设法庭是基本的组成部分。其他非常设法庭要从上述法庭中抽调人员组成。

刑事庭法文字面的意思是轮审庭,因为它是从大法庭和调查庭中轮流选人组成。该庭经常宣判死刑,为了避免法官因长期从事此项工作而丧失温存与人性,所以要轮流在此庭工作。^③ 巴黎高法的刑事庭是全法国处理刑事犯罪的最高机构,常常处理重大刑事案件。像多菲内高等法院这样的小型外省高法便没有刑事庭。^④ 大法庭和调查庭还需要定期挑选人员组成"紧急讼事审判庭"(Chambre des Vacations),该庭法文名称字面的意思是假期庭,其功能也正是在漫长的休庭期(11月11日至初夏为巴黎高法的开庭期,其余时间休庭^⑤)提供司法服务。

法院当中除了庭长和法官,还有一类官员被称作国王的检查大臣(gens du roi),其中包括总检察官(le procureur général)和次席检察官

---

① ②Richard Mowery Andrews, *Law*, *Magistracy*, *and Crime in Old Regime Paris*, *1735—1789*, Volume I, p. 89.

③ 18世纪的杰出法官Joly de Fleury在为刑事庭的轮流制度辩护时提出了这一观点。参J. H. Shennan, *The Parlement of Paris*, Cornwall: Sutton Publishing, 1998, p. 41。

④ 位于格罗诺布尔的多菲内高法内设四个庭,它们都可以审理民事和刑事案件。自17世纪末,该高法拥有10个庭长、55个推事(其中4个教士推事)、3个次席检察官和1个总检察官。参Bernard Bonnin, "Parlement et communautés rurales en Dauphiné, de la fin du XVIe au milieu du XVIIIe siècle", dans René Favier (dir.), *Le Parlement de Dauphiné*, *des origines à la Révolution*, Grenoble: Presses Universitaires de Grenoble, 2002, p. 53; René Favier, "Le Parlement de Dauphiné et la ville de Grenoble", dans *Le Parlement de Dauphiné*, *des origines à la Révolution*, p. 196。

⑤ 各高法休庭时间不同,比如波尔多高法的休庭期始自9月初至主显节(1月6日),艾克斯高等法院的休庭期为7月1日—10月1日。分别参见William Doyle, *The Parlement of Bordeaux and the End of the Old Regime*, *1771—1790*, London and Tonbridge: Ernest Benn Limited, 1974, p. 128; P. Albert Robert, *Les remontrances et arrêtés du parlement du Provence au XVIIIe siècle*, Paris: Librairie nouvelle de droit et de jurisprudence, 1912, p. 23。

(les avocats généraux,巴黎高法有 3 名次席检察官,雷恩和鲁昂各有两名)。[1] 总检察官是一个非常重要的职位,他们被称作"国王的人"(homme du roi),应捍卫国王的权利。总检察官的职位与高法院长一样是不能继承、赠与的,其重要性可见一斑。从职能上讲,总检察官负责从政府接收要注册的法令并令法官们悉知,注册后的法令也由他下达至辖区内的各司法机构。他同时还对高等法院在辖区内的司法问题作出高层次的指引。总检察官还拥有其他一些权力,比如规训法官,保护王室领地,约束教会,管理收容机构等。总之,他是"高等法院的眼睛,如同其他法官的哨兵,充当公益的监督人"。[2]

高等法院法官的工作还要得到许多司法辅助人员(les auxiliaires de justice)的协助。总共有五类辅助人员:书记官(les greffiers,或者说是记录员),负责书写记录法庭决议,保管诉讼案卷、文书;掌门官(les huissiers)和执达吏(les sergents),前者负责开庭时看门,后者执行宣判;会计(les comptables),负责收取罚金和发放薪金,以及收发讼费等等;检察官,几乎出现在一切王权司法活动中(不仅限于高等法院,18 世纪巴黎共有 600 名检察官),他们参与起草文书,追踪诉讼程序,为诉讼人完成各项手续;律师,负责提建议、进行辩护。[3]

律师的情况稍微复杂一些。18 世纪末巴黎大约有五六百名律师[4],其中一部分被称作高等法院律师(les avocats au parlement)。成为高等

---

[1] J. H. Shennan, *The Parlement of Paris*, p. 44；Olivier Chaline, "Les infortunes de la fidélité：Les partisans du pouvoir royal dans les parlements au XVIIIe siècle", dans *Histoire, économie et société*, no 3, 2006, p. 339.

[2] Frédéric d'Agay, "Quatre-vingt mille magistrats", p. 47；Olivier Chaline, "Les infortunes de la fidélité：Les partisans du pouvoir royal dans les parlements au XVIIIe siècle", p. 339.

[3] Bernard Barbiche, *Les institutions de la monarchie française à l'époque moderne XVIe-XVIIIe siècle*, pp. 338—339. 这里只是一种简单的描述,实际上这些司法辅助人员在各地、各个时代的职能都有些差异。参 Hervé Leuwers, *La justice dans la France moderne*, p. 66。

[4] Barbiche 认为大约是 540 名(参 *Les institutions de la monarchie française*, p. 340)；Andrews 指出有 605 名(参 *Law, Magistracy, and Crime in Old Regime Paris, 1735—1789*, Volume I, p. 113)。

法院律师并不意味着只能在高等法院进行辩护,而是表明此人被高法接受作为辩护律师,而且可以在高法辖区内的一切司法机构进行辩护。[①]

第三节　高等法院在绝对君主制中的政治角色

高等法院在绝对君主制中的政治角色,主要体现在它与国王政府的斗争方面。如果说高等法院的司法职能与治理职能主要是服务于王权的,那么其政治角色基本上是制衡王权。这样的政治角色是在历史中逐渐形成的,有着中世纪王权衰微的印记。随着绝对君主制的兴起,国王政府希求限制法官们的政治权力,减少其对政治事务的参与,但君主及其大臣的努力往往只能取得暂时的成功,因此演绎出了一轮又一轮的高等法院与王权的斗争。

一、高等法院政治地位的确立

巴黎高等法院正式确立于13世纪末、14世纪初。几十年后,刚刚建立的瓦卢瓦王朝便陷入了英法百年战争的泥沼。正因为此时法国王权衰微,高等法院攫取了很大的权力。从开创新王朝的菲利普六世(1328—1350年在位)开始,王权就被高等法院所操纵,1344年的敕令明确表示高等法院所起草的法令代表国王的意愿。[②] 在查理五世(1364—1380年在位)和查理六世(1380—1422年在位)统治时期,也都在敕令中颂扬过高等法院。[③]

法国的绝对君主制在路易十一(1461—1483年在位)时代初露端倪。

---

① Frédéric d'Agay,"Quatre-vingt mille magistrats",p.70.另外,除了大法院律师,律师都不是王家官员,他们自身有个团体(barreau)。

② Jacques Krynen,"Qu'est-ce qu'un parlement qui représente le roi?",B. Durand et L. Mayali(eds.),*Excerptiones iuris:Studies in Honor of André Gouron*,Robbins Collection,2000,p.355.

③ Jacques Krynen,"Qu'est-ce qu'un parlement qui représente le roi?",p.356.

正是在这一时期,巴黎高等法院开始打着公益的旗号而向国王呈交谏诤书,路易十一于是开始监控法院新成员的招募,并限制它的职权。此外,国王还可以通过"调案"的方式把最重要的诉讼移交国王的特别法院,从而限制巴黎高等法院的权力。①

在查理八世(1483—1498 年在位)和路易十二(1498—1515 年在位)统治期间,高法与国王的关系相对和谐。据记载,路易十二经常前往巴黎高法,就司法管理等方面的问题听取法官们的意见。在他去世之后,一位高法成员称他为"爱好正义者(amateur de justice)"。②然而,到雄心勃勃的弗朗索瓦一世(1515—1547 年在位)执政时期,王权与高法的关系趋向恶化。国王将波伦亚教务专约(le Concordat de Bologne,1516)的签署事宜托付给了大法院(le Grand Conseil),然而巴黎高法却以"王国的元老院"(Sénat du royaume)自居③,要求参与王国的事务。结果,1518 年初,弗朗索瓦一世谴责高等法院插手教务专约的注册,并且解释道,法兰西只有一位国王,"法国没有威尼斯那样的元老院"。④ 这表明,弗朗索瓦一世不希望法国的君主制变成一种贵族与国王分享权力的制度,然而法官们并不甘心放弃他们认为属于自身的权力。1525 年的帕维

① 乔治·杜比主编:《法国史》上卷,第 548 页。

② Elizabeth A. R. Brown and Richard C. Famiglietti, *The Lit de Justice: Semantics, Ceremonial, and the Parlement of Paris, 1300—1600*, Sigmaringen: Thorbecke, 1994, p. 49.查理八世和路易十二与高等法院的关系大体和谐,但也有国王向高法施压注册法令的情况。比如,查理八世曾令高等法院不经讨论就注册御前会议起草的一条法令,而法官们对此颇为犹疑;又如路易十二于 1499 年 6 月 13 日亲临巴黎高法,迫使法官们接受其意志。参 Elizabeth A. R. Brown and Richard C. Famiglietti 前引书,第 49、54 页。

③ 早在 1499 年,巴黎高等法院的次席检察官勒·迈特赫(Le Maître)就声称高等法院是"王国真正的元老院"。从 16—18 世纪,这一观点不断被提及。参 Arnaud Vergne, *La notion de constitution d'après les cours et assemblées à la fin de l'ancien régime*(1750—1789), Paris: De Boccard, 2006, p. 202; Ahmed Slimani, *La modernité du concept de nation au XVIIIème siècle*(1715—1789): *apports des thèses parlementaires et des idées politiques du temps*, Aix-en-Provence: Presses Universitaires d'Aix-Marseille, 2004, p. 246。

④ Philippe Pichot-Bravard, *Histoire constitutionnelle des Parlements de l'Ancienne France*, p. 21.对于 1516 年的波伦亚教务专约,巴黎高等法院迟至 1518 年 3 月 22 日才予以注册,抗议持续了一年多的时间,其间法院与国王的关系相当糟糕。参 Philippe Pichot-Bravard 前引书,p. 27。

亚战役中法军惨败①,弗朗索瓦一世被俘,在此期间巴黎高等法院扮演了重要的政治角色。它采取措施保卫巴黎和皮卡第地区,以对抗哈布斯堡帝国的入侵。高法与女摄政路易丝·德·萨伏依(Louise de Savoie,弗朗索瓦一世之母)共同执掌大权,不过,二者之间时常关系紧张。此外,法官们还抓住时机,于1525年3月23日—4月10日之间起草了一份关于王权政治的谏诤书,督促摄政改革各种弊端。② 国王回国后对此非常愤怒,在1527年7月14日的法令中明确表示:"国王陛下禁止你们以任何方式插手除司法事务以外的任何国家或其他事务……同样禁止高等法院审判和受理有关大主教、主教和修道院的事务……同样,陛下禁止高等法院今后对陛下之法律、规章和文件做任何限定、修改和保留……"③由此可见,弗朗索瓦一世力图限制高等法院的政治角色,将其权力限定在司法领域。1527年7月24日,在御临法院仪式(Lit de Justice)上,巴黎高法代理院长夏尔·吉亚尔(Charles Guillart)借机向国王谏诤:"我们并不想质疑您的权威(puissance)。这属于亵渎行为,而且我们深知是由您来制定法律的,而这些法律和敕令不能约束您……不过,我们听说您不想或者说不应该希求所有您能做到的事情,只希求那些基于良好理由的、合乎公正的事物,这就是正义。"④吉亚尔先肯定了君主的权威,但又婉转地指出君主所为必须基于正义。有分析者指出,吉亚尔的谏诤强调王权的神圣性,包含着对于君王的极力奉承,但是在溢美之词中却包裹着针对弗朗索瓦一世统治的严厉批评,他呼吁整肃宗

---

① 1525年4月,神圣罗马帝国皇帝查理五世和弗朗索瓦一世率军在意大利北部城市帕维亚展开厮杀,这是意大利战争期间的一次重要战役。1526年3月弗朗索瓦一世获释,但直到1527年4月他才重返巴黎。参Elizabeth A. R. Brown and Richard C. Famiglietti, *The Lit de Justice*, p. 61。

② Philippe Pichot-Bravard, *Histoire constitutionnelle des Parlements de l'Ancienne France*, p. 28; Elizabeth A. R. Brown and Richard C. Famiglietti, *The Lit de Justice*, p. 65.

③ 乔治·杜比主编:《法国史》上卷,第605页。

④ Philippe Pichot-Bravard, *Histoire constitutionnelle des Parlements de l'Ancienne France*, pp. 22, 27.

教、司法和军事领域。国王无疑被这样的指责所刺痛。[1] 总体而言，很多史家都认为，弗朗索瓦一世时期是高等法院政治活动演变的转折点。[2] 弗朗索瓦一世力求塑造绝对王权，不愿听高等法院指手画脚，他的诉求激怒了法官，导致双方关系恶化。

在法国宗教战争初期担任司法大臣的洛皮塔尔（Michel de l'hôpital，约1505—1573年）曾经批评高等法院的注册权，他否定了高等法院以其自身的权威修改立法的权力；谴责法官们在国王回复了谏诤书后仍耽延注册的做法；他赞同弗朗索瓦一世的主张，即高等法院仅仅是司法机构，不应卷入财政问题以及政府的事务。[3] 洛皮塔尔还提出了针对高等法院的改革计划，谋求废除司法界的官职买卖。洛皮塔尔于1537年进入巴黎高等法院担任推事，在那里度过了十载并不愉快的岁月，后来他为国王政府所用，于1560年担任司法大臣。效忠君主的洛皮塔尔力图加强王权，约束高等法院的权力。其改革计划基于司法与政治层面的双重考量：卖官鬻爵制导致法官的腐败与行政效率的下降；同时还剥夺了国王对于官僚的控制。[4] 因此，他提出改变法官的薪酬，使之成为真正的薪水，而且要按劳分配，不能给那些懒散、玩忽职守、常常缺勤的法官发薪水。[5] 洛皮塔尔还建议，从地位低的司法辅助人员开始，赎买司法界的官职，并停止继续售官，唯有如此才能控制法官。[6] 然而这一改革计划未能实施，而且此时宗教战争的混乱进一步提升了高等法院的威望，据说，宗教战争结束时，唯一仍保有公共信任的国家机构就是巴黎高等

---

[1] Elizabeth A. R. Brown and Richard C. Famiglietti, *The Lit de Justice*, p. 67.

[2] Christopher W. Stocker, "The Politics of the Parlement of Paris in 1525", *French Historical Studies*, Vol. 8, No. 2 (Autumn, 1973), p. 192.

[3] John J. Hurt, *Louis XIV and the Parlements : The Assertion of Royal Authority*, p. 3.

[4] Seong-Hak Kim, "The Chancellor's Crusade: Michel de l'Hôpital and the Parlement of Paris", *French History*, 1993, Vol. 7 No. 1, p. 4.

[5] John A. Carey, *Judicial Reform in France before the Revolution of 1789*, Cambridge, Mass. : Harvard University Press, 1981, p. 26. 法官的薪水(gages)非常微薄，几乎是象征性的，法官主要靠讼费与财产生存。

[6] John A. Carey, *Judicial Reform in France before the Revolution of 1789*, pp. 19, 26.

法院。①

纵观瓦卢瓦王朝的发展史,跌宕起伏,一波三折,中央集权制未能充分发育,此时的君主需要仰仗贵族的拥护,而不是军队。在这种背景下,高等法院形成了在君主制中的特殊角色,法官们绝不满足仅在司法领域行使权力,更要插手王国的重要政治事务,以便形成对王权的监督。

在波旁王朝开创之初,亨利四世接手的法国经济衰退、民生凋敝。为了加强对外省的统治,国王必须依靠总督、司法和财政官员,因此亨利四世在其统治初期对于高等法院的态度比较温和。巴黎高法的法官们也自认为应当在国家的重建过程中扮演重要角色,国王也应当赋予他们必要的手段以完成这一使命。在法官们看来,为了捍卫法兰西的利益与百姓的利益,要不惜与君主的意志相抗衡。② 在亨利四世统治时期,巴黎高等法院的主要成员已有 180 多人③,他们有能力与国王政府进行争论。1598 年 4 月 13 日,国王签署的《南特敕令》就引起了各高等法院的集体抵制。几乎所有的高等法院都起草了陈情书和谏诤书,国王耗费了两年时间才获得了各高等法院的同意。④

在 18 世纪的谏诤书中,亨利四世的形象经常出现,他被描绘为尊重司法机构的典范,法官们认为,亨利四世不仅尊重法律和敕令,同时也不滥用君主的权威。⑤ 高法贵族团体有理由歌颂亨利四世,正是在他治下该团体的"保护伞"——卖官鬻爵制得以巩固。亨利四世政府设立了官

---

① Nancy Lyman Roelker, *One King , One Faith : the Parlement of Paris and the Religious Reformations of the Sixteenth Century*, Berkeley and Los Angeles:University of California Press, 1996, p. 60.

② Michel de Waele, *Les Relations entre le Parlement de Paris et Henri IV*, Paris:Publisud, 2000, p. 18.

③ 1594 年的巴黎高法,共有 7 个庭长、24 个教士推事、145 个世俗推事,另有 7 人为国王的检查大臣、次席检察官、总检察官、书记官等,总计 183 人。参 Michel de Waele, *Les Relations entre le Parlement de Paris et Henri IV*, p. 71.

④ 乔治·杜比 主编:《法国史》上卷,第 643 页。

⑤ Julian Swann, "Un monarque qui veut 'régner par les rois': le Parlement à la fin de l'Ancien Régime", dans *Parlements et parlementaires de France au XVIIIᵉ siècle*, Paris: L'Harmattan, 2011, pp. 54—55.

职税,以缓解财政危机,卖官鬻爵制度由此而加强。在 17 世纪初,官职仍不具备完全的世袭性,因为官职持有者必须在去世前至少 40 天作出的让与才得到认可。设立官职税后,取消了 40 天的限制,在任何情形下官职都是可继承的资产,官职所有人都可以将其转让给适龄的继承人,官职真正拥有了可继承的遗产特性。① 这一措施既增加了财政收入,又换取了法官们的忠诚,然而,也使得高法团体更加独立,为王权—高法关系留下了深层的问题。

1610 年 5 月 14 日,亨利四世突然遇刺身亡。次日,王室就仓促地在巴黎高等法院举行御临法院仪式,宣告不满 9 岁的路易十三即位,并宣布由王太后玛丽·德·美第奇摄政。这样一个临时应急的决定,其实开启了高等法院—王权关系历史的新篇章。御临法院仪式起源于 14 世纪,至 17 世纪初,其职能主要涉及三个层面:其一是对一些大领主进行审判;其二,它曾充当国王就政治问题与法官讨论的论坛;其三,1563 年在鲁昂高等法院为 13 岁的查理九世举行了成年仪式(1374 年法王查理五世确立了国王 13 岁成年的法令),它象征国王已到了成为立法者的年龄。② 由此可见,御临法院仪式与国王的继位程序并无关联。这虽然是亨利四世遇刺后的应急措施,但也并非毫无依据。因为在法国君主制的传统中,国王首先是第一法官。法国国玺上国王的形象并不是戎装跨马而是端坐王位主持司法的形象。因此,在紧急状态下,选择了用御临法院的形式即位,以此突出国王从履行其最神圣的职责开始进行统治。这就改变了传统的登基、加冕的程序,创立了在加冕礼之前举行御临法院

---

① Guy Cabourdin, Georges Viard, *Lexique historique de la France d'Ancien Régime*, p. 244;乔治·杜比主编:《法国史》上卷,第 647—648 页。

② Sarah Hanley, *The Lit de Justice of the Kings of France*: *Constitutional Ideology in Legend*, *Ritual*, *and Discourse*, Princeton NJ: Princeton University Press, 1983, Chapter I. 如前文所述,弗朗索瓦一世曾在御临法院上与高法争论,但是也有讨论,比如,1526 年弗朗索瓦一世因战败给神圣罗马帝国皇帝查理五世而签署了《马德里和约》,1527 年 12 月的御临高等法院会议讨论了是否要撕毁和约的问题。

仪式宣布即位的惯例。① 这一创新的举措，激起了当时官方和一些理论家们对于御临法院历史的兴趣，他们著书立说，追溯这一制度的古老起源，赋予它光辉的传统，这其中就掺杂了历史想象、夸大其词的成分，总之是要使御临法院成为即位仪式具有合法性。

　　1614 年的御临法院仪式，又秉承查理九世时期开创的先例为路易十三举行了成年礼，后来，同样是冲龄即位的路易十四和路易十五也都以御临法院的形式宣告成年。在御临法院成为国礼之后，便增加了繁文缛节，更加讲究排场，开始成为众人瞩目的重大仪式。② 在这一过程中，巴黎高等法院可以说受益匪浅。因为御临法院仪式将王权和高等法院紧密结合在了一起。正是在法院之中展示出了王室权威的永恒性，也正是高等法院宣布王太后的摄政和国王的成年。盛大的仪式场合提升了高等法院在大众心目中的威望和在国家中的地位。

　　但是，在 17 世纪初御临法院很快又重新强化了其历史上的另一层功能，那就是充当国王强行立法的工具。至 16 世纪末，御临法院会议已经成了一种强迫高法注册法令的机制。1588 年，巴黎高等法院的推事拉扎尔·考克雷(Lazare Coqueley)曾建议废除御临法院会议，可见这一机制当时名声不佳。③ 不过，17 世纪之前举行的御临法院会议并不多。萨拉·汉利甚至认为 1527 年之前并不存在"Lit de Justice"。④ 其实，在弗朗索瓦一世之前的国王查理八世、路易十二也曾亲临法院讨论问题或敦促立法，只是没有冠以"Lit de Justice"之名。路易十三统治期间，高等法院因为举行国礼而使自身的地位进一步提升，法官们在立法问题上时常与国王产生分歧，于是国王政府便用由君主、显贵、重臣和法官共同出席的庄严的御临法院会议强迫高等法院注册新法令。对此王室的理论是，

① Ralph E. Giesey, "The King Imagined", in Keith Baker (ed.), *The Political Culture of the Old Regime*, Oxford: Pergamon Press, 1987.

② Sarah Hanley, *The Lit de Justice of the Kings of France*, p. 283.

③ Elizabeth A. R. Brown and Richard C. Famiglietti, *The Lit de Justice*, p. 13.

④ Sarah Hanley, *The Lit de Justice of the Kings of France*, p. 8.

国王是法律的源泉,他代表活的法律,当国王亲临法院时,法官们必须得立即注册。路易十三在位期间,共举行过 20 次御临法院会议,其中 15 次要求注册新法令。① 可以说,在路易十三时期,御临法院的制度对巴黎高等法院起到了既提升其地位又遏制其权力的双重作用。

二、路易十四对高等法院政治角色的限制

研究者穆特认为,无论是地理范围还是社会层面上,"福隆德运动"都是 17 世纪中叶整个欧洲最大规模的叛乱。他认为同时期的英国革命仅是资产阶级—乡绅的反叛,而福隆德运动聚集了各个社会集团。② 福隆德运动的第一阶段(1648—1649)正是由巴黎高等法院领导的,因此被称作高等法院福隆德(Fronde Parlementaire),它标志着高法与王权冲突达到顶点。当时,年幼的路易十四即位不久③,由其母后"奥地利的安娜"(Anne d'Autriche)摄政④,摄政时期往往是法国历史上王权衰微的时期。这时三十年战争临近尾声,法军胜利在望,但整个国家已被消耗得精疲力尽。为了确保战争的胜利,马扎然政府明知经济凋敝,民不聊生,仍然开征新税。政府搜肠刮肚,巧立名目。比如,在首都新建房子的人要交税,商品流通也要交税。⑤ 捐税也针对富裕阶层,入市税提高,官员薪俸降低,法官们的利益也受到了侵害。1648 年 1 月 15 日,王室在司法宫举行御临法院会议,意欲注册一系列的税收法令。当时,巴黎高等法院的次席检察官欧麦赫·塔隆(Omer Talon)敢于质问王太后,并提醒她

---

① Sarah Hanley, *The Lit de Justice of the Kings of France*, p. 291.

② 参 A. Lloyd Moote, *The Revolt of the Judges: The Parlement of Paris and the Fronde*, 1643—1652, Princeton NJ: Princeton University Press, 1971, p. 368。福隆德是法文 Fronde 的音译。它原为一种儿童游戏的投石器,曾为当局明令禁用。在此,它带有破坏秩序、反对当局之意。这个术语又被译为"投石党运动"。福隆德运动分为两个阶段,前期为高等法院福隆德运动(1648—1649),后期为亲王福隆德运动(1650—1653)。

③ 路易十四 1638 年出生,1643 年即位,1661 年亲政。

④ 路易十四的母后其实是西班牙公主,而当时的西班牙为哈布斯堡王朝所统治,为了表明哈布斯堡王朝源于奥地利这一事实,她被称作"奥地利的安娜"。

⑤ Lucien Bély (dir.), *Dictionnaire de l'Ancien Régime*, p. 573.

农民们承受不了继续增税了。其讲话充满激情且具煽动性，很快被印刷出来，并在外省传播。① 1648 年 4 月 29 日，间接税法院、审计法院和大法院的法官们聚集在巴黎高等法院的圣路易厅（la chambre Saint-Louis），共商大计。② 至 7 月 9 日，聚集在圣路易厅的法官们起草了一个包含着 27 项条款的宪章（charte）。他们声称，这一宪章旨在匡正折磨着王国的种种弊端，这些弊端同时也损害了王国的宪制（l'ordre constitutionnel du royaume）。③ 这个宪章的第一条规定："那些司法监察官，以及所有其他特派员，凡是未在最高法院（cours souveraines）核查身份的，从现在起一律免职。"第三条规定："征收任何税收都需通过敕令与宣告，而这些敕令与宣告必须经过高等法院的核查，并得到了普遍的认可。"第六条规定："国王的任何臣民，无论他身处何境，都不得在未经审讯的情况下被拘禁超过 24 小时……"④这些条款要求政府依法行事，并且突出了高层法官在国家政治生活中的作用。结果，太后和马扎然下令逮捕领导运动的法官，这种行为激怒了巴黎人民。8 月 28 日，巴黎人民举行暴动，一夜之间筑起大量街垒，迫使国王逃出了巴黎。于是，宫廷指派孔代亲王率军队围攻巴黎。高等法院的司法贵族们对首都人民的起义本来就有所畏惧，因为他们从来就不想成为真正的反叛者。正如穆特所说，"法官们不仅想要进行改革，同时也力求避免大的内战"。⑤ 恰在此时，法官们又听说英王查理一世在革命中被处死，他们害怕背负意欲弑君的罪名，便决定与政府妥协。1649 年 3 月 11 日，双方签署和约，高等法院福隆德运动结束。

① Jean-François Sirinelli（dir.），"Fronde"，*Dictionnaire de l'histoire de France*，p. 457；Lucien Bély（dir.），*Dictionnaire de l'Ancien Régime*，p. 573.

② Lucien Bély（dir.），*Dictionnaire de l'Ancien Régime*，p. 574.

③ Philippe Pichot-Bravard，*Histoire constitutionnelle des Parlements de l'Ancienne France*，p. 66.

④ "Charte de la chambre Saint-Louis（extraits）"，dans Philippe Pichot-Bravard，*Histoire constitutionnelle des Parlements de l'Ancienne France*，pp. 67—68.

⑤ A. Lloyd Moote，*The Revolt of the Judges：The Parlement of Paris and the Fronde，1643—1652*，p. 370.

　　围攻巴黎、压制民众暴动的孔代亲王自恃有功,打算取代马扎然,但未能如愿。于是,他就联合孔蒂、拉罗什福科等亲王密谋推翻马扎然政府,这便形成了福隆德运动的第二阶段(1650—1653)亲王福隆德。马扎然下令逮捕了孔代、孔蒂等人,他们的拥护者在外省发动叛乱,还与外国势力相勾结,政局一时大乱。但是,亲王福隆德运动没有明确的目标与系统的纲领,领导人物之间争权夺利,不久就被马扎然分化瓦解了。

　　投石党之乱虽然平息了,但这段经历给路易十四留下了深刻的印象,所以他亲政之后就强化绝对君主制。此外,这场动乱也使资产者和农民意识到动荡的危害性,为了保护自身,他们也愿意令国王拥有强权。对于爱和王权搞对抗的高等法院,路易十四大大削减了它们的权力。

　　从1665年开始,路易十四有意不再使用最高法院(cours souveraines,包括高等法院、审计法院、间接税法院和大法院等)的术语,而使用高级法院(cours supérieures)一词。① 有研究者分析,国王这样做是为了强调他本人才是国家的最高统治者(sovereign,亦即君主),他不愿与法院分享这一荣誉。② 1667年4月20日,路易十四要求注册"司法改革敕令"(涉及民事诉讼程序的改革),结果像过去一样,几名法官要求法院召开全体会议重新审核敕令,这惹怒了国王,他不仅流放了一些最倔强、顽抗的法官,而且要求其中三人放弃在法院的职位,并出售其官职。③ 虽然,自1667年以来,高等法院没有呈交过正式的谏诤书,但路易十四还是于1673年2月24日颁布了诏书(lettres-patentes),进一步缩减高等法院的谏诤权。诏书规定,高等法院只能在注册了法令并且发送到下级司法机构后,方能发布谏诤书。诏书中写道:"我们只是希望法院纯粹地、简简单单地注册诏书,而不做任何修订、限制,也不要增加其他

---

① Philippe Pichot-Bravard, *Histoire constitutionnelle des Parlements de l'Ancienne France*, p. 72. 不过,高等法院的称号也未被废止。

② Albert N. Hamscher, *The Parlement of Paris after the Fronde*, 1653—1673, Pittsburg: University of Pittsburg Press, 1976, p. 145.

③ Albert N. Hamscher, *The Parlement of Paris after the Fronde*, 1653—1673, Pittsburg: University of Pittsburg Press, 1976, p. 144.

可能延迟或阻止执行诏书的条款……注册了法令之后才能起草谏诤书……"①这个诏书实际上架空了谏诤权。换言之,以前高等法院通过注册与谏诤分享了国王的立法权,现在路易十四牢牢把立法权把握在自己手里。1675 年,太阳王又流放了公开表示不满的波尔多和雷恩高等法院。② 此后,高等法院对太阳王几乎惟命是从。当然,也还是有谏诤书产生,比如从 1689—1715 年间波城高等法院递交了 39 份谏诤书,大部分是关于财政问题的。③ 因为法官们只能先注册后谏诤,国王几乎根本不需要靠御临法院来强行立法。不过,值得注意的是,路易十四并没有废除高等法院这个机构。国王在《教子书》(*Mémoires pour l'instruction du Dauphin*,1661)中指出,"我对司法官员并不厌恶,也没有尖刻地对待他们";他还承认御前会议与法院的冲突也不全是法官们的错。④

在路易十四削减高等法院政治角色的同时,也关注司法界卖官鬻爵制的问题。他曾悲叹:"公职的任用是随机的且由金钱决定,并非通过选拔与才能而担任;一部分法官缺乏经验,更没有什么学识。"因此他认为改革势在必行。⑤ 太阳王的重臣科尔贝则担心,卖官鬻爵制会误导出一个渴慕虚荣而非热爱商业、制造业以及农业生产活动的民族。⑥ 的确,当时的法国资产者将其获得的利润大量投资于官职,这显然不利于商业、

---

① "Lettres-patentes portant règlement sur l'enregistrement dans les cours supérieures des édits, déclarations et lettres patentes relatives aux affaires publiques de justice et de finances, émanées du propre mouvement du Roi (24 février, 1673)", dans Philippe Pichot-Bravard, *Histoire constitutionnelle des Parlements de l'Ancienne France*, pp. 73—75.

② Gauthier Aubert et Olivier Chaline (dir.), *Les Parlements de Louis XIV: Opposition, coopération, autonomisation?* Rennes: Presses universitaires de Rennes, 2010, p. 7.

③ Gauthier Aubert et Olivier Chaline (dir.), *Les Parlements de Louis XIV: Opposition, coopération, autonomisation?* p. 10.

④ Gauthier Aubert et Olivier Chaline (dir.), *Les Parlements de Louis XIV: Opposition, coopération, autonomisation?* p. 7; Albert N. Hamscher, *The Parlement of Paris after the Fronde, 1653—1673*, p. 133.

⑤ William Doyle, "Colbert et les offices", *Histoire, économie et société*, 2000 (19e année, n°4), p. 473.

⑥ Hervé Leuwers, *La justice dans la France moderne*, p. 81.

制造业的发展。科尔贝还认为 7 万法官给人民系上了"沉重的专制枷锁",因此他提议大大减少司法领域的官职。[1] 科尔贝深知大量减少司法官职将会毁掉那些高等法院家族和在其他高等法院任职的家庭,因此要逐步改革。他计划四年废除官职税,八年内削减大量司法官职,其做法是在官职持有者去世时将其职位赎回。1665 年 12 月,路易十四颁布了法令,体现了科尔贝改革司法领域卖官鬻爵制的想法,该法令规定了最高官职价格,以及法官任职的最低年龄。[2] 科尔贝也确实取得了一定的成绩,他赎回并废除了一些官职,而且成功遏制了官职价格的继续上升。然而,由于太阳王对外战争导致的经济压力,科尔贝改革卖官鬻爵制的计划付诸东流,路易十四统治后期,官职买卖现象愈演愈烈。实际上,卖官鬻爵制问题不解决,高等法院的政治角色只能在一段时期内受到抑制。

第四节　高等法院与社会治理

　　埃德蒙·柏克在《法国革命论》中指出,当高等法院"存在的时候,人民显然可以不时地求助于它,并团结在它们古老法律的规范之下"。[3] 处于王权司法体系顶端的高等法院何以与人民产生如此密切的联系? 这要从高等法院的职能谈起。18 世纪,13 所高等法院以国王的名义在各自的辖区内对上诉案件行使最终的审判权。[4] 此外,高等法院负责注册王室法令,国王颁布的各种法规、敕令通常要经过该机构注册方能生效。正因拥有这样的权柄,高法法官时常围绕财政或宗教等事务与王权发生冲突,史家也格外关注此类冲突以及高法理论家所阐述的政治话语。然

---

[1] John J. Hurt, "The Parlment of Brittany and the Crown: 1665—1675", *French Historical Studies*, Vol. 4, No. 4 (Autumn, 1966), p. 413.

[2] Albert N. Hamscher, *The Parlement of Paris after the Fronde*, 1653—1673, p. 414.

[3] 柏克:《法国革命论》,何兆武、许振洲、彭刚译,北京:商务印书馆,1999 年,第 162 页。

[4] William Doyle, "the Parlements", in Keith Baker ed., *The Political Culture of the Old Regime*, pp. 157—158.

而,高等法院在政治领域之外的形象是模糊的。其实,除了司法与政治职能,高等法院还拥有行政管理的功能。法官们负责维护公共卫生、进行书报检查、管理商贸交易、监督行会、剧院以及收容院等,权限几乎扩展到了日常生活的方方面面。不了解高等法院在社会生活中所扮演的角色,就很难真正理解法官们的政治行为与思想,也难以在绝对君主制中为高等法院进行准确的定位。

一、维持城市生活秩序的"总治理"

旧制度下的高等法院行使着所谓总治理(Police générale)或大治理(grande police)的权力[1],该机构自创立之日起就掌握着这一权力,而且所有的高等法院在治理的权限上都是一致的。[2]

在此,首先要理解治理(Police)一词的内涵。今天其基本含义是"警察"和"治安"。但在旧制度下,此词的意涵更为宽泛,具有治理、管理的意思。[3] 根据1694年出版的《法兰西学院辞典》(第1版),police就是"人们在一个国家、一个领域、一个城市内所观察到的秩序与规则";"police尤其被用于维持人们在一个城市之中看到的秩序,它关涉城市居民的行为以及商品、食物的买卖"。[4] 由辞典中的定义可知,所谓治理主

---

① Philippe Payen, *Les arrêts de règlement du Parlement de Paris au XVIIIe siècle*, Paris: PUF, 1997, pp. 162—166; Steven L. Kaplan, *Bread, Politics and Political Economy in the Reign of Louis XV*, Vol. 1, The Hague: Martinus Nijhoff, 1976, pp. 24—25; Roland Mousnier, *The Institutions of France under the Absolute Monarchy, 1598—1789*, p. 574.

② Philippe Payen, *Les arrêts de règlement du Parlement de Paris au XVIIIe siècle*, pp. 182, 191.

③ 谈到治理和管理,现代法语中对应的是"gouvernement"和"administration"。然而,直到18世纪20年代gouvernement才具有了在最高层次上指引国家发展这一新含义,此前它主要指统治的艺术或行为。Administration在16世纪也与今天的意义不同。旧制度下表示管理的词最常见的就是police。参 Bernard Barbiche, *Les institution de la monarchie française à l'époque modern XVIe-XVIIIe siècle*, p. 119; Gaston Zeller, "L'administration monarchique avant les intendants parlements et gouverneurs", *Revue Historique*, T. 197, Fasc. 2 (1947), pp. 180—181。

④ http://artflsrv02. uchicago. edu/cgi-bin/dicos/pubdico1look. pl? strippedhw=police.

要是以维持秩序为目的,尤其是要维持城市日常生活中的秩序。路易十四时代的尼古拉·德拉马尔(Nicolas Delamare)在其著作《论治理》中这样概括:"在我们看来,治理的全部内容就隐藏在下面 11 个部分中:宗教;道德约束;卫生;粮食;公共的安全与安宁;道路;自由的科学与艺术;商业;手工制造与机械技艺;家庭仆人、短工;穷人。"①这 11 个繁琐的类别实际上涉及了维护公共秩序、管理经济生活、监管底层人民三个层面。第一个层面针对公共秩序,它既涉及物质层面的秩序(具体包含公共卫生、公共安全、粮食供给、道路交通等问题),也涉及宗教、道德等精神领域的秩序。第二个层面面向社会经济生活,要管理商业、手工业,处理相关诉讼,打击造假行为,并控制各个职业团体。第三个层面指向底层人民,要监管的对象不仅包括上述 11 个类别中的仆人、短工和穷人,还包括妓女、流浪汉和乞丐等等。这些治理内容都与社会秩序的稳定息息相关。

在旧制度下,治理与司法往往混为一体。研究者加斯东·泽勒解释道,"治理(police)实际上包含了一种必要时可强制的执行权,没有这样的执行权司法是无力的",于是,所有行使司法权力者亦握有治理权,"所有法官同时也是行政管理者"。② 在这样的背景下,有司法权的领主、助理法官、普通的法官、巴伊或塞内夏尔,以及高等法院法官都拥有治理权,他们在各自的权限内行事。形形色色的司法长官都有权颁发规章、条例,这些条例在其管辖范围内执行,此外,上级司法机构可以修改或者取消这些条例。③

---

① Nicolas Delamare, *Traité de la Police*, Tome I, Paris, 1707, p. 4, 参:http://gallica. bnf. fr/ark:/12148/bpt6k1098988/f40. image. r＝traite％20de％20la％20Police. langFR. 按照路易十五大臣弗勒里的说法,Police 包含两个部分。第一部分为团体的生计问题,其中包括:第一,生活必需品(营养、衣服、住房、供暖);第二,公共卫生与生活设施;第三,谋得生活必需品和生活设施的手段(职业、商业、度量、货币、道路、航行)。第二部分与良好的风俗相关,包括:第一,宗教;第二,王国内部的和平;第三,个人的节制、过有规律的生活。参 Philippe Payen, *Les arrêts de règlement du Parlement de Paris au XVIIIe siècle*, p. 170。

② Gaston Zeller, "L'administration monarchique avant les intendants parlements et gouverneurs", p. 184.

③ Gaston Zeller, "L'administration monarchique avant les intendants parlements et gouverneurs", p. 187.

高等法院也正是通过颁布管理条例(les arrêts de règlement)在关涉到公共秩序和安全的领域行使其社会治理权力。① 依据帕扬的说法,颁布条例其实只是高法治理的第一个层次;其治理的第二个层次为监督条例的执行,第三个层次则是进行惩罚。② 高等法院如何使辖区内的居民了解这些法令、条例并监督执行呢? 这有赖于总检察官(le procureur général),帕扬将之称为总治理中的超级活动者。③ 这些总检察官掌握着非常复杂的地方管理网络,他们总能在地方上找到提供情报者、合作者,以确保高等法院的"总治理"能够施行。④

从具体的实践层面来看,高等法院首先非常关注公共卫生问题。从中世纪到 18 世纪早期,鼠疫等瘟疫时常横行,严重扰乱了城市的生活秩序。面对瘟疫,高等法院与市政机构共同努力,应对危机。在 1720 年(这一年,法国南方爆发了最后一次大瘟疫)之前,各高等法院颁布过许多条例,以防范疾病的传染。条例所涉内容广泛,比如瘟疫期间医师的工资、施舍、行乞问题以及监控往来船舶问题等等。⑤ 除了预防瘟疫,高等法院也监督城市的卫生状况。比如,巴黎高法的法官们监管公路、公共纪念物、喷泉、桥梁等的维护和保洁问题;法官们视察城市中的不同区域,以检查各家各户是否将自家门前打扫干净,清扫街道的人是否认真工作。⑥ 又如,16、17 世纪,第戎高等法院曾多次颁布有关清扫街道的条

---

① 所谓管理条例,就是高等法院针对其辖区内的司法与社会问题所颁布的起规范性的法令和条例。相较于王室法规,高法管理条例是补充性的和辅助性的,具有很强的灵活性,王权随时可将其撤销。参 Lucien Bély (dir.), *Dictionnaire de l'Ancien Régime*, pp. 86—87。

② Philippe Payen, *Les arrêts de règlement du Parlement de Paris au XVIIIe siècle*, p. 19.

③ Philippe Payen, *Les arrêts de règlement du Parlement de Paris au XVIIIe siècle*, p. 222.

④ Philippe Payen, *Les arrêts de règlement du Parlement de Paris au XVIIIe siècle*, p. 71; Steven L. Kaplan, *Bread, Politics and Political Economy in the Reign of Louis XV*, p. 23.

⑤ Françoise Hildesheimer, "Les parlements et la protection sanitaire du royaume", dans Jacques Poumarède et Jack Thomas (éds.), *Les Parlements de province. Pouvoir, justice et société du XVe au XVIIIe siècle*, Toulouse:Framespa, 1996, pp. 483—486.

⑥ J. H. Shennan, *The Parlement of Paris*, p. 87.

例,法院甚至还要筹集经费来清理容易传播疾病的垃圾。[1]

　　粮食及其他生活必需品的供应问题关乎社会稳定,也是高法法官们管理的重点内容之一。巴黎高等法院以首都的第一保护人自居,密切关注柴米油盐的日常供给。巴黎高法的法官们负责保障生活必需品价格合理,且要监管其质量,为此他们常和面包师傅、鱼贩、肉贩、盐商等争论不休。[2] 当供给出现危机时,曾有法官慷慨解囊。比如,有一位院长人送绰号面包师傅,因为在一次严重的饥荒中,他花掉了自己大部分财产为巴黎人进口谷物。[3] 为了保障首都的供给,17 和 18 世纪,巴黎高等法院甚至在首都周边的许多村庄强制采用旧式轮作制,因为法官们担心新方法会损害绵羊的饲养,从而影响巴黎市民的食品供应。[4]

　　外省法院也同样注重城市供给问题。18 世纪,图卢兹高等法院颁布条例,监管面包店所售面包的重量及质量,还明确规定了市政当局向面包课税的机制;法官们对于肉店也进行了类似的管理,肉的质量和价格都要受到严格的控制。[5] 整个法国对于生活必需品的管理都与此相似。除了食品,高等法院也关注城市取暖用的薪柴的供给。在前工业时代,燃料短缺是各城市中普遍存在的现象。正是高等法院负责巴黎冬季木柴的供应问题,并且调控木柴的出售与价格。[6]

　　旧制度下形形色色的行会也是高等法院进行治理的主要对象。法官们控制工人工资、工作时间;监督各行各业;仲裁不同行会或不同城市的同业行会之间的纠纷;法官还要处理工人与雇主之间的争议,以及涉

---

[1] Philippe Salvadori, "Le Parlement de Bourgogne et la municipalité de Dijon sous le règne personnel de Louis XIV", dans Olivier Chaline et Yves Sassier (dirs.), *Les Parlements et la vie de la cité (XVIe - XVIIIe siècle)*, Rouen: Publications de l'université de Rouen, 2004, p. 213.

[2] J. H. Shennan, *The Parlement of Paris*, pp. 88—89.

[3] Steven L. Kaplan, *Bread, Politics and Political Economy in the Reign of Louis XV*, p. 25.

[4] 马克·布洛赫:《法国农村史》,余中先等译,北京:商务印书馆,1997 年,第 237 页。

[5] Jack Thomas, "Le Parlement de Toulouse et la vie économique du ressort, 1735—1789", *Les Parlements de province*, p. 540.

[6] J. H. Shennan, *The Parlement of Paris*, p. 89.

及外国商人的商业纠纷。①

密切关注城市生活的高等法院往往坐落在城市的中心。自 16 世纪开始,巴黎高等法院所在地就拥挤着洗涤和缝补衣服的人、服饰用品商、镜子商、卖钱包的人、羽毛商、书商、帽商、卖玩偶的人、卖祷文的人、刀剪商、工匠和流浪汉;据时人估计这里白天有 4 万人。② 在 17 世纪的第戎市,城市的经济与社会生活都深深依赖高等法院,在 2 万城市人口中至少有十分之一者凭借直接服务于高法维持生计,间接依赖高法的人则更多。③ 波尔多高等法院也是位于城市的中心,各色小生意人围着它活动。④ 格罗诺布尔高等法院同样位于伊塞尔河左岸的市中心区域,司法生活与地方经济密切相关。⑤ 坐落在市井之中的众高等法院无疑更了解其治理对象,更关心公共秩序。

二、高等法院法官对城市贫民的监管与救助

在简要勾勒了高等法院的治理职能之后,笔者将以高法法官对城市贫民的监管与救助为例,具体阐述高法在社会治理中所扮演的角色。尼古拉·德拉马尔在《论治理》中将穷人问题置于 11 项治理内容之末。实

① J. H. Shennan, *The Parlement of Paris*, p. 91;Jack Thomas, "Le Parlement de Toulouse et la vie économique du ressort", *Les Parlements de province*, Economica, 1986, pp. 541—543.

② François Bluche, *Les magistrats du Palrement de Paris au XVIIIe siècle*, p. 211.

③ Philippe Salvadori, "Le Parlement de Bourgogne et la municipalité de Dijon sous le règne personnel de Louis XIV", Olivier Chaline et Yves Sassier (dirs.), *Les Parlements et la vie de la cité*, p. 209;该文集中另一文章称第戎有六分之一的人口或多或少直接依靠高法生活,比如大量的仆人、饭店老板、书商、假发师等等;对第戎人而言,为高法服务是主要的收入来源。参 Nicolas Laurent, "Le Parlement de Dijon et le gouvernement royal à la fin de l'Ancien Régime", dans *Les Parlements et la vie de la cité*, pp. 143—144。

④ Michel Figeac et Caroline Le Mao, "Le Parlement de Bordeaux et la cité, de la Fronde à la veille de la Révolution", *Les Parlements et la vie de la cité*, p. 256;同时参见 Caroline Le Mao, p*arlement et parlementaire au Bordeaux au grand siècle*, Champ Vallon, 2007, p. 35;作者称波尔多高法位于城市生活的中心,是城市活动的发动机。

⑤ René Favier, "Le Parlement de Dauphiné et la ville de Grenoble aux XVIIe et XVIIIe siècles", dans René Favier (dir.), *Le Parlement de Dauphiné*, *des origines à la Révolution*, Grenoble:Press Universitaires de Grenoble, 2002, pp. 197—199.

际上,乞丐、流浪汉等城市边缘群体是近代早期的法国所面临的重要社会问题。法国学者让-皮埃尔·居东指出,穷人经常参与旧制度下的地方性骚乱,食物骚乱中往往有大规模的穷人加入其中。[①] 因此,穷人是高等法院的法官们监管的重要对象,研究者米歇尔·菲雅克甚至声称,"在某种意义上,关照穷人是高等法院的首要任务"。[②] 透过法官对于底层贫民的管控与救助,我们能看到司法贵族既服务于王权又游离于王权的特性,同时也可以洞察法官与底层民众以及资产阶级精英之间错综复杂的关系。

近代早期的穷人问题应放置在这一时段文化与经济转变的大背景下加以理解。在中世纪的基督教文化背景中,穷人代表了受难耶稣的形象,社会对穷人较为宽容。[③] 然而,自 16 世纪起人们关于贫困的观念发生了转变,将贫困视为上帝对无赖的诅咒,并且出现了妖魔化穷人的现象,认为穷人可能是无赖、外国间谍、异教徒,更可能是来自疫区的瘟疫传播者。[④] 四处游荡、行乞的穷人于是成了被排斥、监管的对象。这一转变首先与宗教改革的大背景相关。依据加尔文宗的教义,富贵与贫困都

[①] Jean-Pierre Gutton, *la société et les pauvres en Europe (XVIᵉ - XVIIIᵉ Siècles)*, Paris: Presse Universitaires de France, 1974, p. 13.

[②] Michel Figeac, "Les magistrats du Parlement de Bordeaux devant leur devoir social du Grand Siècle à la Révolution", dans Serge Dauchy, Véronique Demars-Sion, Hervé Leuwers et Sabrina Michel (dir.), *Les Parlementaires, acteurs de la vie provinciale*, Presses Universitaires de Rennes, 2013, p. 230.

[③] 法国研究者若兹·库贝洛指出,中世纪的欧洲承袭古代的基督教传统,承认穷人的尊严,因为他们代表了受难的基督形象;同时也承认穷人的有用性,因为他们担负着在上帝面前替富人(施舍者)说情的角色。参若兹·库贝洛《流浪的历史》,曹丹红译,桂林:广西师范大学出版社,2005 年,第 29、85 页。

[④] Caroline Le Mao, "Le riche et le pauvre: les magistrats du Parlement de Bordeaux et l'assistance aux pauvres au siècle de Louis XIV", dans Gérard Aubin, Bernanrd Gallinato (dirs.), *Les espaces locaux de la protection sociale : études offertes au Professeur Pierre Guillaume*. Association pour étude de l'histoire de la sécurité sociale, 2004, pp. 279, 284;让-皮埃尔·居东指出:在 16 世纪后期的法国,有人常常看到传播异端思想的穷人或被视为外国间谍的穷人;至少在 1720 年之前,穷人看起来是一切瘟疫的主要传播者,流浪的穷人总被怀疑来自疫区。参 Jean-Pierre Gutton, *la Société et les Pauvres en Europe (XVIᵉ - XVIIIᵉ Siècles)*, p. 12。

是由上帝决定的,穷人的命运实际上是一种惩罚。当然,加尔文也区分了好穷人和坏穷人,后者包括所有的流浪汉、懒汉和肢体健全的乞丐,信奉新教的城市对于坏穷人进行了驱逐。[①] 其次,盛行于 16、17 世纪的重商主义经济理论也令穷人处境艰难。旨在促进工业和贸易发展的重商主义谴责失业,提倡开办企业,雇用穷人劳动,从而解决工业生产不足与穷人失业问题。这成为禁闭穷人并强制劳动之举措的重要理论根基。再次,随着绝对君主制的发展,国家增强了对于社会的控制能力,自然也要加强管理扰乱社会治安的流浪汉、乞丐等社会边缘群体。

高等法院是管控贫困人口实践的主要参与者,这其中既包含救助、管理,也包含镇压措施。1522 年前后,诺曼底高等法院曾在其内部创立了一个法庭,专门处理有关穷人的方方面面的问题。1522 年 2 月,它颁布了一项决议:那些肢体健全的乞丐,身强力壮却总是游手好闲,聚众从事非法的娱乐活动……应当束缚住他们的一只脚,并将其置于城市的防御工事中;至于其他穷人和贫困短工,则由公共工程雇用,应该不受束缚地自由工作。[②] 1534—1535 年,为了进一步解决城市治安混乱问题,诺曼底高等法院还积极参与了健全穷人事务所(Le Bureau des pauvres valides)的创建与管理工作。该事务所每周开会应对当下的问题,主要针对穷人的募捐、分配和教育三个方面的问题。至 17 世纪中叶,该事务所又开始关注穷人的住宿问题,这距离收容、禁闭措施只有一步之遥。16 世纪的第戎市也寻求解决贫困问题的方法,并于 1529 年创立了穷人事务院(la Chambre des Pauvres),第戎高等法院的法官与助理法官们承担了这一机构的主要管理工作。[③]

诸如此类的实践促使国王政府于 17 世纪前期展开了对于穷人的大

---

① 若兹·库贝洛:《流浪的历史》,第 94—95 页。

② Elisabeth Caude, "Le Parlement de Normandie et les pauvres: de l'œuvre d'assistance au devoir de police, de la quête aux galères", dans Les Parlements et la vie de la cité, pp. 39—40.

③ Philippe Salvadori, "Le Parlement de Bourgogne et la municipalité de Dijon sous le règne personnel de Louis XIV", Les Parlements et la vie de la cité, p. 217.

禁闭。1629 年颁布的《米肖法典》(le code Michaud)规定,应把每个城市中的穷人都围圈起来。[①] 通过 1656 年 4 月敕令,路易十四创立了巴黎总收容院。它将巴黎先前的一些慈善场所合并为统一机构,故称总收容院。[②] 此举开创了米歇尔·福柯所谓的大禁闭之先河,这种大禁闭是指禁闭穷人和乞丐,并强迫他们参加劳动。[③] 路易十四于 1662 年 6 月颁布的大敕令规定,在王国的每个城市和乡镇都要建立一所禁闭穷人的收容院。[④] 在此背景下,一些类似的收容机构应运而生。比如,波尔多于 1658 年创建了工场收容院或称职业收容院;又如,鲁昂于 1681 年成立了总收容院。[⑤] 这些收容院的创建和管理工作往往离不开司法界人士的积极参与。

国王政府虽然出台了政策,但并不予拨款,而是敦促市政官员努力想办法,并且寄希望于个人的捐赠。在此背景下,一些高等法院成员及

[①] Caroline Le Mao, "Le riche et le pauvre: les magistrats du Parlement de Bordeaux et l'assistance aux pauvres au siècle de Louis XIV", *Les espaces locaux de la protection sociale*, p. 286.

[②] Thomas McStay Adams, *Bureaucrats and Beggars: French Social Policy in the Age of the Enlightenment*, Oxford: Oxford University Press, 1990, p. 29.

[③] 米歇尔·福柯:《疯癫与文明》,刘北成、杨远婴译,北京:三联书店,2019 年。福柯在第二章中专门论述了大禁闭。

[④] Caroline Le Mao, "Le riche et le pauvre: les magistrats du Parlement de Bordeaux et l'assistance aux pauvres au siècle de Louis XIV", *Les espaces locaux de la protection sociale*, pp. 286—287;路易十四颁布这一敕令的重要背景是各地穷人涌入了巴黎。该敕令声称:"从王国四面八方来的乞丐还是大大超出了收容所的负荷能力……要给那么多的乞丐提供食宿,收容所不破产简直是不可能的。这些乞丐,有的出于游手好闲,有的因为没有工作,更多的是受农村的饥荒所迫,都纷纷从各地来到我们这个美好的城市;而且让我们巴黎市独自负担这些人的食粮也是不公平的……现在规定,王国境内所有还没有建立总收容所的城市和郊区应该立即着手建立一所收容所并制定有关规定,禁闭穷人并为他们提供食宿。"(转引自《流浪的历史》,第 115 页)高等法院也颇为支持国王关于将穷人分散到各地禁闭、安置的做法。比如,1693 年,高等法院命令各教区征收一笔税收以便为那些听从国王要求返回原教区的穷人提供面包(参 Thomas McStay Adams, *Bureaucrats and Beggars*, p. 30);又如,诺曼底高法多次出台条例,提倡工地雇用穷人工作(参 Elisabeth Caude, "Le Parlement de Normandie et les pauvres: de l'œuvre d'assistance au devoir de police, de la quête aux galères", *Les Parlements et la vie de la cité*, p. 60)。

[⑤] Elisabeth Caude, "Le Parlement de Normandie et les pauvres: de l'œuvre d'assistance au devoir de police, de la quête aux galères", *Les Parlements et la vie de la cité*, pp. 41, 68.

其家庭便积极筹措兴建收容机构的资金，并在管理工作中发挥了重要作用。比如，在波尔多正是高等法院来筹资以保障这一机构的运转。[1] 值得一提的是，波尔多高等法院院长的遗孀奥利芙·德·莱斯东纳（Olive de Lestonnac），在 1650 年订立的遗嘱中将 3 万利弗尔用于创立职业收容院，以便为穷人提供食物，并且让他们在其中学习职业技能。[2] 这绝非特例，自 17 世纪 60 年代起，许多波尔多法官的遗嘱中都包含着向新成立的工场收容院遗赠的条款。[3] 贝桑松的高等法院院长若布洛（Jobelot），去世时捐赠了 10 万利弗尔给圣-雅克收容院修建新楼宇。[4] 巴黎高等法院的蒂顿（Titon）家族，在 17 世纪末建立了圣-蒙德收容所修道院，并且一直对其进行捐赠。[5] 18 世纪初，波尔多的收容机构依然经费紧张，法官们以身作则，积极捐款：院长每月捐出 40 利弗尔，普通推事每月捐 6 利弗尔。[6]

　高等法院成员还广泛参与了收容院的管理工作。收容院通常都有一个管理机构，机构成员由代表城市中主要团体的教、俗权贵组成，但在拥有高等法院的城市，司法界的穿袍贵族在收容院的管理机构中占多数。[7] 比如，贝桑松的圣-雅克收容院的管理者中有近一半的司法界人

[1] Caroline Le Mao，"Le riche et le pauvre：les magistrats du Parlement de Bordeaux et l'assistance aux pauvres au siècle de Louis XIV"，*Les espaces locaux de la protection sociale*，p. 288.

[2] Caroline Le Mao，"Le riche et le pauvre：les magistrats du Parlement de Bordeaux et l'assistance aux pauvres au siècle de Louis XIV"，p. 293.

[3] Caroline Le Mao，"Le riche et le pauvre：les magistrats du Parlement de Bordeaux et l'assistance aux pauvres au siècle de Louis XIV"，p. 293.

[4] Michel Figeac，"Les magistrats du Parlement de Bordeaux devant leur devoir social du Grand Siècle à la Révolution"，*Les Parlementaires，acteurs de la vie provinciale*，p. 233；Caroline Le Mao，"Le riche et le pauvre：les magistrats du Parlement de Bordeaux et l'assistance aux pauvres au siècle de Louis XIV"，pp. 293—294.

[5] François Bluche，*Les magistrats du Palrement de Paris au XVIIIᵉ siècle*，p. 198.

[6] Caroline Le Mao，"Le riche et le pauvre：les magistrats du Parlement de Bordeaux et l'assistance aux pauvres au siècle de Louis XIV"，pp. 295—296.

[7] Michel Figeac，"Les magistrats du Parlement de Bordeaux devant leur devoir social du Grand Siècle à la Révolution"，p. 234.

士。又如,波尔多工场收容院的 16 名管理者中有 7 个高等法院成员。[①]
诺曼底高等法院也密切关注这些收容机构的活动,管理其经费。[②]

　　法官们之所以积极创立并管理收容机构,是因为他们普遍相信这是
管理穷人的最有效的方法。然而,从实际效果来看,这套制度并不算成
功。正如研究者特里·雷·莫里斯所言,中央政府并没有为收容机构做
好财政上和管理上的准备。[③] 当时的收容院大多条件很差,人满为患、拥
挤不堪,空气污浊,时有疾病传播。[④] 又加之,路易十四时代战事不断、饥
荒频仍,所以直到 18 世纪流浪汉有增无减。鉴于收容机构的种种弊端,
一些启蒙时代的改革者认为现存制度在很大程度上是惩罚性的,他们倡
导更人道的举措。然而,也应该看到,法官们所积极参与的这套收容制
度在当时的法国也堪称一种新的尝试,毕竟不再是简单粗暴地驱逐社会
边缘群体,而是为其提供基本的生活保障。

　　高等法院的法官们既通过收容机构来监管穷人,也通过慈善行为救
济、帮助他们。鲁昂高等法院的院长米霍麦斯尼(Armand-Thomas Hue
de Miromesnil,1723—1796)是典型人物,他被视作鲁昂穷人独一无二
的保护人。这位法官与辖区内的各收容院保持密切的关系,亲自监督鲁
昂市收容院,并捍卫那些被禁闭的穷人的权力;同时,他关心各种类型的
穷人,主张对穷人行善,并用自己微薄的财产帮助他们。[⑤]法官们救助穷
人的行为深刻影响了自己的家庭成员,因而逐渐形成了高法法官家族的
济贫传统。比如,巴黎高等法院中著名的拉姆瓦尼翁家族即为济贫典

---

① Caroline Le Mao, "Le riche et le pauvre: les magistrats du Parlement de Bordeaux et
　　l'assistance aux pauvres au siècle de Louis XIV", p. 290.

② Elisabeth Caude, "Le Parlement de Normandie et les pauvres: de l'œuvre d'assistance au
　　devoir de police, de la quête aux galères", *Les Parlements et la vie de la cité*, pp. 51—54.

③ Terry Ray Morris, "The Concept of Bienfaisance and the Aristocracy of Eighteenth-Century
　　France", University of Georgia, Ph. D., 1976, pp. 91—92.

④ Terry Ray Morris, "The Concept of Bienfaisance and the Aristocracy of Eighteenth-Century
　　France", p. 93.

⑤ Julien Niger, "Le magistrat et l'assistance publique à Rouen", *Les Parlements et la vie de la
　　cité*, pp. 78—104.

范。高法院长拉姆瓦尼翁的夫人玛丽·德朗（Marie Desland）被称作"穷
人之母"，她创立了一个专门解救因债务入狱的囚徒的组织；她的女儿玛
德莱娜·德·拉姆瓦尼翁（Madeleine de Lamoingnon）成立了致力于救
助弃儿的巴黎圣母往见会。[1] 在那些声名并不显赫的巴黎高法家族中，
济贫传统也很盛行。18 世纪著名的大慈善家皮亚洪·德·沙穆塞
（Piarron de Chamousset）其实就来自高法家庭，其父兄皆为巴黎高等法
院的推事。[2] 在波尔多，高法法官的夫人们普遍积极参与城市中的济贫
活动，她们关照街区中的穷人、病人，操持募捐活动，赞助、扶持慈善
组织。[3]

　　高法法官及其配偶的遗嘱是展现高法家庭普遍济贫的最佳证据。
研究者大卫·福特瑞研究了 18 世纪巴黎高等法院推事的 150 份遗嘱样
品，发现其中 149 份首先提及对于教区内穷人的遗赠。其中少者 50 利
弗尔，多者则高达 4000 利弗尔，这与法官家庭贫富不均的状况相吻合。
根据福特瑞的估算，大部分遗嘱平均遗赠教区内穷人 300—500 利弗
尔。[4] 这一结果与研究者勒茂及菲雅克的统计相吻合。勒茂分析了 26
份波尔多高法家族成员的遗嘱，其中 16 份女性遗嘱，面向穷人的平均遗
赠为 516 利弗尔；10 份男性遗嘱，平均遗赠 462 利弗尔。[5] 菲雅克研究
了 1770—1789 年间波尔多高法成员遗嘱中针对穷人的捐赠，平均遗赠

[1] François Bluche, *Les magistrats du Parlement de Paris au XVIIIᵉ siècle*, p. 198.

[2] Terry Ray Morris, "The Concept of Bienfaisance and the Aristocracy of Eighteenth-Century France", pp. 104—108; François Bluche, *Les magistrats du Parlement de Paris au XVIIIᵉ siècle*, p. 198.

[3] Michel Figeac, "Les magistrats du Parlement de Bordeaux devant leur devoir social du Grand Siècle à la Révolution", *Les Parlementaires, acteurs de la vie provinciale*, pp. 244—245; Caroline Le Mao, "Le riche et le pauvre: les magistrats du Parlement de Bordeaux et l'assistance aux pauvres au siècle de Louis XIV", p. 298.

[4] David Feutry, "Les testaments des conseillers au Parlement de Paris au XVIIIᵉ siècle: l'impact socio-économique des legs", *Les Parlementaires acteurs de la vie provinciale XVIIᵉ-XVIIIᵉ*, p. 252.

[5] Caroline Le Mao, "Le riche et le pauvre: les magistrats du Parlement de Bordeaux et l'assistance aux pauvres au siècle de Louis XIV", p. 296.

数额大约为 450—484 利弗尔之间。[1]为何高等法院家族成员以城市教区为单位面向穷人捐助? 这是因为旧制度下本堂神甫通常被视作教区内的穷人之父,他们深入了解辖区内穷人的种种困苦。[2] 除了笼统地遗赠给所在的教区,法官及其家人也针对个体捐助。有的给孤女或贫穷女孩捐赠嫁资;有的为困苦的寡妇留下养老金;有的捐助贫寒的年轻人当学徒、学手艺;还有的解救身陷窘境的穷人,帮助其经营生意或出离牢狱。[3]法官们的遗嘱除了通过遗赠扶贫济困,也关注下层人民的教育问题。大约有 50% 的高法成员遗嘱强调了对于穷人的宗教教育,比如,有个巴黎高法推事赠了 4000 利弗尔给弃儿收容院,为孩子们购买《圣经》;还有许多遗嘱提出要为法官领地村庄的学校捐款。[4] 这些遗嘱说明,身为穿袍贵族的法官们并没有漠视下层人民,他们置身于市井之间,体察周遭贫民的困苦,并试图改善他们的生活。

---

① Michel Figeac, "Les magistrats du Parlement de Bordeaux devant leur devoir social du Grand Siècle à la Révolution", p. 239.

② 有的法官也对遗赠的使用作了细致的规定,比如 1755 年巴黎高法的院长 Le Mairat 通过遗嘱留给巴黎的 Saint-Gervais 教区 1000 利弗尔的遗赠,并指出这笔钱应该用于供给每年施舍给民众的两口粥锅。参 François Bluche, *Les magistrats du Parlement de Paris au XVIIIe siècle*, p. 199。

③ 遗赠嫁资的有:上文提及的波尔多高法院长的遗孀 Olive de Lestonnac 准备了 13 份(每份 30 利弗尔)遗赠,专门留给那些年轻的穷女子结婚使用;同样,波尔多高法推事的遗孀 Catherine de Fages 遗赠了 400 利弗尔给四个孤女,作为嫁资。(参 Caroline Le Mao, "Le riche et le pauvre", p. 297)资助寒门子女学艺的有:巴黎高法推事 Guillaume de Jassaud 的遗孀为在 Sainte-Marguerite 供给圣水的女孩遗留了 300 利弗尔,帮助她成为女学徒;巴黎高法次席检察官的遗孀留给一个贫穷女孩 600 利弗尔,让她学一门手艺或者用于帮助安置她。为寡妇留下养老金的例子是,巴黎高法推事 Nicolas-Pierre de la Guillaume 留了 200 利弗尔的养老金给了一个贫穷的寡妇,他生前一直帮助她。(参 François Bluche, *Les magistrats du Parlement de Paris au XVIIIe siècle*, p. 200.)解救贫困者甚至囚徒的有:18 世纪巴黎高法推事 Charles-Pierre Nau 遗赠了 1000 利弗尔,希望留给一个或几个穷人,"助其重新经营生意或者摆脱牢狱之灾";另一名巴黎高法推事 Severt 留给巴黎古监狱(la Conciergerie)的穷犯人 400 利弗尔,他曾担任那里的监狱长;1751 年司法大臣达盖索遗赠了 1000 利弗尔给巴黎古监狱的囚犯。(参 François Bluche, *Les magistrats du Parlement de Paris au XVIIIe siècle*, p. 200;David Feutry, "Les testaments des conseillers au Parlement de Paris au XVIIIe siècle", p. 254)可以说,与其他贵族相比,司法贵族在遗嘱中更加关心贫困的犯人。

④ David Feutry, "Les testaments des conseillers au Parlement de Paris au XVIIIe siècle", p. 254. Feutry 还指出,巴黎高法的法官们在 18 世纪的扫盲运动中扮演了重要角色。

　　在妖魔化穷人的时代背景下,司法贵族家族因何热心于扶贫济困的慈善事业? 首先,接济穷人被视为贵族的义务和美德,乃是建构贵族认同的基本要素。其次,根据绝对君主制的理论原则,拥有神授权力的君主,应像耶稣一样保护臣民中的弱者,而高等法院又自称在人民面前代表君主,那么法官们理应充当穷人的守护者。最后,法官们虔信天主教,施舍则是教徒的义务,有助于悔罪,可以用来弥补过失。这些因素都在一定程度上促使高法法官及其家人扶助贫弱。

　　法官家庭的济贫行为已经超出了"总治理"的范围,但又是对于"总治理"的必要补充。如前所述,治理之目的在于维护社会秩序。法官对于收容院的资助与管理,其实体现了城市精英对于良好社会秩序的向往。相较于严苛的禁闭措施,法官家族的慈善行为显得富含温情。然而,资助贫民学习一技之长或者帮助他们接受宗教教育,其实也是规训穷人的一种方式,可以化解其反抗潜能,从而加强精英对于社会秩序的控制。① 如此看来,法官们对于城市贫民的监管与救助实际上充分体现了高等法院社会治理的职能。

　　托克维尔在《旧制度与大革命》中描述了一个远离下层人民、不再从事社会管理的贵族阶级形象。然而,高等法院中大量的穿袍贵族似乎并不符合这一描述。这些司法贵族穿梭于市井之间,他们利用手中的治理权管理、规训甚至帮助普通民众,同时调节社会经济生活中的各种矛盾,成为维护城市生活秩序的重要力量。高等法院的社会治理职能也揭示了,在政治领域时而对抗王权的法官们亦有服务于王权的一面。而且,相较于政治冲突,为王权维护社会秩序其实乃高法职能的常态。

———————————

① 美国历史学家罗伯特·施瓦茨所撰写的《18 世纪法国对于穷人的管理》(Robert Schwartz, *Policing the Poor in Eighteenth-Century France*, Chapel Hill: the University of North Carolina Press, 1988)一书,即认为济贫是统治精英固化政治与社会秩序的手段。

第四章　16—17 世纪的宗教冲突与政治发展

第一节　16 世纪上半叶的宗教改革运动

一、弗朗索瓦一世治下的法国

16 世纪初的欧洲正处于一个快速变革的时期。从上个世纪末开始的地理大发现——特别是新大陆的发现,大大开拓了欧洲人的视野;文艺复兴运动的脚步已经悄然跨越了阿尔卑斯山,在法国和北欧等地区拥有了越来越强的影响力;而肇始于日耳曼地区的宗教改革运动,则在更大程度上改变了中世纪近一千年来固有的思维模式,对社会结构产生了深远的冲击。

1515 年 1 月 25 日,昂古莱姆的弗朗索瓦(François de Angouléme)在兰斯大教堂加冕成为法国国王弗朗索瓦一世。他面对的是一个百废待兴的王国。此时的法国被认为"无论在战争中还是在和平时期都无法脱颖而出":尽管在大西洋和地中海沿岸拥有数个港口,却未能建成自己的海军;即便在陆地,它仍然缺少由国家掌控的步兵;和平时期本应繁荣发展的艺术和商贸表现平平,制造业的产出也无法吸引外国人购买。[①] 百年战争不

---

① Gabriel-Henri Gaillard, *Histoire de François Premier, roi de France, dit le grand roi et le père des lettres*, 5 vols. Paris: J. L. F. Foucault, 1819, vol. 1, p. 141.

可避免地给法国留下了巨大的创伤。借用彼得拉克的形容，这场战争让法兰西变成了"一片废墟"。利雪主教托马·巴赞（Thomas Basin）在记述1440年的情况时便感叹卢瓦尔河和索姆河之间"完全是一片沙漠"。当时人口比过去减少了一半，甚至有些地方只剩下三分之一。[①] 罗素·梅杰估计在百年战争爆发初期的1347年至1350年期间，法国可能就已经损失了超过40％的人口；到15世纪中叶，普罗旺斯失去了近60％的人口，多菲内的损失也高达三分之二，巴黎盆地、勃艮第和诺曼底的情况更为严重。1450年的法国人口可能仅为1340年的40％。[②]

在领土方面法国面临的局势同样不容乐观——相比于后世，此时的法国仍有大片领土未掌握在国王手中：北方的艾诺省（Province de Hainault）归属于西班牙统治下的尼德兰，导致法国北部边境与巴黎的距离只有近100英里；阿尔萨斯和洛林（Alsace-Lorraine）还在神圣罗马帝国掌控之中；弗朗什-孔泰地区（Franche-Comté）也未能纳入国王名下；贝桑松（Besançon）是哈布斯堡家族指派的总督的驻节地；布雷斯（Bresse）和比热（Bugey）则归萨伏伊公爵所有；南方还存在着两个国中之国——奥兰治公国（Principauté d'Orange）和隶属于教皇的维奈桑伯爵领（Comtat Venaissin）；鲁西永（Roussillon）和塞尔达涅（Cerdagne）则在查理八世统治时期落入了斐迪南二世（Fernando II el Catòlico）之手。[③] 即便是上个世纪纳入法国国王掌控范围的地区，在经历了百年战争的破坏之后，它们过去与国王之间的紧密关系也早已遭到破坏，新的

① G. R. 波特编：《新编剑桥世界近代史：第一卷文艺复兴（1493—1520）》，中国社会科学院世界历史研究所组译，中国社会科学出版社，1988年，第36页。
② J. Russell Major, *From Renaissance Monarchy to Absolute Monarchy: French Kings, Nobles, & Estates.* Baltimore: Johns Hopkins University Press, 1994, p. 59.
③ Gabriel-Henri Gaillard, *Histoire de François Premier, roi de France, dit le grand roi et le père des lettres*, 5 vols. Paris: J. L. F. Foucault, 1819, vol. 1, p. 141 和 Henry M. Baird, *History of the Rise of the Huguenots*, 2 vols. London: Hodder and Stoughton, 1880, vol. 1, pp. 3—4.

中央政府与行省政府的关系仍在缓慢恢复之中。① 更为严重的是民众观念的变化,中央集权的衰落和分裂导致民众的地域意识远远强于国家意识。这一时期的众多行省和市镇仍然处于自治和不受外界侵扰的自由状态;而由于贵族等级的目无法纪——特别是大贵族的勃勃野心,行省和市镇反抗中央集权的离心力也大为增强。②

但弗朗索瓦一世统治的几十年也正是法国走出低谷、恢复和平与繁荣的时期。此时距离百年战争已经过去了半个多世纪,法国的农业和工商业逐渐得到了恢复和发展③,人口也开始回升——甚至就人口总数而言,弗朗索瓦一世登基时的法国拥有大约 1800 万人口,仍然是欧洲人口最多的国家。④ 遭遇黑死病与百年战争沉重打击的法国农村开始了系统性的恢复。虽然传染病并没有完全被杜绝,但 1348—1440 年期间曾经横扫全法国的瘟疫已经销声匿迹。⑤ 相比于过去几个世纪,法国成功地摆脱了国土和人民遭入侵者蹂躏的处境,并且在很大程度上避免了国内分裂势力对国家构成的潜在威胁。过去一度属于法国国王强劲对手的领地——勃艮第和布列塔尼——都已成为法兰西王国的一部分。⑥ 除了

---

① 至 15 世纪中叶,英国势力方才被驱逐出诺曼底和波尔多地区;至 1476 年结束与雅克·达马尼亚克(Jacques d'Armagnac)伯爵的战争之后,才真正掌控了吉耶内(Guienne)地区;在朗格多克,法国中央政府的统治为百年战争所中断,直至查理七世时期才得以重建;而勃艮第则是在 1477 年南锡战役(Bataille de Nancy)之后得以收复;普罗旺斯收入法国国王囊中的时间则是 1486 年;布列塔尼直到 1493 年才在真正意义上成为法国的一部分。况且,法国国王对这些地区的掌控仍然是不充分的——他未能取得在这些地区不经省级三级会议许可而直接征税的权力。参见 J. W. Allen, *A History of Political Thought in the Sixteenth Century*. London: Methuen, 1951, p. 272。

② J. W. Allen, *A History of Political Thought in the Sixteenth Century*, p. xv.

③ Ernest Lavisse, *Histoire de France illustrée depuis les origines jusqu'à la Révolution*, vol. 5, Part I, p. 263.

④ 就总体基数而言,1340 年,法国的人口曾达到 2400 万,后来随着黑死病和百年战争的洗劫,人口规模急剧下降。参见 T. A. Morris, *Europe and England in the Sixteenth Century*. London: Routledge, 1998, p. 9. 不过在 1450—1560 年期间,人口仍然增长了一倍。参见 R. J. Knecht, *Francis I*. Cambridge: Cambridge University Press, 1982, p. 306。

⑤ R. J. Knecht, *Francis I*. p. 306.

⑥ Gabriel-Henri Gaillard, *Histoire de François Premier, roi de France, dit le grand roi et le père des lettres*, 5 vols. Paris: J. L. F. Foucault, 1819, vol. 1, pp. 141—142.

边境地区,在法国境内已经甚少发生大规模的战役。曾经肆虐法国全境、对农业和商业造成毁灭性打击的恐惧与不安定因素都已经不复存在。[1]

　　弗朗索瓦一世在位期间奉行积极的对外扩张政策。他曾多次卷入意大利战争,争夺米兰公国等领地的所有权。[2] 同时他与英国国王亨利八世以及教皇之间也有着复杂的合作和竞争。而弗朗索瓦一世与查理五世——同时也是法国与哈布斯堡帝国之间的斗争则贯穿了他的整个政治生涯。1519 年神圣罗马帝国皇帝马克西米利安一世去世,从而引发了哈布斯堡家族的西班牙国王查理一世和弗朗索瓦一世对帝国最高统治者宝座的争夺,最终查理一世当选神圣罗马皇帝,是为查理五世。作为勃艮第大公"莽夫查理"(Charles le Téméraire)的后人,查理五世一直希望收复勃艮第公国(duché de Bourgogne)。为了实现这一目标,他多次出兵威胁法国的南部和北部。[3] 这正是试图削弱国内封建贵族势力和分裂势力、增强王权的弗朗索瓦一世不能容忍的。两人之间存在着不可调和的矛盾,并直接发展至兵戎相见。第六次意大利战争中,弗朗索瓦一世在帕维亚被查理五世的军队俘虏。获释后,弗朗索瓦一世与查理五世之间的矛盾并未得到缓和——为了与后者斗争,身为天主教徒的弗朗索瓦一世甚至不惜与神圣罗马帝国境内的新教诸侯以及奥斯曼帝国结盟,共同攻击查理五世:1531 年 10 月 26 日,他与新教诸侯组成的施马尔卡尔登联盟(ligue de Schmalkalden)签订协议,为其提供财政援助,希望

---

[1] R. J. Knecht, *Francis I*. p. 306.

[2] 在加冕为法国国王的第一年,弗朗索瓦一世就卷入到意大利战争之中,意图攻占米兰大公国,并在马里尼昂战役(Bataille de Marignan)中获得了暂时性的胜利。但是对于他而言,在意大利战争中的巨大付出最终无果而终——弗朗索瓦一世先后丢失了那不勒斯王国、米兰公国、皮埃蒙特和萨伏依。参见 Ernest Lavisse, *Histoire de France illustrée depuis les origines jusqu'à la Révolution*, 9 vols. Paris: Hachette, 1911, vol. 5, Part II, p. 179。

[3] William Robertson, *L'histoire du règne de l'empereur Charles-Quint*, *précédée d'un tableau des progrès de la société en Europe*, *depuis la destruction de l'Empire romain jusqu'au commencement du seizième siècle*. Paris: Saillant & Nyon, 1771, p. 132.

能够从神圣罗马帝国的内部分裂中渔利[1]；尽管和奥斯曼帝国之间虽没有签订任何协议，但两者却都心照不宣地对地中海上的西班牙舰队发动了攻击。[2]

在积极对外扩张的同时，弗朗索瓦一世也加强了对国内的控制，开始进一步增强王权。而对于强化王权而言，增加王室的岁入是一种常见有效的方法。在16世纪初期，法国王室的收入主要有两个来源，"常规岁入"(finances ordinaires)和"非常规岁入"(finances extraordinaires)。前者主要是王室领地的封建地租，后者则包括了三种主要税收：达伊税(taille)、盐税(gabelle du sel)和间接税(aides)。就征税而言，法国国王对于国家的控制力要远高于西欧同时期的其他君主。早在1440年，查理七世就已经开始在未征得三级会议同意的情况下征税，实现了王室税收的永久征收。[3] 而在弗朗索瓦一世统治时期，土地税从2400万利弗尔增加至5300万利弗尔，法国中部和北部地区的盐税则提高到了原来的3倍，达到路易十一世以来的最高水平。[4] 但沉重的税负不可避免地影响到了社会的稳定，在弗朗索瓦一世的统治末期，严苛的盐税引发了布莱

---

[1] R. J. Knecht, *Francis I*, pp. 223—224. 另有说法称该协议是于1532年签署。参见 Michel Feretti, *Les victims française du fanatisme huguenot*. Paris：Litoo, 2001，p. 6。另外，1534年1月27日，弗朗索瓦一世等又与黑森选帝侯签订了一项秘密协议。参见 Ernest Lavisse, *Histoire de France illustrée depuis les origines jusqu'à la Révolution*, 9 vols. Paris：Hachette, 1911, vol. 5, Part I, p. 375。

[2] Euan Cameron, *Early Modern Europe：An Oxford History*. Oxford：Oxford University Press, 1999, p. 111. 另外，"当苏里曼苏丹进军巴尔干地区，于莫哈奇战役中摧毁了匈牙利军队(1526年)，兵锋直指维也纳时，在帕维亚战役中失利的弗朗索瓦一世曾试图寻求苏里曼苏丹不切实际的帮助"。参见 G. R. Elton, *The New Cambridge Modern History*, v. 2, *the Reformation*, 1520—1559. Cambridge：Cambridge University Press, 1979, p. 244。

[3] R. J. Knecht, *Francis I*, 1982, pp. 117—119.

[4] J. Russell Major, *From Renaissance Monarchy to Absolute Monarchy：French Kings, Nobles, & Estates*, p. 25 和 R. J. Knecht, *Francis I*, p. 305。

(Blaye)、昂古穆瓦(Angoumois)和圣冬日(Saintonge)等地区的叛乱活动。① 此外,弗朗索瓦一世还通过出售公职进一步扩充财政收入,这一做法也为其继任者们所效仿。②

同时,增加王室领地也是弗朗索瓦一世统治期间为增强王权所作的努力之一。特别是 1531 年弗朗索瓦一世的母亲去世之后,他将波旁内(Bourbonnais)、博若莱(Beaujolais)、奥弗涅(Auvergne)、沙泰勒罗(Châtellerault)、福雷(Forez)、马尔什(Marche)、蒙邦西埃(Montpensier)、克莱蒙(Clermont)等领地都收归王室,向这些地区派驻王室官员。③ 接着在 1532 年,弗朗索瓦一世又将布列塔尼收入囊中。④

威尼斯大使在 1546 年所作的描述一定程度上反映了以弗朗索瓦一世为代表的法国国王为增强王权所作的努力及其效果。

> 80 年以来,法国政府一直致力于增加王国的财富,而没有丝毫退让:它通过抄没、继承、赎买等手段吸纳了各色人等的财产……对于那些陷于贫困的贵族,已经没有心力像从前布列塔尼公爵、诺曼底公爵以及加斯科涅的大贵族那样去对抗国王。而如果有人因为一时冲动而贸然地反抗国王——正如波旁亲王所做的那样,那也只是给予了国王一个消灭他、强大自己的机会。⑤

---

① Ernest Lavisse, *Histoire de France illustrée depuis les origines jusqu'à la Révolution*, vol. 5, Part II, p. 137. 为了增加赋税,弗朗索瓦一世试图将法国西南部的盐税提高至和北部相同的水平,但是在 1537 年这一举措遭到了强烈的反抗。40 年代,弗朗索瓦一世和亨利二世又试图增加盐税,从而导致了一系列新的叛乱活动。尽管这些叛乱遭到了镇压,但政府最终还是寻求了妥协,一开始降低了盐税额,最终在 1554 年彻底废除了法国西南部的盐税。参见 J. Russell Major, *From Renaissance Monarchy to Absolute Monarchy: French Kings, Nobles, & Estates*, p. 30。

② J. Russell Major, *From Renaissance Monarchy to Absolute Monarchy: French Kings, Nobles, & Estates*, 1994, p. 104.

③ 其中还包括了波旁家族被抄没的领地。参见 Ernest Lavisse, *Histoire de France illustrée depuis les origines jusqu'à la Révolution*, vol. 5, Part I, p. 224。

④ Antoine Dupuy, *La Réunion de la Bretagne à la France*, thèse pour le doctorat, présentée à la Faculté des lettres de Paris. Brest: Impr. de Gardreau, 1879, pp. 161—162.

⑤ Niccolò Tommaséo, *Relations des ambassadeurs vénetiens sur les affaires de France au XVIe siècle*. Paris: Imprimerie Royale, 1838, pp. 275—277.

　　尽管百年战争削弱了贵族等级的力量,相对强化了法国国王的权力[1];但从另一个角度看,这场历时长久的动荡同样也削弱了中央集权,增强了地方的离心力。[2] 所以百年战争之后出现的法国王权依旧是虚弱的,军队和官僚体系仍然不成规模;更加致命的是国王失去了对军队的掌控,军队控制权落在了贵族手中。这一时期法国国王仍面临着国内封建贵族势力的强大压力。虽然国王已经能够绕过三级会议征税,但掌握最多财富的贵族、王室官员和市镇基本上都不在征税之列。为了从他们手中征收临时性税赋,国王不得不满足他们的要求,比如承认他们拥有的特权,在行省建立高等法院,沿用习惯法而非建立一套适用于整个王国的法律体系;与此同时国王还不得不同意省级三级会议核准其征收的附加税。这些让步再次加重了国王对封建贵族的依赖性,助长了后者的自治倾向。作为一位颇为强势的国王,弗朗索瓦一世无法避免贵族等级强大桎梏的影响,他用以增强王权的力量依旧来源于封建分封体系之内,通过封建分封关系所提供的庇护将国王与大贵族捆绑一体,再通过后者控制中小贵族。[3] 在这种体系中,强化王权的代价就是大贵族权力的膨胀。事实上,弗朗索瓦一世和亨利二世统治时期正是法国大贵族的黄金时期。[4]

---

[1] John H. M. Salmon, *Society in Crisis : France in the Sixteenth Century*. New York: St. Martin's Press, 1975, p. 13.

[2] 在百年战争中,为了获取臣民的支持,法国国王必须尽量满足他们的要求,所以这些最高统治者们不得不接受以多个终审法庭和省级三级会议取代全国单一的最高法庭,以及单个拥有征税核准权的三级会议的现状;他们也不得不接受三级会议和市镇发展或保留既存自治体系的现状;他们还不得不鼓励制定各地区的习惯法,而非创制全国统一的法律;更为重要的是,他们还面临着许多地区的民众对于行省不断增长的忠诚度,这种分裂性极强的地域情感严重影响到了国家的统一、中央集权化的进程和绝对王权的确立。参见 J. Russell Major, *From Renaissance Monarchy to Absolute Monarchy : French Kings，Nobles，& Estates*, p. 57。

[3] J. Russell Major, *From Renaissance Monarchy to Absolute Monarchy : French Kings，Nobles，& Estates*, pp. xx - xxi.

[4] 比如蒙莫朗西(Montmorency)家族的土地收入在 1522—1523 年度为 10617 利弗尔,而到了 1560—1561 年度,增长了 12 倍至 106420 利弗尔。参见 J. Russell Major, *From Renaissance Monarchy to Absolute Monarchy : French Kings，Nobles，& Estates*, p. 82。

所以弗朗索瓦一世时期王权的强大是表面的和短暂的——他去世后,伴随着瓦卢瓦王朝最后几位国王的软弱统治和持续数十年的宗教战争,强大的法国王权日渐式微。

二、新教在法国的传播

鲍姆加特纳在论及 16 世纪欧洲的政治趋势时曾指出,欧洲分化为天主教和新教两个阵营乃是这一时期最为重大的历史事件。[①] 16 世纪 20 年代之前,法国是一个天主教占据绝对主导地位的国家。1517 年,伊拉斯谟还曾将法国称为"基督教世界中最纯净和最繁荣的地区",认为它是唯一未受到异端思想侵扰的国家。[②] 但从 20 年代开始,宗教改革思想迅速地在法国传播开来,将这个国家带入持续近一个世纪的剧烈动荡之中。

如果回顾法国宗教改革的历史进程,会发现其中交织着错综复杂的政治、社会和宗教因素。而促进法国宗教改革运动发展起来的首要原因则是法国本土人文主义者的兴起。这一时期,这些人文主义者开始广泛质疑教会教义——其中包括了构成罗马教廷神学思想体系核心的"化质说",以及忏悔与事功的价值。这些针对教会教义的攻击引发了法国基督教教会内部的改革呼声。

与宗教改革运动在德国的产生和发展类似,法国宗教改革运动的出现也是由天主教内部的腐化和僵化引发的。弗朗索瓦一世统治时期的法国天主教中尽管存在着一些意识到革除教会中日趋严重的流弊和维护天主教会统一的必要性的人——诸如勒内·迪贝莱(René du Bellay)和让·德蒙吕克(Jean de Montluc)等高级教士,以及纪尧姆·迪贝莱(Guillaume du Bellay)等政治家,但正统教派仍然占据着统治地位,而索

---

① Frederic J. Baumgartner, *Radical Reactionaries : The Political Thought of the French Catholic League*. Genève: Librairie Droz, 1976, p. 13.

② Margaret Mann, *Érasme et les débuts de la réforme française（1517—1536）*. Paris: H. Champion, 1934，p. 23.

邦神学院和高等法院则在其中起着支撑作用，它们拒斥了一切形式的改革。[1]

　　法国著名的人文主义者埃塔普勒的雅克·勒费弗尔（Jacques Lefèvre d'Étaples）是这一时期最具影响力的宗教改革运动参与者。他于 1512 年出版的划时代作品《使徒保罗书信注疏》(Commontaire sur les épîtres de saint Paul)被视为宗教改革思想在法国的第一声惊雷——尽管在这本书中并未提出全新的概念以取代罗马教廷的教义体系，但勒费弗尔强调了与罗马教廷教义存在明显冲突的保罗训谕。[2] 1517 年，勒费弗尔在《论抹大拉的玛利亚与基督复活的三日》(De Maria Magdalena et triduo Christi disceptatio)一书中再次抛出了与罗马教廷一贯秉持的教义相违背的观点。[3] 翌年，他在同一本书的再版中又继续反驳罗马教廷的另一条教义，论证称圣母玛利亚的母亲圣安妮曾经结婚三次，并且在每次婚姻中都生下了一个名为玛利亚的女儿。为此，诺埃尔·贝达在索邦神学院中宣布勒费弗尔为异端，并向高等法院提出申诉，要求严惩勒费弗尔；但勒费弗尔的异端观点仍然产生了影响，并得到了包括其学生乔西·范·克里希托夫(Josse van Clichtove)在内的部分教会内人士的支持。[4]

　　受勒费弗尔影响，当时出现了一大批力主进行教会改革的人文主义者，他们在 16 世纪二三十年代的法国宗教改革运动中影响巨大，其中包括了克里希托夫和与之保持着紧密联系的纪尧姆·布里索内(Guillaume Briçonnet)。这批受宗教改革影响、希望进行变革的教会内人士构成了法国天主教会内部的改良主义者。他们推动的教会内部改

[1] Ernest Lavisse, *Histoire de France illustrée depuis les origines jusqu'à la Révolution*, 9 vols. Paris：Hachette，1911，vol. 5, Part I, p. 360.

[2] Henri de Sabatier-Plantier, *Rôle de Jacques Lefèvre d'Étaples à l'origine de la réformation française.* Toulouse：A. Chauvin，1870，p. 6.

[3] 勒费弗尔在该书中认为圣经中出现的三个玛利亚——即拉撒路的姐妹、伯大尼的玛利亚(Marie de Béthanie)，抹大拉的玛利亚(Marie de Magdala)和《新约·路加福音》中出现的、在基督脚上涂抹香膏的女人——并非同一个人。

[4] Henri de Sabatier-Plantier, *Rôle de Jacques Lefèvre d'Étaples à l'origine de la réformation française*, p. 7.

革事业中最具影响力的莫过于纪尧姆·布里索内在莫城(Meaux)进行的一系列改革。1515年,布里索内出任莫城主教后召集了一批具有宗教改革倾向的人文主义者,雅克·勒费弗尔、纪尧姆·法雷尔(Guillaume Farel)等人也参与其中。20年代初期,他们甚至希望将莫城改造成一个传播德意志宗教改革思想的中心。[①]

莫城进行的改革被认为是主张教会内部改革的人文主义者和改良主义者影响最为深远的一次实践。当时的莫城被视为教会内部温和改革运动的中心;但与此同时,它还扮演着一个不同的角色,成了连接巴黎与斯特拉斯堡、巴塞尔、符腾堡这三座德意志地区城市的桥梁——通过莫城,路德宗教改革的思想从德意志传入,开始了在法国的传播。[②]

因此,在法国本土和教会内部的改革蓬勃兴起的同时,路德宗教改革著作和思想也在很大程度上推动了法国宗教改革运动的发展。1519年2月是已知的路德宗教改革思想在法国首次出现的时间——当月的14日,巴塞尔的印刷业者约翰·弗罗本(John Froben)在一封写给路德的信件中告知他已将600本著作销往法国和西班牙,信中还写道:"这些书在巴黎销售,甚至在索邦神学院内都广为传阅,得到了一致的认可。"接着在1519年5月,身在巴黎的瑞士学生皮埃尔·楚迪(Pierre Tschudi)在寄给贝亚图斯·雷纳努斯(Beatus Rhenanus)的信里也承认,路德作品在巴黎"大受欢迎"。[③]同年7月,随着路德和约翰·埃克(Johannes Eck)围绕教皇权威这一议题展开教义辩论,路德的思想开始在巴黎正式崭露头角。萨克森选帝侯曾向巴黎大学寄送了路德与埃克

[①] G. R. 埃尔顿编:《新编剑桥世界近代史:第二卷宗教改革,1520—1559年》,中国社会科学院世界历史研究所组译,中国社会科学出版社,2003年,第277页。另外,在勒费弗尔的影响下,布里索内还希望将人文主义的研究全面应用于教会改革之中。参见James K. Farge, *Orthodoxy and Reform in Early Reformation France : The Faculty of Theology of Paris, 1500—1543*. Leiden: E. J. Brill, 1985, p. 171。

[②] Ernest Lavisse, *Histoire de France illustrée depuis les origines jusqu'à la Révolution*, vol. 5, Part I, p. 344.

[③] R. J. Knecht, *Francis I*, p. 140.

之间辩论内容的抄件，希望他们居中评判。为了赢得教义辩论的胜利，约翰・埃克还延请科隆的多明我会宗教法庭审判官雅各布在巴黎的多明我会中批驳路德的观点。尽管路德在 12 月 18 日写给友人的信中声称巴黎人的评判对他"毫无意义"。① 但经过这一场辩论，路德的思想开始在巴黎得到了重视和大规模的传播。

　　1521 年巴黎高等法院发起的查抄异端著作的行动从侧面反映路德著作和德意志宗教改革思想在法国的传播范围之广。在这次行动中法国各地都发现了这类书籍："1523 年，索邦神学院在巴黎仍能够发现这类书籍，波尔多和格勒诺布尔也传来了同样的消息，1524 年在布尔日，1525 年在诺曼底也出现了同样的情况。"②

　　1525—1538 年，路德宗教改革思想的影响力几乎已经渗透至全法国，除布列塔尼和奥弗涅之外所有的行省都接触到了宗教改革思想。③

　　与路德宗教改革思想的传播同时进行的是路德教派传教活动在法国的广泛渗透。据记载，路德教派在法国的传教活动在 1523 年前后就已经展开：1523 年 12 月—1524 年 4 月期间，米歇尔・达兰德（Michel d'Arande）就已在布尔日地区展开新教传播④；1524 年 2 月开始，艾梅・麦格雷（Aimé Meigret）先后在里昂和格勒诺布尔传教；这一年的 3 月底，皮埃尔・卡罗利（Pierre Caroli）开始在巴黎传播新教教义；7 月，纪尧姆・法雷尔被驱逐出巴塞尔之后来到蒙贝利亚特传教。⑤ 同一时期的鲁

① James K. Farge, *Orthodoxy and reform in early reformation France : the Faculty of Theology of Paris*, 1500—1543, pp. 125—126.

② G. R. 埃尔顿编：《新编剑桥世界近代史：第二卷宗教改革，1520—1559 年》，中国社会科学院世界历史研究所组译，中国社会科学出版社，2003 年，第 279 页。

③ Michel Feretti, *Les victims française du fanatisme huguenot*. Paris：Litoo, 2001, p. 5.

④ A. L. Herminjard, *Correspondance des réformateurs dans les pays de langue fransaise. Recueillie et publiée avec d'autres lettres relatives à la réforme et des notes historiques et biographiques*, vol. 1, p. 486. 另见 Ilana Zinguer and Myriam Yardeni, *Les deux réformes chrétiennes : propagation et diffusion*. Leiden：Brill, 2004, p. 65。

⑤ A. L. Herminjard, *Correspondance des réformateurs dans les pays de langue française. Recueillie et publiée avec d'autres lettres relatives à la réforme et des notes historiques et biographiques*, vol. 1, p. 486.

昂地区也开始出现路德教派思想的秘密传播。① 通过大范围的传播,路德及德意志的宗教改革运动对法国产生了深远的影响。

三、宗教迫害的加剧

路德的宗教改革思想刚传入法国之时,索邦神学院在很长一段时间内都保持着克制的态度。这在 1519 年路德与约翰·埃克之间的神学辩论过程中表现得尤为明显:在收到萨克森选帝侯寄送的辩论抄件后的数个月内,索邦神学院对这一议题保持了缄默,他们甚至一反常态地放弃了展示自己在神学问题上独断权威的机会,决定在整个巴黎大学内征询对这一议题的看法。② 事实上,主导索邦神学院的高卢主义(Gallicanisme)在这一事件中陷入了进退两难的困境:一方面,高卢主义者一直致力于限制教皇以及"教皇绝对权力主义"(Ultramontanisme)在法国的影响力——特别是当弗朗索瓦一世与教皇列奥十世签订旨在瓜分法国教会自治权的《博洛涅协定》后,他们对向法国教会的财富和圣职任职权伸出手来的教皇更加警惕。因此,在路德与约翰·埃克的辩论中作出倾向于教廷的评判显然是他们所不愿意的;另一方面,他们对路德的宗教改革思想也有着本能的恐惧和不信任。索邦神学院在这一议题上的缄默正好反映了他们不希望将针对路德思想的讨论公开化的心态。③

但到了 1520 年,路德思想的传播规模之广和速度之快已经足够引起法国教会中保守派别的注意。路德在这一年一连发表了三篇文章:《致德意志基督教贵族公开书》(*An den christlichen Adel deutscher Nation*)、《教会被虏于巴比伦》(*Von der babylonischen Gefangenschaft der Kirche*)和《论基督徒的自由》(*Von der Freiheit eines Christenmenschen*),其中所展现的激

---

① Philip Benedict, *Rouen during the Wars of Religion*. Cambridge:Cambridge University Press,1981, p. 51.

② James K. Farge, *Orthodoxy and Reform in Early Reformation France:The Faculty of Theology of Paris*, 1500—1543, p. 126.

③ James K. Farge, *Orthodoxy and Reform in Early Reformation France:the Faculty of Theology of Paris*, 1500—1543, p. 127.

进宗教思想远远超出了法国教会中保守派别的容忍限度。以 1520 年为转折点,巴黎高等法院和索邦神学院作为支撑法国天主教的中坚力量,开始针对宗教改革思想在法国的大肆传播发起反击。

反击的第一枪是诺埃尔·贝达(Noël Beda)在 1520 年 3 月 15 日打响的,当时他向索邦神学院提出建议,希望重新设置"代表理事"(Syndic)的职位来处理"信仰和道德事务";紧接其后,索邦神学院在 7 月 2 日设置了一个专门处理"学院中长期存在的信仰和道德事务"的委员会。[①] 1521 年 4 月 15 日,在教皇谴责路德著作后不久,索邦神学院也发布了一篇类似的声明;同年 8 月 3 日,巴黎高等法院发布公告,要求任何持有路德著作者在 8 日内交出这些书籍并处以 100 利弗尔的罚款和监禁。[②]

面对天主教保守派别的反攻,天主教会改革派在日趋严酷的大环境下转向了保守。曾经倡导教会内改革的乔西·范·克里希托夫在 1521 年 10 月 15 日发表了一篇名为《索邦神学院关于抹大拉玛利亚唯一性的神圣决定》(*Determinatio sacrae facultatis theologiae Parisiensis de unica Magdalena*)的声明,对此前曾经赞同的勒费弗尔等人的观点进行了严厉批驳。[③] 同时,纪尧姆·布里索内在莫城的改革也遭到反人文主义者和保守派的激烈反对。[④] 经过克里希托夫的劝说,布里索内退出了改革阵营,进而转变为宗教改革思想的反对者:1522 年他应召奔赴巴黎,并承诺采取相关措施禁止路德著作及其思想继续传播;返回莫城之后,

---

① James K. Farge, *Orthodoxy and Reform in Early Reformation France : the Faculty of Theology of Paris*, 1500—1543. Leiden: E. J. Brill, 1985, p. 127.

② V. L. Bourrilly, *Le Journal d'un bourgeois de Paris sous le règne de François Ier* (*1515—1536*). Paris: Picard et Fils, 1910, p. 104.

③ James K. Farge, *Orthodoxy and Reform in Early Reformation France : The Faculty of Theology of Paris*, 1500—1543, p. 171.

④ 布里索内的改革不可避免地招致了当地圣方济会修士的敌视,他们指控布里索内及其福音派的朋友们传播异端思想,并寻求索邦神学院和巴黎高等法院的支持。参见 R. J. Knecht, *Francis I*. Cambridge: Cambridge University Press, 1982, p. 139. 当时的王室诉讼人 (avocet du roi)皮埃尔·利泽(Pierre Lizet)也曾请求索邦神学院帮助打击莫城地区的异端。参见 James K. Farge, *Orthodoxy and Reform in Early Reformation France : The Faculty of Theology of Paris*, 1500—1543, p. 171。

他于1523年10月15日发布了致信徒及教区的布告,宣布"禁止在公共场所和私人场所购买、阅读、收藏、售卖马丁·路德的著作,或支持、辩解、交流其中的内容"[1];12月,他又下令禁止教区神甫接纳有激进思想嫌疑的传道人。至1524年,莫城宗教改革的成果已经荡然无存。布里索内在这一年内还进一步抨击了那些怀疑基本教条的人,并恢复了原本的天主教宗教仪式。1525年,布里索内协助高等法院对异端进行调查,这些调查直接导致了对雅克·波万(Jacques Pauvan)和马蒂厄·索尼耶(Matthieu Saulnier)的逮捕,以及对让·勒克莱尔(Jean Le Clerc)和其他来自莫城平民的审判。[2]

　　1523年夏,弗朗索瓦一世赴意大利参战,王太后——萨伏依的路易丝(Louise de Savoie)开始摄政。作为法国王室中最仇视宗教改革思想的成员,她加紧了对宗教改革思想的镇压。同年10月6日,她向索邦神学院征询在国内铲除路德宗教改革思想的办法。在给王太后的回复中,诺埃尔·贝达对于法国国内清理异端的现状颇有抱怨,他指出索邦神学院和巴黎大学承担了清除路德教派异端思想的大部分工作,而极少有政府公职人员关注此类事件,甚至连巴黎高等法院发布的禁令也一直未能得到贯彻。在此基础上,贝达提出了相关建议,要求国王和王太后发布在全国范围内强制执行禁令的诏令,同时全面毁禁路德本人的著作以及所有其他支持其观点的书籍。[3] 王太后随后还同意了高等法院提出的设立混合法庭审判异端的建议,按照这一建议设立的混合法庭,由两名高等法院的法官和两名索邦神学院的成员组成,混合法庭对异端分子的审

① A. L. Herminjard, *Correspondance des réformateurs dans les pays de langue française. Recueillie et publiée avec d'autres lettres relatives à la réforme et des notes historiques et biographiques*, 9 vols. Nieuwkoop: B. De Graaf, 1965—1966, vol. 1, p. 155.

② Jonathan A. Reid, *King's Sister: Queen of Dissent: Marguerite of Navarre (1492—1549) and her Evangelical Network*. Leiden: Brill, 2009, p. 352.

③ James K. Farge, *Orthodoxy and Reform in Early Reformation France: The Faculty of Theology of Paris*, 1500—1543, p. 131.

判一共持续了两年之久。①

　　弗朗索瓦一世前往意大利参战以及王太后开始摄政之后,教会对国王的宗教宽容政策提出了公然的批评。这种批评风潮随着弗朗索瓦一世在帕维亚一役中战败被俘而愈发猛烈。1527 年的应召显贵会议上,波旁枢机大主教表达了对王国宗教现状和国王在宗教问题上所推行政策的不满。之后随着一系列外省宗教会议的召开,天主教会推动的宗教迫害活动在 1527 年之后达到了高潮。1527 年 10 月、1528 年 12 月、1529 年 4 月在巴黎②,1528 年 6 月在鲁昂先后有新教徒遭到处决。这一波宗教迫害的浪潮一直持续到了 16 世纪 30 年代。

　　尽管面临着国内一浪高过一浪的镇压呼声,在统治生涯的大部分时间,弗朗索瓦一世本人对宗教改革者和新教思想大体上持宽容的态度,他的长姐玛格丽特·德·昂古莱姆长期以来也担任着宗教改革的庇护者角色——他们都曾再三地保护热拉尔·鲁塞尔和路易·德·贝尔坎等人免于高等法院和索邦神学院的审判。

　　弗朗索瓦一世对于在早期新教思想传播过程中扮演了重要角色的勒费弗尔等人也颇为优容:"索邦神学院希望保卫正统的天主教思想,但国王制止了他们的言论,销毁了索邦神学院教授昂热的热罗姆(Jérôme d'Angest)和多明我会教士朗贝尔·康佩斯特尔(Lambert Campester)的相关论著。他甚至还邀请了这些成为路德教派信徒的教授前往宫廷,鼓励他们展开与天主教教义相对抗的神学讨论。"在回复那些为此震惊不已的廷臣时,他说道:"我不希望迫害这些教导我们的人,这将阻碍那些

---

① E. William Monter, *Judging the French Reformation : Heresy Trials by Sixteenth-Century Parlements*. Cambridge, Mass. : Harvard University Press, 1999, p. 60.

② 其中最著名的案例即是路易·德·贝尔坎(Louis de Berquin)被处以死刑。贝尔坎因出版了多部著作而触怒了索邦神学院,被后者斥为异端并先后两次被捕入狱,1529 年 4 月 16 日,他在巴黎河滩广场(La place de Grève)被绞死,其后尸体遭焚烧。参见 Jacques Antoine Dulaure, *Histoire physique, civile et morale de Paris*, 8 vols. Paris: Furne et Cᵢᵉ, 1837—1838, vol. 2, p. 197。另见 E. William Monter, *Judging the French Reformation : Heresy Trials by Sixteenth-Century Parlements*, p. 61。

有识之士前来我们的国家。"①1534 年,他甚至监禁了几位天主教神学家,罪名是他们向当局检举其长姐——玛格丽特·德·昂古莱姆具有异端倾向。②

弗朗索瓦一世在位时期正好是法国宗教改革从无到有发展壮大的关键时期,而他在宗教问题上所坚持的立场和政策也极大地影响了法国宗教改革运动的发展进程。在宗教改革思想刚刚萌芽的 16 世纪 20 年代,不管是对于法国本土的人文主义者所发展的教会内部改革或者由日耳曼传入的路德宗教改革思想,弗朗索瓦一世的宗教宽容政策在一定程度上都有效地促进了它们的发展。

因此,长期以来弗朗索瓦一世都被视为人文主义者的积极赞助者,赢得了"文艺之父与复兴者"的称号。而随着 20 年代人文主义者发起教会内部宗教改革运动,他也同时被视为宗教改革运动的庇护者。当雅克·勒费弗尔接连发表与罗马教廷的教义相违背的观点,并因此招致索邦神学院的批评和指控时,正是弗朗索瓦一世给予了他公然的庇护——弗朗索瓦一世声称勒费弗尔的观点仅仅涉及批评范畴,与信仰无关,因此不应被当做异端处置。③

显然这一时期的法国王室本身就与勒费弗尔等人文主义者保持着密切的联系:国王的长姐玛格丽特·德·昂古莱姆即是通过勒费弗尔的指导阅读圣经;在玛格丽特·德·昂古莱姆的影响下,弗朗索瓦一世本人也越来越倾向于认同人文主义者提出的部分新教义。而勒费弗尔的学生米歇尔·达兰德(Michel d'Arande)曾应弗朗索瓦一世邀请前往宫廷进行布道。玛格丽特声称达兰德的布道令"国王更加信服神的真言并非异端邪说"。国王的支持和宽容让以勒费弗尔为代表的人文主义者得以

---

① Jean Guiraud, *Histoire partiale, histoire vraie*, 4 vols. Paris: Beauchesne, 1912—1924, vol. 2, pp. 378—379.

② Michel Feretti, *Les victims française du fanatisme huguenot*. Paris: Litoo, 2001, pp. 6—7.

③ Henri de Sabatier-Plantier, *Rôle de Jacques Lefèvre d'Étaples à l'origine de la réformation française*, p. 7.

免遭天主教保守势力的镇压，即便他们提出了那些与罗马教廷教义南辕北辙、可被视为异端思想的观点，仍然能够保持着较好的生存环境。勒费弗尔本人在出版了多本惹来众多非议的著作之后，还能够继续在巴黎大学的勒穆瓦纳枢机主教学院（collège du cardinal-Lemoine）任教，并得到了隶属于本笃修会的圣日耳曼德佩修道院（Abbaye de Saint-Germain-des-Prés）的热情款待。[1]

弗朗索瓦一世对于宗教改革思想所持的宽容与鼓励立场进一步刺激了境外的路德宗教改革思想涌入法国。1520 年前后，大量在法国境外出版的路德作品被偷运入境，甚至出现了部分在法国国内出版和印刷的路德著作。

弗朗索瓦一世在宗教方面的另一项重要举措则是削弱了在法国一直存在着的宗教裁判所。早在 12 世纪晚期，朗格多克地区已经出现了镇压异端的宗教裁判所。而且直至 16 世纪这一机构仍然存在。[2] 在弗朗索瓦一世统治时期，多明我修会的省教长还任命了马蒂厄·奥里（Mathieu Ory）担任宗教裁判所的法官——这道委任状甚至还得到了国王的批准，并在高等法院进行了注册。而到了 30 年代，在高等法院的协助下，弗朗索瓦一世开始通过一系列的法令削减了宗教裁判所的权能。[3]

尽管在 20 年代，弗朗索瓦一世对于宗教改革思想表现出了极大的兴趣和支持力度，但到了其统治晚期，弗朗索瓦一世也曾两次一反常态地对国内的新教徒实行镇压政策，而这两次的镇压活动也成了法国国王与新教关系的分水岭——在此后半个多世纪的时间里，法国的新教徒面临越来越严酷的官方镇压。

弗朗索瓦一世的第一次镇压政策是在 1534 年"揭帖事件"（l'affaire

[1] Jean Guiraud, *Histoire partiale, histoire vraie*, vol. 2, pp. 378—379.

[2] N. M. Sutherland, *Princes, Politics and Religion, 1547—1589*, London: Hambledon Press, 1984, p. 14.

[3] N. M. Sutherland, *Princes, Politics and Religion, 1547—1589*, London: Hambledon Press, 1984, p. 20.

des Placards)发生之后实行的。事实上,在"揭帖事件"之前,弗朗索瓦一世的宗教宽容政策就已经遇到了很大挑战。随着各方面压力的增加,他的态度也在发生微妙的变化。1533 年,教皇连发了三份敕令,要求在法国铲除异端,重新设立宗教裁判所,令所有异端分子在两个月内改宗,并贬黜被邪恶教义玷污的教士。[1] 在向高等法院转交教皇敕令时,弗朗索瓦一世附上了一封对新教徒措辞强硬的信件,在信中他表示"对于王国的首都以及基督教世界第一学府所在地的巴黎遭受邪恶的路德教派异端的侵扰感到无比的懊悔和愤怒"。[2] 但是诸多政治上的考量,以及弗朗索瓦一世对于索邦神学院日渐增长的权威的疑虑,都让他仍然无法决定是否彻底地镇压新教异端。

直到 1534 年,新教徒的激进举动才令弗朗索瓦一世改变了他的宗教政策。这一年,面对法国天主教会的压迫,新教徒发起了反击。纳沙泰尔(Neuchâtel)的牧师马尔库尔(Marcourt)和皮埃尔·维雷(Pierre Viret)撰写了一份名为《论教皇弥撒仪式对唯一的调停者和拯救者、吾主基督耶稣最后圣餐的可怕亵渎》的布告,这份布告在攻击天主教圣餐礼的同时也隐含了对弗朗索瓦一世的不敬。10 月 17 日—18 日夜里,这份布告不仅被张贴于巴黎的多个十字路口,还出现于其他主要城市中,甚至连国王位于安布瓦斯(Amboise)的行宫都未能幸免。被新教这一行动激怒的国王在 1535 年 1 月 13 日签署了一份敕令,要求禁止新教书籍的出版,违者以死罪论处[3];弗朗索瓦一世随后在 1 月 29 日的敕令中重新启用了两项可以追溯至 13 世纪路易八世和路易九世统治时期的宗教裁

[1] Ernest Lavisse, *Histoire de France illustrée depuis les origines jusqu'à la Révolution*, vol. 5, Part I, p. 374.

[2] A. L. Herminjard, *Correspondance des réformateurs dans les pays de langue française. Recueillie et publiée avec d'autres lettres relatives à la réforme et des notes historiques et biographiques*, vol. 3, p. 115.

[3] Victor Baroni, *La Contre-Réforme devant la Bible: la question biblique: avec un supplément*, *Du XVIIIe siècle à nos jours*. Genève: Slatkine Reprints, 1986, p. 199.

判所制度——即藏匿异端者罪同异端和举报异端奖励制度①;而在 1538
年 12 月 16 日的敕令中,弗朗索瓦一世还将异端罪的审判权授予了图卢
兹高等法院。②

众多的新教徒因此遭逮捕并被火刑处死,1535 年 1 月即有 35 名路
德教派教徒被处以火刑。同时也有许多新教徒成功地逃脱了镇压,流亡
他处——其中高等法院记录在册的就有 42 人。这些幸免于难者中不乏
新教思想传播过程中的著名人物,如皮埃尔・卡罗利和克雷芒・马罗
等人。③

不过这一次的镇压行动并未持续多久。教皇保罗三世(Paul III)自
1534 年上任之后便开始着手推行天主教会与新教教会的和解计划,并与
德意志地区的路德教派展开了谈判。教皇本人亲自致信弗朗索瓦一世,
要求其节制对新教徒的迫害活动。弗朗索瓦一世对教皇的计划表示了
支持。

弗朗索瓦一世对国内新教徒展开的第二次宗教迫害则始于法国与
西班牙为了对付异教徒和异端而实现的媾和。1538 年 7 月 14 日—15
日,弗朗索瓦一世和查理五世在艾格莫尔特(Aigues-Mortes)会晤。在
这次会面中,两人同意联手对付基督教世界的共同敌人:土耳其人、路德
教派和已经成为异端的英国国王亨利八世。④ 之后弗朗索瓦一世便对国
内的新教徒展开了新一轮的迫害,一直持续到弗朗索瓦一世去世。⑤

---

① Académie des sciences morales et politiques, *Collection des ordonnances des rois de France :
catalogue des actes de François Ier*, 10 vols. Paris: Impr. nationale, 1887—1908, vol. 3,
p. 8.

② Académie des sciences morales et politiques, *Collection des ordonnances des rois de France :
catalogue des actes de François Ier*, vol. 3, p. 660.

③ Ernest Lavisse, *Histoire de France illustrée depuis les origines jusqu'à la Révolution*, vol.
5, Part I, p. 377. 详情另见 V. L. Bourrilly, *Le Journal d'un bourgeois de Paris sous le
règne de François Ier* (*1515—1536*). Paris: Picard et Fils, 1910, pp. 444—456。

④ Michael Wintroub, *A Savage Mirror : Power, Identity, and Knowledge in Early Modern
France*. Stanford, Calif. : Stanford University Press, 2006, p. 30.

⑤ G. R. 埃尔顿编:《新编剑桥世界近代史:第二卷宗教改革,1520—1559 年》,中国社会科学院
世界历史研究所组译,中国社会科学出版社,2003 年,第 284—285 页。

为何弗朗索瓦一世会在其统治生涯的晚期改变对宗教改革运动的宽容和支持立场,转而开始镇压新教徒? 笔者认为弗朗索瓦一世后期改变其宗教政策有三个主要原因。

首先是宗教对抗的升级与暴力的升级开始危及弗朗索瓦一世的统治基础。

在整个 20 年代甚至 30 年代早期,新教徒都沉浸于一种良好的自我感觉之中,他们相信弗朗索瓦一世是宗教改革事业的支持者。特别是当这位国王做出一系列支持宗教改革运动的举措——比如他为了庇护热拉尔·鲁塞尔而与高等法院对抗,准备邀请梅兰希通前来巴黎与索邦神学院的神学家辩论,任命勒费弗尔为布卢瓦行宫图书馆馆长,并与德意志以及英格兰的新教王公签订联盟条约——之后,这种良好的自我感觉再次得到确证。他们认为为了维护宗教改革事业,弗朗索瓦一世甚至不惜惩处那些颇为激进的天主教保守派成员——在"揭帖事件"发生前一年的 1533 年 5 月 16 日,诺埃尔·贝达和同属于索邦神学院的勒皮卡尔(Le Picart)即因仇视新教徒的罪名遭到了国王的逮捕,并被放逐到巴黎之外;而在 1534 年,几名天主教神学家还因为检举玛格丽特·德·昂古莱姆具有异端倾向而遭到了弗朗索瓦一世的逮捕。[1]

这一时期,宗教改革运动在法国得到了弗朗索瓦一世、玛格丽特·德·昂古莱姆以及纳瓦尔女王等人的支持,新教徒由此开始相信他们有能力在法国重演德意志和瑞士曾经发生过的一幕,即通过暴力打击天主教会来建立新教占据主导地位的秩序。事实上,此时他们已经开始在法国践行这一计划,公然亵渎教会圣物甚至破坏圣像的行为在巴黎时有发生:"这些新出现的异端所展现的蛮横与悖逆甚至超过了他们的教唆者路德,他们向圣像宣战,将教堂内和其他地方遇见的所有雕像——打碎。这些破坏圣像者在圣灵降灵节之前秘密进入巴黎,砍倒罗西耶大街宅子墙上玛利亚圣像的头部,破坏了耶稣受难像……与此同时在距离巴黎四

---

① Jean Guiraud, *Histoire partiale, histoire vraie*, vol. 2, p. 382.

五古里的一个村庄中,人们也抓住了一个打碎圣母像的异端分子。"外省的新教徒同样也被宗教狂热所鼓舞,开始出现宗教骚动。在宗教改革运动进行得最为成功的莫城,新教徒开始公然对抗天主教会的权威,他们不仅撕毁了教皇颁布并由布里索内张贴于主教座堂大门上的赦罪诏书,贴上了一份针对教皇的羞辱性布告;此外他们还破坏了莫城附近多个教堂中的圣像,并撕毁了张贴于主教座堂墙上的祈祷文。①

让·吉拉德认为在 1523 年之前,路德教派与天主教会之间的斗争只是纯粹的教义辩论,其最激烈的形式不过是教会对路德著作进行的审查以及新教作为反击手段所散发的宣传册;但 1523 年之后,双方都转而采取了一种类似于"行动宣传"(propagande par le fait)的激进策略,开始对对方进行有害攻击:天主教方面主要表现为对新教徒愈演愈烈的镇压,而新教徒则以毁坏圣像的方式加以回击。双方对抗方式的升级导致了民众对立情绪的加剧,民众所表现出的愤怒和新教徒持续不断的暴行迫使弗朗索瓦一世最后放弃了对新教徒的中立友好立场。②

对于弗朗索瓦一世,天主教与新教之间逐渐升级的对抗,特别是他们所采取的"行动宣传"的对抗策略,都存在着将法国社会带入混乱动荡的风险。1535 年 2 月,弗朗索瓦一世在写给德意志新教诸侯的信中声称他的不悦并非针对路德教派,而是针对隐藏于神学理论背后、意图毁灭法国社会的叛乱行为。③ 当弗朗索瓦一世透过"揭帖事件"发现激进的新教徒所具有的煽动社会动荡的巨大能量后,就开始了对宗教改革运动的全面镇压。

其次,法国宗教改革运动与人文主义运动的分道扬镳也是前者失去弗朗索瓦一世支持的重要原因。法国宗教改革运动是一场在内外因素的共同推动下出现的社会变革,其人员构成颇为复杂:其中既

---

① Jean Guiraud, *Histoire partiale*, *histoire vraie*, vol. 2, pp. 379—380.

② Jean Guiraud, *Histoire partiale*, *histoire vraie*, vol. 2, p. 381.

③ Donald R. Kelley, *The Beginning of Ideology*: *Consciousness and Society in the French Reformation*. Cambridge: Cambridge University Press, 1981, p. 18.

包括了本土人文主义者和教会内改革派人士，也囊括了众多路德教派教徒。

20年代初期，法国本土的人文主义者对罗马教廷教义的广泛质疑从根本上推动了宗教改革——尽管这一最初的宗教改革采用了教会内部改革的形式。其参与者与后来信仰路德教派教义的新教徒有着很大的区别，他们中的大部分在本质上仍然是人文主义者。

克内克特认为法国的人文主义运动并非纯粹的知识分子运动。虽然这些人文主义者与以路德为代表的宗教改革者并不完全一致，但在对某些宗教教义的理解上的确有着很多共同点，诸如勒费弗尔等人文主义的著作都表明他们意在以《圣经》作为基础，通过一种神秘主义的进路来实现复兴宗教的目标。[①] 勒费弗尔在其著作《四部福音入门注疏》(*Commentarii initiatorii in IV Evangelia*)中表达了对"因信称义"教义的认同，并且同样也否定了圣礼的事效性(*ex opera operato*)。以致在索邦神学院看来，人文主义者需要为路德教派教义在法国的传播负责。[②] 比如诺埃尔·贝达就宣称"路德的谬误信仰主要是通过伊拉斯谟和勒费弗尔的著作传入这个国家"。[③]

但法国的人文主义者仍然和以路德为代表的纯粹的宗教改革者有着较大的差别。首先，勒费弗尔并不认为圣经是唯一的排他性权威，教会传统和教会机构所具备的权威也是他所认可的。他在《罗马书注疏》中写道：

[①] 吉莱斯皮也有着类似的观点，他认为文艺复兴时期的人文主义与基督教始终保持着紧密的联系，"人文主义者大量利用了西塞罗和新柏拉图主义，设想了一种更加注重道德实践而不是信仰和仪式的基督教。这种转变甚至显见于一些较为温和的北方人文主义者……人文主义引发了第二个伟大的思想运动——宗教改革，作为对唯名论革命所引出问题的回答"。参见米歇尔·艾伦·吉莱斯皮著《现代性的神学起源》，张卜天译，湖南科学技术出版社，2011年，第44页。

[②] R. J. Knecht, *Francis I*, 1982, p. 141.

[③] Pierre Imbart de La Tour and Jacques Chevalier, *Les origines de la réforme*, 4vols. Paris: Hachette et cie, 1905—1935, vol. 3, p. 258.

如果一名圣徒的指示要求我们去做一些事,我们务必遵循之,因为遵其之命必为善,反之则为恶……信徒的世界中有两类权力:其一属于教会,我们称之为教皇;其二属于俗世,我们称之为国王。对于第一类权力,应设立一名君主以维持宗教事务的良好运作,此即教皇至高无上的权力;在教会中,所有的主教、大主教和枢机主教都应该服从于这位神圣的君主。世俗君主在宗教事务上应该服从于教皇或其代表。[1]

其次,虽然勒费弗尔看重信仰的重要作用,但他仍然支持天主教在称义上的一贯教义——即称义是信仰和功业两者协同作用的结果,从而与路德的"因信称义"思想保持了一定的距离。[2]

16世纪20年代的这一波思想传播与改革的浪潮具有人文主义和宗教改革的双重性质。在人文主义运动的浪潮还未退去而宗教改革运动方才发端的时期,两种运动的重叠甚至是继承都显得顺理成章。而在以身为文艺复兴的庇护者而著称的弗朗索瓦一世统治时期,法国所出现的具备这一混合性质的宗教改革运动在很大程度上获得了这位国王的宽容和支持。然而,弗朗索瓦一世在位期间的宽容政策在本质上是对人文主义而非宗教改革的宽容与支持。不过正是因为抱有对人文主义者的支持和宽容态度,弗朗索瓦一世往往不赞同将所有传播宗教改革思想的学者和布道者都视为异端。这就给了当时的人们——特别是新教徒一种错觉,即法国国王是宗教改革运动的坚定支持者。

然而人文主义运动与宗教改革运动之间并不能完全等同。当路德那种与罗马教廷完全决裂的激进宗教改革思想传入法国并得到广泛传播之后,法国的宗教改革运动就已经产生了路线上的分歧。人文主义者主导的那一部分宗教改革运动仍然希望实现天主教会内部较为保守的

---

[1][2] Henri de Sabatier-Plantier, *Rôle de Jacques Lefèvre d'Étaples à l'origine de la réformation française*, p. 18.

改革,这也是他们参与布里索内主导的莫城改革的重要原因。① 与此同时,法国的路德教派教徒则形成了一个力图进行激进改革的新教派别,走上了一条与人文主义者截然不同的宗教改革道路——他们拒绝与天主教进行任何形式的和解,将法国和德意志的温和派教徒斥为叛教者,同时与斯特拉斯堡和巴塞尔的宗教狂热主义者保持着密切的联系,甚至还公然宣称对国王毫无信任感。② 他们的目标就是效仿在德意志和瑞士已经成功的案例,于法国天主教会之外创立新的教会,最终取而代之。

　　而莫城宗教改革的失败以及布里索内的反复作为法国宗教改革道路上的重要历史事件,具有双重意义:它们既可以被视作人文主义者与路德教派教徒在宗教改革道路上分道扬镳的标志,也意味着人文主义者部分地退出了宗教改革运动——其中的代表人物布里索内和克里希托夫甚至回撤到了反宗教改革的天主教保守阵营中。随着这一批带着浓重人文主义色彩的改革者退出宗教改革运动,曾经在德意志和法国都联系紧密、相互推动发展的人文主义运动和宗教改革运动开始分道扬镳,在以后的宗教改革运动中,宗教热情取代了理性成了占据主导地位的因素——这既象征着人文主义色彩的完全褪去,又意味着在更为宏大的社会层面上,社会变革进程中的精英主导地位为民众主导地位所取代。

　　弗朗克·斯普纳认为"在文艺复兴这场理性的运动的核心,反民众的传统显示了自己的威力"。同时他也或多或少地暗示:路德在德意志进行的宗教改革实质上仍然带有反民众的、理性主义的文艺复兴运动色彩——这一点从1525年路德面对德意志农民起义时所持的立场就可窥得一二;而30年代"人文主义与宗教改革的分裂从很多方面显示了宗教改革的大众化特征,这种情况与过去相比有过之而无不及"。在此后加

----

① 当然人文主义运动并非铁板一块,他们中也不乏激进主义者,诸如法雷尔等人后来就全盘接纳了路德的宗教改革思想,着手从天主教会外部进行改革。参见 R. J. Knecht, *Francis I*, 1982, p. 141。

② Ernest Lavisse, *Histoire de France illustrée depuis les origines jusqu'à la Révolution*, vol. 5, Part I, p. 376.

尔文教派推行的宗教改革中,"布道取得的伟大的发人深省的成功",以及"胡格诺派的歌谣和《诗篇》的普及流行"都是这种大众化(甚至是非理性化)的明证。[①]

大众化的趋势不仅仅发生在宗教传播方面,以反抗暴君理论为代表的政治思想观念也借此突破过去象牙塔的牢笼,借助民众的意识和狂热发展成为成体系的意识形态,从而具备了之前几个世纪中思想观念从未具备的能量和破坏力。

而也正是人文主义与宗教改革的分道扬镳,让宗教改革思想脱去了人文主义的外衣。尽管这一分离让法国的宗教改革运动摆脱了教会内部改革与外部改革争论的纷扰,走上了一条效仿路德教派自立教会对抗天主教会的激进改革之路;但它也令宗教改革运动成了法国国内宗教和政治保守势力的众矢之的,失去了弗朗索瓦一世对宗教改革运动的宽容和支持,最终导致了法国局势长达数十年的动荡。

再次,政治实用主义仍然是主导弗朗索瓦一世宗教政策的主要因素。同他的前任一样,弗朗索瓦一世一直致力于扩张王权,增强国王对国内教会的控制力和影响力。近一个世纪之前,在宗教会议运动的推动下,法国国王查理七世颁布了《布尔日国事诏书》(*Pragmatique Sanction de Bourges*)。这份诏书赋予了高卢教会高于罗马教皇的权威,使其拥有了选举教会职务和不向教皇缴纳赋税的权利。这份诏书产生了重大的影响,它既宣示了高卢主义的强势,也削弱了教皇对法国教会的影响力,同时还影响到了法国国王对国内宗教事务的掌控。

1515 年,弗朗索瓦一世与教皇列奥十世在博洛涅展开一系列的谈判,最终于 1516 年 8 月 18 日签订了《博洛涅协定》(*concordat de Bologne*)。《博洛涅协定》取代了《布尔日国事诏书》,标志着法国国王与教皇对法国教会特权的重新瓜分。它赋予了教皇收取法国教会相关赋税的权力,同时也确认了法国国王向教士收取什一税的权力。更为重要

---

① G. R. 埃尔顿编:《新编剑桥世界近代史:第二卷宗教改革,1520—1559 年》,第 283 页。

的是,它瓜分了原本属于法国教会的圣职选举权——这份协定规定,法国国王拥有提名法国教会枢机主教、主教和修道院院长的权力,从而保证了他对法国教会的控制权;另一方面,教皇获得了对提名人选的否决权。依照《博洛涅协定》,法国境内全部 620 个圣职——其中包括了主教和修道院院长——都不再由选举产生,而是经由法国国王提名,而后由教皇批准。[1] 至此,在过去几个世纪中经由教会会议主义推动、在法国取得优势地位的高卢主义以及法国教会所取得的自治权遭到了极大削弱。

但《博洛涅协定》并不意味着对法国教会控制权争夺的停止。高卢主义者仍然在索邦神学院等枢要之处占据着主导地位,弗朗索瓦一世也远没有达到完全掌控法国教会的地步,两者之间的关系也愈来愈恶化。20 年代初期宗教改革运动的兴起更是进一步激发了对教会控制权的争夺。弗朗索瓦一世对宗教改革运动的支持和宽容不仅仅是出于教义理念上的认同,而且也是在与高卢主义者争夺教会控制权过程中的一种自然表现。宗教改革运动的发展也能够帮助他进一步削弱高卢主义者的力量。内克特认为在 20 年代初期,弗朗索瓦一世本已准备压制路德教派教义的传播,至少是加紧对宗教改革书籍的审查;但索邦神学院却希望扩大自己的权力以对抗宗教改革者。这导致了弗朗索瓦一世和索邦神学院之间关系的破裂。当 1522 年 11 月索邦神学院意图调查米歇尔·达兰德在宫廷中的传教活动时,便招致了国王的不悦。而后在路易·德·贝尔坎案件中,索邦神学院希望审查勒费弗尔的《入门注疏》(*Commentarii initiatorii*)以及伊拉斯谟作品的意图也再次激怒了国王。[2] 因此,当我们回顾弗朗索瓦一世庇护宗教改革参与者的过程,他在其中对于索邦神学院成员的一系列惩罚——包括对诺埃尔·贝达和勒皮卡尔的逮捕和驱逐——未尝不是借机打压高卢主义者的活动空间。

然而在宗教领域,充斥着高卢主义者的索邦神学院并非王权唯一的

---

[1] G. R. 埃尔顿编:《新编剑桥世界近代史:第二卷宗教改革,1520—1559 年》,第 271 页。
[2] R. J. Knecht, *Francis I*, 1982, pp. 143—145.

掣肘力量。他与高等法院之间的矛盾也有着密切的联系。在 16 世纪上半叶的法国，国王仍然受到了多方面的掣肘。当弗朗索瓦一世在修改《马德里和约》和募集资金等事务上亟需获得高等法院的支持时，时任巴黎高等法院院长的吉拉尔就借此论及国内的宗教问题，施加压力要求弗朗索瓦一世召开教务会议解决这一问题，并最终得到了后者的同意。因此，摆脱高等法院在宗教问题的过多干涉便是弗朗索瓦一世在致力于发展更为强大的君权过程中必须实现的目标之一。1527 年，弗朗索瓦一世便试图利用一个主教委员会取代王太后于 1525 年设立的混合法庭。通过由国内主教主导的委员会，他希望在处理国内的宗教问题上能拥有更多的自主权，以此削弱高等法院对于宗教问题的掌控能力。[①]

弗朗索瓦一世的外交政策也能从侧面说明其宗教政策上的政治实用主义。30 年代初期，为了对抗同为天主教徒的神圣罗马帝国皇帝查理五世，他不惜与德意志地区新教诸侯所组成的施马尔卡尔登联盟（ligue de Schmalkalden）签订协议，为其提供财政援助，希望能够从神圣罗马帝国的内部分裂中渔利。[②] 到了 1538 年，他又与查理五世媾和，共同镇压新教徒。他既可以与信仰天主教的君主结盟镇压新教，也可以与信仰新教的诸侯、君主结盟对抗同为天主教徒的政敌，这表明宗教信仰在其政治决策中并非最为重要的考虑因素。

因此，当宗教改革运动还未危及他的统治和对教会的控制权时，弗朗索瓦一世并未加以镇压。但随着 1534 年"揭帖事件"的爆发，宗教改革运动已经发展到脱离其控制的程度。激进的新教徒试图通过新立教会来推翻法国天主教会的统治，这不仅将导致新教与天主教之间严重的

---

① 弗朗索瓦一世通过签订《博洛涅协定》，已经获得了法国国内主教的任命权，从而在很大程度上控制了这批主教。因此，相比有教皇代表和高等法院成员参预其中的混合法庭，弗朗索瓦一世在国内主教占据多数的委员会拥有更大的影响力。N. M. Sutherland, *Princes, Politics and Religion*, 1547—1589. London: Hambledon Press, 1984, pp. 20—21.

② R. J. Knecht, *Francis I*, 1982, pp. 223—224. 另外，1534 年 1 月 27 日弗朗索瓦一世又与黑森选帝候签订了一项秘密协议。参见 Ernest Lavisse, *Histoire de France illustrée depuis les origines jusqu'à la Révolution*, vol. 5, Part I, p. 375。

冲突,从而危害社会的安定;也会出现一种新的威胁——产生脱离其掌控的新教教会。

　　法国的天主教体系并不是随着新教的出现而遭到破坏和削弱的。相反,新教是天主教体系遭到削弱和破坏的结果,或者说是这一过程的附带产物,而非原因。弗朗索瓦一世通过扶持人文主义者对天主教教义进一步加以解构,试图以此实现他对宗教事务的掌控。但由此兴起的法国宗教改革运动却并未按照弗朗索瓦一世的预定轨迹运作,这也最终导致了其宗教政策的转向。

　　在20年代—30年代,法国宗教改革运动的发展方向与弗朗索瓦一世的宗教政策都发生了重大的转变。所不同的是,前者更多的是本质上的变化,即从一场由温和的人文主义者主导的精英式改革演变为由深受德意志宗教改革思想影响的大众式的激进改革,其目的也由教会内部改革转变为设立新教、摧毁天主教会,掌控法国的宗教话语权。这种激进的转变必然与当时弗朗索瓦一世扩张王权、增强王室对法国教会控制权的企图发生冲突。在这一背景下,过去热衷于庇护人文主义者并借宗教改革之力制衡高卢主义者的弗朗索瓦一世,开始了针对宗教改革运动的压迫行动。

　　然而,弗朗索瓦一世的宗教压迫政策并未取得他所想要的效果。尽管瓦卢瓦王朝此后的几位国王延续了宗教压迫政策,其做法甚至有过之而无不及;但新教与天主教在法国的冲突却愈演愈烈,最终脱离了法国王室的掌控范围。16世纪五六十年代,王太后卡特琳与司法大臣洛皮塔尔推行的宗教和解政策正是王室丧失国内宗教控制权的表现。宗教控制权的丧失引发的社会动荡导致了王权的衰弱;此后的五次宗教战争更是进一步推动了全国无政府状态的出现和王权的失势。

第二节　16世纪下半叶的法国宗教战争

一、宗教战争的爆发

　　1559年夏天,亨利二世在一场马上比武大会中意外受伤去世,其子继位成为法国国王弗朗索瓦二世。属于天主教激进派别的吉斯家族凭借着玛丽·斯图亚特(Marie Stuart)与弗朗索瓦二世的联姻骤然得势。他们主张对国内的加尔文教派异端展开更为严酷的压迫。1559 年秋,弗朗索瓦二世发布了新的敕令,要求摧毁被胡格诺派用作布道场所的建筑,处死所有组织新教崇拜仪式的人员。在巴黎,大量被怀疑为胡格诺派教徒的宅邸遭到了摧毁,包括安纳·迪布尔(Anne du Bourg)等人在内的大批新教徒遭到逮捕和处决。①

这一时期,加尔文在致法国新教徒的信中对新教在法国的发展前景颇感绝望:"针对新教教会的压迫如此酷烈可怕,这些教会似乎将被尽数摧毁。"②

经历了 16 世纪 50 年代的迅猛发展,至第一次宗教战争爆发的 1562 年,新教徒已经占据了法国人口总数的十分之一,这一比例在贵族等级当中更是达到了 40％。③ 在教徒人数飞速增长的同时,新教徒在观念意识上也发生了巨大的变化。他们不再满足于充当殉道者的角色,而希望获得宗教信仰上的平等权利。这一时期,新教徒的宗教仪式开始从隐秘的个人信仰转变为公开的集会活动。1557 年 9 月,400 多名新教徒在圣雅各街(rue Saint-Jacques)参加宗教集会,其中包括了贵族、官员和高等法院成员。④ 这次集会遭到了官方的突然袭击并被冲散,共有上百人被

---

① Charles Drion, *Histoire chronologique de l'église protestante de France jusqu'à la révocation de l'Edit de Nantes*, 2vols. Paris: Veuve Berger-Levrault et fils, 1855, vol. 1, pp. 63—69. 安·迪布热遭处决被认为是国王意图镇压新教的最明显证据。参见 Scott M. Manetsch, *Theodore Beza and the Quest for Peace in France*, *1572—1598*. Leiden: Brill, 2000, p. 18。

② Jean Calvin, *Lettres de Jean Calvin*, *recueillies pour la première fois et publiées d'après les manuscrits originaux*, 2vols. Paris: Librairie de C. Meyrueis et compagnie, 1854, vol. 2, p. 276.

③ Daniel Philpott, *Revolutions in Sovereignty*: *How Ideas Shaped Modern International Relations*. Princeton N. J.: Princeton University Press, 2001, p. 129.

④ François Hotman, *La vie de Messire Gaspar de Colligny*, *seigneur de Chastillon*, *admiral de France*. Leyde: B. Et A. Elzevier, 1643, p. 13.

逮捕,最终多人在莫贝尔广场(Place Maubert)遭火刑处死。[1] 1558 年 5
月,又有多达 4000 名的新教徒在纳瓦尔国王安托万·德·波旁的带领
下于塞纳河畔连续举行了三晚的露天集会。[2] 朗格多克、多菲内、普罗旺
斯、贝阿恩、吉耶内、圣冬日、普瓦图和诺曼底等地区都出现了新教的公
共宗教仪式。在瓦朗斯、蒙特利马尔和罗芒等地甚至出现了新教徒占领
天主教教堂的情况;多菲内和普罗旺斯也发生了新教徒武力对抗宗教压
迫的事件。[3] 而这一时期新教徒发动的最为人熟知的事件则是 1560 年
3 月的"安布瓦斯阴谋"(conjuration d'Amboise)。

"安布瓦斯阴谋"的背景是吉斯家族通过与国王的联姻逐渐攫取了
国家管理权,从而引发了部分已经改宗新教的贵族的不满。[4] 他们密谋
在安布瓦斯逮捕国王弗朗索瓦二世和占据高位的吉斯家族两兄弟——
洛林主教和吉斯公爵,希望通过掌控国王让孔代亲王取代吉斯家族行使
权力。但这一阴谋不慎败露,遭到了政府的严酷镇压。[5]

尽管这一时期的新教活动大多以被镇压收场,但这些事件反映了此
时的新教徒已经不同于过去不进行反抗的路德教派信徒,他们具备了与
天主教势力以及政府对抗的意识。罗伯特·金顿认为,"安布瓦斯阴谋"
标志着法国胡格诺派的政治策略发生了转变,从加尔文此前所忠告的展
开和平、秘密的针对贵族等级的传教活动,发展成为针对国家最高世俗

---

① Bernard Cottret, *Calvin: A Biography*. Grand Rapids, Mich.: W. B. Eerdmans Pub. Co.,
   2000, p. 246.
② R. B. 沃纳姆编:《新编剑桥世界近代史:第三卷反宗教改革运动和价格革命,1559—1610
   年》,中国社会科学院世界历史研究所组译,中国社会科学出版社,1999 年,第 121 页。
③ Charles Drion, *Histoire chronologique de l'église protestante de France jusqu'à la révocation
   de l'Edit de Nantes*, vol. 1, pp. 71—72.
④ 罗素·梅杰认为在弗朗索瓦二世统治期间,吉斯家族掌控着国内大部分的财富,将其赏赐给
   了他们的追随者,引发了包括波旁家族和蒙莫朗西家族在内的许多贵族的不满,这也是"安
   布瓦斯阴谋"发生的原因之一。参见 J. Russell Major, *From Renaissance Monarchy to
   Absolute Monarchy: French Kings, Nobles, & Estates*, p. 108。
⑤ 国王对这一事件深感震惊,他要求采取最严酷的手段镇压、处决异端,为此还授予吉斯公爵
   无限制的处置权力。牵涉到阴谋内的孔代亲王也被判处死刑。参见 Charles Drion, *Histoire
   chronologique de l'église protestante de France jusqu'à la révocation de l'Edit de Nantes*,
   vol. 1, pp. 70—74。

统治者的阴谋叛变。[1]

　　"安布瓦斯阴谋"事件后不久的1560年12月,在位仅18个月的弗朗索瓦二世去世,年仅10岁的查理九世继位,王太后卡特琳摄政。为了维持权力的平衡,抑制吉斯家族过分增长的势力,王太后在政治和宗教上都采取了趋向于中立的平衡策略,借重带有新教色彩的波旁家族和蒙莫朗西家族抗衡强大的天主教贵族政治势力,任命主张宗教宽容的米歇尔·德·洛皮塔尔(Michel de L'Hôpital)为司法大臣。[2]

　　1561年9月,王太后卡特琳召集胡格诺派和天主教的教士在普瓦西(Poissy)举行会谈。卡特琳希望通过普瓦西会议实现天主教与胡格诺派之间的和解。但会议伊始,双方的互不信任和观念差距就已经令和解和协议的达成变得几无可能。普瓦西会议于10月13日中断,这次会议的中断意味着两个教派之间和解的机会已经消失。[3] 虽然法国王室力图实现两个教派之间的和解,但法国的天主教势力并不善罢甘休。查理九世的宗教宽容敕令反而激起了巴黎高等法院的激烈反对,他们宣称:"从古至今的教会历史都证明了多种宗教的并立将会导致整个王国的毁灭和倾覆。"[4]天主教贵族也针对法国国王的一系列宗教宽容政策展开了反击:以吉斯公爵、陆军统帅蒙莫朗西(connétable de Montmorency)和圣安德雷元帅(maréchal de Saint-André)为代表的大贵族结为联盟,共同

---

[1] Robert M. Kingdon, *Geneva and the Coming of the Wars of religion in France*, 1555—1563. Genève: Librairie E. Droz, 1956, p. 65.

[2] Franklin Charles Palm, *Politics and religion in sixteenth-century France: A Study of the Career of Henry of Montmorency-Damville Uncrowned King of the South*. Boston: The Athenæum Press, 1927, pp. 11—12. 卡特琳发现她的政府受到来自吉斯家族的强大压力,尤其是吉斯家族要求对胡格诺派进行的日益严酷的压迫。而倘若她容许这一政策维持下去,将危及她自身的权力。也就是说如果吉斯家族得以强行贯彻他们关于统一信仰的要求,那就无异于完全制服了他们在胡格诺派贵族中的敌手,从而也就等于由他们完全支配王国的事务。参见昆廷·斯金纳著《现代政治思想的基础》(两卷),奚瑞森、亚方译,译林出版社,2011年,下卷,第258页。

[3] Charles Drion, *Histoire chronologique de l'église protestante de France jusqu'à la révocation de l'Edit de Nantes*, vol. 1, p. 82.

[4] Michel Feretti, *Les victims française du fanatisme huguenot*, Paris: Litoo, 2001, p. 11.

对抗胡格诺派的威胁——胡格诺派教徒称之为"三头联盟"（triumvirat）。[1] 他们希望获得西班牙国王的支持，彻底铲除法国国内的新教势力。这一行动在 1562 年取得了初步的效果——在国内天主教势力、西班牙国王和教皇的共同压力作用下，新教贵族的代表科利尼家族三兄弟被迫于 2 月退出了御前会议[2]，王太后的亲胡格诺派政策首次遇到了挫折。

除开大贵族家族之间的矛盾，民众被点燃的极端宗教狂热也持续助长了骚乱和冲突。胡格诺派教徒与天主教徒之间的矛盾随着骚乱和冲突的持续进一步加剧。这一时期，各地的天主教教士开始秘密煽动民众的宗教狂热，多个地区发生了针对胡格诺派教徒的袭击和屠杀事件，其中尤以法国南部地区为甚。比如在 1562 年 2 月，卡奥尔地区就发生了 70 名胡格诺派教徒被屠杀或火刑烧死的惨剧。之后在亚眠、桑斯和图尔又相继发生多起类似事件。[3]

宗教对立和冲突随着 1562 年 3 月"瓦西屠杀"事件（Massacre de Vassy）的发生而达到了顶峰。当时正计划返回巴黎的吉斯公爵和洛林主教一行抵达香槟省一个名为瓦西的市镇。欲在此处举行弥撒仪式的吉斯公爵一行遭遇了正在举行新教宗教仪式的胡格诺派教徒。吉斯公爵命令胡格诺派教徒停止异端崇拜活动。在这一命令遭到拒绝之后，他的随从开始驱逐殴打手无寸铁的胡格诺派教徒。吉斯公爵本人也参与到镇压活动之中，并被一块石头击中了面颊。他的意外受伤令一场小范围冲突演变为单方面的屠杀。期间共有 60 名胡格诺派教徒被杀，200 人受伤。[4]

---

[1] Charles Drion, *Histoire chronologique de l'église protestante de France jusqu'à la révocation de l'Edit de Nantes*, vol. 1, p. 79.

[2] N. M. Sutherland, *Princes, Politics and Religion, 1547—1589*, p. 159.

[3] Charles Drion, *Histoire chronologique de l'église protestante de France jusqu'à la révocation de l'Edit de Nantes*, vol. 1, p. 91.

[4] Charles Drion, *Histoire chronologique de l'église protestante de France jusqu'à la révocation de l'Edit de Nantes*, vol. 1, p. 92.

　　1562年,正是多方势力在巴黎的进出最终引发了第一次宗教战争,而其导火索则是吉斯家族所代表的天主教极端势力回归巴黎。这一变动令巴黎各方都大为震惊:天主教会将其视为一场胜利,查理九世和王太后则退居枫丹白露,孔代亲王在接到王太后的命令后也离开了巴黎。最终,天主教的"三头联盟"控制了国王和王太后。尽管王太后本人仍然支持胡格诺派一方,但当她和法国国王都落入天主教极端势力手中之时,就已经意味着王室的力量脱离了胡格诺派的影响,成了吉斯公爵等天主教势力的工具——后者在宗教战争期间不仅派出了他的私人军队,还掌握着王室军队。[1] 与此针锋相对,孔代亲王召集了胡格诺派贵族,他被推举为胡格诺派的领袖。在他之下,格拉蒙伯爵(comte de Grammont)领导着加斯科行省的胡格诺教徒,让·德·罗昂(Jean de Rohan)负责指挥多菲内和昂代洛的军队。胡格诺派中的大贵族阶层由此正式获得了法国新教运动的领导权。[2] 于4月25日在奥尔良召开的第三次全国宗教会议也成了胡格诺派的誓师大会。在随后的三周时间里,胡格诺派的军队占领了数量众多的市镇——其中包括布卢瓦、图尔、奥尔良、布尔日、普瓦蒂埃、拉罗歇尔、尼姆、里昂、鲁昂、勒阿弗尔等重要城市,部分乡村也落入他们的掌控之中。面对胡格诺派的四处出击,"三头联盟"则固守巴黎,大肆追捕胡格诺派教徒。[3]

二、圣巴托罗缪屠杀

　　1572年,在断断续续的宗教战争中煎熬了十年之久的法国人终于看

[1] Robert M. Kingdon, *Geneva and the Coming of the Wars of Religion in France*, 1555—1563. Genève: Librairie E. Droz, 1956, p. 106.

[2] Mack P. Holt, *The French Wars of Religion*, 1562—1629, New York: Cambridge University Press, 1995, p. 51. 作者还认为胡格诺派大贵族获取法国宗教改革运动领导权,意味着这一教派带有更多的政治色彩。胡格诺派在宗教战争期间招募军队的活动大多依赖于这些大贵族的附庸关系网。

[3] Charles Drion, *Histoire chronologique de l'église protestante de France jusqu'à la révocation de l'Edit de Nantes*, vol. 1, pp. 92—93.

到了和平的曙光。特别是对于法国境内的胡格诺派教徒而言,形势似乎已经朝着有利于他们的方向发展了。1570 年第三次宗教战争结束之后,法国国王查理九世与胡格诺派签订了《圣日耳曼和约》(*Paix de Saint-Germain-en-Laye*)。这份和约几乎重申了此前《安布瓦斯和约》的所有条款:它规定法国新教徒拥有信仰自由,能够在和约规定的地区举行宗教崇拜活动,允许胡格诺派拥有拉罗歇尔等四座城市为期两年的控制权,作为保障其安全的最后堡垒。[1] 此外,新教徒还获准恢复此前失去的公职[2];法国国王之妹玛格丽特也将下嫁纳瓦尔的亨利。在作为权力核心的宫廷,吉斯家族已经失宠,科利尼则得到了查理九世的信任。科利尼甚至为查理九世提供了一个能够实现其勃勃野心的计划,即援助尼德兰对抗西班牙,这样不仅扩张了法国的领土,还能通过对外战争消弭国内因宗教对立而产生的巨大创伤。[3]

当然,信奉新教的波旁家族与信奉天主教的瓦卢瓦王室之间的联姻更是被视为法国宗教和解的最重要象征。尽管纳瓦尔王国女王让娜·达尔布雷的病逝给整个庆典活动蒙上了一层阴影[4],但众多的胡格诺派

---

[1] Charles IX, *Edict du Roy sur la pacification des troubles de ce Royaume*. Paris: Parlement, 1570, pp. A2 - B3.

[2] 随着 1568 年《圣莫尔敕令》的颁布,许多天主教徒购买了胡格诺派教徒被剥夺的公职。而基于《圣日耳曼和约》的规定,这些公职回到了它们前任主人的手中。但由于没有任何补偿,那些丧失了购买而来公职的天主教徒蒙受了巨大的损失。参见 Barbara B. Diefendorf, *Beneath the Cross: Catholics and Huguenots in Sixteenth-Century Paris*. New York: Oxford University Press, 1991, p. 90。

[3] 当时身处巴黎的尼德兰反叛活动领袖拿骚伯爵向查理九世提出,只要帮助他们赶走西班牙人,就让法国兼并尼德兰的部分领土。参见 Boutaric Edgard, "La Saint-Barthélémy d'après les archives du Vatican", *Bibliothèque de l'école des chartes*, vol. 23 (1862), p. 5。

[4] 纳瓦尔女王在基督圣体圣血节那天患病,并于三日后去世。作为一名对其子纳瓦尔国王亨利的宗教信仰有着巨大影响的新教徒,她被罗马教廷视为死敌;同时作为胡格诺派的领袖之一,她也被法国王太后视为政敌。她的去世不仅令查理九世和王太后如释重负,更令教廷欢欣鼓舞,他们认为这将扫除了令纳瓦尔国王亨利改宗的最大障碍。事实上,在之后教皇格里高利八世写予波旁主教的信中,前者即将纳瓦尔国王亨利的改宗作为准许这桩联姻的条件。参见 Augustin Theiner, *Annales ecclesiastici quos post Caesarem s. r. e. card. Baronium, Odoricum Raynaldum ac Jacobum Laderchium … ab an.* 1572 *ad nostra usque tempora continuat*, 3vols. Rome: Ex Typographia Tiberina, 1856, vol. 1, p. 48。

贵族仍然云集于巴黎参加婚礼。① 1572 年 8 月 18 日,新任纳瓦尔国王亨利三世与瓦卢瓦的玛格丽特的盛大婚礼在巴黎举行。

但仅仅四天之后,一场针对科利尼的谋杀便拉开了遍及巴黎全城乃至整个法国的"圣巴托罗缪屠杀"的序幕。

8 月 22 日,一个名为夏尔·德·卢维耶(Charles de Louviers)的刺客开枪射伤了科利尼,但并未造成致命伤害。此时仍然聚集在巴黎城内参加婚礼的胡格诺派贵族要求严惩罪犯,并得到了国王的答复和允诺。他们并未察觉到山雨欲来的诡谲气氛。在第二日的密会中,王太后美第奇与安茹公爵等人最终迫使查理九世相信胡格诺派将不仅仅对吉斯家族展开报复,还意图推翻国王的统治。他们得出了内战将不可避免的结论。在这种情况下,"在巴黎城内率先取得胜利,先发制人地剿灭胡格诺派的领导者,要好过在战场冲锋,并陷入一场危险且不确定的战争之中"。② 查理九世在这次密会上还批准了清除巴黎城内胡格诺派领导者的行动。在围捕胡格诺派贵族的行动开始之前,他向巴黎市长让·勒沙朗(Jean Le Charron)发布命令,要求关闭封锁巴黎的所有大门,回收塞纳河右岸的所有船只,以防止任何胡格诺派贵族逃脱。③

清除行动首先从科利尼开始。查理九世批准行动之后,吉斯公爵强行闯入了科利尼的宅邸,随后将科利尼杀死。吉斯公爵杀害科利尼之后又袭击了科利尼女婿的宅邸。紧随其后遇害的则是香槟省总督弗朗索

---

① 在婚礼举办四天之后,即 8 月 23 日晚上大屠杀开始之时,仍然有二三十名胡格诺派贵族逗留在巴黎市内。参见 Mack P. Holt, *The French Wars of Religion*, *1562—1629*, 1995, p. 85。

② N. M. Sutherland, *The Massacre of St. Bartholomew and the European Conflict*, *1559—1572*. New York: Barnes & Noblem, 1973, pp. 105—108.

③ Barbara B. Diefendorf, *Beneath the Cross: Catholics and Huguenots in Sixteenth-Century Paris*, New York: Oxford University Press, 1991, p. 96.

瓦·德·拉罗什福科（François de La Rochefoucault）和他的几个儿子。①

随着行动的展开，越来越多的胡格诺派贵族遭围捕杀害。在这场清洗行动中，遇害的贵族有纳瓦尔女王的首相巴尔皮埃·德·弗朗古尔（Barbier de Francourt）、巴黎高等法院成员弗朗索瓦·德·波维（François de Beauvais）、科利尼的助手夏尔·德·戴利尼（Charles de Téligny）和胡格诺派军官阿尔芒·德·科勒尔蒙（Armand de Clermont）。②

但对于胡格诺派教徒而言，灾难远未结束。是夜，随着圣日耳曼奥塞尔教堂（Saint-Germain-l'Auxerrois）的警钟敲响，一场以胡格诺派平民信徒为目标的更为血腥的屠杀全面展开。原本意在清除胡格诺派领导层的围捕行动意外地演变成狂热而无节制的大屠杀。③

随着巴黎大屠杀消息的传开，法国的外省市镇也掀起了屠杀胡格诺派教徒的浪潮。发生屠杀的主要市镇包括拉沙里泰、莫城、奥尔良、布尔日、索米尔、昂热、里昂、特鲁瓦、鲁昂、罗芒、波尔多、图卢兹、盖拉克（Gaillac）、阿尔比和拉巴斯唐等。大部分城市在收到了巴黎大屠杀的消息之后立即展开了屠杀行动，其中拉沙里泰和莫城爆发屠杀事件的时间最早——在巴黎大屠杀刚刚爆发的8月24日，这座城市就已经采取了相应的行动；而盖拉克、阿尔比和拉巴斯唐三座城市发生屠杀事件的时间则迟至10月5日。④ 由于各座城市屠杀爆发和结束的时间不一，相比巴黎，外省屠杀的整体持续时间显得更为漫长——从8月24日开始，一直持续至10月初。

---

① Rodolphe Reuss, ed., "Un nouveau récit de la Saint-Barthélemy parun bourgeois de Strasbourg", *Bulletin de la Société de l'histoire du protestantisme français*, vol. 22(1873), p. 378.

② Scott M. Manetsch, *Theodore Beza and the Quest for Peace in France, 1572—1598*, 2000, p. 35.

③ J. H. M. Salmon, *Society in Crisis: France in the Sixteenth Century*. London: Ernest Benn, 1975, p. 186.

④ Arlette Jouanna, *La Saint-Barthélemy: les mystères d'un crime d'Etat: 24 août 1572*. Paris: Gallimard, imp., 2007, p. 190.

外省屠杀事件可以分为两种不同的类型：一是由官方主导的屠杀；一是由底层民众发起的屠杀。相比于巴黎的屠杀，官方主导的屠杀事件准备更为充分，也更显残酷：行政官发布命令将大批的胡格诺派教徒集中在一起，再将他们屠戮殆尽。而行省大屠杀的平民参与者都认为他们屠杀胡格诺派教徒是基于对国王命令的服从——这种类似于巴黎屠杀中市民赋予自身"责任感"的认知在屠杀事件中起到了重要作用。[①] 不过在部分城市，官方的迫害与普通民众发起的屠杀往往是结合在一起的。许多城市出现了暴徒冲入监狱屠杀被官方囚禁的胡格诺派教徒的情形。比如在里昂，当总督芒德洛(Mandelot)遵照命令逮捕胡格诺派教徒并抄没他们的财产之后，却发现这些异端分子在监狱之中遭到了普通民众的屠杀。[②] 类似的事件在特鲁瓦、布尔日、鲁昂、罗芒等地均有发生。[③] 在这些爆发屠杀的城市当中，里昂、奥尔良和鲁昂的暴行最为血腥。据估计，里昂大约有 500—3000 人丧命，奥尔良有 500—1500 人丧命，鲁昂则有 300—600 人丧命。[④]

根据统计，仅巴黎一地的大屠杀遇害者就多达 2000 多人；在外省这一数目更是达到 3000—10000 人。[⑤] 然而对于法国的胡格诺派和新教事

[①] Philip Benedict, "The Saint Bartholomew's Massacres in the Provinces", *The Historical Journal*, vol. 21, no. 2 (1978), p. 206.

[②] J. H. M. Salmon, *Society in Crisis: France in the Sixteenth Century*, p. 187.

[③] Charles Drion, *Histoire chronologique de l'église protestante de France jusqu'à la révocation de l'Edit de Nantes*, 2vols. Paris: Veuve Berger-Levrault et fils, 1855, vol. 1, p. 134.

[④] Arlette Jouanna, *La Saint-Barthélémy: les mystères d'un crime d'Etat: 24 août 1572.* Paris: Gallimard, imp., 2007, p. 191. 在 1572 年 9 月 4 日贝兹致克里斯托弗·哈德斯海姆 (Christophe Hardesheim)的信中，也提及里昂约有 3000 新教徒遭到屠杀。参见 Théodore de Bèze et al., *Correspondance de Théodore de Bèze*, 43vols. Genève: Droz, 1960—2017, vol. 13, p. 181。

[⑤] Mack P. Holt, *The French Wars of Religion, 1562—1629.* New York: Cambridge University Press, 1995, p. 88 和 Philip Benedict, "The Saint Bartholomew's Massacres in the Provinces", *The Historical Journal*, vol. 21, no. 2 (1978), p. 207. 萨尔蒙认为在巴黎有大约 3000 人惨遭屠戮，法国其他地区的遇害人数则多达 1 万人。参见 J. H. M. Salmon, *Society in Crisis: France in the Sixteenth Century*, p. 187. 埃斯泰布的估计则要远多于霍尔特和萨尔蒙，他认为大屠杀期间多至 10 万人遇难。参见 Janine Estèbe, *Tocsin pour un massacre: la saison des Saint-Barthélémy.* Paris: le Centurion, 1968, p. 19。

业而言,圣巴托罗缪屠杀只是一场更大灾难的开始。胡格诺派在这场屠杀中不仅蒙受了肉体上的极大损失——他们失去了包括科利尼在内的众多贵族领导者,还有5000多教徒惨遭杀戮;同时在精神上也遭到了重大的挫折和创伤。

处于屠杀漩涡中心的法国胡格诺派教徒,侥幸躲过劫难后心有余悸,纷纷选择了出逃,大部分人的目的地是作为新教根据地的日内瓦、苏黎世等城市。[①] 至1573年,随着法国国内局势持续恶化,仍有大批避难者抵达日内瓦。据估计,在此期间仅流亡至日内瓦的法国新教牧师就多达60多名。[②]

当天主教徒自认为大屠杀是在执行神的意志时,许多新教徒也产生了信仰的动摇。据估计,在屠杀事件发生后的一个月内,巴黎共有5000多信徒放弃了新教信仰。[③] 在同样发生过屠杀事件的鲁昂,当地的新教教会遭遇到了沉重的打击——仅在屠杀发生的那一周,就有125人重新受洗,改宗皈依了天主教。1565年的鲁昂新教教会还跻身大教区之列,拥有1.65万多名信徒;但圣巴托罗缪屠杀之后仅剩下1500—3000人。[④]

---

① "大部分的大屠杀幸存者若非改宗即被处死。一小部分则来到了日内瓦:他们的数量相比于遇害者微不足道,但对于日内瓦这座物资匮乏且刚刚摆脱鼠疫的小城而言则过于庞大。"参见 Théodore de Bèze, *Correspondance de Théodore de Bèze*, vol. 8, p. 193。在加尔文生前,这座城市专门设立了一项帮助法国流亡者的基金——"bourse française"。但在1572年,面对大量涌入的流亡者时,这项基金很快便告耗竭。贝兹及其同僚不得不请求市议会"通过募款或其他方式,为流亡此地的可怜人纾困"。日内瓦市议会同意向伯尔尼的行政官求援,并给教会执事拨付了500弗罗林的补助金以解燃眉之急。参见 Scott M. Manetsch, *Theodore Beza and the Quest for Peace in France*, 1572—1598, p. 36。亨利·卡门指出,在1547—1587年间,日内瓦可能接纳了1.2万名法国流亡者,其中大部分都是在1572年危机期间涌入的。参见 Henry Kamen, *Early Modern European Society*. New York: Routledge, 2000, p. 48。

② Alain Dufour, *Théodore de Bèze : poète et théologien*. Genève: Droz, 2006, p. 146.

③ 圣巴托罗缪屠杀发生一个月后,商人让·汝伊埃(Jean Rouillé)在写给朋友的信中提及了这一数字。参见 Barbara B. Diefendorf, *Beneath the Cross : Catholics and Huguenots in Sixteenth-Century Paris*. New York: Oxford University Press, 1991, p. 143。

④ 在1565年开始,鲁昂的新教教会便已开始衰落。尽管这一过程中还有着其他众多因素的影响,但是圣巴托罗缪屠杀仍然起着主要作用。参见 Philip Benedict, *Rouen During the Wars of Religion*. Cambridge University Press, 2004, pp. 134—138。

尽管此前的三次宗教战争已经阻碍了法国新教事业的发展,但圣巴托罗缪屠杀却彻底地终止了它的前进步伐。正如本尼迪克特指出的,尽管 1573 年 7 月和平敕令颁布之后,鲁昂的新教教会试图进行重建,但却只是空余其表而已。这个教会的恢复工作极其缓慢,至 1574 年 10 月,只有少量的流亡者返回;而在 1576 年之前,甚至没有一个受洗者。① 鲁昂是这一时期全法国的一个缩影,法国新教教会迎来了前所未见的寒冬。

更重要的是,在圣巴托罗缪屠杀之前,加尔文教派教徒对于新教在法国的发展始终抱有美好的愿景;但大屠杀不仅在事实上,而且也在心理上终止了这种扩张的趋势。正如德杜所断言的:"没有人不认为(胡格诺派的)这项事业是彻底失败的。"②

三、三亨利之战与亨利四世的登基

在 1572 年的圣巴托罗缪屠杀之后,天主教阵营一度恢复了对国王的信任以及紧密的合作关系。但两者之间的矛盾依旧是不可调和的。随着 1576 年法国国王亨利三世与胡格诺派签订《蒙西厄和平协议》,在部分政治和宗教条款上对胡格诺派作出让步,天主教阵营与国王之间开始出现了明显的分歧。《蒙西厄和平协议》的签订成为天主教激进派别在对待国王的态度和立场上的重要转折点,这份和平协议中的妥协和让步刺激了激进的天主教徒,他们质疑亨利三世是否无意于剿灭国内的新教异端。出于这一担忧,天主教阵营在同年组建了第一个全国性的天主教联盟,即天主教神圣同盟(原名为 la Ligue catholique、la Sainte Ligue 或 la Sainte Union),意图摆脱对国王力量的依赖,独立展开镇压新教的活动。神圣同盟的参与者所签署的条款甚至暗示了一种激进的观点:如

---

① Philip Benedict, *Rouen During the Wars of Religion*, p. 132.
② Mark Greengrass, *France in the Age of Henri IV: The Struggle for Stability*. London: Longman, 1984, p. 17.

有必要将不惜使用武力维护他们所追求的宗旨。① 这意味着如若国王不再成为天主教镇压新教的助力,甚至与新教徒媾和,那么就不排除动用武力反抗国王本人的可能性。

1588 年 5 月,第三代吉斯公爵亨利·德·洛林(Henri de Lorraine, 3ᵉ duc de Guise)公然藐视亨利三世的禁令进入巴黎。他的到来引发了巴黎民众的狂热欢迎。三天之后,当王室军队试图重新控制这座城市时遭到了巴黎民众的抵抗,进而发展为大规模的暴力冲突。在这次被称为“街垒之日”(Journée des barricades)的冲突之后,亨利三世逃出了巴黎,法国首都的掌控权就此落入神圣同盟之中最为激进的派别——“十六区委员会”的手中。国王与神圣同盟之间的关系已经剑拔弩张而不可调和。在 1588 年 10 月由神圣同盟主导的布卢瓦三级会议上,他们更进一步强调了三级会议的权利和主权在民的观点,坚持王国基本法对国王的限制作用。这一届三级会议还宣称纳瓦尔国王亨利不具备继承王位的资格,拒绝了后者提出的召开全国性三级会议以解决宗教问题的倡议。②

日益感受到神圣同盟威胁的法国国王亨利三世在布卢瓦三级会议上展开了并不明智的回击,他策划谋杀了神圣同盟的领导者吉斯公爵和吉斯主教,并逮捕了“十六区委员会”的主要代表。

布卢瓦谋杀事件导致法国的政治局势出现了根本性的逆转,直接将神圣同盟推到了国王的对立面,其成员开始采取更为直接、大胆和激烈的反抗行动。当布卢瓦谋杀的消息传到巴黎之后,巴黎市民开始打破国王的纹章,毁坏他的雕像,推翻了其宠臣位于圣保罗教堂的墓碑;街道上也开始出现极具煽动性的口号;索邦神学院在尚未接到教皇正式敕令的情况下,就迫不及待地宣告解除所有法国民众对亨利三世的忠诚誓言,

---

① Frederic J. Baumgartner, *Radical Reactionaries : The Political Thought of the French Catholic League*. Genève: Librairie Droz, 1976, pp. 16—17, 55.

② Scott M. Manetsch, *Theodore Beza and the Quest for Peace in France, 1572—1598*, p. 156.

并鼓动武力反抗亨利三世。① "十六区委员会"指定了吉斯公爵的兄弟梅耶讷公爵(duc de Mayenne)为王国摄政。天主教神圣同盟在1588年迅速地掌握了巴黎的控制权,并展开了针对政治家派和其他保皇党力量的恐怖镇压活动。巧合的是,在1589年1月5日,王太后美第奇在巴黎反抗亨利三世的激烈浪潮之中去世,她的去世标志着巴黎王室和保皇党势力的消失,直至1594年亨利四世进入巴黎,法国王权才再次将巴黎收入囊中。而在巴黎之外,街垒之日之前归附神圣同盟的中型市镇数目就达到了300多个。② 截至1589年春,神圣同盟已经获得了包括鲁昂、奥尔良、亚眠、第戎、特鲁瓦、布尔日、波尔多、沙特尔和南特在内的法国大部分市镇的控制权。至此法国主要城市都开始公开反抗亨利三世。③

对于亨利三世,他在布卢瓦谋杀吉斯家族成员和逮捕神圣同盟成员的行动不啻于一场灾难,令他深陷孤立无援的境地。军事上的挫败更无异于雪上加霜——1589年4月25日,王室军队在安布瓦斯附近的圣图安(Saint-Ouen)附近遭遇到了梅耶讷所率领的神圣同盟军队的沉重打击,主帅布里耶纳伯爵(comte de Brienne)被俘。此时的亨利三世除了寻求新教徒的援助,已经别无他途。④ 亨利三世和纳瓦尔国王亨利最终于1589年4月3日签订了和平条约,结束了法国国王与新教徒之间长达十数年的公开对立,开始共同对付神圣同盟的威胁。在该和平条约中,胡格诺派的大部分宗教信仰权利得到了恢复,被准予保留他们所占领市镇

① Ernest Lavisse, *Histoire de France illustrée depuis les origines jusqu'à la Révolution*, vol. 6, Part I, pp. 293—294.

② S. Annette Finley-Croswhite, *Henry IV and the Towns: The Pursuit of Legitimacy in French Urban Society*, 1589—1610. Cambridge: Cambridge University Press, 2004, p. 11.

③ J. H. Burns and Mark Goldie, *The Cambridge History of Political Thought*, 1450—1700. Cambridge: Cambridge University Press, 1991, p. 220 和 Scott M. Manetsch, *Theodore Beza and the Quest for Peace in France*, 1572—1598, pp. 187—189。

④ 早在1588年,纳瓦尔国王的司法大臣、洛皮塔尔的外孙米歇尔·于罗·迪法伊(Michel Hurault Du Fay)即出版了一本名为《论法国的现状》(*Excellent et libre discours sur l'estat present de la France*)的论著,他在书中已经鼓吹法国国王与纳瓦尔国王联盟对抗神圣同盟的前景。参见 Ernest Lavisse, *Histoire de France illustrée depuis les origines jusqu'à la Révolution*, vol. 6, Part I, pp. 296—297。

的控制权。

在亨利三世妥协的基础上,胡格诺派与亨利三世进行了密切的军事合作。签订和平条约的当月,一支日内瓦的军队就在法国大使阿莱·德·桑西(Harlay de Sancy)的指挥下攻击了萨伏依公国,尽管最终遭遇到了惨败,但这次军事行动表明双方早在和平条约签订之前就做好了军事合作的准备。[1] 而另一场规模更为庞大的军事合作此时也在酝酿和操作当中——王室军队和胡格诺派的军队开始汇合并朝巴黎进发,他们准备发动一场夺取法国首都的战役。于是在1589年夏,法国形成了国王和胡格诺派的军事联盟同神圣同盟在战场上对决的局面,巴黎陷入长期的围困当中。

如果说此时天主教神圣同盟面对的是法国国王和胡格诺派尚不稳固的结盟,那么随着一场谋刺事件的发生,他们最不愿意看到的局面将成为现实——纳瓦尔国王亨利成为法国国王,法国政局由此进入一个全新的发展阶段。1589年7月31日,巴黎多明我修会的修士雅克·克雷芒(Jacques Clément)伺机谋刺了亨利三世。亨利三世在指定纳瓦尔国王亨利为其继承人之后去世。

亨利三世遇刺而亡标志着一个旧时代的结束和一个新时代的开始。由于亨利三世无子嗣,其堂兄纳瓦尔国王亨利作为王位第一顺位继承人成了法国国王亨利四世。延续两个半世纪的瓦卢瓦王朝就此终结,取而代之的是波旁王朝。然而这一事件的意义并不全在于王朝的更迭。亨利四世在继位之后改变了法国王权持续衰弱的趋势,主导了绝对王权的崛起,结束了法国因宗教信仰问题导致政治分裂、社会失序的境况。

第三节　17世纪法国冉森派神学与政治

冉森主义是天主教反宗教改革运动(counter-reformation)或天主教

---

[1] Scott M. Manetsch, *Theodore Beza and the Quest for Peace in France*, *1572—1598*, p. 194.

改革运动当中最重要的宗教运动之一。冉森主义复兴了基督教神学思想史上源远流长的关于神的恩典和人的自由意志的经典辩论,该辩论肇始于公元 4 世纪奥古斯丁对佩拉纠主义的批判,而 17 世纪冉森派和莫利纳主义及耶稣会神学家的争论是这一批判的延续。但这场争论不仅仅是一场神学论辩,而且是冉森派对抗正在兴起的、被耶稣会士所拥护的现代性的努力。[1]因此,这一古老的神学辩论在 17 世纪的重演可以被理解为基督教对现代性的不同回应。此外,17 和 18 世纪法国冉森派的演变超出了基督教灵性和神学运动的范畴,对旧制度时期的法国政治产生了重大影响,促进了一种反绝对主义的宪政主义的兴起,这一宪政主义推动了大革命的爆发。[2]因此,对冉森派的研究也有助于反思基督教和现代政治以及意识形态的关系。冉森派的宗教和政治维度是密切相关的,其反绝对主义的取向源于其神学。本节尝试论述冉森派在 17 世纪法国的精神和政治转变当中发挥的作用,从一个角度来说明基督教和现代性的复杂关系。

一、冉森主义的神学渊源

冉森派并没有称自己为冉森派,这一称号是其对手耶稣会士根据冉森派所追随的神学家冉森(Cornelius Jansen 1585—1638)而赋予他们的。冉森死后于 1641 年出版的巨著《奥古斯丁》是对奥古斯丁神学思想详细严格的阐释,该书的宗旨是使奥古斯丁的思想摆脱其追随者对其进行阐释时所造成的曲解,恢复其原貌。冉森在当时的天主教神学教育中

---

[1] Leszek Kolakowski, *God Owes Nothing : A Brief Remark on Pascal's Religion and on the Spirit of Jansenism*, Chicago: the University of Chicago,1995, p. 3. 耶稣会为适应现代性而做出的神学努力,参 Antoine Adam, *Du mysticisme à la révolte, les Jansénistes du xviie siècle*, Fayard, 1968, pp. 52—56 佩拉纠派作为冉森派的敌人:Francesco Paolo Adorno, *La discipline de l'amour: Pascal, Port-Royal et la politique*, Editions Kimé, Paris, p. 13。

[2] Dale K. Van Kley, *The Religious Origin of the French Revolution*, New Haven and London: Yale University, 1996, pp. 6—7, 65—134. Cf. Van Kley, *The Jansenists and the Expulsion of the Jesuits from France : 1757—1765*, New Haven and London: Yale University Press, 1975.

心鲁汶大学学习了五年,后来在巴黎认识了法国人、鲁汶的毕业生奥朗纳(Jean-Ambroise Duvergier de Hauranne)。[1] 奥朗纳日后担任圣锡兰(Saint-Cyran)修道院院长,因此被称为圣锡兰神甫,他后来成为冉森派的精神领袖。冉森和奥朗纳成为精神伙伴,通信达 20 年之久。他们友谊的纽带是圣经和教父思想的研究。借助于教父特别是奥古斯丁的思想,他们试图重塑天主教信仰和神学。[2]冉森通过写作规模庞大的《奥古斯丁》(*Augustinius*)一书来达到这一目的,而圣锡兰神甫则致力于在法国举行灵性改革。他在担任波尔-罗亚尔(Port-Royal)修道院院长的灵修导师期间,推动了冉森主义的兴起。[3]

　　冉森和圣锡兰神甫回到教父和奥古斯丁神学的努力事实上是为了对抗天主教内部的一种现代倾向。在耶稣会士中流行的莫利纳主义表达了这一现代倾向。冉森、圣锡兰神甫和冉森派认为莫利纳主义是佩拉纠主义(Pelagianism)或者半佩拉纠主义(Semi-Pelagianism)的一种延续,这两者在遭到奥古斯丁的批判之后被天主教会视为异端。为了理解冉森派和耶稣会士的斗争,我们需要简单回顾一下神学思想史上奥古斯丁主义和佩拉纠主义的辩论。

　　佩拉纠是 5 世纪的修士,他提出的关于罪和拯救的学说充满尘世色彩,因为他强调人的内在力量和尊严。上帝按照其形象和样式所创造的人确实能够行恶,但是他们并没有被某种自然的缺陷束缚而必然行恶。如果说人类始祖亚当、夏娃犯下的骄傲和不顺服的罪是恶的,此罪并没有禁止人类始祖的后裔行善从而获得上帝的恩惠和酬报。辨别道德上的善并选择之的能力植根于每个男人和女人的本性中,并且被耶稣基督

① Antoine Adam,*Du mysticisme à la rèvolte*,p. 72.

② Marvin R. O'Connell,*Blaise Pascal:Reasons of the Heart*,William B. Eerdmans Publishing Company,1997,pp. 39—40.

③ Alexander Sedgwick,*Jansenism in Seventeenth-Century France:Voices from the Wilderness*,Charlottesville:University Press of Virginia,1977,pp. 18—23. Cf. J. D. Crichton,*Saints or Sinners:Jansenists and Jansenisers in Seventeenth Century France*,Veritas,1996,Chapter 3.

赋予人的自由所强化。针对这一对人性状况的乐观描述，奥古斯丁奋起反击。在他看来，堕落的人已经完全被罪败坏，人不愿意也不能行善。人的内心当中的恶是根深蒂固的，只有借助于上帝的引导和干预，人才能避免罪导致的完全的败坏。恩典是上帝白白赐予人的礼物，是人无法通过其劳作赚取的，因为上帝不可能和人做交易。在奥古斯丁的猛烈批判之下，佩拉纠主义在418年迦泰基的大公会议上被定为异端。然而，在奥古斯丁于430年逝世之后，一些神学家仍然没有放弃佩拉纠的思想，试图在佩拉纠和奥古斯丁的学说之间加以调和；他们在强调神恩在救赎中重要性的同时，指出可以接受或拒绝神恩的自由意志在救赎中同样不可或缺，他们承认罪对人性有严重的败坏，但并未剥夺人选择善恶的自由意志。这些神学家被称为半佩拉纠主义者，在529年召开的奥朗日大公会议上遭到谴责。[1]

在16和17世纪，半佩拉纠主义的倾向在耶稣会士当中表现出来。耶稣会士拥护的教义是伊拉斯谟的基督教人文主义的延续。耶稣会士接受了伊拉斯谟的上帝形象：仁慈、善良的创造者。[2]耶稣会的人文主义不仅仅体现在他们西塞罗式的讲道中运用古典修辞，更重要的是他们乐观地认为人可以通过自己的行为获得拯救。耶稣会士淡化堕落和罪对人的败坏，强调人仍然拥有善和积极的自由意志，他们事实上是半佩拉纠主义的拥护者。

耶稣会士的半佩拉纠主义倾向在西班牙耶稣会士莫利纳（Luis de Molina，1535—1600）的神学中得到充分发展，莫利纳的著作《论自由意志和恩典的恩赐之间的一致》是典型的半佩拉纠主义的作品。他没有质疑基督教的堕落学说，但是他弱化了堕落与罪的后果。堕落之后，人并没有完全败坏以至于在行善上完全无能为力，而仅仅是失去了上帝的神

---

[1] 关于奥古斯丁主义和佩拉纠主义以及半佩拉纠主义之间的辩论以及这一辩论与冉森主义的神学渊源之间的关系，参 Nigel Abercrombie, *The Origin of Jansenism*, Oxford, 1936, pp. 3—53。

[2] Kolakowski, *God Owes Us Nothing*, pp. 47—8。

圣恩赐如永生。人性特别是选择善恶的意志的自由并没有被毁灭。范克莱这样概括了莫利纳的思想："为了补充人的自由意志、弥补超自然的恩赐的丧失,上帝在特定的场合给予每个人一种'充分'的恩典,而人可以自由地运用这一恩典,从而能够使他战胜每一种诱惑,遵守上帝所有的诫命,最终佩得永恒的生命。"①针对奥古斯丁的有效恩典(efficacious grace)和没有根据的预定论(gratuitous predestination)理论,莫利纳试图以充分恩典(sufficient grace)和神的预知(divine prescience)理论来取而代之。莫利纳认为,上帝预见到人们通过自己的自由行动而行出的善与恶并给予相应的回报。莫利纳主义事实上像文艺复兴时期的人文主义一样对人的现实本性予以认可,倾向于削弱福音书的道德要求,否定有必要通过严格的灵性和道德的操练来完成信仰的更新。② 耶稣会士接受了莫利纳主义,以一种妥协调和的态度面对正在兴起的现代世俗世界。

　　某些天主教神学家特别是多明我会的神学家——耶稣会士在很多大学中的主要对手认为,莫利纳主义是佩拉纠主义的复活并因此威胁到正统教义,他们认为莫利纳企图使恩典屈从于人的自由。随后双方在这个问题上展开了非常激烈的辩论,以至于教皇克莱蒙八世决定干预,在1611 年和 1625 年颁布敕令禁止他们继续争论。③然而,莫利纳主义仍然得到广泛传播。冉森主义正是在这一背景下兴起的。莫利纳主义和耶稣会士在信仰和伦理上的教导被冉森派认为是真正的基督教信仰的威胁。针对莫利纳主义对人性夸张的、乐观主义的立场,冉森派在奥古斯

① Dale Van Kley, *The Jansenists and the Expulsion of the Jesuits from France*: 1757—1765, p. 7; Cf. Nigel Abercrombie, *The Origin of Jansenism*, pp. 93—118.
② 耶稣会士的道德决议论倾向于把某些在基督教传统中视为致命罪恶(les péchés mortels)的行为转化为可宽恕的罪(péché véniel)。耶稣会士认为所有不认识上帝的人所犯的罪都不构成对上帝的真正冒犯,因此是可以宽恕的。Francesco Paolo Adorno, *La discipline de l'amour*, pp. 25—26. 另参帕斯卡在《致外省人书简》第四封信中对这一观点的批判,Pascal, *Les Provinciales*, in Pascal, *Oevures Complètes*, Gallimard, 1998, Tome 1, pp. 614—624。
③ Alexander Sedgwick, *Jansenism in Seventeenth-Century France*, p. 7.

丁思想基础上发展了一种对人性的悲观主义神学。

二、冉森主义神学和灵性

17 世纪天主教世界对莫利纳主义的拒绝在冉森的《奥古斯丁》一书中得到了最系统有力的表达。[1]冉森的教导或者说冉森主义神学的核心是神圣与自然、堕落之前的纯真和堕落之后的全然败坏以及神恩与人的自由意志之间的尖锐对立。

在冉森派看来,在自然与神圣之间有一道深渊,是败坏了的人性通过自身的努力所无法跨越的。上帝的绝对主权和人性的全然败坏是构成冉森主义神学核心的两个相互关联的教义。[2]柯拉科夫斯基指出这一"深渊"的三个方面:存在论的、道德的和认识论的:"在存在论意义上,上帝是宇宙的绝对统治者,而不是某个伙伴或契约方或者天国商品的销售者;他的意志是确定性的和不可抵抗的。在道德意义上,人们知道,我们的内在的悖逆必须被某种神圣的力量所击败,这一悖逆没有运用到好的目的上;我们的任务是通过敬畏上帝、在他面前战栗并事先毫无保留地接受他的意志来羞辱自己。在认识论的意义上,我们必须承认当上帝被谈论时,我们面对的是上帝的神秘,任何自然的认识力量都无法穿透这一神秘;上帝向我们俯就把他自己的某些属性启示给我们,而这些就是我们应当感到满足的,试图超出我们的理解之外来探询上帝奥秘的哲学努力不过是我们的虚荣自负的表现罢了。"[3]

神人之间的深渊使人看到堕落之前人的纯真和堕落之后人的败坏之间的反差。奥古斯丁是第一个对亚当在伊甸园中的处境进行严肃的神学反思的基督教思想家[4],他强调人原初的纯真,把堕落视为人类历史的分水岭。冉森派在这一点上是奥古斯丁的追随者,冉森突出了亚当堕

---

① Van Kley，*The Jansenists and the Expulsion of the Jesuits from France*，p. 8.

② Kolakowiski，*God Owes Us Nothing*，pp. 126，227.

③ Kolakowiski，*God Owes Us Nothing*，p. 66.

④ Abercrombie，*The Origin of Jansenism*，p，3.

落的严重后果特别是其对人性造成的全面败坏。冉森拒绝了莫里尼派的任意选择的自由观(liberé d'indifférence)。该观念认为人可以在相反的或不同选项之间做出选择,没有任何因素事先会支配和决定他的选择;也就是说人可以在善恶之间做出选择。① 冉森则认为在堕落之后,人的意志自然倾向于各种邪恶,不能爱上帝或者服从其命令。因此,固然人仍然能够区别善恶,但他却不能行善且必然行恶。冉森派像奥古斯丁一样反对把自由理解为选择善恶的自由。冉森对莫利纳主义的批评是为了否认在没有上帝指引的情况下,人能够凭自己的能力在善恶之间择善而行。②

然而,人行恶的必然倾向与人的自由并非不相容。换句话说,人的邪恶的行为应由人自己负责,即便这些行为是出于必然性的力量,人因此受到上帝的惩罚也是公正的。冉森派根据他们的自由概念建构了一种神义论。自由被冉森界定为没有受制于强迫的自由、而非摆脱必然性的自由。那么,必然性如何能与自由相容? 冉森指出,如果一个人做他的意志指引他做的事情,即使他的意志被他的败坏本性或者上帝的控制所塑造,他就是自由的。例如,每个人都追随追求幸福的必然性,或者说他们必然追求幸福,但我们依然认为他们是自由的。如果必然性与自由构成冲突,那么上帝是不自由的,因为他必然总是为善。冉森关于自由的定义并不具有强大的说服力,不过他的观点非常明确:无论人行善或为恶,人都处于必然性当中;在行善时,他们因为上帝的恩典而必然行善,作恶时则因为他们败坏的本性而必然作恶;在这两种情况下,他们都要对他们的行为负责,因为他们所做的是他们的意志所愿意做的,因此他们并没有处在强制之下,他们是自由的。③

冉森毫无含糊地否定了人可以根据他们自己的自由意志来选择善,他同样斩钉截铁地断定人只有在神的恩典的帮助下行善和获得拯救,而

---

① Francesco Paolo Adorno, *La discipline de l'amour*, p. 79.
②③ Kolakowiski, *God Owes Us Nothing*, p. 18.

没有上帝指导的自由意志不可能使人获得拯救。上帝赋予某些人以有效恩典(grâce efficace)来转化其意志,引导他们爱上帝并行善。他试图用有效恩典的学说来取代莫利纳主义的充分恩典(grâce suffisante)学说,根据后者,上帝给予每个人充足的恩典,但是个人必须通过自己的自由意志回应和接受这一恩典,通过与上帝的合作来获得拯救。根据冉森派的看法,如果这种所谓的充分恩典需要得到人的自由意志的支持才能发挥作用,那么这一恩典显然是不充分的。① 冉森像奥古斯丁一样认为只有上帝的恩典能够使人拯救,因而是有效的;在拯救的实现中,恩典改变和转化了人的意志而使人的意志自愿归向上帝。但是上帝并没有把有效的恩典赐予所有人。有些人获得有效恩典而得到拯救,其他没有得到有效恩典的人无法得救并依然受到正当的惩罚。冉森主义像加尔文主义一样接受并发展了奥古斯丁的预定论。

可见,针对莫利纳主义对人性的人文主义和乐观的看法,冉森提出了一种非常悲观的、反人文主义的人性理论和一种甚至令人感到恐惧的神学。帕斯卡对人性的悲观理解以及他提出的、对人的要求非常高的宗教浸透了冉森主义的精神。他基于人的原罪②、必死性和灵魂的不幸而对人提出的劝诫使很多启蒙主义哲学家感到不安。③伏尔泰尤其感到了帕斯卡的威胁,指控帕斯卡是反对人性的"厌人类者",不过他不得不承认这是一个崇高的厌人类者。④帕斯卡接受了冉森派思想的主旨——神人之间的深渊,他的宗教充分表达了冉森派的属灵追求,要求人们绝对献身于上帝并完全放弃世俗的欲望和娱乐。

---

① 参帕斯卡在《致外省人书简》中的第二封信中的分析。Pascal, *Les Provinciales*, in Pascal, *Oevures Complètes*, Gallimard, 1998, Tome1, pp. 597—8;另参其第 18 封信中的有关论述, Ibid., pp. 800—802。

② 堕落之后人虽然仍然保持了自然所赋予的对正义的理解及追求正义的倾向,但原罪对人的彻底败坏使人完全无法运用这一自然能力,拒绝服从理性,结果导致人凭借自身无法获得善。Francesco Paolo Adorno, *La discipline de l'amour*, pp. 34—37。

③ Marc Hulling, *The Autocritique of Enlightenment: Rousseau and the Philosophers*, Cambridge: Harvard University Press, 1994, pp. 9—37。

④ Kolakowiski, *God Owes Us Nothing*, p. 132。

冉森派的灵性在波尔-罗亚尔女修道院引人注目的灵性改革中得到充分发展，这一改革由修女安勒莉可·阿尔诺[1]和圣锡兰神甫领导。[2]冉森主义的灵性运动以冉森主义神学为基础，致力于使人的意志变得谦卑并把生命献给上帝。为了达到这个目标，他们提出了很高的道德和灵性标准，设立了非常严格的操练方式来达到这些目标。1609年，为了真正实行圣本笃制定的修道院规则，波尔-罗亚尔女修道院（位于巴黎南方的谢夫勒斯城城郊）院长修女安勒莉可·阿尔诺开始对修道院进行改革。她首先把修道院与外界隔离，要求修女严肃承诺过贫穷的生活，放弃私有财产，遵守严苛的饮食规定，严格进行默想和祷告的操练。[3]在其后的数年里，波尔-罗亚尔女修道院发展迅速，修女数量上升以至于修道院变得非常拥挤，最终于1625年，为了躲避疟疾，安勒莉可·阿尔诺和部分修女们来到巴黎的圣雅各郊区，搬进了修道院买下的一家旅馆，其他修女陆续加入，从此形成了巴黎波尔-罗亚尔女修道院（Port-Royal-de-Paris），而谢夫勒斯城的修道院则被称为乡野的波尔-罗亚尔女修道院（Port-Royal-des-Champs）。[4] 1633—1636年圣锡兰神甫担任波尔-罗亚尔的灵性指导期间，该修道院完全成为冉森主义的中心。

波尔-罗亚尔修道院的灵性复兴很快影响到了修道院之外。有一些男子放弃了他们的职业，一度到已经没有修女居住的乡野的波尔-罗亚尔女修道院（Port-Royal-des-Champs），投入一种虔诚的沉思生活中，他

---

① 原名 Jacqueline Arnauld(1591—1661)，在修道院中的教名为安勒莉可嬷嬷或天使嬷嬷(Mère Angélique)。

② 关于波尔-罗亚尔修道院的冉森主义灵性改革及其社会和政治影响，参 Cf. Alexander Sedgwick, *Jansenism in Seventeenth-Century France : Voices from the Wilderness* ; J. D. Crichton, *Saints or Sinners : Jansenists and Jansenisers in Seventeenth Century France* ; Alexander Sedgwick, *The Travails of Conscience : The Arnauld Family and the Ancient Regime*, Harvard University Press，1998。

③ Marvin R. O'Connell, *Blaise Pascal : Reasons of the Heart*, p. 61；Alexander Sedgwick, *Jansenism in Seventeenth-Century France*, p. 16.

④ Antoine Adam, *Du mysticisme à la révolte*, pp. 103—108.

们被称为波尔-罗亚尔的隐修者(the Solitaires of Port-Royal)。① 第一个隐修者安托万·勒迈斯特(Antoine Le Maistre,1608—1658)是安勒莉可·阿尔诺的侄子,他是一个非常成功的律师,正当他声名鼎盛被认为是巴黎最好的律师之一时,他放弃了律师职业来到乡野的波尔-罗亚尔,开始一种默想和祷告的生活。其他一些非常聪明而本来前程远大的人如昂迪利的阿尔诺(Robert Arnauld d' Andilly,1589—1674 曾担任国务顾问、财政问题专家)、安托万·阿尔诺(1612—1694,神学家、哲学家、数学家)和皮埃尔·尼科尔(Pierre Nicole,1625—1695,神学家)也在冉森主义运动中扮演了非常重要的角色,他们对 17 世纪法国的心智、宗教和政治生活也都产生了重要影响,他们都追随安托万·勒迈斯特成为波尔-罗亚尔的隐修者。② 他们从事一些体力劳动,把他们的时间主要用在研究圣经和教父神学上。他们翻译了很多神学和灵修书籍,他们在圣锡兰神甫的指导下,在波尔-罗亚尔创办的小学中担任教师。圣锡兰神甫认为教育对于信仰非常重要。

冉森派灵修的另外一个重要方面是圣礼特别是忏悔礼和圣餐礼的践行。③ 在圣礼问题上冉森派也和耶稣会士之间展开了激烈辩论。在耶稣会士看来,圣餐是上帝赐给罪人医治灵魂罪恶的良药,因此疾病越重就越需要上帝的帮助,罪人越是感到被剥夺了恩典,越是需要向上帝呼求。耶稣基督的血赦免罪人的罪,罪人每天都应当毫无惧怕地参与圣餐礼。如果有人犯下大罪,他应当到神父那里忏悔以获得赦免,然后他就可以参加圣餐礼。安托万·阿尔诺在他的著作《频繁的圣餐礼》(De la Fréquente Communion)(1643)一书中批评了耶稣会士对圣礼轻浮的滥

---

① Antoine Adam, *Du mysticisme à la révolte*,p. 132;在冉森派看来,相对于宗教生活而言,社会生活是次要的,Francesco Paolo Adorno, *La discipline de l'amour*, p. 152。
② 冉森派倾向于放弃世界而过一种隐居和沉思的生活。除了上面提到的几位人物之外,帕斯卡在成为著名的数学家和科学家后放弃了他的科学生涯,托马·杜佛塞辞掉诺曼底高等法院委员的职务,他们都来到乡野波尔-罗亚尔修道院成为隐修者。参 Dale K. Van Kley, *The Religious Origin of the French Revolution*, pp. 61—62。
③ Francesco Paolo Adorno, *La discipline de l'amour*, pp. 134—136。

用,该书是冉森主义最重要的作品之一。他分析了告解礼和圣餐礼。他提倡恢复早期教会设立的严肃朴素的圣礼,指出一个人如果缺乏贞节、纯洁和虔敬,就不能参加圣餐,而只有持续长久的告解和忏悔才能获得这些品质。[①]

如此严格的属灵操练在圣锡兰神甫关于懊悔(contrition)和后悔(attrition)的区分当中体现出来。[②] 懊悔是出于对上帝的爱而深切感到自己的罪触犯了上帝的人的忏悔,而后悔仅仅是由于罪人害怕受到惩罚和感到羞耻而反省自己的罪,这种后悔是一种不充分的忏悔。懊悔以上帝为中心,后悔可能出于对地狱的惧怕,但并不伴随对上帝的爱,事实上是一种自私的行为。[③] 圣锡兰神甫非常重视个体在忏悔中应当承担的责任,他认为如果罪人自己没有克服他的自私并把自己的生命献给上帝,神父对他进行的赦免并不能真正消除他的罪。[④]

根据马克斯·韦伯的宗教社会学,冉森派的神学和灵性事实上是一种出世禁欲主义。他们的出世倾向首先出于对人性的全面败坏和世界的腐败所持的悲剧性的理解。为了战胜势不可挡的人性之罪和社会之恶,人必须把他们和世俗事务隔离开来,追寻一种孤独的、严峻的灵修生活,等待只有上帝的有效恩典才能实现的拯救。毫无疑问,这种出世禁欲主义坚决拒绝当时正在形成的现代世俗文化,而基督教人文主义者和耶稣会士则试图调整基督教教义来容纳这一世俗化。可以说,冉森主义是反现代的灵性和神学运动,它无法对抗席卷一切的现代性的兴起,在19世纪趋于没落并不奇怪,最终耶稣会的精神或者在更广泛的意义上来说半佩拉纠主义最终在这场斗争中取胜,成为当代天主教的重要因素。[⑤]

---

① Kolakowiski, *God Owes Us Nothing*, pp. 69—72.

② Francesco Paolo Adorno, *La discipline de l'amour*, p. 137;Antoine Adam, *Du mysticisme à la révolte*, p. 66.

③ 在圣锡兰神甫看来,后悔"纯粹是人的发明和对告解的彻底懈怠",Francesco Paolo Adorno, *La discipline de l'amour*, p. 141。

④ Alexander Sedgwick, *Jansenism in Seventeenth-Century France*, pp. 17, 29.

⑤ Kolakowiski, *God Owes Us Nothing*, p. 108.

三、冉森主义和绝对主义

冉森主义的出世禁欲主义不仅遭到了耶稣会士的攻击,而且在天主教教会和法国政治和社会当中也激发了强烈的敌意,直至遭到教皇和法国王权的打击迫害。在冉森派捍卫其信仰自由的斗争当中,他们对绝对君主制提出了批评。冉森派虽然并没有提出系统的政治理论,但这一批评在法国促成了反绝对主义观念的兴起,进而为法国大革命的起源提供了某种意识形态动力。

冉森于 1635 年出版的著作《高卢战争》(*Mars Gallicus*)触犯了法国的绝对主义王权,引发了冉森主义和绝对主义的第一次冲突。其实正值三十年战争,法国站在荷兰、英国、瑞典等组成的新教同盟一边,反对西班牙和奥地利等天主教国家。冉森从天主教的立场批评法国加入新教阵营的做法违背了天主教重新征服欧洲的事业,拒绝认为国家的利益高于教会和宗教。[1] 此外还有一群被称为虔诚党的人从宗教立场反对黎塞留的政策。他们注重虔诚,认为政治应当以宗教原则为基础,因此被称为虔诚党。他们基于信仰反对法国和西班牙之间的战争。圣锡兰神甫也卷入了虔诚党反对黎塞留的活动并写了一些作品。他的作品并没有多少政治色彩,但他也反对黎塞留和新教国家结盟,并且他非常关心穷人的痛苦、特别是战争给他们带来的更大的灾难。此外,圣锡兰神甫和主教黎塞留在前面论及的有关懊悔和后悔的忏悔训诫上产生了重大分歧。黎塞留反对懊悔,在他看来,懊悔对一般人来说要求过高,而只要一般人对教士告解,后悔也就可以了。最后,黎塞留不能容忍圣锡兰神甫对其权威的不服从,于 1638 年将其监禁。[2]

---

[1] Etienne Thuau, *Raison d'Etat et pensée politque à l'époque de Richelieu*, Albin Michel, pp. 131—133.

[2] Alexander Sedgwick, *Jansenism in Seventeenth-Century France*, pp. 25—30. William Doyle, *Jansenism : Catholic Resistance to Authority from the Reformation to the French Revolution*, Macmillan Press Ltd, 2000, pp. 18—20.

冉森派后来还表现出对少数贵族在路易十四统治初期反对君主权威的福隆德运动的某种同情。根据法国学者安托万·亚当（Antoine Adam）的研究，我们看到冉森派并没有直接参与福隆德运动。[1] 冉森派的奥古斯丁主义要求他们严格服从统治者，因为对于一个被罪败坏的世界而言，政治权威是上帝所设置的维持秩序与和平的必不可少的工具。而且前文指出，冉森主义体现出强烈的排斥现实社会和政治生活的倾向。因此，绝大多数冉森派信徒与福隆德运动无关。不过某些冉森派成员因为他们与某些福隆德派的交往而被认为属于后者，如冉森派在宫廷中的主要代言人是曾任国务顾问的阿尔诺·德·昂迪利（Arnauld d'Andilly），他更接近福隆德派而非黎塞留的继承者马扎然。另外某些冉森派成员确实卷入了福隆德运动。由于冉森派的敌人出于对其的敌意在宫廷和法国政府中夸大了冉森派与福隆德运动的关联，冉森派遭到了法国王室和政府的敌视。不过亚当指出，冉森派的信仰和神学确实与其正在强化的法国绝对主义构成了张力。冉森派的奥古斯丁主义表现出对传统和法律的尊重，因此在政治上与代表传统和法律的高等法院比较接近，而后者也逐渐成为冉森派的主要支持者，高等法院的成员和法官当中有不少冉森派信徒。绝对主义王权恰恰要排斥传统、法律在很多方面对其造成的束缚，而高等法院也因此成为王权要打击的主要政治对手，所以冉森派也因此间接地成为王权的敌人。前文也指出，冉森派如圣锡兰神甫出于信仰和福音书道德反对黎塞留的政治，这事实上体现了冉森派的政治观点的重要特征：虽然冉森派体现出拒世的倾向，但他们并没有否定政治，他们一方面在尊重和服从政治权威的同时，要求后者能够接受基督教信仰和道德的规范，这与世俗主义倾向明显的绝对主义构成了冲突。阿尔诺·德·昂迪利在《君王陈情书》（*Mémoire pour un souverain*，1643）中，提议法国政府打击圣职买卖，禁止决斗和渎神的行为；要求王权取消官职买卖，严格根据才德分配官职，立法反对奢侈，改

---

[1] Antoine Adam, *Du mysticisme à la révolte*, pp. 189—192.

革司法。他甚至建议王室改革税收体制,向富人征税以救助穷人,其目的是打击特权阶层的过度奢华和帮助处于贫困中的大量法国平民。①

　　冉森主义的福隆德心态或者反绝对主义倾向②在波尔-罗亚尔修道院由于冉森的《奥古斯丁》一书而遭受的迫害中进一步得到发展。自从该书出版后,耶稣会士从未停止攻击它。1653年教皇颁布敕令谴责了五个据说可以在《奥古斯丁》一书中找到的观点,其中四个被定为异端,而一个则被认为是错误的。这一敕令最初遭到了法国天主教会的广泛反对,这一方面是因为法国教会的高卢主义立场坚持法国教会应当具有免予教皇的世俗权力干预的司法独立,一方面是因为很多神职人员对耶稣会士的道德懈怠非常不满。巴黎高等法院拒绝承认宗教裁判所在法国的权威。然而,马扎然在1655年召集了一群主教,成功地通过了一项决定,要求法国所有神职人员同意他们颁布的一个教义文件,该文件谴责这五个观点,认为这五个观点出自于冉森的著作,是对奥古斯丁神学的曲解。安托万·阿尔诺坚决反对并予以反击,捍卫他本人以及冉森派的神学立场,宣称他虽然接受教皇对这五个观点的谴责,但坚持认为这五个观点不是冉森的看法,因为它们无法在《奥古斯丁》一书中找到。③他区别了事实与权利。他承认教皇有权力界定教义,但他不能界定事实。他为冉森的辩护使他被巴黎大学开除。

　　面对迫害,冉森派的精神力量爆发出来。帕斯卡在其著名的《致外省人书简》中为阿尔诺和冉森辩护,对耶稣会的道德松弛予以了凌厉批

---

① Antoine Adam, *Du mysticisme à la révolte*, p. 192.

② Alexander Sedgwick, *Jansenism in Seventeenth-Century France*. pp. 47—107.

③ 这五个观点是:(1)上帝的某些命令是正直的人所不能服从的,因为他们缺少使服从成为可能的恩典;(2)在堕落状态下,人不能抵抗内在的恩典;(3)关于堕落之后的功与过,免予必然性的自由是不需要的,免予强制的自由就足够了;(4)半佩拉纠主义承认即使是信仰的开始也需要一种内在的或某种先行的恩典,这是正确的,但是他们认为这种恩典可以被接受或拒绝,这是异端的看法;(5)认为基督为所有人而死,这是半佩拉纠主义。参 William Doyle, *Jansenism*, p. 91.

判,同时指出教皇也可能在事实问题上犯错误。[1] 但是这并不能阻止宗教和政治权威对冉森派的进一步迫害,波尔-罗亚尔的小学被关闭,隐居者也被赶走。迫害进一步发展,1661 年修道院被迫接受了教会通过的谴责冉森的五个观点的教义文件,虽然有所保留。

此后冉森派享受了一段安宁时光,主要是因为路易十四忙于战争等其他事情,部分是因为王室成员隆戈维尔公爵夫人对冉森派的保护。然而,冉森派从未停止抗议或拒绝上述教义文件,结果路易十四于 1679 年下令打压波尔-罗亚尔修道院,削减修道院人员规模。安托万·阿尔诺被迫流亡国外。1698 年冉森派的另外一位举足轻重的人物帕斯奎耶·魁奈尔(Pasquier Quesnel)发表了《福音书道德沉思》一书,结果波澜再起,引发了又一轮、更为严厉的对冉森派的迫害。1713 年,教皇克莱蒙十一世发布《乌尼詹尼图斯谕旨》(又译《圣子通谕》),谴责魁奈尔一书中的 101 个观点。这一谕旨在法国激发了前所未有的反应,关于冉森主义的争论比以前更为激烈。政府、高等法院、法国教会、巴黎大学、哲学家和公众均卷入到这一炽热的辩论中。反对教权和王权干涉信仰自由的冉森主义逐步转化成为一种政治话语,要求以宪政约束王权,在 18 世纪促成了反绝对主义的意识形态的兴起。[2] 冉森派对教皇和法国君主政府的反抗转换了法国的高卢主义传统,使之向更为现代的民族意识转变。18 世纪法国的各种宪政主义者诉诸民族来拒斥教皇的干预并限制国王的权威,为法国大革命开启的现代政治转型做了铺垫。

正如范克莱指出的,冉森派对君权神授的绝对主义王权理论构成了挑战,因为冉森派否定良心和上帝之间的任何事物或权威具有神圣性,神圣性仅仅属于上帝。尽管冉森派没有提出明确的反对绝对主义的政治理论,他们竭力突出上帝相对于尘世的超越性,他们不能接受任何企图压迫他们的良心和追寻上帝的自由的世俗权威,结果世俗权威的超越

---

[1]《致外省人书简》的主要内容就是对耶稣会士的道德决疑论的批判。关于教皇犯错误,参第十八封信。

[2] Dale K. Van Kley, *The Religious Origin of the French Revolution*, pp. 75—135.

性遭到了质疑乃至否定。[1]。在 17 和 18 世纪法国,以神权和宗教为正当性依据的绝对主义君主制同样具有某种宗教和神圣色彩,因此冉森主义的批判导致了君主制的非神圣化。

　　冉森主义精神的突出特征是其对人性的内在败坏的洞察,因此在道德方面拒绝世俗主义,在宗教和政治方面对抗专制。冉森主义在道德、信仰和政治上造成的紧张消除了世界的神圣性,结果反而促成了后者的世俗化。冉森主义对自由意志在救赎当中的贬斥使其在非救赎的世俗生活中失去了超越意义,于是自由意志获得了不受超越性约束的自由,进而可能过渡为被现代性所承认的不受外在约束的消极自由。冉森主义试图以一种严峻的灵性和道德来对抗现代性的兴起,反而使现代性可以参照彼岸的救赎来界定自身的独立空间,前文提及的伏尔泰对帕斯卡的批判揭示了这一点。结果,颇有些悖谬的是,冉森主义反现代性的努力却与法国启蒙运动中试图摆脱宗教约束的理性主义精神殊途同归,均促成了一种具有明显的反宗教意味的现代精神的形成。法国大革命及其后的法国现代政治进程表现出鲜明的反教权和反宗教倾向,这可以在冉森主义所释放出来的现代精神中追溯其根源。

---

[1] Van Kley, *The Religious Origin of the French Revolution*, pp. 62—63.

第五章　路易十四时代的文化集权与胡格诺移民

　　路易十四时代,法国绝对君主制达到顶峰,这不仅体现在从中央到地方一系列政治机构的建立和完善,同时也体现在文化控制体系的逐步确立,两者扮演着同等重要的角色。因为文化控制体系既是绝对主义体制建构的组成部分,更是制造绝对主义意识形态认同的主要手段。路易十四时代的文化控制策略对法国的政治和文化产生了深远的影响。它既为法国绝对主义王权的确立和巩固提供了坚实的意识形态支撑,且凭举国之力在较短时间创造了法兰西文化的辉煌,但同时也导致大量的经济和知识精英流亡国外,对法国造成巨大的政治、经济和文化损失。

　　与文化集权密切相关的是,路易十四时代宣扬"一个信仰、一种法律、一位国王"的原则,追求宗教领域的整齐划一。以宗教宽容为主旨的《南特敕令》因此被撤销,20 多万法国胡格诺教徒流亡至欧洲其他国家,因此产生了胡格诺移民。远走他乡后,胡格诺移民并未放弃与法国绝对主义的斗争。他们大力宣扬丑化路易十四形象的讽刺版画,贩卖被法国政府禁止的书籍,呼吁法国新教徒反抗君主,这在一定程度上打击了法国国内的绝对主义文化。胡格诺移民还充当了法国文化的使者以及欧洲文化交流的桥梁,他们开拓的思想交流渠道将欧洲的知识分子笼络在一起,为 18 世纪公共领域的形成打下了基础。皮埃尔·培尔、雅克·索兰等胡格诺派知识分子提出的怀疑主义思想、宗教宽容理论成为早期启蒙思想的重要组成部分,并引发了对法国绝对主义的进一步批判。

第一节　路易十四时代的文化控制策略

一、加冕礼及宫廷礼仪

1654 年 6 月 7 日,路易十四在兰斯大教堂举行了盛大的加冕典礼。当天清晨,兰斯教堂的圣坛下,一边站着僧侣贵族,一边站着世俗贵族,外面是众多的观礼民众。刚刚步入成年的路易十四,在卫兵、王室官员和宫廷显贵的簇拥下登上教堂的唱诗台。主教和教士迎来圣瓶,并将之放到供奉着圣雷米和圣路易圣骨盒的圣坛上。接着,在大主教的主持下,国王宣誓,首先允诺保证教会的自由和豁免权,而后手按《圣经》对王国庄严起誓。再接下来,由王国最显赫的权贵给他穿上丝绒短鞋,呈上金马刺,披上加冕服和紫色斗篷;由苏瓦松大主教给他头顶、胸膛、双肩、臂肘和双掌涂抹圣油,主教给他递上指环、权杖和"正义之手"[1]。当指环戴上国王右手中指的那一刻,标志着国王与王国结成了连理,"因为加冕的日子,国王庄严地与其王国成婚,甜蜜的、天眷的和高贵的婚姻纽带将他与他的臣民密不可分地联系在一起,如同夫妇般地彼此相爱"[2]。此时,国王起身沿着阶梯登上王座,接受显贵们的致敬和效忠,教堂各门洞开,伴随着音乐和烟花,教堂内外三呼"万岁"。最后,大主教给业已得到祈福的国王戴上王冠,加冕礼毕。[3]

宫廷这种充满庄严气氛的盛大仪式,正如弗朗索瓦·布吕什所言,

---

[1] 所谓"正义之手"(la main de justice)是杖端有象牙或贵金属手形装饰的手杖,乃司法权力的象征。

[2] Mousnier, *The Institution of France under the Absolute Monarchy*, Vol. 2, trans. by Arthur Goldhammer, Chicago: University of Chicago Press, 1984, p. 656.

[3] François Bluche, *Louis XIV*, trans. by Mark Greengrass, Oxford: Basil Blackwell Ltd, 1990, pp. 3—5.

既非免费的王家戏剧,亦非无用的奢侈品。[1] 相反,它的每个环节都蕴涵着严肃的政治隐喻,目的是为君主制提供意识形态的合法性,同时作为制造新国王形象的重要契机。首先,国王对教会和国家的庄严宣誓,表明他与上帝、显贵和民众结成了契约,臣民对国王奉献效忠,国王则保证维护包括教士在内的各团体的自由和特权,给臣民带来和平、正义和仁爱,像丈夫一般保护自己的"妻子"(王国)。其次,敷圣油仪式召唤起撒母耳给大卫王和拿撒给所罗门施涂油礼的记忆,意谓国王不再是俗人,而是上帝的代理人,以神授的恩宠来管理国家,是王国教会的头号人物,可以主持法兰西主教会议,就教会的自由和特权作出裁决。最后,大主教给国王戴上王冠,象征着国王成为这个政治之躯(body politic)的头脑,三个等级则是这个躯体独立而不可或缺的组成部分,尽管每个组成部分皆有属于自己的位置和角色,但作为头脑的国王解释着躯干的需求和意愿,这也是国王御临法院(lit de justice)时何以能够推翻高等法院法官多数决定的原由所在。

仪式既包含赋予君主种种权力合法性的隐喻,也是君主向社会展示其政治形象的机会。现场的显贵和民众,亲眼看到了国王与神圣性的结合过程,亲耳聆听到国王对王国的庄严承诺。仪式的程序和道具在想象的空间描摹出一个生动具体的合法权威形象,"因为君主政体的理想可以付诸抽象的陈说,但君主政体的实际形象和伟大之处依赖于它的具体化表达"。[2] 换成人类学家吉尔茨的话来说,"戏剧国家"的礼仪奢华之功用,是将抽象的权力概念转化为可感知的形式。[3] 那些未能在现场观摩加冕仪式的人,可以阅读一些小册子对具体情况的描述,也可以观看官方委托艺术家亨利·达维斯刻制的加冕典礼版画。路易十四统治时期最重要的画家之一夏尔·勒布朗设计的一幅挂毯也有纪念仪式场景的

① François Bluche, *La vie quotidienne au temps de Louis XIV*, Paris: Hachette, 1984, p. 41.
② Bluche, *Louis XIV*, p. 5.
③ Clifford Geertz, *Negara: The Theatre State in Nineteenth-Century Bali*, Princeton University Press, 1980, p. 102.

图案。①

　　加冕仪式仅是路易十四漫长统治生涯中的一个重要片段。在构筑绝对主义君主制大厦的进程中,礼仪符号是一种重要的材料,他充分地利用礼仪的象征体系形塑着绝对主义的秩序和权威。因此,这位"戏剧国家"的主演,实际上每时每刻都生活在由仪式和象征符号构成的公共舞台上;甚至连国王的起居饮食也高度仪式化,宛如一出微型戏。

　　路易十四每天的起床仪式和就寝仪式,都是演员、观众、舞台和情节等各种要素俱备的戏剧。清晨,大贵族们聚集路易十四的寝宫内外,前后分成三批,观看着国王起床、祈祷、洗漱、选择假发、刮脸和穿戴过程,最后他自己脱下睡衣和内衣,再将挂在胸前的圣骨摘下,由过去曾雄踞一方的大贵族担任的内务官或亲王给国王奉上衣衫,首席贴身男仆帮他穿上右袖,首席衣饰官帮他穿上左袖,然后选择领带和钟表。② 晚上,廷臣贵客们再次聚集,看着国王喂狗、忏悔、宽衣和穿上睡袍。国王在向众人道了晚安之后,人群陆续离去。接着是短暂的小就寝礼,只有极少数享有特别恩宠的人能继续留在那里,被国王指定为其秉烛的人会感到荣宠有加,为国王擎起烛台直到仪式结束。③

　　路易十四娴熟地运用了这样的礼仪,作为确立绝对主义政治秩序的工具。诸如起居就寝这样的仪式,一方面可以表明国王的一切,哪怕是王室日常生活的细枝末节,也拥有不变的秩序,用以昭示君主的庄严和神圣,以及微缩在这种仪式秩序中的政治和社会秩序的神圣性④;另一方面,精致规范的礼仪化世界以及贵族们在此等仪式中争相竞逐,从行为方式和心态文化上对曾经桀骜不驯的贵族都是一种潜移默化的规约,让他们恪守自身等级地位应有的权利和义务,不能擅自逾越。"因为等级

---

① 彼得·伯克:《制造路易十四》,郝名玮译,商务印书馆,2007 年,第 47 页。

② Jacques Levron, *La Cour de Versailles aux XVIIe et XVIIIe siècles*, Paris : Hachette Littératures, 1999, pp. 53—58.

③ Levron, *La Cour de Versailles aux XVIIe et XVIIIe siècles*, pp. 71—72.

④ James Collins, *The State in Early Modern France*, Cambridge：Cambridge University. Press, 1995, p. 121.

优先准则和行为规范可用于疏导紧张关系,维系某种协调一致,宫廷社会同样在此等规则的支配下。"①

更重要的是,在这样的礼仪场合,全部剧情都是围绕着国王一人进行,他独自高踞在舞台中央,法兰西其他任何贵族,哪怕是王弟,也仅是为他秉烛奉衣的配角或观众,角色之主次高下区分截然分明,这表明他已不再是过去的"第一领主",而是高高在上的首脑。路易十四在给王储的训导中道出了这些仪式的政治隐喻和象征意义。

> 那些认为所有这一切只不过是仪式的人都是严重错误的。我们统治的这些人,未能洞悉事情之根本,通常根据他们看到的表面现象判断,而最常见的是,他们正是根据地位先后和等级高低权衡自己的尊崇和服从。公众只接受一人统治至关重要,这个执行一人统治之功能的人被提升到他人之上对此关系甚大,也即任何人不能与他混淆或比肩;国家的头脑高高在上,这是将他与四肢区分开来的显著特征,没有人能够侵削这种特征而不伤及国家整体之躯。②

而且,它们也包含着君主政治之现实权谋的操作。在这些礼仪场合,国王决定着谁能够进入,谁将被排斥,他的恩宠主宰着众人的沉浮。年轻气盛的圣西门公爵因惹恼了国王而遭到长期冷落,因此怨恨不已,在回忆录里对路易十四的宫廷极尽嘲讽贬抑。③

二、"戏剧国家"及其舞台

1661 年 8 月,业已独自掌权的路易十四,参加了财政总监尼科拉·富凯沃勒维孔特庄园城堡的落成盛宴。这座新修的宫殿耗资 1800 万利弗尔,出

---

① Jean-Pierre Rioux & Jean-François Sirinelli（éds.）, *Histoire culturelle de la France*, T. 2, Paris：Éditions du Seuil, 1998, p. 291.

② Charles Deyss, *Mémoires de Louis XIV：Pour l'instruction du Dauphin*, T. 2, Paris：Didier et Cie, 1860, p. 15.

③ Lopuis de Rouvroy Saint-Simon, *Louis XIV et sa cour：portraits, jugements et anecdotes*, Paris：Librairie de L. Hachette et Cie, 1857.

席宴会的宾客达6000人，全部使用金银餐具。伴随着饮宴的还有莫里哀创作、勒布朗布景的剧作《讨厌鬼》(Les Fâcheux)，吕里的芭蕾舞剧和盛大的焰火表演。但时隔不到三个星期，这个富可敌国的权臣即遭逮捕入狱。1662年6月，杜伊勒里宫广场举办了为时两天的宏大竞技比赛，这次盛会的主人变成了亲政不久的路易十四。在比赛中，贵族分为五队，分别装扮成罗马人、波斯人、土耳其人、印度人和美洲人，进行了马上枪术、剑术和掷矛比赛。每位参赛者的盾牌上有着各自的图案，国王盾牌上的图案是太阳，上面雕刻的铭文为"我见，我征服"。每天的优胜者从王后那里领到价值25000埃居的钻石和镶嵌在宝石相框里的国王画像作为奖品。[1]

路易十四此举树立了奢华的新标准。但如同前述的繁琐宫廷礼仪一样，这种炫耀性的公共展示决非纯粹的娱乐，而是锻造和强化王权权威的必要手段之一，正如大主教波舒哀所揭示的："在民众和外国人眼里，为陛下得到拥护计，为华丽和威严耗费资财，从各个方面来说都是不可或缺的。"[2]它的作用主要从两方面体现出来：一方面是借此表明，没有任何人能够与王室的资财相匹，哪怕是王国里最强大的臣子，以体现王室的威严和荣耀；另一方面是起着羁縻贵族的作用，让那些来自外省的大领主，在刻板严肃的仪式之外，能够找到欧洲最奢华最激动人心的娱乐。而且，确立如此阔绰奢华的标准，使贵族们囊中空空，既无心亦无力从事政治阴谋，相反要仰仗王室的慷慨馈赠，以维持巨额的开销。[3]

有鉴于此，路易十四时代的法国宫廷，成为时刻都充满着嘉年华欢乐的节庆空间，公共庆典、竞技比赛、宫廷戏剧、假面舞会、音乐会、游戏赌博、芭蕾舞和烟火表演充溢着公共和私人空间。如路易十四自己所言，"将贵族留在宫中的最好方式，就是让它变成一个有吸引力的地

---

[1] Marie-Christine Moine, *Les fêtes à la cour du roi soleil*, *1653—1715*, Paris：F. Lanore，1984, p. 28.

[2] Bossuet, *Politique tirée des propres paroles de l'Écriture sainte*, Paris, 1709, p. 516.

[3] Blanning, *The Culture of Power and the Power of Culture*, Oxford：Oxford University Press, 2002, pp. 40—41.

方"。① 1664 年 5 月,他再次举行盛大庆典。这个被命名为"迷人岛欢乐会"(Les plaisirs de l'Ile enchantée)的庆典活动为期七天,莫里哀全盘指导所有戏剧表演,吕里负责安排音乐,国王与贵族一道,参加骑兵巡游、剧目表演和马术比赛等诸多节目。其场景之宏富,在法国人头脑里留下了持久的记忆。1668 年 7 月,为庆祝征服佛兰德斯,路易十四耗费 15 万利弗尔,举办了另一场宏大的娱乐庆典,莫里哀的喜剧和吕里的音乐,让 600 名宾客如醉如痴。晚宴之后,灯火与烟花表演让凡尔赛变成了"火与光的世界"。②

然而,即便王家的钱包,也难以支撑频繁地举行此等宏大的娱乐庆典,尤其是 1672 年王国陷入连绵不断的战争之后。但还有众多其他娱乐活动,构成了路易十四宫廷的时间和空间,如廷臣们在"会所"(l'appartement)里每周三次的娱乐,自晚上 7 时持续到 10 时。会所的娱乐多种多样:赌博、台球、舞会、音乐会,有时还有演出。国王、王后和王室成员都来这里,与人们一起娱乐。"路易十四表现得和蔼可亲,他不让人在他走近时从牌桌上起身问候,他极其礼貌地从这个人那里走动到那个人那里。"但对于这种礼仪惯例的坚持,路易十四则显得强硬严峻:"夫人,"他曾对婚后未久的太子妃说:"我想您也应去会所,到那里跳舞。我们不是特殊人,我们要跟大家打成一片。"③据当热侯爵的日记记载,从 1684 年 9 月 10 日至 1685 年 3 月 3 日的 6 个月时间里,宫廷里举办了超过 70 场涉及舞蹈的娱乐活动。④

在如此之多大至庆典小至日常娱乐的活动中,王室的政治目的感从未缺席。国王作为其中一员既"与民同乐",又主宰着游戏的进程节奏和众人的恩宠分配,亲和感与威严感并具,对君主权威的塑造至关重要。路易十四在给王储的训诫中明确地道出这些公共展示的政治功用。

---

① François Bluche, *Louis XIV*, p. 188.

② François Bluche, *Louis XIV*, pp. 179—189.

③ Levron, *La Cour de Versailles aux XVIIᵉ et XVIIIᵉ siècles*, pp. 70, 69.

④ Blanning, *The Culture of Power and the Power of Culture*, p. 43.

　　这种娱乐消遣社交生活,让宫廷臣僚与我们适当地熟悉起来,以言辞说教之外的方式打动他们和愉悦他们。从另外的方面来说,人们在表演中得享欢愉,表演实际上就是本着让他们高兴的目的;且我们所有的臣民,看到我们也喜爱他们所喜爱的东西会欣喜若狂,或他们为观赏到最好的东西而心醉神驰。通过这些,我们控制他们的思想,抓住他们的心,有时可能比奖赏或恩惠更有力。对于外国人来说,在一个他们看来繁荣兴旺、管理有序的国家里,耗费这些可能产生不了效用的资财,会给他们留下华美、权力、富有和强盛的非凡印象。①

　　最后,"戏剧国家"还需要恢弘的舞台,既作为进行严肃的仪式和欢快的娱乐社交提供的必备条件,同时它本身也是展示君主荣耀和权威的载体。这样的舞台无疑就是那些散布在巴黎内外的宫殿。路易十四亲政期间,曾耗费巨资修建王宫,卢浮宫、杜伊勒里宫、马尔利宫、大小特里亚农宫和凡尔赛宫先后得到重修或扩建。之所以如此,其原由同样是为了树立和表现王权的荣耀,如路易的重臣科尔贝所言:"陛下深知,在没有辉煌的战争伟业的情况下,没有任何东西比建筑更能彰显君主的伟大和智慧了,子孙万代都以他们在有生之年建造的那些宏伟宫殿的规模评判他们。"②尤其是凡尔赛宫,路易十四否决了意大利式的巴洛克风格,从1770年开始每年投入数百万利弗尔,按照法国人自己设计的建筑风格大举建设,并在1682年将宫廷迁移到这里。凡尔赛宫华丽宏伟、高度集中和整齐划一的古典主义建筑风格,与绝对主义王权追求荣耀、秩序和一统的取向,在表达形式和思维逻辑上相互投契彼此印证,路易十四的寝宫位于这个舞台正中央的位置,以及他本人在仪式里最中心的位置,就是一个最为显见的表征。更重要的是,这里成为路易十四"戏剧国家"的

---

① Louis XIV, *Mémoires de Louis XIV*, présentés et annotés par Jean Longnon, Paris : Librairie Jules Tallandier, 1978, p. 134.

② 转引自 Blanning, *The Culture of Power and the Power of Culture*, p. 35.

主要舞台,为在臣民的观念世界里塑造君主权威的合法性提供了路径, "慈爱的君主、荣耀的国王、上帝选民的威严化身,这些形象在象征体系里,在国王自己所期望的以他为中心的表演舞台上叠合到了一起"。① 正如英国历史学家阿尔弗雷德·科本所言,法国宫廷成为在 2000 万观众面前表演的永不停息的芭蕾舞台,路易将严格的礼仪秩序加于其宫廷之上,并非是思想狭隘的表现,而是有着明确的政治目的,也就是让君主成为国家生活中万众瞩目的中心提供必要的背景。②

除作为王权活动中心的宫殿之外,遍布各地的纪念性建筑是宣扬荣耀和权威的另一个重要载体。一座座凯旋门在巴黎或外省拔地而起,里尔市为迎接国王入城和庆祝本省归属法国建造了凯旋门,献给路易十四的巴黎圣德尼和圣马丁门则是为了庆祝荷兰战争的胜利。中央立有国王雕像的广场成为王家广场的都市化典范,如巴黎的胜利广场和路易大王广场。外省 20 多座城市计划建造国王雕像。③ 每一座雕像的落成,都伴随着盛大的庆祝仪式。雕像运动主要发生在独立性比较强的外省,这也从一个方面折射出雕像建造的政治意义和目的。

三、文化的国家化

政治国家施予社会领域的文化控制,构成了路易十四时代法国确立绝对主义政治体系的重要组成部分,且担当着绝对主义制度组建和意识形态建构的双重角色,"文化比以前任何时候都更明显地进入政治领域,同时充当统治的手段和作为威望的源泉"。④ 路易十四时代的文化控制策略,基本手段归纳起来大体有两种:推动"文化的国家化",国家对社会施予监控。在这里,我们首先谈谈文化国家化及其在政治上的功用,即

---

① Rioux & Sirinelli (éds.), *Histoire culturelle de la France*, T. 2, p. 297.
② Alfred Cobban, *A History of Modem France*, Vol. 1, London: Penguin Books, 1963, p. 11.
③ Rioux & Sirinelli (éds.), *Histoire culturelle de la France*, T. 2, p. 297.
④ Rioux & Sirinelli (éds.), *Histoire culturelle de la France*, T. 2, p. 301.

建立国家文化机构和推行国家资助制度,将社会领域的文化艺术活动和人才收束到国家体制之内。

　　"文化国家化"最主要的表征,是一系列国家性文化机构的创立,将文学、艺术和科学等各个文化领域吸纳到国家的控制之下。此举一方面可以把文人墨客们(écrivains)从私人资助者那里分离出来,以免他们在诸如"福隆德运动"等宗教政治纷争时期充当小册子的写手,这有利于消弭争论,维持王国意识形态的统一性;另一方面又可以将他们纳为己用,塑造王权的荣耀。早在 1634 年,红衣主教黎塞留就通过给予财政资助和法兰西学院院士的称号,将一群在巴黎举行私人聚会的知识分子置于国家的控制之下。按照黎塞留的要求,法兰西学院负责厘清法语的"精确意义",使之能用于研究科学和艺术;另外,法兰西学院院士在政治和伦理道德事务方面须与王国政府保持一致。[1] 但事情的发展表明,"经济保障和地位提升的胡萝卜,足以让强制性的政府指挥棒毫无存在的必要"。[2] 对追求荣耀和建立意识形态同一性的绝对君主制来说,这种措施看上去行之有效。因此,路易十四大规模地承袭了黎塞留的文化控制策略,自他 1661 年亲政之后的十年,是法国各种国家文化机构建立的高峰。

　　1661 年 3 月,路易十四颁发特许状,建立了王家舞蹈学院(Académie Royale de Danse)。宫廷芭蕾中所包含的贵族团结协调和赞美国王的主题,无疑有益于"福隆德运动"后王国秩序和君主权威的重建,年轻时经常亲自登台演出的路易十四显然意识到了这一点。在特许状里,他声称舞蹈是法国文化的中心,并呵斥贵族对练习芭蕾的怠惰和缺乏责任,因此建立专门机构以便"重建这门艺术的最完美形式"。[3] 尽管成立该学院

---

① Paul Mesnard, *Histoire de l'Académie française, depuis sa fondation jusqu'en 1830*, Paris : Charpentier, 1857.

② Blanning, *The Culture of Power and the Power of Culture*, p. 47.

③ *Lettres patentes du roy, pour l'établissement de l'Académie royale de danse en la ville de Paris*. *Vérifiées en Parlement le 30 mars 1662*, Paris, 1663, p. 6.

旨在促进宫廷社交及舞蹈艺术的精致化,但其政治功用是显而易见的,王国政府借此轻而易举地将艺术家们组织起来,置于自己的权威之下,同时亦为自己的权威服务。王家舞蹈学院很快成为一个官方的文化职能机构,在舞蹈事务领域代表王权监管社会:巴黎的舞蹈演员都要在该学院登记自己的名字和住址;任何新舞蹈作品都须通过学院成员的审查方能演出。[1]

1663 年 2 月,王国重臣科尔贝为绘画与雕塑学院拟定了基本架构,将这个 1648 年成立的艺术家团体正式纳入国家的羽翼之下,其 90 位成员负责王家的艺术事务,路易十四宠信的画家勒布朗(Le Brun)担任该院终身院长。同年,科尔贝还从法兰西学院中遴选四名文人组成了"小学院"(petite académie),这个小团体受托研究"画像和挂毯中寓意的作用",为歌颂国王的纪念章撰写铭文,因此到 1716 年它被更名为铭文院。

1665 年创办《学者报》(*Journal des savants*)。这是欧洲第一份文学期刊,在科尔贝的资助下,传播文学界的消息,如介绍新出版或再版的书籍以及它们的思想内容,报道科学方面的新发现。[2] 同时,也宣传国王的资助活动,对政治性的、代表官方声音的《法兰西公报》(*Gazette de France*)构成了有益的补充。

1666 年,王国政府创建了"罗马法兰西学院",把派遣艺术家到意大利学习训练的传统做法制度化,12 名年龄 25 岁以下且信仰天主教的青年艺术家,拿着国王的资助在学院里修习 3 年,深化艺术修养。同年,在巴黎,法兰西科学院正式成立。像法兰西学院一样,该学院同样是通过将私人机构国家化而形成的。根据 1669 年 6 月颁布的特许状建立了王家音乐学院,这是法国第一家歌剧院。1671 年又组建了建筑学院,作为负责所有建筑事务的专家委员会。[3]

---

[1] Mary Franko, *Dance as Text*, Cambridge: Cambridge University Press, 1993, p. 110.

[2] Eugène Hatin, *Histoire politique et littéraire de la presse en France*, T. 2, Paris : Poulet-Malassis et de Broise, 1859, p. 154.

[3] François Bluche, *Louis XIV*, pp. 164—167.

　　至此,路易十四和科尔贝业已实现了对文化领域几乎全面的控制。到路易十四统治后期,一些外省亦按法兰西学院的组织模式建立了自己的学院,因为它们需要得到来自巴黎的"支持、保护、官方授权和正式确认"。① 这些从巴黎到地方的"学院运动"(le movement académique),确立了以巴黎为中心的国家文化垄断体制。几乎每个有才华和雄心的文人,都在国家提供的经济和声望诱惑面前,纷纷走进金色的笼子里。高乃依、拉辛、莫里哀、吕里、勒沃、芒萨尔、勒诺特尔、勒布朗等所有伟大的名字都囊括其中。院士们不仅利用自己的知识才华为宣传君主的荣耀服务,如撰写颂扬的文章、诗歌或剧本,绘制表现国王伟大的画作;而且,这些学院为法国绝对主义政治体系提供了官方的文化评价机构,确立了官方的审美权威,起着引导社会思想文化方向的作用。达尼埃尔·罗什在阐述学院运动时说,被文学和科学衬托得熠熠生辉的绝对主义,从中汲取到了自己所需的现代意识形态合法性。②

　　其次,实行国家资助制度,这是文化国家化的另一个表征。该制度与学院体制相辅相成,它们通过金钱和荣誉,将学院内外的杰出人士吸引到国家的恩惠之下,成为驯服的文人学者,使之成为为君主的荣耀服务的有效工具。③

　　1662—1663 年,法兰西院士夏普兰负责拟定一份文人名单,遴选可为君主制效劳的作家和值得鼓励的新锐之人。1664 年,在首度得到资助的 58 人名单中,包括 11 名外国人。我们在这份获得年金的名单里可以找到诸多古典作家的名字:高乃依、莫里哀、拉辛、佩罗尔、基诺尔④,还有伏尔泰在《路易十四时代》里提到的国外科学家,如荷兰物理学家惠更斯

---

① Daniel Roche, *Les Républicains des lettres : Gens de culture et Lumières au XVIIIᵉ Siècle*, Paris : Fayard, 1988, p. 161.

② Roche, *Les Républicains des lettres*, p. 163.

③ Henri-Jean Martin, *Livre : pouvoirs et société à Paris au XVIIᵉ siècle (1598—1701)*, T. 2, Genève : Librairie Droz, 1969, pp. 667—670.

④ Robert Mandrou, *Louis XIV en son temps, 1661—1715*, Paris : Presses Universitaires de France, 1978, p. 176.

和意大利天文学家卡西尼,科尔贝分别以 6000 利弗尔和 9000 利弗尔的高额资助将他们引进法国。王国资助当年支出数额 7. 95 万利弗尔,此后数年,用于此项事业开支的金额年年增长,因此而受益的文人也有所增加,1667 年和 1669 年达到创纪录的水平,国王给 50—70 位文人分别资助了 11. 8 万利弗尔和 10. 8 万利弗尔。随着法国与荷兰之间战争的爆发,从 1673 年起,这份丰厚的皇家奖励不再分发给外国人,1674—1683 年间资助总额也减少到年均约 6 万利弗尔。①

　　得到赏金的文人数量较少,且一些人长期出现在获助名单上,王家赏金几成固定收益,这些人因此过上了优裕的生活。像路易十四这样对科学和文学艺术人士予以持续定期的资助在欧洲尚无先例。从伏尔泰到一些当代法国史学家——如弗朗索瓦·布吕什,都对路易十四此举给予了高度评价,称路易十四这种奥古斯丁式的资助,是在对人文价值的崇敬和广泛的趣味引导下诞生的②,它夯实了文人独立精神之根基。③尽管 16 世纪以来人文主义价值和太阳王本人心性在其中的作用不能否认,但我们还应看到,这种行动与现实政治目的是紧密相连的:把杰出文人吸纳到体制之内的国家资助制度,让他们以这样或那样的方式宣传国王,在民众的想像世界里构造出一位慷慨大度、热爱科学艺术的君主形象。“夏普兰就曾告诉接受了资助的荷兰学者尼古拉斯·海恩修,国王慷慨大度,但他明白自己在干什么,他并不想被人当成傻瓜”,并叮嘱后者对国王的赞扬要显得自然,并且将作品在国外出版。④

四、对印刷出版业的监控

　　路易十四在建构国家文化统治体系的同时,对社会施行管束和压制,使之符合绝对主义政治的基本要求。早在 17 世纪法国绝对主义王

---

① Mandrou, *Louis XIV en son temps*, 1661—1715, p. 177.

② François Bluche, *Louis XIV*, p. 162.

③ Voltaire, *Oeuvre complètes de Voltaire*, T. 31, Paris, 1819, p. 369.

④ 彼得·伯克:《制造路易十四》,第 59—60 页。

权建立过程中,王国政府就已开始加大对出版印刷行业的控制。根据1618 年 7 月批准施行的法令,建立了在国家监管之下的行会组织,垄断着书籍出版业,并负责执行王国政府的相关法规。[①] 1624 年,路易十三颁布法令,设立了常设的书籍审查委员会,给予书籍审查员年金。在同年的另外一则法令中,规定禁止那些未经授权出版的有关政治和国家事务的书籍与小册子。[②] 但对书籍出版行业严厉的控制,到路易十四亲政后才逐步推行并形成体系,目标是将作者群体、印刷出版企业全部置于国家的监管之下,禁绝"坏书"(mauvais livre)在法兰西王国境内的出版和流通,以此维护绝对主义所追求的政治宗教价值观的一统性。其主要措施主要有以下三方面:

第一,对文化生产领域进行重组和规约,使社会单元同样呈现集权的模式,按照集权的逻辑运转。根据 1666 年 10 月的清查,仅巴黎就有79 家印刷工场,它们拥有 216 台印刷机。[③] 许多印刷工场规模很小,超过一半的企业拥有不超过两台印刷机。这些处于散乱状态、追求经济生存的出版印刷企业,是王朝政治和意识形态稳定的潜在威胁。17 世纪法国几乎每一次政治动荡的背后都有印刷出版机构的影子。路易十四幼年时代亲身经历的"福隆德运动"中,印刷宣传的作用表露得尤为明显,"这场运动的标识是,传单、小册子和各种形式的讽刺画、时政论文大量出版,矛头首先直指马扎然。利害关系是如此重大,乃至每个派别都组织自己专门的编写小组,雇用直接连通印刷场的常驻作者"。[④] 因此,监控印刷出版企业是建立和维护绝对主义权威的当务之急。

17 世纪 60 年代,在科尔贝主政下,正式着手对印刷出版企业施以强

---

① David Pottinger, *The French Book Trade in the Ancien Regime*, *1500—1791*, Cambridge: Cambridge University Press, 1958, pp. 122—123.

② Isambert, Decrusy, Taillandier (éds.), *Recueil général des anciennes lois française*, Paris : Belin-Leprieur , 1821—1833, T. 16, p. 146.

③ Henri-Jean Martin, *Livre, pouvoirs et société à Paris au XVIIe siècle* (*1598—1701*), T. 2, p. 678.

④ Frédéric Barbier, *Histoire du livre*, Paris : Armand Colin, 2000, p. 132.

有力的监控。1666 年 12 月,国务委员会颁布政令,要求印刷出版公会董事及其副手呈交条例、法规、账目和文书,以备国王任命的高级警察专员稽查,同时公布了有权在巴黎从事印刷事务的师傅名单,并规定不准接受新的师傅和建立新企业,等待新的政令出台。[1] 但这一等就是近 20 年时间。1683 年,许多印刷工场随着师傅去世陆续关门,政府对图书出版业进行彻底重组的时机到了:1686 年 8 月颁布的有关巴黎印刷出版商新法规[2],对该行业进行严密的规约。譬如,企业规模方面,要求每个印刷商必须拥有两台以上的印刷机方能从事印务;印制形式方面,要求必须印上出版特许状,字体优美,纸张良好;还有对师傅与伙计的关系、子女继承的条件等,都以多款条文予以限定。这个冗长的政令,最重要的是第 7 条和第 43 条,前者对印刷出版企业的经营区域进行了细致的限定,要求印刷工场和书店集中到大学区,只有专营宗教类图书的书店允许开在王宫周边和圣母院大街[3];后者则明确地将巴黎印刷商数量限定在 36 家,"在印刷商方面,将不会接纳任何人,直至它们的数量降到 36 家"。[4] 它们鲜明地体现了集权政治的治理思维:以集中的方式,专横地对社会化繁为简,改造社会单元使之与集权体制同构,以方便管理和控制。

第二,在文化生产领域强化特许制度作为预防性检查手段,让巴黎的文化出版界服膺于特权体系带来的好处。对渴望更有效地控制出版业的王国大臣们来说,上述措施尚嫌不够。科尔贝及其继任者还通过特许保护制度,维护印刷出版商的垄断地位,让他们从中获取丰厚的利润,从而对国家形成向心力。1665 年 2 月的法令禁止出版商在没有特许状

---

[1] Henri-Jean Martin, *Livre, pouvoirs et société à Paris au XVIIe siècle (1598—1701)*, T. 2, pp. 679—680.

[2] Jourdan, Decrusy, Isambert (éds.), *Recueil général des anciennes lois française*, T. 20, pp. 6—20.

[3] Jourdan, Decrusy, Isambert (éds.), *Recueil général des anciennes lois française*, T. 20, p. 8.

[4] Jourdan, Decrusy, Isambert (éds.), *Recueil général des anciennes lois française*, T. 20, p. 14.

的情况下付印任何新书,包括古代书籍,并赋予初版所有者申请特许延长的优先权,规定版权所有者在出版特许到期前一年提出申请。为了平息外省出版商的不满,该法令也规定,对古代作者著作,除非做出大量增补或订正,否则不需申请特许或特许延长,其他出版商也可以出版未经增补或修订的古代版本。[①] 为了打击盗版,同年9月的法令,又授权书籍出版特许或特许延长持有人没收和占有所有盗版书籍,包括印刷机、字板和印刷中使用的其他材料。1671年,高等法院的裁决又规定,在盗版书中假冒特许状和特许状所有人名字的出版商或印刷商,都将被永久剥夺进入该行业的权利。[②]

书籍出版行业的特许制度,是法国旧制度整个特权体系的一个组成部分。它导致的结果同样是权力的集中。得到最大利益的显然是巴黎印刷出版商,限定企业数量和推行集中化管理,已经极大地减少了巴黎印刷出版界的竞争强度。巴黎出版业行会已成为一个官方羽翼庇护下的利益团体,合法地垄断着巴黎所有出版物的生产和销售。特许制度让它们包揽了法国主要的新书出版权,特许延长制度又保证了他们对有利可图的书籍的长期占有权。这种垄断局面,对君主集权政治的益处不言自明:它杜绝了巴黎印刷商出版秘密读物的可能性。因为出版业行会变成了官方监控下的社团,实际上充当着执行官方监管任务的得力工具;而印刷商们成为特权体系的组成部分和受益者,既不能也不愿这么做。

第三,国家是暴力机器,对社会具有镇压的冲动和功能。因此,王国政府对社会施以制度性的控制是一方面,动用警察力量抑制或镇压文化思想领域的异己力量是另一方面。尽管采取诸多措施以掌控巴黎的印刷商和出版商,但仍然不能阻止"坏书"以某种形式在巴黎出版和秘密流传。在科尔贝的策划下,1667年3月15日颁布法令,对巴黎的警察系统进行重组,创立了治安总监。他负责监控巴黎城市生活的方方面面,其

---

① Henri-Jean Martin, *Livre, pouvoirs et société à Paris au XVIIe siècle* (1598—1701), T. 2, pp. 692—693.

② Pottinger, *The French Book Trade in the Ancien Regime*, 1500—1791, p. 220.

中一项重要任务就是,审理违反印刷业相关法令、条例和规章的行为,如印刷商出版被禁的书籍和诽谤性小册子,以及商贩兜售和散播此类出版物。[①] 首任治安总监尼古拉·德·拉雷尼(Nicolas de la Reynie)建立了书籍警察组织,强化对印刷出版业的管理,同时追查煽动性的作品、手抄报和荷兰进口的其他小册子。随着法国对外战争的爆发,1670 年代这类印刷品逐渐增多。因此,拉雷尼颁布治安训令,要求在未经法官文书许可的情况下,印刷商、出版商和铸字工不能出售任何印刷机、任何活字或字盘,并规定没有行会董事及两名副手在场的情况下,不能向购买者移交已有的印刷器材。[②] 与此同时,巴黎警察系统加强了对写作、出版、贩卖煽动性或诽谤性小册子的作者、出版商和书贩的追踪缉捕。如 1670 年警察抓捕了两名作者,他们被指控与卑俗凶顽之辈过从甚密、买卖利润丰厚但充满危险的诽谤性小册子且狡兔四窟组织严密等。[③]

更重要的是,路易十四为了维护意识形态的统一性,对宗教和政治上的异己力量予以打击。尤其是 17 世纪 80 年代之后,当他与罗马天主教廷的矛盾解决之后,开始大力迫害宗教异端,20 万新教徒和冉森派等其他受排斥的教派信徒被迫逃到国外。避难者主要由有文化的中产阶级组成,其中包括一些才华卓越的文人,如皮埃尔·培尔(Pierre Bayle)、阿尔诺、尼科尔等。在政府严厉的政策控制下,诸如夏尔·勒维埃、皮埃尔·戈斯和德博尔德家族等多家法国出版商也移居到荷兰。[④]

综上所述,路易十四时代,法国在社会文化领域建立了一套较为完备的控制体系。它不仅按照绝对主义逻辑完成了对社会单元的重构,而且发展出手段更加灵活、策略更加精熟的控制程序,具有了现代集权国家的基本特征。

[①] Isambert, Decrusy, Taillandier (éds.), *Recueil général des anciennes lois française*, T. 18, p, 102.

[②] Henri-Jean Martin, *Livre, pouvoirs et société à Paris au XVIIe siècle (1598—1701)*, T. 2, p. 696.

[③] Mandrou, *Louis XIV en son temps, 1661—1715*, p. 161.

[④] Rioux & Sirinelli (éds.), *Histoire culturelle de la France*, T. 2, p. 353.

路易十四时代,法国绝对主义政治在文化方面的建构,不仅构成了绝对主义王权体系建设不可或缺的组成部分,而且因举国家之力的行动方式,使法国迅速上升到欧洲文化先行者的地位。来自现代国家的雄厚财力支撑和行动组织能力,给法国带来了群星璀璨的古典主义文化和精确优雅的语言,欧洲其他部分都以不同程度的热情俯首称臣。路易十四成就的温文尔雅、自信和纯粹特质,让大多数国外文化看上去显得陈旧过时、晦暗沉闷。乃致有学者在 1682 年声称,意大利的文化霸权结束了,如今在所有的艺术领域都是法国在确立标准。[1]

然而,负面影响亦显而易见。绝对主义政治对权力和意识形态的一元化追求,势必要对社会施予侵削,以便排除那些不能见容于其追求目标的社会力量。我们从上文中不难看到为达至这种目标而进行的社会"清洗":众多的印刷出版企业在意图明确的遏制下死亡,大量的经济和文化精英被迫流亡国外。但这些仅是绝对主义政治带来的直接后果而已,从长期影响来说,法国绝对主义政治以君主政府作为社会的唯一组织者和驱动力量,压抑了社会无数个体的活力和创造力。"不在政府的帮助下,想成立哪怕最小的独立社团也会让它感到害怕。最小的自由结社,无论其目标如何,都会令它厌烦;它只让那些由它专断地组织起来并由它把持的社团存在。大型的产业公司也会使它不快。要言之,它丝毫不愿公民以任何方式,卷入到对他们自身事务进展的监察中,它宁愿要贫乏也不要竞争。"[2]托克维尔的这番言论一针见血地揭示了集权体制的基本特质及其长时段的后果,即不允许任何社会自治组织的存在,从而导致社会发育不良。

以我们所讨论的文化产业来说,路易十四时代确立的书籍审查和企业监控体制以及政府对信息(尤其是政治信息)的垄断——集权体制通行的秘密政治之必要条件之一,阻碍了法国书籍报刊业的发展。在 18

---

① Blanning, *The Culture of Power and the Power of Culture*, p. 49.

② Tocqueville, *Oeuvre complètes*, T. 4, Paris, 1866, pp. 94—95.

世纪的法国,从理论上说,任何冒犯政治、宗教和公共道德的著作都不能自由出版,许多著作只能转向国外出版。报刊业发展迟缓,直到 1777 年巴黎才出现第一份日报,且报纸的内容偏重于文化方面。黎塞留创办的《法兰西公报》垄断着王家政治信息的发布,但在报道政治事务时官腔十足,按照政治需要取舍和剪裁信息。因此,在文化产业的发展上,18 世纪的法国不仅不能与蒸蒸日上的英国相比,甚至逊色于邦国林立的德意志地区。

与相对迟滞的文化产业相比,18 世纪的法国社会发展却呈现生机勃勃的局面,人口不断增长,教育逐渐普及。新成长的且受过教育的青年群体,不仅仅简单地需要就业机会,而且怀有更高的社会期望——期望凭借自己的德能谋取到金钱、名誉和崇高的社会地位。在旧制度垄断的特权体系下,实现这个期望的主要门径就是进入该体系当中。但不幸的是,它所能提供的职位是极其有限的,只有极少数有关系有门路的幸运儿才能跻身其中。具有天然控制本能的政治国家与日益发展变化的市民社会之间,张力越来越大。

绝对主义体制内在的惰性、内斗和盘根错节的既得利益,使每一项改革都举步维艰。而那些受过教育的社会下层精英,面对进身之阶的狭隘和体制不公,怨恨满腹,通过舆论把怒火烧向把持特权的社会上层。因此,曾经制造出绝对主义君主制荣耀与辉煌的体制建构,其既有的内在特质也埋下了自身衰亡的因子。

第二节 宗教的同一化与胡格诺教徒的迁徙

在路易十四亲政之前,胡格诺教派已存在了一个多世纪。自诞生之初,胡格诺一派的教义和组织形式中所包含的民主思想就引起了法国王室和天主教会的警惕,两者之间的矛盾、冲突不断产生。法国王权视胡格诺教派为一种威胁,不仅因为它所奉行的教义、宗教习俗和价值观与天主教会相悖,更因为新教鼓励人们独立思考,这在官方政府看来非常危险,当时他们有一种根深蒂固的观念,认为人们的宗教从属与政治从属息息相关,在宗教上有异心的人可能也会寻求颠覆政权。[①]

因此,胡格诺教派与王权有本质上的冲突,这最终导致了一场惨烈血腥的宗教战争。随着 1598 年《南特敕令》的签订和战争的结束,和平似乎到来,宗教宽容也在法国确立,但路易十四的绝对王权建设事业让这勉力维持的共存局面化为乌有。

一、太阳王统治之前胡格诺教派问题的形成

16 世纪初,欧洲的宗教改革拉开序幕,新教开始兴起,其中的一支派别——加尔文宗——传入法国,部分贵族和大批城市工匠、小商人、农民和下层教士都信奉加尔文的教义,从而形成了法国的"胡格诺派"。贵族信奉加尔文教,是为争取独立于教会的权力并争夺教会的财产,城市手工业者则是因为加尔文教有利于资产阶级的发展,天主教会的什一税和各种盘剥让贫穷的民众们苦不堪言,因此他们倾向于支持廉洁的新教会。新教教会主要分布在法国南部,如普罗旺斯、朗格多克、加龙山谷等地区,据估计,16 世纪下半叶新教人数占法国人口的 1/18 左右。

贵族的加入给胡格诺派增添了极其浓重的政治色彩,加剧了胡格诺派与王室和天主教会的矛盾冲突,这最终酿成了 1562—1598 年间的"胡格诺战争"。然而,在内战的刺激下,法国对待新教徒的态度从弗朗索瓦一世执政后期的 "镇压、迫害"转向了"宽容、容忍",这体现在法国国王发布的一系列敕令和法令上。1563 年的《安布瓦斯敕令》保证胡格诺教徒的信仰自由,但它规定他们只能在胡格诺派掌握的辖区内进行礼拜,且每个辖区仅限一个城镇,而且社会地位较低的胡格诺教徒只能在家礼拜。1568 年的《隆朱莫(Longjumean)条约》重申了《安布瓦斯敕令》的条

---

① Marisa Linton, "Citizenship and Religious Toleration France", in Ole Peter Grell & Roy Portar (eds.), *Toleration in Enlightenment Europe*, Cambridge University Press, 2000, pp. 157—174.

款。1576 年的《博利厄(Beaulieu)敕令》不仅首次允许胡格诺教徒"自由、公开"地进行礼拜,还允许胡格诺教徒建造教堂,主持宗教法院和宗教会议;它规定胡格诺教徒可以拥有八个安全要塞,特别法院既有天主教法官,也有新教法官。相比于《博利厄敕令》,1577 年的《贝时立克(Bergerac)敕令》比较保守,它规定胡格诺教徒只能在新教地区公开进行礼拜,且一个辖区仅限一个地方。①

亨利四世于 1598 年颁布的《南特敕令》,最终正式确立了法国的宗教宽容原则。它承认全国各地都享有完全的信仰自由权,任何人都不得因宗教而受到迫害和侵扰。它规定新教徒享有与天主教徒相同的公民权利,他们有权进入学校、大学和担任官职,可以在私下或秘密进行礼拜,还允许他们在部分地方公开礼拜。它将胡格诺教徒保留安全要塞的权利从 1607 年延长至 1612 年,并且由国家为驻守

**1559 年法国的新教教会分布及
1598 年以后的新教主要据点**

图片来源: https://www.museeprotestant.org/en/notice/the-rise-of-protestantism-in-france - 1520 - 1562/? parc=21762.

---

① R. J. Knecht, *The French Wars of Religion*, *1559—1598*, Pearson Education Limited, 2010, pp. 40—65.

在这些新教城镇的军队支付开支。新教徒还可以拥有他们的教会会议——宗教法庭、教务评议会、教省宗教会议和全国宗教会议。①

根据《南特敕令》,胡格诺派共拥有 50 个安全要塞、150 个避难所和 80 个由他们自己管理的城市。② 如上图所示,比较重要的要塞有拉罗歇尔(La Rochelle)、索缪尔(Saumur)、图卢兹(Toulouse)、蒙彼利埃(Montpeiller)等,由新教徒自费管理的城市主要有蒙托邦(Montauban)、格勒诺布尔(Grenoble)、尼姆(Nîmes)等。

胡格诺教派在官方的支持下逐渐恢复生气,他们在色当、蒙托邦和索缪尔等地开设神学院,教授教义并探讨学问。然而,天主教和新教双方都难以满足于这种折衷方案,在天主教徒看来,使胡格诺教徒保留军事力量对教会权威始终是一个威胁,胡格诺教徒则认为国王对天主教太过妥协,宗教改革远未达到他们的要求。因此,看似和平的局势中隐藏着矛盾的种子。

红衣主教黎塞留致力于加强法国王权,在他执政期间,《南特敕令》的基本条款得到保障,但胡格诺教派的军事实力被极大削弱,胡格诺教徒享有的权利进一步紧缩。

1622 年《蒙彼利埃和约》③之后,胡格诺教徒的要塞只剩下拉罗歇尔和蒙彼利埃,但黎塞留对这种地方军事武装仍有疑心。1627 年,黎塞留以南方胡格诺首领罗昂公爵的叛变为理由,趁机收复拉罗歇尔市。胡格诺教徒战败后,路易十三于 1629 年颁布《阿莱斯恩典敕令》,承认《南特敕令》所保障的新教信仰自由,但它剥夺了胡格诺教徒的一切政治和军事特权,宣布拆除胡格诺派的武装工事,解散胡格诺军队。敕令还规定

---

① 托马斯·马丁·林赛:《宗教改革史》,刘林海、徐洋 等译,商务印书馆,2016 年,第 218—220 页。
② R. J. Knecht, *The French Wars of Religion, 1559—1598*, p. 82.
③ 路易十三在新教地区贝亚恩推行《南特敕令》的行为引起胡格诺教徒不满,导致南部地区发生广泛的武装抵抗。天主教虽在战争中收复了朗格多克和加龙河流域,但由于胡格诺教徒顽强抵抗,他们又畏惧外国势力趁机入侵,于是被迫于 1621 年媾和,1622 年双方签订《蒙彼利埃和约》。

新教徒只能召开宗教性会议,失去召开其他会议的权利。[1]

黎塞留虽然打压了胡格诺教徒的势力,但并未取消新教的信仰自由,《南特敕令》赋予胡格诺教徒的公民权利仍被保留,但路易十四上台后坚定实行宗教统一的方针,新教徒遭到严厉镇压甚至迫害,法国历代君主实行的宗教宽容原则在法国渐渐被宗教专制主义取代。

二、路易十四的宗教政策与胡格诺派的流亡

法国国王和天主教会的关系历来紧密,"君权神授"是教会为王权提供的合法性依据,因此路易十四将法国的宗教统一视为建设绝对君主制的重要一环。路易十四致力于创造"一个信仰、一种法律、一位国王"的局面,因此不遗余力地打击法国国内的各种宗教势力,如胡格诺派、冉森派、寂静教派等,就连对天主教会也有所辖制,他规定所有主教必须由国王任命,限制了教权对王权的干预。在法国的宗教少数派中,胡格诺派影响最广,对王权的威胁也最大,因此它是路易十四集中对付的目标。

路易十四如同给胡格诺教徒颈上套上绳索,并开始慢慢收紧。在1685年《枫丹白露敕令》颁布之前,国王政府已经推行了一系列宗教迫害措施。1664年,他规定了新教徒子女必须改宗的年龄,即男孩为14岁,女孩则为12岁,后来这一年龄统一降低到7岁。警察常常将那些在街上闲逛的孩子们送到修道院接受天主教教育,这使新教徒更加看紧他们的孩子。1666年、1670年、1671年国王又先后颁布政令,规定新教学院不得再传播加尔文教义。政府用金钱奖励那些愿意放弃新教信仰的人,以此诱惑胡格诺教徒改宗。1679年国王下诏驱逐所有恢复原来信仰的改宗者,并将他们的财产充公。路易十四还限制胡格诺教徒可以从事的工作,包括高等职务以及下层人民的一些职业。此外,法国政府开始针

---

[1] R. J. Knecht, *The French Wars of Religion, 1559—1598*, Pearson Education Limited, 2010, p. 84.

对新教集会征收一些特别税,1682—1685 年间近四分之三的新教教堂被关闭。[1] 尽管如此,绝大多数胡格诺教徒仍然坚守信仰,改宗运动收效甚微。

1681 年,普瓦图(Poitou)的地方长官马里亚克(Marillac)在他的辖区派出龙骑兵,威逼胡格诺教徒改宗,他在给路易十四的报告中称,这一行动成功使 3.7 万名胡格诺教徒放弃新教信仰。[2] 虽难以确定马里亚克的这一政绩是否有夸大的成分,但这极大取悦了路易十四,他迅速将龙骑兵运用到其他地区的改宗运动中。龙骑兵被驻扎在胡格诺教徒家中,许多地方长官一味放任甚至鼓励他们的恶行,只为使更多胡格诺教徒改宗。一些胡格诺教徒在给友人的信中或回忆录中写下他们的惨痛遭遇,譬如一位叫让·克劳德(Jean Claude)的牧师就记录了龙骑兵迫害新教徒的种种残暴行径:"……龙骑兵将他们扔进大火中,直到他们一半身体都被烤到才拉他们出来;龙骑兵用绳子捆住他们的手臂,一次又一次地将他们扔入井中,如果他们不答应改宗,就不会拉他们上来;龙骑兵像捆罪犯一样捆他们并加以审问;就着这个姿势,龙骑兵用漏斗把酒顺着他们的喉咙灌下去,直到他们神智不清,士兵们再强迫他们承认皈依天主教;龙骑兵剥光他们的衣服,使他们受尽羞辱以后,再用针扎他们的身体;龙骑兵用折叠刀割他们,有时还用烧红的拔钉钳夹住他们的鼻子,把他们拖离房间……有些地方的龙骑兵还将新教家庭中的男人们绑在床柱上,当着他们的面强奸他们的妻女;在有些地方,强奸发生在公众场合,而且通常由许多人持续几个小时地实行……"[3]

---

[1] 参见 Roger Price, *A Concise History of France*, Shanghai Foreign Language Education Press, 2005, p. 72;威尔·杜兰,《路易十四时代》,东方出版社,2007 年;伏尔泰,《路易十四时代》,商务印书馆,1982 年;乔治·杜比,《法国史》,人民出版社,2011 年。

[2] W. J. Stankiewicz, *Politics and Religion in Seventeenth-Century France*, University of California Press, 1960, p. 196.

[3] Jean Claude, *An Account of the Persecutions and Oppressions of the Protestants in France*, Pierre Marteau, 1686, pp. 19—20, 转引自:Horton and Marie-Hélène Davies, *French Huguenots in England-Speaking Lands*, Peter Lang Publishing, 2000, p. 23.

面对这恐怖的暴行，有些胡格诺教徒断绝了新教信仰，皈依天主教，但大多数新教徒仍选择坚守信仰，有的人甚至以死来证明自己的虔诚。在龙骑兵实行宗教迫害的这段时期，已有不少胡格诺教徒逃到国外。

随着 1685 年 10 月 18 日《枫丹白露敕令》的颁布，路易十四的宗教专制主义达到了顶峰。这一敕令撤销了《南特敕令》所确认的宗教宽容，禁止法国全境实施"虚假的新教信仰"。它确立了宗教统一的国家策略，新教从此失去了合法地位，不肯放弃新教信仰的胡格诺教徒在法国也没有了任何容身之地。

《枫丹白露敕令》取消了新教徒在此之前取得的礼拜权利，如第二条条款规定"法国臣民不得在任何地方或房屋内集合起来进行礼拜"，第三条条款为"禁止所有贵族在家中或他们的封地内公开礼拜，违者将罚没财产或监禁"。路易十四还致力于从教育上彻底根除新教，譬如敕令第七条规定"禁止开设任何向孩子传授新教知识的学校"，第八条规定"新教徒必须送他们的子女接受天主教洗礼，否则将被罚没 500 利弗尔或更多财产"以及"新教子女必须接受天主教教育"。为阻止新教传播，路易十四决意驱逐新教牧师，如第四条规定"不愿改宗或者不愿皈依天主教或罗马教的新教牧师必须在敕令发布 15 天内离境"。①

路易十四虽然放逐新教牧师，但他却禁止胡格诺教徒离开法国，如第九条规定："我们明确、严厉地禁止任何新教臣民和他们的妻子、儿子离开法国或转移个人财产，违者要坐牢或被没收财产。"尽管面临巨大的风险，大多数胡格诺教徒为了能自由地践行新教信仰，还是毅然地踏上了流亡道路。

---

① 原文参见《枫丹白露敕令》英文版（the Edict of Fontainebleau or Édit de Fontainebleau of 18. 10. 1685)，出处网址：http：//eebo. chadwyck. com/search/full_rec? SOURCE=pgthumbs. cfg&ACTION = ByID&ID = 13659975&FILE =．．/session/1557202333 _ 22808&SEARCHSCREEN = CITATIONS&SEARCHCONFIG =var_spell. cfg&DISPLAY=AUTHOR.

三、胡格诺教徒向欧洲主要新教国家的迁移和融入

历史学家对这一阶段胡格诺移民总人数的估量不尽相同,查理·韦斯(Charles Weiss)认为胡格诺移民人数是 40 万,雷金纳德·拉内·普勒(Reginald Lane Poole)认为是 30 万。而学者们大多比较认可罗宾·格温(Robin Gwynne)的数据,他认为胡格诺移民在 17 万—18 万左右,而且他估算了迁移往英国、德国、荷兰等国家和地区的人数,即有 4—5 万人去了英国,5—6 万人去了荷兰,2.5—3 万人去了德国。[①]

由于加尔文宗教义符合资本主义精神,所以法国的胡格诺群体中有许多从事制造业的熟练工匠、商人,也有许多中小贵族和知识分子,他们掌握的知识、技能和才华使其成为欧洲新教国家竞相争取的对象。

为吸引胡格诺教徒,勃兰登堡-普鲁士、英国等都采取了相应行动,其中尤以勃兰登堡-普鲁士最为迫切。三十年战争以后,普鲁士的人口减少,经济萧条,陷入萎靡不振的境地,因此,它急需扩充人口,特别是引进技术性人才。《南特敕令》撤销后不久,勃兰登堡大选侯腓特烈·威廉(Frederick William) 就颁布《波茨坦敕令》(the Edict of Potsdam,1685年 10 月 29 日),赋予胡格诺移民诸多特权,吸引胡格诺教徒来此定居。《波茨坦敕令》承诺给予胡格诺移民合法地位,给予他们信仰新教、做礼拜和建教堂的自由,并保证在普鲁士全境向他们提供安全、自由的避难所,甚至允许他们建立胡格诺聚居区,拥有自己的行政机构和司法机构。在头 12 年中,政府免除了胡格诺移民交税、服兵役的义务,还为他们提供物资,支援他们的生活。[②]

[①] Horton and Marie-Hélène Davies, *French Huguenots in England-Speaking Lands*, Peter Lang Publishing, 2000, p. 39.

[②] Raymond A. Mentzer & Bertrand Van Ruymbeke, *A Companion to the Huguenots*, Brill, 2016, p. 263;参见《波茨坦敕令》原文,出处网址:http://www. huguenot-museum-germany. com/huguenots/edicts/04-a-edict-potsdam-1685. pdf。

在英国,除了强硬偏执的天主教君主玛丽一世①统治时期,信奉新教的英国一直以来都对法国胡格诺教徒持同情怜悯、甚至是鼓励欢迎的态度。因此,英国虽然不像普鲁士统治者那样大力吸引胡格诺教徒,但也还是很愿意法国新教徒迁移到它那里。《南特敕令》撤销之前,就有很多胡格诺教徒迁到那里,1685 年之后移民人数激增。

1689 年,威廉三世继承英国王位,为击败法王路易十四,抵制法国霸权,他积极拉拢胡格诺教徒。4 月,他推动议会发布了一项宣言,名为"鼓励法国新教徒迁移到我们国家的宣言",当中写道:"……我们在此宣布,所有法国新教徒都将在我们国家找到庇护所,都能进入我国,不仅他们自己能享受英国王室的保护,他们的家人和财产也能享有;我们也将尽力用合理的手段和方法支持、援助他们的生计。"②

这些鼓励措施被证实十分有效,大量胡格诺教徒被吸引,前往英国、普鲁士等国家和地区。除宗教政策以外,还有哪些因素会影响到胡格诺移民的目的地选择呢?一般来说,胡格诺教徒的迁移方式有海路和陆路两种,但无论采取哪种方式,为了降低风险,他们都会尽量选择距离较短的路径。因此,波尔多、拉罗歇尔、第厄普、鲁昂等城市的胡格诺教徒一般去往英国和美洲殖民地;马赛或尼斯的胡格诺教徒一般去往意大利的热那亚、都灵以及瑞士的日内瓦;多菲内、普罗旺斯、朗格多克、塞汶等法国南部地区的胡格诺教徒会前往信奉新教的瑞士;勃艮第、香槟、洛林-梅斯等法国东部边境地区的胡格诺教徒迁往德意志国家(莱茵河畔)和荷兰。就业的考虑也是他们选择这些城市的一大原因。

譬如在英国,胡格诺移民主要分布在较大的城市,如伦敦和多佛尔、朴茨茅斯、南安普顿、普利茅斯等港口城市。在首都伦敦,斯毕塔菲尔德(spitalfield)、贝思纳尔(Bethnal)、苏活区(soho)是主要的胡格诺聚集

---

① 玛丽一世,亨利八世之女,1553 年—1558 年在位,是极其坚定的天主教徒,因对英国新教徒的残忍屠杀而被称为"血腥玛丽"。
② 宣言原名为:By the king and Queen, A Declaration for the Encouraging of French Protestants to Transport Themselves into this Kingdom,来源:Early English Books Online。

地,其中最有名的是斯毕塔菲尔德市场。在这里定居的主要是来自图尔和里昂的胡格诺纺织工人,他们建立起与法国一般无二的纺织业,为英国带来大量质量上乘、时髦精致的丝织物;在勃兰登堡-普鲁士,政府为胡格诺移民圈出的定居地有施滕达尔、拉特诺、奥德河畔法兰克福、马格德堡、哥尼斯堡等。当然,胡格诺移民有选择在以上哪一地方定居的权利;迁移到荷兰的胡格诺移民相对富裕,首都阿姆斯特丹以及鹿特丹、海牙是他们主要的聚集地。

逃亡之路充满艰险,富裕家庭能相对轻松一些。胡格诺家庭通常不会聚在一起逃亡,他们会分成几拨,白天藏身于谷仓或洞穴之中,只在夜晚趁着黑暗的掩护赶路,必要时他们还伪装成农民或士兵逃过守卫的岗哨。[1]有些胡格诺教徒通过贿赂商船或海关得以逃脱,有时他们也能得到荷兰、英国商船以及法国士兵们的帮助。

胡格诺移民对定居国经济和技术的发展作出了重要贡献。在经济和手工业发展上,大批胡格诺教徒的离去是否使法国经济承受了巨大损失?对这个问题学者们仍抱有不同看法,但他们普遍达成共识,即胡格诺移民促进了其定居国的经济发展,尤其是在制造业方面。许多著作都赞誉了胡格诺对定居国的经济贡献。威尔逊指出,"没有任何人反驳荷兰北部、英国和普鲁士从熟练的、机智的……胡格诺移民那里得到的巨大的、决定性的收获"[2],即使像瑟谷-杜培龙(Ségur-Dupeyron)这样认为胡格诺移民对英国和荷兰影响不大的研究者,仍承认他们"在德国制造业领域取得了无可置疑的成功"[3]。

流亡的胡格诺教徒虽然不过 20 万人,但是其主体部分本来就是商

---

① Elie Benoist, *Histoire de L'Edit de Nantes*, Dutton, 1694/5, Vol. 3, Part 2, 948ff; Samuel Miles, *The Huguenots: Their Settlements, Churches, and Industries in England and Ireland*, Clark Edinburgh, 1869, p. 248.

② 转引自 Erik Hornung, "Immigration and the Diffusion of Technology: The Huguenot Diaspora in Prussia", *American Economic Review*, Vol. 104, No. 1, 2014, p. 86。

③ Warren C. Scoville, "the Huguenots and the Diffusion of Technology", *Journal of Political Economy*, Vol. 60, No. 4, 1952, p. 404.

人和工匠,法国至少一半的制造业都在"新教徒"或者"改宗者"手中。[1]
当工厂主离开时,他们的雇员也会选择追随,并会带走大半的纺织机器,
尤其是在里昂、图尔等制造业重镇。据历史学家们的统计,图尔的 4 万
名雇员只有 4000 名留下,织机由 8000 架减少到 1200 架,里昂的 1.8 万
架织机则只剩下 4000 架[2],都兰的 400 家制革厂只有 54 家留在法国,
700 家丝绸制造厂有 630 家离开,香槟省的 1810 架织机只有一半被
留下。[3]

在 17 世纪,纺织业依靠的主要还是人力,流入英国和普鲁士的大批
工匠是一支庞大的劳动力大军,这已经为英、普两国的工业发展增加了
筹码,更不用说胡格诺工人和专业人员带来的各种技术。

仅从进出口总值的变化就可以看出胡格诺移民对英国经济的影响。
《南特敕令》之前,英国从法国的进口总值远远超过英国向法国的出口总
值,但这种不平衡的进出口贸易在胡格诺移民进入英国以后得到扭转。
塞缪尔·福特雷(Samuel Fortrey)列举了 1683 年英国从法国进口的物
品清单,其中主要有里昂生产的天鹅绒、缎子,图尔生产的丝绸、塔夫绸,
巴黎、鲁昂和里昂制造的海狸帽和毡帽,布列塔尼和诺曼底生产的亚麻
布等等,这一年进口的法国物品总值为 254 万英镑,当中纺织品就占到
51.2%,其余则是纸张、葡萄酒和一些家庭用品等。[4] 到了 1723 年,(相
比于 1683 年)英国向法国进口的丝织品总值下降了 60 万英镑,海狸帽、
玻璃器皿和时钟的总值下降了 22 万英镑,纸张的总值则下降了 9 万

---

[1] Henry M. Baird, *The Huguenots and the Revocation of the Edict of Nantes*, I, Charles Scribner's Sons, 1895, pp. 369—371.

[2] M. Charles Weiss, *History of the French Protestant Refugees*, I, Stringer and Townsend, 1854, pp. 116—117.

[3] Horton &Marie- Hélène Davies, *French Huguenots in English-Speaking Lands*, Peter Lang Publishing, 2000, p. 99.

[4] Joanne Patsy Guitteau, "Influence of the Huguenot Refugees on English Manufactures", *The Social Studies*, Vol. XXXIII, No. 6, 1942, pp. 266.

英镑。[1]

关于胡格诺教徒对普鲁士经济的长期影响,埃里克·霍尔农(Erik Hornung)通过研究 1700 年胡格诺移民的定居情况以及 1802 年 750 家纺织业生产值的企业数据,指出"那些有较高比例胡格诺技术移民的城镇在 1802 年创造出更高的生产总量,运用的技术也更多",而且,他提出,这意味着这种长期影响主要是由于胡格诺熟练工匠与本地人的技术交流与知识转移带来的。[2]

18 世纪中叶,一位名叫贝克曼(Bekmann)的德国人在普鲁士国王的命令下,列出胡格诺移民带来的 46 项专业技能,所有这些技能对普鲁士来说都是全新的知识,例如给纺织物染色的特殊方法,棉布印花技艺,针织品织机,丝绸纺织技术等等。[3]在英国,胡格诺移民也带来一些新鲜事物,譬如加捻丝线的新方法,制作印花棉布的技艺,用蜡将棉布漂白的技艺,美化飞边(白色轮状皱领)和羊毛制品的技术等等,而且胡格诺移民改进了英国已有的制造丝绸、天鹅绒、毛织品、蕾丝、帆布、长袜等的方法,带来了新的纹样设计和图案。[4] 来自诺曼底和皮卡第的胡格诺移民将制作冕玻璃、铸板玻璃和镜子的方法引入英国。

从短期来讲,胡格诺移民在定居国创办的工厂和小规模制造业也促进了这些行业的繁荣。在英国伦敦,大批胡格诺纺织工人在斯毕塔菲尔德市场安身立命,他们按照里昂和图尔的模式,在这里重新建立起纺织工业,他们生产大量优质的光亮绸、天鹅绒、塔夫绸等,而克里斯托弗·博杜安(Christopher Baudouin)、詹姆斯·勒芒(James Léman)等一些著

---

[1] David Macpherson, *Annals of Commerce*, II (London: Printed for Nichols & Son, and Others,1805), 12, p. 609.

[2] Erik Hornung, "Immigration and the Diffusion of Technology: the Huguenot Diaspora in Prussia", *American Economic Review*, Vol. 104, No. 1, 2014, pp. 84—85.

[3] Erik Hornung, "Immigration and the Diffusion of Technology: the Huguenot Diaspora in Prussia", p. 94; Samuel Smiles, *The Huguenots: Their Settlements, Churches, and Industries in England and Ireland*, p. 258.

[4] Horton & Marie-Hélène Davies, *French Huguenots in English-Speaking Lands*, Peter Lang Publishing, 2000, p. 95.

名胡格诺设计师为这些丝织品设计的色彩和纹样保证了它们的受欢迎程度。在英的胡格诺移民还开创了薄绢和光亮绸的制造业,例如1692年开办的王家光亮绸合资公司以及伦敦的三家胡格诺移民制造厂——朗松(Lanson)、马里斯科(Mariscot)、蒙索(Monceaux)。除此以外,移民们还在伊普斯威奇建立生产亚麻细布的工厂,在埃克塞特建立生产挂毯的工厂,在汉普郡建立制造纸张的工厂。

在胡格诺移民到来之前,英国就已经有制造纸张的工厂,但它们制造的是"浅褐色"的普通纸张,纸质比较粗糙,没有多少竞争力。胡格诺移民带来改良过的纸模型以及制作、加工纸张的秘方,这为英国的白纸制造业注入了活力。1685年,移民在伦敦建立了第一所造优质白纸的工厂,其他厂子也陆续在肯特、梅德斯通、达伦特等地开设,最有名的一家由亨利·德·波塔尔(Henry de Portal)创办。①

经历了30年战争的普鲁士损失惨重,它的许多城镇都呈现荒废状态,经济也停滞不前。胡格诺移民不仅充实了这些地方的人口,而且开办纺织厂、制革厂、玻璃制造厂、毛织品商店等,促进了当地制造业的发展。②

总之,胡格诺移民对英国和普鲁士的经济影响是持续且长期的,即使很多学者对这一影响的程度持保守态度,但不可否认的是他们传播了很多技术及知识,使定居国因此受益。

其次,他们的贡献也体现在军队和军事建设上。法国军队也有很多胡格诺军官和士兵逃离,他们或前往荷兰,投入威廉亲王麾下,或到普鲁士军队中服役。法国本身意识到了这种人员流失,著名将领沃邦(Vauban)就曾向路易十四提交过一份简报,惋惜海军失去8000—9000名水手,陆军失去1万—1.2万名士兵,其中包括500—600名军官,并恳

---

① 参见:Warren C. Scoville, "The Huguenots and the Diffusion of Technology. I", *Journal of Political Economy*, the University of Chicago Press, Vol. 60, No. 4, 1952, p. 303。

② Warren C. Scoville, "The Huguenots and the Diffusion of Technology. II", *Journal of Political Economy*, the University of Chicago Press, Vol. 60, No. 4, 1952, pp. 398—405.

求国王召回胡格诺教徒。[①]

　　荷兰执政威廉非常重视这些胡格诺教徒。一是胡格诺军官掌握着法国的军事训练方法和一些先进的军事技术;二是法国胡格诺教徒的遭遇使他们的斗志高昂,有利于取胜;三是路易十四迫害新教徒的行为引起公愤,在反法同盟的军队中启用胡格诺士兵,能起到极好的宣传作用。

　　在与詹姆斯二世在爱尔兰决战前,威廉特意组建了四个由胡格诺移民组成的军团,有一个为骑兵军团,专门保护著名的胡格诺将领弗里德里希·赫尔曼·冯·朔姆贝格(Friedrich Herman von Schomberg)。骑兵团的指挥官是另一著名胡格诺军官戈尔韦公爵(Lord Galway)。剩下的三个为步兵军团,其指挥长官分别是弗朗索瓦·杜·康邦(François du Cambon,他后被马尔通伯爵取代)、夏尔·马叙·德·拉卡耶莫特(Charles Massue de La Caillemotte)和米尔蒙(Miremont)。1694 年,戈尔韦公爵又建立起两个胡格诺军团。

　　塞缪尔·斯迈尔斯对这几个胡格诺军团的人数作出了大概的估算:

胡格诺军团	连队号	军官(人)	非委任军官(人)	列兵(人)	总数(人)
戈尔韦的骑兵团	9	113	45	531	689
米尔蒙的骑兵团	8	74	144	480	689
马尔通的步兵团	13	83	104	780	967
拉梅隆尼埃尔的步兵团	13	83	104	780	967
贝尔卡斯泰勒军团	13	83	104	780	967
		436	501	3351	4288

　　表 1　来源:Samuel Smiles, *The Huguenots : Their Settlements, Churches ,and Industries in England and Ireland*, London: Clark Edinburgh, 1869, p. 217.

　　在这些军官当中,地位最高、影响最大的是朔姆贝格。他在普鲁士

[①] George A. Rothrock, *The Huguenots : A Biography of Minority*, Chicago: Nelson Hall, 1979, pp. 139—140. 转引自 Horton and Marie-Hélène Davies, *French Huguenots in England-Speaking Lands*, Peter Lang Publishing, 2000, p. 98。

担任陆军元帅和枢密院委员,后又参与了在爱尔兰展开的多场战役。他曾领导 5300 名步兵和 600 名骑兵在大同盟战争期间与法军对峙于莱茵河下游,他的二儿子和小儿子也为勃兰登堡服役,与法国军队作战。1688 年荷兰执政威廉登陆英国时,朔姆贝格就跟随在威廉身边。

胡格诺军官和士兵前往的另一目的地是勃兰登堡-普鲁士,根据统计,大概有 600 名军官和 1000 名士兵来到这里。与威廉三世建立纯胡格诺军团不同,来到勃兰登堡-普鲁士的胡格诺教徒基本被吸收进本国军队中,其中有瓦伦(Varennes)的步兵团、布里格矛(Briquemault)的胸甲骑兵团和步兵营以及古尔诺(Cournaud)的营地。大选侯还建立了两个由胡格诺贵族组成的连队,一共 120 人,戍守在普让兹劳(Prenzlau)和弗滕沃德(Fürstenwalde)。胡格诺军士随部队戍守到地方,这些据点基本均匀分布在莱茵河下游地区。①

相比于勃兰登堡军队中的贵族子弟,法国军官受过更专业的军事训练,受教育水平也更高,他们为勃兰登堡军队带来一些军事训练的方法和军事技术。这些胡格诺军官一般都是军校生(Cadets),由此这种将没有继承权的贵族子弟培训成军事长官的模式被他们引入勃兰登堡。胡格诺移民带来了在本地人口中建立军队这一模式,1701 年,勃兰登堡发布有关建立国民军的王家法令。除此以外,同时法国士兵和军官还把法国军械工人布儒耶发明的燧发枪以及法国陆军元帅沃邦发明的套筒式刺刀引入普鲁士。②

值得一提的是胡格诺派军事工程师,他们主导了勃兰登堡-普鲁士的防御工事建设,譬如加垭(Cayart)参与建设了柏林的朗根大桥(Langen Brücke),博特(Jean de Bodt)领导了威克塞勒(Wexel)、古斯丹(küstin)、科贝格(Kolberg)、德斯登(Dresden)、科尼格斯滕(Königstein)

---

① Matthew Glozier & David Onnekink (eds.), *War*, *Religion and Service*, *Huguenot Soldering*, *1685—1713*, Ashgate Publishing, 2007, pp. 149—150.

② 参见柯春桥主编《世界军事简史》,解放军出版社,2015 年,第 103 页;军事科学院世界军事研究部编:《世界军事革命史》,上卷,军事科学出版社,2012 年,第 216 页。

等地的防御工事建设,还曾主持建造了柏林的一家兵工厂。①

宗教迫害的经历使胡格诺士兵在战场上表现出非凡的勇气和战斗力,他们每次作战时都冲在最前面,每次都坚持战斗到最后一刻,他们在爱尔兰、佛兰德尔、西班牙都留下了英勇战斗的事迹。在利默里克,反法同盟的军队遭围困,康邦领导的胡格诺骑兵团原本有77名军官,最终只有6人活了下来;1706年,胡格诺军团用刺刀与法国龙骑兵拼杀,他们之中只有一半得以幸存;在波恩河战役中,朔姆贝格用新教徒受迫害的经历鼓舞士气,胡格诺因此拼命战斗,最终他们取得了这场战役的胜利。②

胡格诺移民的涌入使英国、勃兰登堡的经济焕发新的活力,他们的人力资源、技术、经验和勤恳的工作态度刺激了两地的制造业——特别是纺织业——的发展。法国的丝织物生产在当时的欧洲处于较为领先的地位,且胡格诺教徒在国内本就承担着大部分的生产工作。他们的出走不仅使法国遭受了巨大损失,还为法国的敌对国带去了他们向往已久的技术和人才。因此,胡格诺移民的出走在一定程度上减弱了法国在欧洲的经济优势。胡格诺军官和士兵为法国的对手服役,与法国在战场上正面对峙,阻碍了路易十四在欧洲推行霸权的行动。虽然胡格诺熟练技工因抢占了当地工人的就业机会而遭到他们的抵制,但总体来说,胡格诺移民为定居国的经济作出了重大贡献,成功地融入了当地的生活,这使得他们有条件在这里从事思想文化活动,展开对法国绝对主义的反击。

第三节　胡格诺移民对法国文化的影响

一、胡格诺移民反绝对主义的宣传

研究启蒙运动的著名学者乔纳森·伊斯雷尔(Jonathan Israel)写道:

---

① Matthew Glozier & David Onnekink (eds.), *War*, *Religion and Service*, *Huguenot Soldering*, *1685—1713*, Ashgate Publishing, 2007, pp. 151—152.

② Robin Gwynn, *Huguenot Heritage: the History and Contribution of the Huguenots in Britain*, Sussex Academic Press, 1985, 2011, pp. 183—201.

"定居荷兰的胡格诺知识分子对路易十四的反抗,是政治、文化、神学和哲学上的全面反抗,它的武器不是枪而是思想、报纸、小册子、杂志、书籍和书籍贸易。"①胡格诺移民因遭受宗教迫害而站到路易十四的对立面,但他们反对的却不仅仅是路易十四的宗教统一政策和强制改宗行为,还包括蕴含在这一举措背后的绝对主义意识形态。胡格诺知识分子、书商和出版商运用宣传画、小册子、书籍等各种媒介来表达他们的抗议,这既挑战了路易十四企图推行霸权的行为,又推动了欧洲反绝对主义舆论以及宽容思想的发展。

首先,他们进行丑化路易十四的宣传。路易十四的宗教专制主义和侵略扩张行为不仅引起流亡胡格诺教徒的不满,荷兰的一些知识分子也十分愤慨,他们一拍即合,尝试破坏路易十四打造光辉君主形象的努力。荷兰画家创作的讽刺性版画通过胡格诺教徒的联系网得以广泛传播,他们与路易十四的"图像战"正式打响。在众多讽刺性肖像画中,影响最大的是荷兰著名画家罗梅因·德·胡奇(Romeyn de Hooghe)和科尼利厄斯·杜萨特(Cornelius Dusart)的作品。

胡奇的作品可以分为两类:第一类描述胡格诺教徒在法国国内饱受龙骑兵迫害和被迫流亡的经历,第二类则是以"小丑德奥达"为主题直接讽刺路易十四,丑化路易十四形象的作品。

胡奇的宗教迫害画主要描绘了龙骑兵对新教徒施行暴力的场面,他下笔辛辣大胆,将龙骑兵残忍、血腥的迫害行为赤裸裸地展现出来,以求最大程度激起人们对法国政府实行宗教迫害的憎恶、愤怒以及对法国胡格诺教徒的怜悯之情。譬如图1中,龙骑兵正用大漏斗向一名新教男子口中灌水,后者的腹部高高鼓起,仿佛下一刻就要肚皮爆裂而死,被逮捕、砍杀以及绑缚在柱子上的新教徒无一不是惊慌失措、仓皇可怜,他们的书籍和房屋燃起熊熊大火,加深了这一苦难的程度,而最激起人恻隐之心的是画面下方那几个趴躺在地上、无人照看的孱弱婴孩。又如图2,

---

① Jonathan I. Israel, *Enlightenment Contested : Philosophy, Modernity, and the Emancipation of Man*, *1670—1752*, Oxford University Press, 2006, p. 29.

士兵们正在殴打和残害胡格诺教徒,而这一切都发生在路易十四的画像前,画家借此暗指路易十四是镇压新教徒的幕后主使。

图1:胡奇描绘的迫害胡格诺教徒的场景
来源:德国胡格诺移民博物馆。
http://www.huguenot-museum-germany.com/huguen ots/galleries/romeyn-de-hooghe/008 - hooghe-tirannien.php

图2:胡奇描绘的迫害胡格诺教徒的场景
来源:德国胡格诺移民博物馆。
http://www.huguenot-museum-germany.com/huguenots/galleries/romeyn-de-hooghe/210 - hooghe-tirannien.php

胡奇还将胡格诺在流亡路上的艰险和苦难收入画笔之下,这些画作表现出胡格诺教徒为信仰自由而不惜背井离乡的抗争精神,有助于激起人们对胡格诺教徒的敬佩之情。

他的第二类画作则更直接地指向路易十四本人,在这一系列画作中他将路易十四刻画成一个绰号为"小丑德奥达"(Arlequin Déodat)的反面角色。[1] 这一滑稽的丑角与法国政府竭力塑造的路易十四形象针锋相对。无论是画作、雕塑还是纪念章,法国官方宣传品描绘出的路易十四都是高大伟岸、战无不胜的君主,譬如在御用画家亚森特·里戈那副著名的肖像画中,路易十四右手撑着象征君权的节杖,腰间戴着查理曼的佩剑,姿势傲慢而不可一世,仿佛在向世人炫耀他至高无上的地位。关于路易十四的雕塑则主要表现他在战役中取得胜利的场景,且竖立在法国主要城市或他所攻占的外国城市中。[2] 可以看出,法国官方宣传的核

---

[1] Arlequin 在法语中的意思是"滑稽演员、小丑"。而路易十四的中间名是 Dieudonné,意为"上帝的赠予",胡奇使用"Déodat"作为人物的名字显然蕴含嘲讽之意。

[2] Peter Fuhring, Louis Marchesano, Rémi Mathis & Vanessa Selbach (eds.), *A Kingdom of Images*, *French Prints in the Age of Louis XIV, 1660—1715*, Getty Research Institute, 2015, pp. 54—87.

心主题就是彰显路易十四的绝对权力,罗杰·普赖斯将之称为"权力肖像学的建设",表现出"对君主制的崇拜"。[①]

与之形成鲜明对比的是,小丑德奥达是一个阴险狡猾、急切传教,甚至有些精神失常的天主教徒和滑稽角色,他身上体现的所有病态元素都是对法国官方宣传的回应。

在"美丽的康斯坦斯被小丑德奥达威逼"(图 3)中,他以看似谦卑的姿态向象征新教徒的少女传教,脚边却匍匐着恶犬,随时准备攻击她,这很可能指代龙骑兵。附文指出,感到威胁的少女转而寻求荷兰执政威廉(她左侧的男人)的保护。在这幅画中,新教徒明显是一个无辜受害者的形象,小丑德奥达的奸诈阴险、反复无常都被画家表现得淋漓尽致,而荷兰执政威廉则是一位正义的骑士,充当了新教徒的保护者。

图 3:美丽的康斯坦斯被小丑德奥达威逼,1689 年

来源:Tony Claydon, Charles-Édouard Levillain (eds.), *Louis XIV Outside in: Images of the Sun King Beyond France*, 1661—1715, Ashgate Publishing,2015,p. 153。

[①] Roger Price, *A Concise History of France*, Shanghai Foreign Language Education Press, 2005, p. 70.

在题为"基督教十字军东侵途中骑着鹫头马身怪物①的小丑"图片中,他与英王詹姆斯二世共戴一项巨大的耶稣会帽子,发动对低地国家的征伐,他手中的信号旗上写着"反对教皇和异端的圣战",盾牌上也有象征基督教的"IHS"标志,这些都体现了他们狂热的传教和侵略欲望;另外,德奥达的一条腿是假腿,附文解释说这是因为他"什么都缺",这表明了画家对他扩张行为的讥讽。

在题为"小丑德奥达和忧郁症患者巴米拉日"②图片中,他被医生判定为患有忧郁症的精神失常的病人。画面后方的拱门上有两个圆盘,左边的为"1689 年在阳光下的男人",右边的为"1681 年在月光下的男人",Lunatic(疯狂的;疯子)一词的词源就是 Luna(拉丁语中的月亮),画家在这里暗指路易十四是一个精神错乱的人,而正是从 1681 年起路易十四开始启用龙骑兵迫害新教徒。柱廊上的两个半身像分别标记着"疯癫"和"狂怒"。③

在题为"摇摇欲坠的王朝"一图中,德奥达的形象更加不堪,他光着下半身坐在一个地球仪上,所戴穆斯林头巾上的太阳装饰表明了他的身份。一位荷兰人正在用巨大的针筒给他灌肠,针筒上写着"1674 年的灌肠剂",而这一年正是路易十四从荷兰领土撤退的时间。画家通过这种方式让路易十四尊严尽失,这与路易十四无所不能的君主形象形成强烈对照。画面左侧,一头英国独角兽意图将巴米拉日(即詹姆斯二世)掀翻,背景中,英国贵族和军队用盾牌将奥兰治威廉抬在空中,想要称他为王。画家将德奥达放置在一个球体上,又描绘出英国的政局变动,可以看出,画家认为法国专制王权随时有倾覆

---

① 画面中虽为一只驴子,画的标题却将其称为"hypogryph",即鹫头马身的怪物。意大利文艺复兴诗人阿里奥斯托在他著名的长篇骑士史诗《疯狂的罗兰》中描绘了这种怪物,它是希腊神话中的狮鹫与母驴杂交的产物。

② 巴米拉日(Pamirage)一名是排字工人的失误,后更正为巴汝奇(Panurge),即拉伯雷《巨人传》里的一个丑角。胡奇有时用这个名字指代詹姆斯二世,有时又用它来指代法国王子。

③ Tony Claydon，Charles-Édouard Levillain (eds.)，*Louis XIV Outside in : Images of the Sun King Beyond France*，*1661—1715*，Ashgate Publishing Limit，2015，pp. 138—152.

的可能。通过提及英国民众的态度,画家暗指这种专制主义的统治不得民心,从而也不可能稳定。

"小丑德奥达"系列宣传画到底传达出怎样的观点?确凿无疑的是,胡奇同情胡格诺教徒,反对路易十四的宗教迫害行为,这在"美丽的康斯坦斯被小丑德奥达威逼"一画中体现得十分明显。作为荷兰人,胡奇还谴责路易十四的侵略行为,根据"摇摇欲坠的王朝"一画可以看出,他支持威廉入主英国,对路易十四的专制统治也并不看好。胡奇将路易十四塑造成一个小丑、疯子、暴君和宗教狂热者,抹黑了他的君主形象,在当时仍广泛实行君主制的欧洲,这些版画造成了极强烈的视觉冲击。

那么,胡奇画作的宣传效果又如何?版画使用法语标题和荷兰语的正文,这表明胡奇不仅面向荷兰民众,还面向整个欧洲——包括法国民众。胡格诺移民将这些版画运入法国,它们得以在法国秘密流传。历史学家一致同意它们为威廉成功入主英国营造了很好的舆论氛围。

为回应《南特敕令》的撤销,杜萨特和雅各布·戈莱(Jacob Gole)于1691年创作了名为《路易十四指挥下神圣联盟的英雄们,抑或修士的队伍,迫使法国新教徒改宗》(*Les Héros de la Ligue, ou la Procession Monacale, Conduite par Louis XIV, pour la Conversion des Protestants de Son Royaume*)的画集,画集中包含23幅肖像画,刻画了路易十四及其党羽无情、可憎的面目,谴责他们用暴力迫害新教徒改宗的残忍行为。[①] 打开画集,最先看到的就是路易十四的肖像(见图4):为了使读者直接联想到路易十四,画家将他的脸部描刻成太阳的形象,同时这也体现了画家对他得意洋洋自称"太阳王"的讥讽;"他"手持一个燃

---

① 参见:Thomas Wright, *A History of Caricature and Grotesque in Literature and Art*, Virtue Broth, 1865, p. 358; James Parton, *Caricature and other Comic Art in all Times and Many Lands*, Harper&Brothers, 1877, p. 117; Laurent Baridon, Martial Guédron (eds.), *L'art et L'histoire de la Caricature*, Citadelles&Mazenod, 2015, pp. 60—66; Hendrik Ziegler, *Louis XIV et Ses Ennemis*, *Image, Propagande et Contestation*, Presse Universitaires de Vincennes, 2013, p. 142.

烧的火把,正在冒出浓浓黑烟,间接指向他在战争中和镇压新教徒行动中的残忍行径;而"他"兜帽顶上的土耳其新月和脖颈间戴的骑士团十字架体现了画家指责他不是一个真正基督徒的隐喻。画作下的诗集可以帮助我们进一步理解画家的真意:"我的太阳光以它的力量照亮了异教徒,一下子驱散了加尔文教的迷雾,但这不是出于神圣的热情,而是为了掩盖我狡猾的政策。"

图 4

来源:Dusart & Jacob gole, *Les héros de la ligue, ou la procession monacale, conduite par Louis XIV, pour la conversion des protestants de son royaume*, Bnf, Gallica.

另有一副匿名作品(见图5)流传甚广,这幅画作描绘新教徒在手持长枪、凶神恶煞的龙骑兵武力威胁之下,战战兢兢地签署了背弃新教信仰的改宗誓言。画面右上方的方框为观者点出了本画的主题:"根据路易大帝传达的命令,我们的新使命是使法国全境的异端改回天主教信仰。"根据龙骑兵左边的那句"使我皈依的人非常强大"以及胡格诺教徒身边的那句"武力超越了理性",可以看出这位新教徒的改宗迫于无奈、违背本心。

图5:龙骑兵强迫胡格诺教徒改宗

来源:https://www. akg-images. de/CS. aspx? VP3 ＝ SearchResult&ITEMID ＝ 2UMDHUNVK6PS&LANGSWI ＝ 1&LANG＝English

尽管科贝尔建立的治安委员会(Le conseil de Police)严厉审查这类讽刺画,这些在荷兰出版的版画还是大量流入法国境内,承担这一运输工作的正是在荷兰避难、享有宽松出版自由的胡格诺移民。① 当时的艺术评论家儒勒·尚弗里(Jules Champfleury)将荷兰版画涌入法国比作"一阵纸张的旋风、一场纷乱的异动,模糊了天空,几乎像草蜢入侵东方国家一样稠密"。②

除积极传播讽刺性版画以外,胡格诺移民还发表了一系列小册子,

---

① Robert Justin Goldstein, *Censorship of Political Caricature in Nineteenth-century France*, Kent State University Press,1989,p. 90.

② Jules Champfleury, *Histoire de la caricature sous la Réforme et la Ligue*, *Louis XIII à Louis XVI*, Ressouvenances,2010,p. 256.

控诉法国迫害新教徒的恶行,其中包括《法国新教徒谦卑地请求法王取消夺走他们七岁孩子的宣言》《一位品质良好的绅士真诚讲述的法国普瓦图省新教徒所遭受的可怕迫害》《有关法国的三位女新教徒遭受野蛮对待的奇异却真实的叙述:以及她们逃亡英国的精彩过程》《给炫耀迫害新教徒恶行的萨瓦教会牧师的一封信》,等等。① 这些册子讲述了胡格诺教徒遭遇的苦难经历,其主要目的是为了博取定居国的同情,从而向英王和议会申请特权。② 然而,类似的小册子也让欧洲的民众深切直观地感受到宗教迫害的残酷,在某种程度上这也是对路易十四的负面宣传。这些小册子起到的效果非常明显《南特敕令》刚撤销之际,英国议会号召教会和民众为胡格诺教徒捐款。根据 1687 年的一份救济委员会报告,这一年有 1.55 万名移民被救助。③ 可以推测,议会的热情援助与当时舆论对胡格诺移民的同情态度有关,而胡格诺移民的小册子显然是促成这一舆论的重要推手。

胡格诺移民是路易十四暴政的直接受害者,因此他们对这段经历的叙述是最有力的武器。胡格诺移民使用讽刺画和小册子,宣传路易十四的暴行,破坏路易十四塑造绝对君主形象的努力。绝对君主形象的塑造本就是路易十四绝对主义事业中的重要一环,彼得·伯克的研究指明了这种官方宣传的政治意义,因此,胡格诺移民大力宣传这一类贬低路易

---

① *Humble Petition of the Protestants of France to the French King*, *to Recall his Declaration for Taking away their Children from the Age of Seven Years* (London, 1681); *The Horrible Persecution of the French Protestants in the Province of Poitou Truly Set Forth by a Gentleman of Great Quality* (London, 1681); *A Strange but True Account of the Barbarous Usage of Three Young Ladies in France for Being Protestants : with A Relation also of Their Wonderful Escape thence into England* (London, 1681); *A Letter from Rochel France : to MR. Demeure*, *one of the French Ministers at the French Church in the Savoy*, *Shewing the Intolerable Persecution that are there Exercised against Them* (London, 1681).

② Raymond A. Mentzer & Bertrand Van Ruymbeke, *A Companion to the Huguenots*, Brill, 2016, p. 269.

③ Samuel Miles, *The Huguenots : Their Settlements*, *Churches*, *and Industries in England and Ireland*, p. 249.

十四的讽刺画，并不只是针对路易十四本人，而是意图打击他所代表的法国王权，抵制绝对主义制度。这些讽刺画斥责路易十四是一个打着基督教旗号的不信教者、侵略者、暴君，甚至精神病患者，这都是对路易十四实际举措的攻击和批评。荷兰作为法国的敌对方，攻击法国君主也是为了支撑自己在战争中的合法性，从而在舆论上取得优胜地位，而胡格诺移民的配合使这一宣传策略更具杀伤力。路易十四的侵略行为和扩张主义都使欧洲各国提高了警惕。

然而，讽刺路易十四的版画与绝对主义制度之间的联系并不直接，胡格诺移民需要更强大的武器来表达他们对绝对主义的态度和看法，有效地打击法国的绝对主义，他们运用的武器就是——小册子和书籍。其中就有声援卡米扎尔起义的小册子。

上文提到，胡格诺教派自诞生之初就有民主因素，而在宗教战争后期，即 16 世纪 70 年代，胡格诺教派的反暴君思想进一步发展成理论。这一时期以奥特芒、贝兹和莫尔奈为代表的神学家提出了"以人民主权、社会契约和反暴君论为核心的社会政治理论"。[1]　这种反暴君的传统为胡格诺移民承袭，他们在法国爆发卡米扎尔起义之后积极发表小册子，阐述法国君主的暴行以及反抗他的合理性，呼吁法国新教徒用实际行动反抗他们的君主，这实实在在地威胁到了法国的统治。

1702 年，塞汶山区和下朗格多克地区的胡格诺教徒因不满当地主教的暴行而发动叛变，史称"卡米扎尔起义"（Camisards），这原本是法国国内的一次起义事件，但在胡格诺移民的积极宣传下，它逐渐成为英、荷等欧洲国家密切关注的问题，后者认为法国新教徒起义的成败关系着欧洲的力量平衡，这也正是胡格诺派小册子作者努力向他们强调的观点。

塞汶山区的起义军也利用了宣传的力量。1703 年 3 月 15 日，卡米扎尔起义军发表法语、德语版本的《塞汶山区居民宣言》，试图以此得到

---

[1] 参见王加丰《法国宗教战争与欧洲近代政治思想的产生》，《世界历史》，2000 年第 5 期，第 60 页。这三位神学家的代表作分别是奥特芒《法兰克-高卢》（1573 年）、贝兹《法官的权利》（1574 年）、莫奈《为反抗暴君的自由辩护》（1579/1581 年）。

欧洲国家的支持。他们讲述法国新教徒经受残酷宗教迫害却始终顺从国王的历史,指出新教徒如此的顺从引人钦佩,但君主仍然选择站在人民的对立面,"因此我们可以断言这是一个暴君的统治,一个不遵守正义、理性和人道的军事政府"。为了反对暴政,他们号召"所有善良的法国人都必须反对它,直到在整个王国中建立起和平与正义",并且谦卑地请求"所有相邻并且同仇敌忾的国王、亲王、统治者以及国家、民众和一切信奉基督教的人帮助我们拒绝如此不正义的统治,如果我们不制止它的暴力和残忍,整个欧洲都将屈从于它"。① 1703 年,匿名作者在海牙、柏林和伦敦发表《塞汶山区的情况及说明》,声称"在塞汶山区的新教徒以决心和无畏忍受了 17 年最为残酷、野蛮的迫害之后,如今上帝终于将武器交到了他们手中"。②

在英国和荷兰的几位著名胡格诺移民用法语、德语、英语等多种语言发表小册子,报告塞汶山区的情况,指出起义的合法性,并呼吁欧洲新教国家支援起义。

胡格诺作家阿贝尔·布瓦耶在他的作品——《给予塞汶山区新教徒以迅速、有效支援的合法性、光荣和益处》中,首先指出法国国王的暴虐行为引起了人民的反抗,因此反对他的统治合乎上帝的意愿;"法国国王在毫无正当理由的情况下侵入了邻国领土,暴力镇压和迫害自己的子民,他的'傲慢和无限制的野心'似乎挑起了上帝的怒火,将遇到衰落的危险……惩罚邪恶之人、击败高傲之人以及拯救被压迫之人,这是被上帝授权执行他的计划的人义不容辞的责任";而"一个诚实的、具有公德心的人,一个真正的新教徒,也就是说一个真正的英国人会真心希望或

---

① *Le Manifeste des habitans des Sevennes, sur leur Prise d'armes* (Berlin, 1703), pp. 341—350.

② *Etat et Description des Sevennes, par Raport à ce qui s'y passe aujourd'hui*, Hague and Berlin, 1703, p. 4.

者很乐意给予塞汶人帮助"。①

在宣传卡米扎尔起义这件事上,皮埃尔·朱里厄最为积极,他不仅撰写小册子怂恿新教徒反抗,呼吁欧洲新教国家干预法国,还与新教领袖密切联络,推动新教徒的反抗事业。② 早在 1686—1689 年间,皮埃尔·朱里厄就出版了名为《牧师信集》③的系列信件,劝告法国新教徒反抗压迫,并保证他们会得到流亡同伴的支持以及欧洲新教国家的支持,他的这部书被翻译成多种语言,在欧洲新教世界广泛流传。胡格诺书商亚伯拉罕·阿切尔用装鲱鱼干的箱子把《牧师信集》偷运到法国。在这部书中,朱里厄公布了许多他从法国新教徒和胡格诺移民那得到的信件,这些信件记录了他们遭受的残忍对待。④

胡格诺移民的宣传运动促使英、荷两国相信他们可以依靠法国内部的力量动摇法国的绝对主义统治,恢复欧洲的力量均势,因此他们决定向朗格多克派遣一支联合舰队,协助新教徒作战,并提供武器、弹药等物资。1703 年 3 月,一支有 25 艘船的舰队在米尔蒙侯爵(Armand de Bourbon-Malauze)的领导下前往地中海海岸,由于种种原因,舰队最终未能到达朗格多克,支援行动以失败告终。然而,胡格诺移民的小册子使欧洲一些人开始讨论反抗君主是否具有合法性,特别是在勃兰登堡,譬如 1705 年科隆出版了一部名为《匈牙利和塞汶的反叛》的册子。⑤

---

① Abel Boyer, *The Lawfulness*, *Glory and Advantage of Giving Immediate and Effectual Relief to the Protestants in the Cevennes*, *humbly submitted to the Confideration of the Queen*, *the Prince*, *and the Privy Council*, J. Nutt, 1703, pp. 4—11.

② Liliane Crété, *Les Camisards*, Paris:Perrin, 1992, pp. 35—36; "Jurieu et l'organisation de son espionage en France(1693—6)", Bibliothèque du Protestantisme Français (BPF), Ms 871/1.

③ 原名为:*Lettres pastorals addressées aux fidèles de France qui gémissent sous la captivité de Babylon*, A. Acher, 1688.

④ Raymond A. Mentzer & Bertrand Van Ruymbeke, *A Companion to the Huguenots*, Brill, 2016, p. 356.

⑤ 原名为:*Die Ungarische Und Sevennesische Unruhen*, Marteau, 1705;参见:Lionel Laborie, "Huguenot Propanganda and the Millenarian Legacy of the Désert in the Refuge", *Proceedings of the Huguenot Society*, XXIX (5), 2012, pp. 640—654。

　　然而,需要指出的是,并非所有胡格诺知识分子都寻求颠覆绝对君主制,皮埃尔·培尔对此就持有相当保守的态度。他认为社会的基础建立在秩序和安全之上,如果社会不安定,个人的生命和自由也无法得到保障。因此,培尔声称君主在公众领域的行动不应受到任何权威的限制。由此可见,培尔反对的是法国君主对私人领域(譬如信仰自由)的侵害,以及法国教会将王权崇拜与宗教仪式结合在一起的行为。[①]

　　胡格诺派同时也坚决反王权崇拜。路易十四统治期间,对君主的个人崇拜达到了顶峰。这种崇拜与其说是路易十四的自恋情绪作祟,不如说是与加强绝对主义制度高度契合的官方战略,国王与国家是一对不可分割的概念,政治就是一场华丽的舞台表演。为配合这一战略,当时的王室重臣让-巴蒂斯特·科尔贝创建王家绘画与雕塑学院(1648)、王家建筑学院(1674)、王家碑铭学院与纪念章学院(1710)等王家艺术学院,它们的部分职能就是专为国王歌功颂德。此外,科尔贝还特别成立“小学院”,每周召开两次会议商讨宣传国王形象的策略。夏尔·勒布朗(Charles Le Brun)、罗贝尔·南迪耶(Robert Nanteuil)、亚森特·里戈(Hyacinthe Rigaud)、让·勒伯特(Jean Lepautre)等一批王家御用艺术家和许多匿名民间文人积极配合官方政策,创作大量画作、雕塑、建筑、纪念章、画报。从凡尔赛到国内其他城市,路易十四威严伟岸的形象无所不在。[②]

　　官方为这种大张旗鼓的宣传提供的理论依据是“王权神授”,宫廷御用的神学家们提出的官方教义指出:“国王是上帝在尘世的代表,上帝赐恩于他,准许他不服从民众的意愿。”[③]在众多作品中最具影响力的是波

────────────

① Jonathan I. Israel, *Enlightenment Contested: Philosophy, Modernity, and the Emancipation of Man, 1670—1752*, Oxford University Press, 2006, pp. 272—274.
② 参见:“The Glory of the King, Potraits, Allegories, Histories”, In Peter Fuhring, Louis Marchesano, Rémi Mathis and Vanessa Selbach(eds.), *A Kingdom of Images, French Prints in the Age of Louis XIV, 1660—1715*, Getty Research Institute, 2015, pp. 54—89。
③ Hendrik Ziegler, *Louis XIV et Ses Ennemis, Image, Propagande et Contestation*, Press Universitaires de Vincennes, 2013, p. 124.

舒哀的训导性手稿——《从圣经原文谈政治》(*Politique tirée des propres paroles de l'Écriture sainte*),这本册子 1679 年在宫中流传,1709 年以书籍形式出版。在书中波舒哀将君主比作全能的上帝,认为他的话语具有上帝的力量,他写道:"上帝缩回他的手,世界就会回到虚无;王国不再拥有权威,一切就会处于困惑中。"①

不论从胡格诺教徒信奉的反对偶像崇拜的新教理念来讲,还是从胡格诺教徒是路易十四绝对主义君主道路上的牺牲者这一角度来讲,这种将国王视若神明的疯狂崇拜都引起他们极大的反感。在外的胡格诺移民们因此撰写大量的小册子,抨击法国的君主崇拜现象。

1686 年,皮埃尔·培尔撰写小册子《这就是路易大帝统治下十足的天主教法国》,提出了一个批判路易十四的重要主题——"崇拜王室肖像,尤其是以宗教仪式颂扬路易十四的荣光,是不信教的做法"。②培尔认为对神圣王权的崇拜令人厌恶,赞颂君主制和奉承国王的事情属于官员的工作范畴,不应由宗教介入,这会走向危险的偶像崇拜。③ 类似的指责不断在新教徒撰写的讽刺性小册子中重复。从天主教改宗新教的米歇尔·勒·瓦塞尔(Michel le Vassor)于 1690 年撰写《法国的救赎》,指责法国国王像教皇一样占据了上帝的位置,接受了只属于上帝的荣誉,"他让自己像上帝一样被崇拜,他允许人们匍匐在这些为他的荣光竖立起来的雕塑脚下,他授权人们把他当作神"。④对王室肖像的崇拜在某种程度

---

① 参见:Jacques Bénigne Boussuet, *Politique tirée des propres paroles de l'Écriture sainte*, Chez Jean Leonard, 1709, Livre V, article V, 1ʳᵉ proposition, 引自:Hendrik Ziegler, *Louis XIV et Ses Ennemis*, *Image*, *Propagande et Contestation*, Press Universitaires de Vincennes, 2013, p. 124。

② Hendrik Ziegler, *Louis XIV et Ses Ennemis*, *Image*, *Propagande et Contestation*, Presse Universitaires de Vincennes, 2013, p. 123.

③ Pierre Bayle, *Ce que c'est que la France toute catholique sous le règne de Louis le Grand*, Chez Jean Pierre, p. 66.

④ Michel le Vassor, *Le Salut de la France*, Marteau, 1690, p. 81, 转引自:Hendrik Ziegler, *Louis XIV et Ses Ennemis*, *Image*, *Propagande et Contestation*, Presse Universitaires de Vincennes, 2013, p. 124.

上与天主教的圣像崇拜相通,新教徒从"因信称义"的角度出发拒绝圣像崇拜,也就是否定任何人具有代理上帝的权力,即使是君主本人。

胡格诺移民皮埃尔·朱里厄在他的《受奴役法国渴求自由的悲歌》[1]中走得更远,他将矛头直接指向了绝对主义意识形态的宗教根基。他指出法国国王"披着宗教虔诚的外衣",实际实行的却是暴政,一切都从国王的喜好而不是民众的利益出发。[2] 他写道:"法国国王认为自己不受任何法律的约束,只有他的意愿才是好的、正确的法则;他认为自己只需向上帝报告自己的行为,法国臣民的生活、自由、人身、财产、宗教和意识都由他绝对掌控。"[3]朱里厄认为法国的教会、高等法院和贵族都屈从于路易十四的专制统治,没有任何机构能够制约君主的绝对权力,他因此提出法国人应当按照古代的政治制度改造政府。[4]

亨德里克·齐格勒敏锐地指出这种批评隐含的政治意义,"谴责路易十四的偶像崇拜等于推翻他的君主权力……对某些王室肖像的拒绝不仅蕴含着对统治权的间接批评;由神学支持的对偶像崇拜的批评也是为流亡新教徒在政治和军事上反对路易十四提供合法性的方法"。[5]

路易十四之所以扶植天主教会,实行宗教统一政策,就是因为天主教会为他的绝对王权提供了合法性基础,而胡格诺移民将矛头直指向天主教会为君主附加的神圣特质。君主不等同于神,将君主视作神是亵渎的不信教的做法,皮埃尔·培尔的这一提法彻底切断了君主与神之间的联系,是对"君权神授"理论的否认。朱里厄则比培尔走得更远,他批评

---

① 关于这本小册子的作者学界仍存在争议,彼得·伯克、齐格勒等学者认为作者是皮埃尔·朱里,有的学者则持不同意见,认为是同情新教徒的法国作家或冉森主义者所写。

② Damien Tricoire, "Attacking the Monarchy's Sacrality in Late Seventeenth-Century France: the Underground Literature against Louis XIV, Jansenism and the Dauphin's Court Faction", *French History*, Vol. 31, No. 2 (2017), p. 162.

③ Pierre Jurieu, *Les Soupirs de la France esclave, qui aspire après la Liberté*, 1690, p. 25.

④ Pierre Jurieu, *Les Soupirs de la France esclave, qui aspire après la Liberté*, 1690, pp. 27—29, 165—166.

⑤ Hendrik Ziegler, *Louis XIV et Ses Ennemis, Image, Propagande et Contestation*, Presse Universitaires de Vincennes, 2013, p. 125.

法国君主权力的不受限制,指出国王只按照自己的意愿实行统治无疑是一种暴政,并建议由法律、中间机构来制约君主。

胡格诺移民利用定居国的条件,积极向法国输送"禁书"。胡格诺派对绝对主义的冲击还体现在他们撼动了法国的绝对主义意识形态和文化,促进了法国部分贵族和民众的思想进步。

早在《南特敕令》之前,绝对主义的文化氛围已经迫使许多从事出版行业的胡格诺教徒逃离法国,1685 年《南特敕令》撤销后,大批胡格诺书商、出版商迁移到低地国家,那里宽松的出版氛围以及胡格诺移民特享的权利使他们能自由地选择要出版的书籍。他们因此成为反绝对主义阵营中的一支强大力量。

亚伯拉罕·阿切尔(Abraham Acher)等书商不仅在欧洲范围内销售法语书籍,还通过海路将法国政府斥为"异端"的书籍运送到法国。阿切尔专营新教神学、宗教史和宗教论争等书籍,这些书对法国的宗教统一政策无疑造成了威胁。法国严厉的审查制度使国内的出版气氛十分紧张,但这反而促进了禁书的秘密买卖。不仅国内的很多书商、出版商都做起了违法的书籍贸易,而且禁书在法国也有着比较广泛的读者市场。

法国王室和天主教会为禁书广泛传播而感到忧心忡忡,将其视作"重大的社会威胁和文化威胁"。[①] 这些流入法国的书籍主要是神学作品、有色情意味的书籍、讽刺性和丑闻性的上流社会纪事以及哲学作品。乔纳森·伊斯雷尔通过考证法国本地图书馆管理员之间的秘密通信,探索了这些书籍在法国贵族间的传播,他发现皮埃尔·培尔的《历史与批判词典》、让·勒克莱克的《历史万有文库》以及布莱兹·帕斯卡(Blaise Pascal)、圣·埃弗蒙(Saint-Evremond)、里夏尔·西蒙(Richard Simon)等人的作品是贵族、官员以及高级知识分子的最爱。

被法国保守人士称为"荷兰书籍"(livres de Hollande)的图书是如此

---

① Lotte Hellinga, Alastair Duke, Jacob Harskamp and Theo Hermans (eds.), *The Bookshop of the World : The Role of the Low-Countries in the Book-Trade , 1473—1941*, HES&DE GRAAF Publishers BV, 2001, p. 233.

地引人忧心,以至于图尔附近的一个女修道院的院长写信向主教皮埃尔-丹尼尔·于埃(Pierre-Daniel Huet)抱怨近几年法国北部的男、女修道院中不断增长的反叛情绪,她将这归咎于泛滥成灾的"荷兰书籍"。她写道:"这些书籍让修道士和修女们放弃了对权威怀有的古老美德——谦卑和顺从,诱使他们认为对传统的服从就是'心灵的无知和虚弱,而在经历这些美好的发现之前他们一直过着这样的生活',结果,即使是最平庸的与世隔绝的头脑都丢弃了权威的束缚,渴望检验和判断教义、学问和基本原理中的每一个问题。"①

从这位女修道院院长的话语中不难看出当时这些书籍带来的震动,它们引发了神职人员反抗权威和思索求知的态度,激发了怀疑主义精神的萌发。乔纳森·伊斯雷尔对此认为:这些从荷兰私运到法国的禁书对打破路易十四和法国教会所维护的、法国社会和文化上的独裁主义和绝对主义观念起到了不小的作用。②

另一支反对绝对主义文化的力量是胡格诺派思想家和学者,绝对王权鼓吹者波舒哀与著名胡格诺移民雅克·巴纳热(Jacques Basnage)之间的论战就是一个最佳的例证。1688 年,波舒哀发表《新教教会发展史》(*Histoire des Variations des Eglises Protestants*),这本书的核心观点是:新教建立在改革家们不断革新的欲望上,因此新教充满谬误和不稳定;新教领袖允许信徒们反对君主和国家,具有叛乱倾向。为回应波舒哀对新教的贬低,雅克·巴纳热撰写了两卷本的《新教教会的宗教史》(*Histoire de la Religion des Eglises Réformées*),梳理这九个世纪内的教会历史,说明新教的正统性和合法性。波舒哀极力推崇秩序稳定,宣扬对王朝的绝对服从,甚至试图说服读者认可路易十四撤销《南特敕令》

---

① Felix Gaiffe, *L'Envers du Grand Siècle*, Albin Michel, 1924, pp. 87—88.

② Jonathan Israel,"The Publishing of Forbidden Philosophical Works in the Dutch Republic (1666—1710) and Their European Distribution", In Lotte Hellinga, Alastair Duke, Jacob Harskamp and Theo Hermans(eds.), *The Bookshop of the World : The Role of the Low-Countries in the Book-Trade*, 1473—1941, HES&DE GRAAF Publishers BV, 2001, pp. 233—243.

的行动,而巴纳热则坚定站在他的对立面,鼓励新教徒反对法国的宗教统一政策。

　　胡格诺移民带到国内的禁书到底在多大程度上冲击了法国的绝对主义文化氛围? 这从法国官方的态度可见一二:1688 年 2 月,路易十四向鲁昂的地方行政长官传递消息,称阿切尔"带来了许多邪恶的书籍,而且每天都将它们装在鲱鱼桶里传递"。[1] 禁书买卖引起了法国政府的警惕,被视为对思想统一的威胁,这无疑说明了这些书籍在法国造成的影响。

　　胡格诺移民对法国绝对主义的攻击是全方位的,他们反对专制、暴虐的绝对君主,质疑君主崇拜和君权神授理论,传播外国思想以削弱绝对主义文化,号召国内新教徒和新教国家推翻法国君主,部分胡格诺军官和士兵为法国的敌国服役,与法国军队作战。在反绝对主义的阵营中,胡格诺移民无疑是一支强劲的力量,尽管没能直接推翻法国的绝对主义制度,但是他们的活动极大地冲击了法国的绝对主义。

二、胡格诺移民对法国文化的传播与塑造

　　17 世纪末期,法语已经取代拉丁语成为欧洲的通用语言,据估算,早在 1600 年,欧洲就有 1400 万讲法语的人[2],对于欧洲各国贵族来说,法语是必修的功课,能说法语代表能与欧洲最先进的文化接轨,是优雅和高贵的象征。在进一步推广法语上,胡格诺移民贡献了一份力量。

　　移居英国的胡格诺牧师阿贝尔·布瓦耶应英国贵族精英的要求,于1694 年和 1699 年分别编写了《献给夫人和先生们的熟练法语指南》(*The Complete French Master for Ladies and Gentlemen*)以及《王家辞

---

[1] David Van Der Linden, *Experiencing Exile : Huguenot Refugees in the Dutch Republic, 1680—1700*, Ashgate Publishing Limited, 2015, p. 61.

[2] Peter Burke, *Languages and Communities in Early Modern Europe*, Cambridge University Press, 2004, p. 82.

典》(*The Royal Dictionary*)。他专门针对讲英语的人群设计了英语、法语对照的短篇对话,其中还穿插着介绍了不少法语的诗歌、歌曲和书籍。詹姆斯·弗拉格指出,布瓦耶的语法书和辞典大受欢迎,不仅发行了数十种版本——1702 年于海牙出版、1727 年于阿姆斯特丹出版、1756 年于里昂出版,就连孟德斯鸠和伏尔泰的藏书中也存有一份,大英博物馆更是储存了 41 种版本的《王家辞典》。[1] 后来的许多英国辞典编纂家,如本杰明·马丁(Benjamin Martin)、纳森·贝利(Nathan Bailey)等,都参考了布瓦耶的《王家辞典》。弗拉格写道:"当纳森作为一个杰出的辞典编纂家备受赞誉的时候,他说自己参考和借鉴了许多布瓦耶辞典的修订本和扩充本。"[2]

除编纂法语辞典以外,胡格诺教师还亲身教授法语,这成为他们传播法语的另一重要途径。17 世纪——尤其是路易十四统治时期——欧洲各国贵族对动听的法语、精致的法国时尚和优雅的法国宫廷文化都怀有极大的憧憬。伴随着欧洲的这股法国热,胡格诺移民成了贵族们争相雇用的私人教师,贵族们都期望熟练地掌握法语口语和书写,并且视之为绅士和淑女必须接受的教育。

在欧洲贵族家庭中担任导师的胡格诺教徒有很多,一些是以教育为全职工作,一些则只是在其他工作之余充当私人教师。上文提到过的英国新闻工作者阿贝尔·布瓦耶于 1691 年担任艾伦·巴瑟斯特[3]的老师,教导他拉丁语和法语,后来又成为安妮公主的小儿子——两岁的威廉的老师,那本《熟练法语指南》正是献给他的。 1697 年皮埃尔·科斯特到达

---

[1] James Foster Flagg, *Abel Boyer : A Huguenot Intermediary*, University Microfilms, 1973, p. 138

[2] 参见:De Witt T. Starnes and Gertrude E. Noyes, *the English Dictionary from Cawdrey to Johnson*, the University of North Carolina Press, 1946, p. 272。引自 James Foster Flagg, *Abel Boyer : A Huguenot Intermediary*, University Microfilms, 1973,pp. 144—146。

[3] 本杰明·巴瑟斯特(Benjamin Bathurst,1639—1704)的儿子,本杰明当时是安妮公主和她的丈夫丹麦王子乔治手下的高级官员。

英国以后，成为弗朗西斯·卡德沃思·马沙姆（Francis Cudworth Masham）①的老师。1678年，胡格诺移民让·鲁在英国桑德兰伯爵②家中做家庭教师，负责教导他的儿子和女儿。桑德兰伯爵的第二个儿子查理·斯宾塞也有一个胡格诺导师——皮埃尔·弗里诺（Pierre Flournoys）。许多胡格诺教徒还在欧洲各大学中任教，譬如皮埃尔·培尔和皮埃尔·朱里在鹿特丹任教，史蒂芬·勒·穆瓦纳（Stephen Le Moyne）、让·加亚尔（Jean Gaillard）和雅克·伯尔纳在莱顿大学任教，皮埃尔·德·维尔蒙德（Pierre de Villemandy）在莱顿的沃伦学院担任最后一任董事，雅克·古赛（Jacques Gousset）、米夏埃尔·罗素（Michael Rossal）和让·巴贝拉克（Jean Barbeyrac）在格罗宁根（Groningen）任教，诸如此类还有很多，欧洲一批优秀的大学中都聘用了胡格诺移民。

另外，胡格诺移民在荷兰、英国、德国创建的法语杂志无疑也提高了人们对法语的熟悉程度，推动了法语的普及。

在路易十四时代，法国成为欧洲的时尚先锋。西班牙风格服装的垄断地位被法式服装取代，欧洲各国的贵族们几乎都以法兰西风格的装扮为荣，这种装扮精美繁复，多用缎带、钻石和花边点缀，女士的裙装采用紧身束腰，带有长长的裙摆。贵族女士争相模仿路易十四的情人方当诗夫人的发型，贵族男士则开始佩戴假发，用以彰显自己的身份和地位。③

胡格诺手工艺人和商人不仅将法国时兴的服装、布料、假发、挂毯、金银器在欧洲贩卖，更重要的是他们掌握了制造这些奢侈品的技术，他们的产品因精美的工艺和设计而受欧洲上流社会的喜爱。

海狸毡帽就是一个很好的例子。随着17世纪毛皮贸易的兴盛，穿戴用动物皮毛制成的衣服和帽子逐渐成为上等阶层彰显其地位的方式，

---

① 弗朗西斯·马沙姆（Francis Masham）伯爵是英国著名神学家达默里斯·卡德沃思·马沙姆（Damaris Cudworth Masham）的儿子，后者以与洛克的友谊闻名于史册。

② The Earl of Sunderland，查理二世时期的著名政治家。

③ 邢来顺：《德国贵族文化史》，人民出版社，2006年，第41页。

其中海狸因它毛质厚密且带有倒钩而成为制造毡帽的最佳选择,而法国制造的海狸帽品质最为上乘,在欧洲销路最好。胡格诺工匠为定居国带来了制作海狸毡帽的一个关键技巧,即在准备海狸皮时所用的特殊液体配方。这种液体能使海狸皮保持原有的柔软和光泽,制作出来的毡帽也更加好看。[①] 胡格诺移民还在伦敦的西部郊区——巴特西、旺兹沃斯、帕特尼、朗伯斯——建立起制毡和制帽工业。有了胡格诺制帽匠的精湛技术以及这些本地工厂,英国人从此可以在自己的国土内买到一样优质的海狸毡帽,"甚至连罗马主教的帽子都由旺兹沃斯的胡格诺制帽工厂提供"。[②]

在伦敦,威斯特敏斯特(Westminster)和苏活(Soho)区是法国时尚和法国餐饮的中心,胡格诺裁缝、假发制造者、美发师、鞋匠、食品饮料商、钟表和宝石制造工匠聚集在这里,为英国上流阶层提供各种精美的服装、假发、鞋子,奢华的钟表、宝石以及时髦的香水。"正是从伦敦的西郊开始,法国品味的影响扩散至全国"。[③]伦敦斯毕塔菲尔德市场的胡格诺丝织工人生产优质的光亮绸、塔夫绸等,时髦的纹样设计保证了这些布料的销量,使斯毕塔菲尔德市场的丝织业领先于英国其他的丝织业工厂。胡格诺移民也改变了英国人的园艺方式,他们普及小规模园艺的理念,引进修剪花朵的新方式以及新类型的蔬菜、植物。胡格诺钟表制造工匠的产品如此具有市场吸引力,凡是带有法国人名字的钟表都十分畅销。在伦敦西部,让·皮埃尔·巴索莫(Jean Pierre Basomoine)、托马斯·昂尤(Thomas Amyot)、西蒙·博韦(Simon Beauvais)、西蒙·德·

① Samuel Smiles, *The Huguenots : Their Settlements , Churches , and Industries in England and Ireland* , Clark Edinburgh, 1869, p. 253; Horton &. Marie- Hélène Davies, *French Huguenots in English-Speaking Lands* , Peter Lang Publishing, 2000, p. 95.

②③ Robin Gwynn, *Huguenot Heritage : The History and Contribution of the Huguenots in Britain* , p. 85.

夏姆(Simon de Charmes)等工匠名声远扬。①

　　胡格诺金属匠在 1680 年到 1775 年间的英国工艺史上占据重要地位,他们不仅人数多,而且技艺高超,为英国的金银器添加了法国风格。他们运用较厚的银器,采取直接雕刻的方式,而不是使用装饰品加以点缀。他们引进新型的银器,譬如头盔形状的大口水壶、汤锅、双耳杯、朝圣瓶、盆(écuelle)等。除此以外,胡格诺移民在室内装修、家具、橱柜制作、挂毯、书籍装饰、玻璃制作、印刷和书籍装订等方面也贡献了出色的技术。譬如胡格诺移民雅克·克里斯托弗(Jacques Christophe)被认为发明了彩色印刷术,又如茹尔丹(Jourdain)于 1696 年在普赖茅斯设立了第一架报版轮转机。胡格诺移民给欧洲社会生活的方方面面都留下了法国的痕迹,使法国的工艺品、奢侈品和生活方式在欧洲得到进一步的普及,更加巩固了法国在欧洲的时尚先锋地位。

　　在法语书籍传播的领域,胡格诺印刷商、出版商和书商作出了突出贡献。书籍史研究者霍夫蒂赫泽指出,胡格诺出版商和书商的涌入促进了 17 世纪末期的荷兰书籍贸易,他进一步写道,法国书商的主要活动是印刷、贩卖盗版的法语书籍以及胡格诺移民的作品。② 17 世纪荷兰最大的书籍生产市场在阿姆斯特丹,稍次之的则是鹿特丹和海牙,胡格诺书商和新闻工作者也都集中在这三个地方。

　　荷兰历史学家伊莎贝拉·亨利特·凡·伊根(Isabella Henriette Van Eeghen)在《1680—1715 年间的阿姆斯特丹书店》一书中详细列举了这一时期阿姆斯特丹的 230 位书籍商人,其中有 80 位是胡格诺移民,这之中又有 20 位胡格诺书商——例如著名书商亨利·代博尔德(Henri Desbordes)——专门从事法语书籍的贩卖。亨利出版的作品类型众多,

---

① T. V. Murdoch, *The Quiet Conquest: The Huguenots, 1685—1985*, Alec Jolly, 1985, pp. 243—254; R. N. Hill, "Huguenot Clock and Watch Makers", *Connoisseur*, CXXI, No. 507,1948, pp. 26—30.

② P. G. Hoftijzer, "Dutch Printing and Bookselling in the Golden Age", in Boot W. J. & Shirahate Y. (eds) *Two Faces of the Early Modern World*, Kyoto, 2001, p. 61.

当中最著名的是培尔的《文人共和国新闻》。①像亨利这样在荷兰从事书籍出版贩卖的商人还有很多。学者大卫·凡·德·林登(David Van Der Linden)结合伊莎贝拉的统计和"荷兰简短目录"②这个大型网络数据库,对1681—1700 年间在阿姆斯特丹经营书籍贸易的胡格诺移民进行了总结③:

表2　胡格诺书商在阿姆斯特丹占据的市场份额(1681—1700 年间)

单位(种)	1681—1685	1686—1690	1691—1695	1696—1700
阿姆斯特丹出版总书目	1322	1432	1290	1612
阿姆斯特丹出版商和出版公司总数	139	154	149	165
胡格诺出版商出版书目	43	116	121	318
胡格诺出版商和出版公司(个)	4	11	11	18
胡格诺出版商所占市场份额(%)	3.3	8.1	9.4	19.7

资料来源:STCN;Van Egghen, De Amsterdamse boekhandel, vol. 3—4. 引自:David Van Der Linden, *Experiencing Exile:Huguenot Refugees in the Dutch Republic*, 1680—1700, p. 55.

从上表可以看出,《南特敕令》撤销之后的十几年中,在阿姆斯特丹从事书籍贸易的胡格诺移民虽只有十人左右,他们出版的书籍却占据着相当大的市场份额,特别是 1696—1700 年间,胡格诺出版商和出版公司总数量只占当地总数的 0.1%,其出版作品数目却占据了整个阿姆斯特丹书籍市场的 19.7%,这充分说明了胡格诺书商的活跃程度。为了在竞争激烈的书籍贸易中占据优势,胡格诺书商着眼于法语书籍的市场,由

① 参见:Van Eeghen, *De Amsterdamse boekhandel*, vol. 3, pp. 87—91;Martin, *Livres à Paris au XVIIᵉ siècle*, vol. 2, pp. 743—5. 引自:David Van Der Linden, *Experiencing Exile:Huguenot Refugees in the Dutch Republic*, *1680—1700*, Ashgate Publishing Limited, 2015, p. 55,大卫·林登通过曼恩-卢瓦尔省的公证记录得到了亨利·代尔博德的存货清单。

② Short Catalogue of the Netherlands, 这个数据库提供了 1900 年以前低地国家出版的 19 万部作品清单,虽然他们没有收集法国和瑞士的图书馆目录,但是总体来说还是非常全面的。

③ 此处的数据并不是出版书籍总数量,而是指出版了多少个作品。

表2可以看出他们专攻法语书籍市场的倾向,1696—1700年间,市场上60.3％的法语作品都是由胡格诺书商负责出版,几乎可以说他们是当时法语书籍传播的主力军。

表3　法语书籍在阿姆斯特丹的出版数量(1681—1700年间)

单位(种)	1681—1685	1686—1690	1691—1695	1696—1700
阿姆斯特丹出版总书目	1322	1432	1290	1612
法语出版书目	206	344	331	428
法语出版书目所占市场份额(％)	15.6	24.0	25.7	26.6
胡格诺出版商出版的法语书目	38	107	106	258
胡格诺出版商出版法语书目所占市场份额(％)	18.4	31.1	32.0	60.3

资料来源:STCN;Van Egghen, De Amsterdamse boekhandel, vol. 3—4. 引自:David Van Der Linden, *Experiencing Exile : Huguenot Refugees in the Dutch Republic*, *1680—1700*, Ashgate Publishing Limited, 2015, p. 58.

与阿姆斯特丹相比,鹿特丹的书籍贸易规模较小。在鹿特丹的胡格诺书商中,亚伯拉罕·阿切尔(Abraham Acher)的业绩最为显著,他出版的法语书籍在当地所占的份额超过30％。更重要的是,他将许多为法国政府所禁止的冲击官方意识形态的书籍运输到法国国内和欧洲各地。[①]

荷兰出版商和书商们发现他们是欧洲德语地区和法语地区的商业中间人,因此他们及时调整策略,开始将法语书籍向德国售卖。荷兰的书籍在德国取得巨大成功,沃尔芬比特尔(Wolfenbüttel)公爵图书馆的一份文件说明了馆中法语书籍的来源。[②]

① Van Egghen, De Amsterdamse boekhandel, vol. 3—4. 引自:David Van Der Linden, *Experiencing Exile : Huguenot Refugees in the Dutch Republic*, *1680—1700*, Ashgate Publishing Limited, 2015, p. 59.

② Henri-Jean Martin, *The French Book : Religion, Absolutism, and Readership*, *1585—1715*, Johns Hopkins University Press, 1996, p. 67.

　　这些书籍在欧洲范围内流通,被欧洲各国贵族和一些民众阅读,极大地扩散了法国文化和启蒙文化的影响力。一些研究者认为:由于胡格诺书商的缘故,荷兰成了早期启蒙运动的仓库,因为他们刺激了全欧洲法国书籍、报纸和学术杂志的生产和消费。[1] 玛丽·肯尼迪(Máire Kennedy)也指出,法国启蒙运动的文本在爱尔兰的传播有赖于胡格诺移民,一方面他们通过翻译、贩卖和运输将这些作品带到爱尔兰,另一方面他们对法语的传播也有助于当地居民直接阅读启蒙文本。[2]

　　胡格诺移民还积极搭建文化互动的桥梁。1685 年之后的胡格诺流亡移民不仅包括很多知识分子,还包括因法国严厉审查政策而出走的书商和印刷商,他们组织和参与学会、创办杂志、翻译和传播重要书籍,拓宽了欧洲思想交流的渠道,为后来启蒙思想的传播创造了一种范式。学者、读者之间的互动关系有助于 18 世纪"公共领域"(Public Sphere)的形成,而这正是使启蒙哲人的影响力得以扩大的关键。

　　在胡格诺移民所创造的学会之中,最负盛名的是位于英国伦敦的"彩虹社团"(Rainbow Group)。[3] "彩虹社团"不仅有皮埃尔·德梅佐[4]、

① 参见 Koenen, *Fransche Vluchtelingen in Nederland*, pp. 273—5; Christiane Berkvens-Stevelinck, "L'édition et le commerce du livre français en Europe", in Henri-Jean Martin and Roger Chartier (eds), *Histoire de l'édition française*, Promodis, 1983—86, vol. 2, p. 311; Elizabeth Eisenstein, *Grub Street Abroad : Aspect of French Cosmopolitan Press from the Age of Louis XIV to the French Revolution*, Clarendon Press, 1992; Henri-Jean Martin, *Livre*, *Pouvoirs et Société à Paris au XVIIᵉ Siècle*, Librairie Droz, 1969, vol. 2, pp. 739—48。

② Máire Kennedy, "Reading the Enlightenment in Eighteenth-Century Ireland", *Eighteenth-Century Studies*, Vol. 45, No. 3, 2012, p. 357.

③ "彩虹社团"的存在是西蒙·哈维(Simon Harvey)和伊丽莎白·格里斯特(Elizabeth Grist)在研究胡格诺作家皮埃尔·德梅佐(Pierre Des Maizeaux)的通信手稿时发现的,他们根据这个群体定期聚会的地点——"彩虹咖啡馆"——为之命名。参见:Simon Harvey and Elizabeth Grist, "the Rainbow Coffee House and the Exchange of Ideas in Early Eighteenth-century England", in Anne Dunan-Page, *the Religious Culture of Huguenots*, 1660—1750, Ashgate Publishing Limited, 2006, pp. 163—172。

④ 皮埃尔·德梅佐(Pierre Des Maizeaux, 1673—1745),胡格诺作家、皮埃尔·培尔的翻译和传记作者。

米歇尔·德·拉罗什①、阿贝尔·布瓦耶②、皮埃尔·科斯特③、亚伯拉罕·德·莫维尔④等胡格诺知识精英,还吸引了英国的许多著名人物,譬如哲学家安东尼·柯林斯(Anthony Collins)、自由思想家约翰·托兰(John Toland)以及英国皇家学会的多名成员。在彩虹咖啡馆,学者们秉持思想自由的原则展开关于英国非正统思想(Unorthodox ideas)的讨论,这种怀疑主义的观念最终通过德梅佐和拉罗什两位新闻工作者的努力传播到欧洲各地。彩虹咖啡馆不仅为学者们提供了清谈和聚会的场所,它还是一个接收信件的联络点,匿名的使用和咖啡馆这种场所的私密性保证了那些被官方禁止的思想能够自由传播。对于欧洲的文化交流而言,"彩虹社团"无疑是非常重要的一环。

　　荷兰的胡格诺社区也形成了一些活跃的学会,许多胡格诺教徒都参与其中。⑤ 譬如鹿特丹市有一个辩论团体,主要成员是沃隆教会中的胡格诺成员和荷兰本地的显要人物,其中胡格诺成员有皮埃尔·培尔⑥、亨利·巴纳热⑦以及他的兄弟雅克·巴纳热等人,荷兰方面则有知名出版商海涅·里尔斯(Reinier Leers)⑧、埃尔马努斯·吕福努(Hermanus

---

① 米歇尔·德·拉罗什(Michel de La Roche,生卒年不详),在英胡格诺移民、英国早期文学编辑,1717—1719 年他的法语杂志《英国丛书》(Bibliothèque Angloise, ou Histoire Littéraire de la Grande Bretagne)在阿姆斯特丹发行。

② 阿贝尔·布瓦耶(Abel Boyer,1667—1729),法语—英语辞典编纂者、新闻工作者和作家。

③ 皮埃尔·科斯特(Pierre Coste, 1668—1747),法国神学家、翻译家和作家,《南特敕令》撤销后经瑞士、荷兰来到英国,他在这里翻译了洛克的《人类理解论》,1742 年被选为英国皇家学会成员。

④ 亚伯拉罕·德·莫维尔(Abraham de Moivre,1667—1754),法国数学家、艾萨克·牛顿的密友。1697 年成为皇家学会成员。

⑤ Gerald Cerny, *Theology, Politics and Letters at the Crossroads of European Civilization*, Martinus Nijhoff Publishers, 1987, pp. 88—89.

⑥ 皮埃尔·培尔(Pierre Bayle,1647—1706),受宗教迫害之后移居荷兰鹿特丹。哲学家、作家和杂志编辑,著有《历史与批判词典》,编辑发行了《文人共和国新闻》杂志。

⑦ 亨利·巴纳热·德·布瓦勒(Henri Basnage de Beauval,1657—1710),胡格诺派历史学家、辞典编纂者和杂志编辑。

⑧ 海涅·里尔斯(Reinier Leers),荷兰的一个国际出版商,他在胡格诺移民的杂志事业中发挥了关键作用。

Lufneu)等。巴纳热兄弟参加的另外一个学会是海牙的宣誓会(Féauté)。[1]宣誓会与鹿特丹的辩论社团交流甚密,他们定期在海牙聚会,不过宣誓会没能维持多长时间。

通过各种学会以及私人的交际,胡格诺移民之间的联系愈加亲密,少数胡格诺移民也得以掌握庞大的关系网络。里奥·科提尼(Léo Pierre Courtines)指出,培尔与在英的法国移民以及英国文人都保持着频繁的书信往来,后者使培尔得以及时掌握英国文学圈的最新动向。[2]这些胡格诺知识分子具有远见卓识,他们并未摒弃自己享有的优势,而是将其充分利用,把手头的信息和当时最新潮的产物——杂志——结合起来,为欧洲公众提供了一个了解最新作品、学术成果以及学术争论的窗口。

荷、英两国成为胡格诺移民的杂志事业最为兴旺的地方。1684年,皮埃尔·培尔在鹿特丹创建了《文人共和国新闻》(*Nouvelles de la République des Lettres*,1684—1687)杂志并担任编辑。[3]《文人共和国新闻》的主题是介绍并评论最新的学术作品,而且收录的作品并不局限于"文人共和国"内部,所涉类型十分广泛,囊括文学、神学、哲学、科学、历史各个领域。杂志大部分评论文章由培尔亲自撰写。这种以评论、分析出版作品为主的杂志在当时非常少有,里奥·科提尼评价《文人共和国新闻》是比较文学评论和国际文学评论的开端。[4] 培尔的《文人共和国新闻》在欧洲引起广泛反响,它不仅在荷兰、英国、德国、意大利及欧洲其

---

[1] Irene Scouloudi, *Huguenots in Britain and their French Background*, 1550—1800, Macmillan Press, 1987, p. 9.

[2] Léo Pierre Courtines, *Bayle's Relations with England and the English*, Columbia University Press, 1938, pp. 39—45.

[3] "文人共和国"这个概念自15世纪早期就存在于欧洲的文化想象当中,到路易十四时代逐渐形成了一个真实的团体,其主体是知识分子。参见:Mably-Ruysch, *Encyclopedia of the Enlightenment*, Vol. 3, Oxford University Press, 2003, pp. 437—439。

[4] Léo Pierre Courtines, *Bayle's Relations With England and the English*, Columbia university press, 1938, p. 62, 进一步参考:Isaac Disraeli, *Curiosities of Literature*, p. 436: "the taste for literary history we owe to Bayle; and the great interest he communicated to these researches spread in the national tastes of Europe."

他国家拥有众多读者,在法国本土也获得许多订阅。培尔自己对这一点颇有认识,他在给约瑟夫·培尔的信中说道:"在(荷兰)这个国家,人人都熟悉法语,因此法语书籍比其他任何书籍都卖得好。他们也许不能说法语,但是几乎没有理解不了法语书籍的人……我们的杂志在这里以及其他地方都卖得很好。"①

为了提高作品的知名度,许多学者踊跃地给培尔寄送自己的新作。1687 年,亨利·巴纳热接替培尔的编辑工作,并将新杂志命名为《学者作品史》(*Histoire des Ouvrages des Savans*)。《学者作品史》也是以评论作品为主,而随着亨利·巴纳热语言界限的突破以及视野的拓宽,他的关注点逐渐扩展到英国、荷兰的作品以及德国作家用拉丁语撰写的作品。文人共和国的成员都会向《学者作品史》投稿,这其中包括皮埃尔·培尔、克里斯蒂安·惠更斯②、戈特弗里德·威廉·莱布尼茨③、尼古拉·马勒伯朗士(Nicolas Malebranche)④等。杰拉德·切尔尼写道:"遍布西方的定期通信人使巴纳热的杂志成了基督教文人共和国(Respublica Litteraria et Christiana)的交流中心。来自英国、法国、荷兰、德意志、意大利和瑞士的学者们向编辑报告他们正在进行的研究或者他们所在地的学术争论。"⑤

保留了《文人共和国新闻》原名的杂志则由雅克·伯尔纳(Jacques Bernard)⑥接手,胡格诺移民皮埃尔·德梅佐为他提供英国文坛的消

---

① 参见:Labrousse and A. McKenna (eds.), *Correspondance de Pierre Bayle*, 6 vols, Oxford, 1999—2008, pp. 85—86。

② 克里斯蒂安·惠更斯(Christiaan Huygens, 1629—1695),荷兰物理学家、数学家和天文学家。

③ 戈特弗里德·威廉·莱布尼茨(Gottfried Wilhelm Leibniz, 1646—1716),德国哲学家、数学家。

④ 尼古拉斯·马勒伯朗士(Nicolas Malebranche, 1638—1715),法国理性主义哲学家。

⑤ Gerald Cerny, *Theology, Politics and Letters at the Crossroads of European Civilization*, Martinus Nijhoff Publishers, 1987, p. 258.

⑥ 雅克·伯尔纳(Jacques Bernard, 1658—1718),法国神学家,一直在日内瓦学习,1679 年回国,后因在国内传播改革教义而被迫离开,从此终身定居荷兰。

息。① 1717 年,米歇尔·德·拉罗什在阿姆斯特丹创建了《英国丛书》(*Bibliothèque Angloise*),1720 年又在海牙出版《大不列颠文学回忆录》(*Mémoires littéraires de la Grande Bretagne*)。拉罗什聚焦于英国的科学发展以及皇家学会的研究成果,神学主题和教会历史也在他关注范围之内。他的杂志引起了法国读者的兴趣,有学者指出,法国本土的 40 个私人图书馆都保存着《英国丛书》的复制本。②

　　移居伦敦的胡格诺移民让·德·丰维夫(Jean de Fonvive)担任《邮差男孩》(*The Post Boy*)、《邮差》(*Post Man*)的撰稿者和编辑,这两本杂志的主要信息来源就是多种法语报纸。同一时期,丰维夫还致力于宣传一本新闻月刊——《欧洲现状》(*The Present State of Europe*),这本杂志直接翻译于海牙出版的法语杂志——《历史和政治信使》(*Mercure Historique et Politique*)。③

　　1705—1709 年,胡格诺教徒阿贝尔·布瓦耶接任《邮差男孩》的编辑工作。《邮差男孩》的主要职责是报道英国国内以及欧洲的新闻,其材料通常来自法国的《风流信使》(*Mercure Galant*)和《巴黎公报》(*Paris Gazette*)。其中一个名为"最新出版"(Just Published)的版面专门介绍最近出版的书籍及其著者的消息。布瓦耶还创建了《大不列颠政治状况》④,如期刊的题目一样,它涉猎的内容非常广泛,不仅报道英国当时最炙手可热的新闻,而且刊有各种类型出版作品的摘要。布瓦耶不仅为英国的读者介绍国外出版的作品,还为法国、荷兰的读者介绍英国出版的

---

① J. H. Broome, *An Agent in Anglo-French Relationships: Pierre Des Maizeaux, 1673—1745*, Doctoral thesis, University of London, 1949, pp. 95—144.

② Anne Dunan-Page, *The Religious Culture of Huguenots, 1660—1750*, Ashgate Publishing Limited, 2006, pp. 171—172.

③ Randolph Vigne & Charles Littleton (eds.), *From Strangers to Citizens: the Integration of Immigrant Communities in Britain, Ireland and Colonial America, 1550—1750*, Sussex Academic Press, 2001, pp. 397—403.

④ 杂志全名是《大不列颠政治状况——关于教会、社会以及军事最重要事件的公正记录》(*Political State of Great Britain, Being An Impartial Account of the most Material Occurences Ecclesiastic, Civil and Millitary*)(1711—1729)。

作品,使这些优秀的作品能够为更多的读者所知。

　　学者詹姆斯·弗拉格在《阿贝尔·布瓦耶:一个胡格诺媒介》一书中高度评价杂志对观念传播的作用。他写道:"当时的杂志出版社是一个代理、一个积极的参与者,甚至是一个催化剂,促进和宣传了'文人共和国',杂志出版社使得科学、文学、宗教和政治的思想、观念和理论得以报道,并且最终得以扩散。杂志的内容主题多样、来源各异。某一天出版的内容就可能成为第二天谈话的材料,在英国人们熟知、讨论的事情可能会立即被荷兰和法国了解并且加以探讨。布瓦耶的《大不列颠政治状况》是这项活动的重要组成部分。"[1]

　　诚如弗拉格所言,这些杂志不仅使欧洲的读者接触到学者新出版的作品,更为他们提供了讨论的素材。更重要的是,胡格诺移民创建的杂志将欧洲各国的学者聚拢在一起,在"文人共和国"的基础上吸引了更多的哲学家、思想家等。17世纪,咖啡馆、社团的盛行以及杂志的涌现使知识交流不再局限于学者圈子,更多的人开始关注和讨论新近的思想观念,这在一定程度上促进了人们思想的进步和开放,为启蒙运动酝酿了开明、宽容的氛围。出走的胡格诺移民不仅成功融入这一知识流动的潮流,还成为其重要组成部分。

　　胡格诺移民还推动了早期启蒙运动的发展。18世纪,倡导理性的启蒙运动滥觞于欧洲,致力于打破人们思想上的桎梏,但引发这场思想解放运动的关键元素——印刷品、学者团体和文人舆论——其实早在17世纪就已初露端倪。彼时的欧洲不仅涌现了各种学会、俱乐部、社团和咖啡馆,还出现了许多学术杂志。这使学者们获得了能进行交流和讨论的公共空间,同时也使受过教育的人们通过多种途径接触到新思想和新观念。17世纪的知识流动是早期启蒙思想得以传播的基础,而胡格诺移民在其中发挥了重要作用。

---

[1] James Foster Flagg, *Abel Boyer : A Huguenot Intermediary*, University Microfilms, 1973, p. 353.

胡格诺移民进入新闻领域,介绍并评论欧洲学者的重要作品,他们还充当书商将这些作品售卖到欧洲各地,进一步扩大其影响力。这些胡格诺教徒为启蒙思想的传播作出了贡献。不过,还有一个不能忽视的群体,就是那些将启蒙重要作品翻译成法语的胡格诺学者。譬如,皮埃尔·科斯特依据意大利语和拉丁语版本陆续将 17 世纪启蒙思想家洛克的《教育漫话》(*Some Thoughts Concerning Education*)、《基督教的合理性》(*Reasonableness of Christianity*)、《人类理解论》(*Essay Concerning Human Understanding*) 和《为基督教合理性辩护》(*Vindications of the Reasonableness of Christianity*)等作品译成法语。德国、瑞典、荷兰、意大利和波兰等国又根据科斯特翻译的法语版本将洛克的作品转换成本国语言。① 另一个胡格诺移民大卫·梅泽尔(David Mazel) 翻译的《政府论》(*Two Treatises of Government*),是整个 18 世纪中洛克此作品唯一面世的法语版本,胡格诺派译者的工作为洛克思想在启蒙运动时期被充分讨论打下了基础。②

皮特·安东尼·莫都(Peter Anthony Motteaux)于 1694 年在托马斯·厄克特(Thomas Urquhart)的基础上翻译了拉伯雷的《巨人传》,凭借他的翻译,英国公众首次接触到了这部作品。③ 让·巴贝拉克也是一位重要的胡格诺翻译者,他集中翻译了自然法方面的著作。1706 和 1707 年,巴贝拉克将德国法哲学家塞缪尔·普芬道夫的两部作品《论自然法和万民法》及《论人类和公民的义务》翻译成法语。巴贝拉克的译作不仅把握住了普芬道夫的核心思想,还附有自己独到的理解和评注。通过出色的翻译工作,巴贝拉克将这位德国学者的作品介绍给法语世界,

① Delphine Soulard, "Anglo-French cultural transmission: the case of John Locke and the Huguenots", *Historical Research* , Vol. 85, No. 227, 2012, p. 117.

② Delphine Soulard, "Anglo-French Cultural Transmission: The Case of John Locke and the Huguenots", pp. 130—131.

③ C. C. Gibbs, "Huguenot Contribution to England's Intellectual life, and England's Intelletucal Commerce with Europe, c. 1680—1720", in Irene Scouloudi, *Huguenots in Britain and Their French Background* , *1550—1800* , Macmillan Press, 1987, pp. 20—35.

直到现在,人们仍认为他为传播普芬道夫的思想作出了重要贡献。1724年,他又译成了荷兰法学家格劳秀斯的《战争与和平法》,一如既往,这部翻译作品中也有丰富的注解和索引。这部作品被皮埃尔·科斯特介绍给英国宫廷,受到广泛好评。①

两位著名胡格诺历史学家撰写的关于英国历史的作品,使欧洲其他国家了解到英国的政治制度和政治观念。保罗·拉宾 1719 年完成他用法语撰写的、十卷本的煌煌巨著《英国史》,1725 年尼古拉斯·廷德尔(Nicolas Tindal)将其翻译成英语。拉宾以"辉格派体系"阐述英国的历史,认为"通过分散权利保障自由的做法一直存在于英国的传统之中,自由宪制曾经在日耳曼民族很普遍,但是在英国以外的国家,国王的权力压垮了自由宪制,只有在英国宪制得以完整存在"②。吉布斯指出:"拉宾的《英国史》受到伏尔泰的高度评价,孟德斯鸠也经常借鉴。这部作品将英国的政治和制度介绍给了他们,无疑也促进了法国的英国热。"③另一位胡格诺历史学家是阿贝尔·布瓦耶,他著有《英王威廉传记》(History of King William)、《安妮女王统治编年史》(Annals of the Reign of Queen Anne)等作品,为同时代及后世的历史学家留下了珍贵的参考材料,如伏尔泰撰写《哲学通信》时就曾摘引过他作品中的材料。

无论启蒙哲人在多大程度上接受了英国理论家的思想,18 世纪法国启蒙运动的政治思想都是 17 世纪英国政治思想的延续。④ 洛克的契约论以及普芬道夫、格劳秀斯的自然法理论启发了伏尔泰、孟德斯鸠、狄德

① Meri Päivärinne, "Translating Grotius's De jure belli ac pacis: Courtin vs Barbeyrac", *Translation Studies*, Vol. 5, No. 1, 2012, pp. 33—47.

② Irene Scouloudi, *Huguenots in Britain and their French Background*, 1550—1800, 1987, p. 69.

③ G. C. Gibbs, *Some Intellectual and Political Influences of the Huguenots Emigrés in the United Provinces*, c. 1680—1730, pp. 269—270.

④ Daniel Brewer (ed.), *The French Enlightenment*, Cambridge University Press, 2014, p. 79; Keith Michael Baker, *Inventing the French Revolution: Essays on French Political Culture in the Eighteenth Century*, Cambridge University Press, 1990, p. 182; Dan Edelstein, *The Enlightenment*, University of Chicago Press, 2010.

罗等人,尽管后者回避处理"统治者的合法性"这一棘手和危险的问题,但启蒙哲人同样重视法律,而不是君主个人的能力。例如,狄德罗在《布干维尔旅行记续集》(*Supplément au Voyage de Bougainville*)中写道:"民法应该明确表达自然法则",米拉波(Honoré-Gabriel Riqueti, comte de Mirabeau)[1]在他著名的《人类之友》(*L'Ami des hommes*)中指出,"有必要根除一个政府中所有违反自然权利的东西"[2],孟德斯鸠在《论法的精神》中更是详细阐述和强调法律的功能。

　　17世纪自然科学的发展彻底改变了人们对宇宙本质的理解以及他们获取知识的途径,科学知识的普及为18世纪理性法则的胜利奠定了根基,这促使在启蒙时代,科学探索代替了迷信和蒙昧,理性批判席卷一切领域。吉布斯(Gibbs)和阿斯福尔(A. Asfour)两位研究者指出,胡格诺移民在牛顿学说的普及化中起到了关键作用。[3] 1704年皮埃尔·科斯特将牛顿的《光学》翻译成法语,使更多的人能够读到牛顿的作品。身为皇家学会成员的胡格诺移民亚伯拉罕·德·莫维尔是牛顿的密友,他为说拉丁语和法语的科学家们提供了牛顿的作品——《光学》——的可信赖译本。胡格诺派编辑,如皮埃尔·德梅佐、米歇尔·德·拉罗什、让·勒克莱克等人,都为牛顿的作品写过评论文章,这进一步扩大了牛顿学说的影响力。[4]

　　胡格诺派知识分子不仅是早期启蒙思想的传播使者,还是启蒙运动的先驱。他们提出的宗教宽容理论、怀疑主义理论和自然法观念是早期启蒙思想的重要部分,他们提倡的宽容、理性和怀疑主义精神是启蒙精

---

① 米拉波(1749—1791),法国大革命早期阶段的领导人之一,曾任国民制宪议会议长。

② Daniel Brewer (ed.), *The French Enlightenment*, pp. 78—89.

③ 参见:G. C. Gibbs, "Some Intellectual and Political Influences of the Huguenots Emigrés in the United Provinces, c. 1680—1730", *Low Courtries Historical Review*, January 1975, 90 (2), pp. 255—287; A. Asfour, "Hogarth's post-Newtonian universe", *Journal of the History of Ideas*, 1999, Vol. 60(4), pp. 639—716。

④ Jean-François Baillon, "Early Eighteenth-Century Newtonianism: the Huguenot Contribution", *Studies in History and Philosophy of Science*, 35(2004), pp. 533—548.

神的先声。

为了对抗法国的宗教迫害行为,培尔、让·巴贝拉克(Jean
Barbeyrac)、恩里·索兰(Élie Saurin)、雅克·巴纳热、亨利·巴纳热
(Henri Basnage de Beauval)、雅克劳(Jaquelot)等流亡胡格诺知识分子
论证了宗教宽容的正当性和合理性。

皮埃尔·培尔的宗教宽容理论以道德主义为根基,建立在平等原则
的基础上。他将道德问题从信仰中剥离出来,认为个人信仰没有对错之
分,也没有哪一种教派具有道德上的优越性。他主张信仰由每个人的良
心决定,不能通过理性得以证明。① 雅克·索兰(Jacques Saurin)、
恩里·索兰等温和派胡格诺神学家就是在这一点上与他产生了分歧,后
者也支持宗教宽容,但他们认为理性才是信仰的基础,因此,他们这一派
被称为"理性派"(Rationaux)。② 譬如,恩里·索兰认为那些在理性上无
可辩驳的迹象、传统、奇迹和其他"证据"证明了信仰的合法性。

让·巴贝拉克在注解普芬道夫和格劳秀斯等人的自然法专著的过
程中,逐渐发展出自己的一套自然法理论。他通过自然法赋予人们的行
动自由来论证宗教宽容的合理性。巴贝拉克指出,自然法是一种权威,
它"要么以某种方式强迫人们必须行动或必须不行动,要么赋予他们根
据自己的判断行动或不行动的自由"③,而"这种自由的范围远大于消极
许可"④。他由此进一步提出,"上帝没有直接规定或禁止的那些事情是

---

① Antony Mckenna, "Pierre Bayle: Free Thought and Freedom of Conscience", *Reformation*
& Renaissance Review, Vol. 14, No. 1, 2012, pp. 85—100; Gianluca Mori, Pierre Bayle,
"the Rights of the Conscience, the 'Remedy' of Toleration", *Ratio Juris*, Vol. 10, No. 1,
1997, pp. 45—60; Jean-Luc Solère, "The Coherence of Bayle's Theory of Toleration",
Journal of the History of Philosophy, Vol. 54, No. I, 2016, pp. 21—46.

② Jonathan Israel, "Faith and Reason: Bayle versus the Rationaux", in Jonathan I. Israel,
Enlightenment Contested: Philosophy, Modernity, and the Emancipation of Man, 1670—
1752, Oxford University Press, 2006, pp. 63—85.

③ Samuel Pufendorf, *Les Devoirs de l'Homme et du Citoyen*, trans. and ed. *Jean Barbeyrac*, 2
Vols, J. Nours, 1741(下文简称 DHC), 1. 2. 2, note 1.

④ Samuel Pufendorf, *Le Droit de la Nature et des Gens*, trans. and ed. *Jean Barbeyrac*, 3
vols, J. Nours, 1740,1. 6. 3, note 1.

被积极许可的"①。他认为,个人的良心指导他们的行动,而良心判断的依据应来自自然法。

胡格诺移民提出的宗教宽容思想是对路易十四宗教统一政策的有力反击,是对法国君主实行宗教迫害的谴责,也是对法国专制氛围的控诉。他们对宽容思想的倡导,对理性的推崇,都体现了 18 世纪启蒙运动的精髓。研究者指出,启蒙运动并不是反宗教的,它只不过是尝试用理性来调和人们的宗教狂热以及他们对宗教统一的诉求,呼吁宗教多元化和宽容的价值观。②

培尔是早期启蒙时代的一位思想巨人,他提出的怀疑主义理论的影响十分深远,即使在其逝世之后,18 世纪思想家们对他的争议也未停止。1695 年,培尔出版《历史与批判词典》(*Dictionnaire historique et critique*),这本书得到广泛传播和认可,对当时法国严厉刻板的思想氛围造成很大冲击。培尔的怀疑主义偏向于古希腊传统的绝对怀疑主义,他将怀疑主义视为"从正反两个方面论证问题的方法",目的是为了"暂停评价,撤除偏见,获得心灵的平静",但最终,他认为任何理论都禁不住一个持绝对怀疑主义观念的怀疑论者的攻击。③研究者指出,皮埃尔·培尔的怀疑论"旨在把批评意识扩大到整个历史和知识的所有领域",它倡导人们用理智来分析、质疑和检验一切知识和理论,这种"带普遍性的质疑的出现是新文化带来的一场认识论革命"。④

启蒙哲人认同洛克-牛顿式的实验性推理,但拒绝接受绝对怀疑主义,因为后者最终指向虚无,使一切知识和理论处于搁置状态。伏尔泰

---

① Barbeyrac, *DHC*, 1. 2. 2, note 1.

② 参见:Daniel Brewer (ed.), *The French Enlightenment*, Cambridge University Press, 2014, pp. 105—119; Paul Hazard, *The Crisis of the European Mind*, *1680—1715*, Hollis and Carter, 1953; David Sorkin, *The Religious Enlightenment：Protestants*, *Jews*, *and Catholics from London to Vienna*, Princeton University Press, 2008, pp. 3—21。

③ Sébastien Charles, Plínio J. Smith (eds.), *Scepticism in the Eighteenth Century：Enlightenment*, *Lumières*, *Aufklärung*, Springer Dordrecht, 2013, pp. 19—30.

④ 让—皮埃尔·里乌、让—弗朗索瓦·西里内利 编,朱静 许光华 译,《法国文化史(卷三)启蒙与自由:十八世纪和十九世纪》,华东师范大学出版社,2012 年,第 11 页。

将培尔的怀疑主义称为"极端的皮浪主义"（pyrrhonisme outré），认为这种理论没有价值，只能反对一切、摧毁一切，甚至它本身。[①] 在《百科全书》一篇关于"哲学上的怀疑论者"的文章中，狄德罗称"一个人使用理性时必须节制，否则他就要下决心悬浮在不确定之中"[②]。18 世纪的主流并不是怀疑主义理论，然而，无可辩驳的是，怀疑主义精神为启蒙运动的理念打了头阵，它使理性分析和批评意识得以在启蒙时代的政治、哲学、社会、宗教等一切领域占据上风。此外，怀疑主义并未彻底退出历史舞台。苏格兰启蒙运动的重要人物大卫·休谟批判性地吸收了培尔等人的观点以及牛顿的实证主义推理方法，发展出一套现代的、深层次的怀疑主义理论。

意大利启蒙运动研究学者文森佐·费罗内（Vincenzo Ferrone）提出皮埃尔·培尔在另一层意义上对启蒙运动的贡献。他指出，培尔在《论1680 年彗星出现的书信》一书中提出的设想——即由"不依靠宗教而为人类全部的道德和政治秩序奠定基础"的一群无神论者组成的共和国——是一种全新的理论，这种理论"在启蒙运动的思想氛围中茁壮成长，宣告了与主流的基督教人道主义猛烈而永恒的决裂"，而后者仅根据上帝旨意来安排人的身份和作为。[③]这代表着 17 世纪末的知识分子已经有了脱离权威控制的意识，这一意识在整个 18 世纪不断巩固，直到一个以文人为首的"公众舆论舞台"被建立起来。在这一自由舞台上，文人们运用公众舆论来对抗专制君主和中央集权。

通过提倡宗教宽容和怀疑主义精神，胡格诺知识分子进一步发展出了对绝对君主制的批判性理论，为胡格诺移民反抗绝对主义的活动奠定了思想基础。

---

① 参见：Voltaire, *Le Pyrrhonisme de l'histoire* (M. xxvii. 235)，转引自 Sébastien Charles, Plínio J. Smith（eds.），*Scepticism in the Eighteenth Century : Enlightenment, Lumières, Aufklärung*, Springer Dordrecht, 2013, p. 9。

② Denis Diderot, "Pyrrhonienne ou sceptique philosophie", *Encyclopédie*, xiii. 613b - 614a。

③ ［意］文森佐·费罗内:《启蒙观念史》，马涛、曾允译，商务印书馆，2018 年，第 177 页。

第六章　宫廷文化、贵族文化和大众文化

　　14—17 世纪,法国社会文化的演变无疑是深刻的。在这个问题上,时人的目光可以为我们提供一个很好的切入点。1669 年,当路易十四的宫廷节庆理论家梅内特里耶读到关于 1468 年在勃艮第公爵查理和英国国王的妹妹玛格丽特·德·约克(Marguerite d'Yorck)的婚礼上举行的狂欢表演的描述时,他忍不住笑了出来:因为牲畜竟然在这场节庆中扮演了主要的角色,有好几拨人分别装扮成山羊、狼、驴、猴子载歌载舞,包括唱荒诞不经的驴之回旋曲。梅内特里耶的评价让我们对社会演进造成的文化隔阂有了最直观的认识,他说:"对于当时还处于半野蛮状态的人们来说,这些设计还算不错。但我们现在处在一个如此文雅(poli)的时代,应当有比这些滑稽游戏更精巧的东西。"①

　　显然,对于他们 200 年前的先辈的文化,路易十四的廷臣们已经失去了理解的能力。在这几百年间,改变的不仅仅是文化品味,而是几乎整个世界观——至少在上层社会是如此。本章将主要通过游戏来展现发生在这几个世纪里的文化演变。

---

① Claude-François Menestrier, *Traité des Tournois*, *Joustes*, *Carrousels*, *et autres Spectacles Publics*, Lyon: Jacques Muguet, 1669, pp. 77—79.

第一节　中世纪晚期法国的"文化共同体"

一直到 16 世纪为止,法国各个阶层之间的文化区隔都不是很分明。如同法国著名的新文化史学家菲力浦·阿利埃斯指出的,在这个时期,法国曾经存在一个"游戏共同体"(communauté des jeux),其基本文化特征是无论阶级、性别、年龄,所有人都共享同样的游戏文化。这主要表现在两个方面。首先,不同阶级、性别、年龄的人经常在一起玩游戏,并在游戏中扮演不同的角色,上层社会并不觉得跟平民一起游戏有何不妥,人们也不觉得有必要在游戏中把妇女和儿童隔离开来。其次,不同阶级、性别、年龄的人都玩同样的游戏,贵族跟平民、成年人跟儿童玩一样的游戏时,他们丝毫不会觉得难堪。[①] 在这一切的背后则隐藏着另一个更重要的事实,即在中世纪晚期的法国,不同阶层的人都共享着同样的世界观。

一、全民狂欢的时代

法国中世纪的"文化共同体",首先最鲜明地体现在狂欢游戏上面。巴赫金曾经错误地让人以为,中世纪的狂欢是仅属于人民大众的文化,它与沉闷无聊的官方日常秩序截然对立。[②] 但研究表明,这种对立是 16—17 世纪法国社会文化演变的结果,它在中世纪的法国并不存在。

从中世纪一直到近代早期,狂欢节与大斋节的冲突始终是人们津津乐道的一个话题。我们首先可以从词源学上得到一些有趣的启示。16 世纪甚至更晚,法国人都还不太习惯使用 carnaval 来指代狂欢节,他们更喜欢用的词语是"xx gras"(肥美日,或译作"油脂日""沾腥日""动荤

---

① Philippe Ariès, *L'enfant et la Vie Familiale sous l'Ancien Régime*, Paris: Seuil, 1973, pp. 90—140. 中文译本参见菲利浦·阿利埃斯:《儿童的世纪:法国旧制度下的儿童和家庭生活》,沈坚、朱晓罕译,北京大学出版社,2013 年,第 97—151 页。

② 巴赫金:《弗朗索瓦·拉伯雷的创作与中世纪和文艺复兴时期的民间文化》,李兆林、夏忠宪等译,石家庄:河北教育出版社,1998 年。

日"),如 dimanche gras(肥美星期日)一直到 mardi gras(肥美星期二),它们都是指在大斋节之前大快朵颐、大量吃肉的日子。与此相对应,在泛指整个狂欢节时,他们使用的则是另外一个更有趣的词语 carême-prenant,其中 prenant 的原型动词 prendre 有"侵袭""攻占"之意,因而carême-prenant 或可直译作"大斋节来袭"。因此,这个看似简单的词汇背后似乎隐含着人们对大斋节的某种深层恐惧,给人以无穷的文化想象空间。除此之外,中世纪的人们还喜欢把这两个节庆拟人化,让它们直接面对面打仗。16 世纪佛兰德斯画家老勃鲁盖尔的一幅画就以骑士比武的形式呈现了这样的典型场景:肥胖的"狂欢节"骑在一只大酒桶上面,以酒壶为马镫,以大馅饼作头盔,插着猪头、烤鸡和香肠的烧烤铁钎是他的长枪。"大斋节"则是个面无人色的瘦削女性,她头顶蜂巢,右手的长柄铲子上放着两条鳗鱼,左手握着荆条,坐在一辆板车上。[1] 有学者曾经统计过 1227 年到 1793 年欧洲表现这一题材的 42 种文学作品,其中有 24 种明确注明了冲突的获胜者,其中"狂欢节"胜出 7 次,"大斋节"为17 次,"大斋节"优势明显。但进一步分析发现,"大斋节"仅仅是在 1500年以后才占据了绝对的优势("狂欢节"与"大斋节"的获胜次数为 1:12),此前双方基本上平分秋色,"狂欢节"甚至还略占上风("狂欢节"与"大斋节"的获胜次数为 4:3,包括五种年代不确定的为 6:5)。其中最早的作品创作于 13 世纪,双方交战的地点是巴黎王宫。战斗持续了很长时间,直到"圣诞节"来给"狂欢节"助阵,才确保其取得胜利。结果,一年中除了四旬斋之外,"大斋节"都被放逐在外。此外,许多作品还直接反映了人们的好恶情绪,比如"狂欢节"被比喻成慷慨、宽容的好领主,"大斋节"则是吝啬、苛刻的代名词。[2] 另一方面,根据目前的研究,处死拟人化的"狂欢节"的模拟像这个被许多研究者广为演绎的现象,似乎迟至 15 世

---

[1] Pieter Bruegel, *The Fight between Carnival and Lent*,引自 http://www. the-athenaeum. org/art/detail. php? ID=37994,[发布日期不详]/2015 - 9 - 13。

[2] Martine Grinberg & Sam Kinser,"Les Combats de Carnaval et de Carême: Trajets d'une Métaphore",*Annales. Économies*,*Société*,*Civilisations*,38[e]année,N. 1,1983,pp. 69,90—93.

纪末才在意大利最先出现。① 如果说上述作品主要是代表识字精英阶层
的态度(这种说法当然不是非常恰当)的话,那么它们至少表明,在中世
纪的整个西欧,上层社会对狂欢文化并没有特别的排斥。

事实上,中世纪的上层社会(无论是世俗还是教会上层)不仅不排斥
狂欢文化,他们还积极参与其中,或者说,狂欢文化原本就是他们文化的
重要组成部分。以历代最高统治阶层为例,法国宫廷历来有举行和参加
各种狂欢游戏的传统。1393 年,法国国王查理六世和若干高级贵族在一
场宫廷婚礼中举行了一场吵闹游戏(charivari):他们化装成浑身是毛的
野蛮人,一边不知所云地嚎叫,一边挥舞着狼牙棒,"像魔鬼一样"疯狂地
舞蹈,还做各种粗野下流的动作。② 从这些细节可以看出,国王和贵族们
游戏的粗俗程度与普通民众无多大区别。一个多世纪后,1521 年的三王
节,弗朗索瓦一世"像往常一样"带领若干贵族包围节日"国王"圣波尔
(Saint-Pol)伯爵的住宅,双方用雪球、苹果和鸡蛋互相攻击。③ 这种"幼
稚"的游戏在今天看来明显不符合国王的身份。这个世纪的亨利二世、
三世和四世同样喜欢各种狂欢文化。1550 年亨利二世进入鲁昂时,就点
名要观看该市的游戏社团"笨蛋修道院"的狂欢表演。④ 亨利三世、亨利

---

① 处死"狂欢节"模拟像的最早例子似乎是在 15 世纪末的博洛尼亚,参见彼得·伯克:《欧洲近
代早期的大众文化》,杨豫、王海良等译,上海人民出版社,2005 年,第 280 页。弗雷泽提供的
案例大部分都没标明年代,唯一标明的已经是 19 世纪下半叶的事情,其他例子发生的时间
估计也不会太早。参见詹·乔·弗雷泽:《金枝——巫术与宗教之研究》,徐育新、汪培基等
译,大众文艺出版社,1998 年,第 441—449 页。

② 关于该事件的描述,参见让·皮埃尔·里鸟等主编:《法国文化史》II《从文艺复兴到启蒙前
夜》,傅绍梅、钱林森译,华东师范大学出版社,2011 年,第 314 页;Susan Crane, *The
Performance of Self : Ritual, Clothing, and Identity During the Hundred Years War*,
Philadelphia:University of Pennsylvania Press,2002, pp. 155—162。

③ François Noel & Joseph Planche, *Éphémérides Politiques, Littéraires et Religieuses*,Paris:
Le Normant,1803,p. 74.

④ Dylan Reid, "Carnival in Rouen:A History of the Abbaye des Conards", *The Sixteenth
Century Journal*,vol. 32,No. 4(Winter,2001), p. 1041.

四世还经常在狂欢节到巴黎街头参加节日狂欢。[1] 国王尚且如此，其他高级贵族更不在话下。据研究，法国第一个有明确记录的游戏社团[2]里尔的"荆棘社(l'Épinette)"，便是在 13 世纪早期由一位女伯爵所创立。[3]在其后的多个世纪，佛兰德斯伯爵不仅经常给予该社团财政资助，还先后册封了近百名资产者出身的"荆棘王"(即"荆棘社"一年一度的首领)为贵族。[4] "第戎步兵团(l'Infanterie dijonnaise)"(或依其首领的头衔称作"疯妈妈")原本就是军官的社团，有材料称它在 16 世纪初尚由 36 名领主组成(包括骑士、侍从和贵族)。它经常参加王公贵族的生日、洗礼或婚礼，有时还因此得到市政府资助。[5] 这诸多例子都表明，中世纪的上层贵族不仅十分钟爱并支持各种狂欢游戏，还不惮于公开参与大众的狂欢，而丝毫没有 17 世纪以后的那种"矜持"。我们可以把这种所有阶层的人共享同一种文化的现象称作"文化共同体"。

　　中世纪人对狂欢文化的上述态度，与当时人们特定的生活环境以及狂欢游戏的特殊性质和功能密切相关。法国历史学家米桑布莱德曾对法国中世纪社会生活的基本特征作过十分精辟的论述。他说，中世纪法国的大众文化，实质上是在一个充满了实际和假想的危险的世界里谋求

---

① 让·皮埃尔·里乌等主编:《法国文化史》II《从文艺复兴到启蒙前夜》，第 132 页；*Registre Journal de Henri IV et de Louis XIII*, in MM. Michaude & Poujoulat, eds., *Nouvelle Collection des Mémoires pour Servir à l'Histoire de France*, deuxième partie du tome premier, Paris: l'Éditeur du Commentaire Analytique du Code Civil, 1837, pp. 259, 281—282, 499—500.

② 游戏社团(société joyeuse，国内一般按照英文 festive societies 翻译作"节庆社团")是中世纪西欧十分普遍的一种专门组织各种狂欢活动的社团，它们的名称往往具有明显的狂欢色彩，最常见的比如疯妈妈(Mère Folle)、笨蛋修道院(l'Abbaye des Conards)、(l'Abbaye de Maugouvert)、烂马裤(Mauvarses Braies)、无忧儿(les Enfants-sans-souci)等。

③ 让·皮埃尔·里乌等主编:《法国文化史》II《从文艺复兴到启蒙前夜》，第 314 页；Martine Grinberg, "Carnaval et Société Urbaine XIVᵉ - XVIᵉ Siècles: le Royaume dans la Ville", *Ethnologie Française*, nouvelle serie, t. 4e, No. 3e(1974), p. 216.

④ Martine Grinberg, "Carnaval et Société Urbaine XIVᵉ - XVIᵉ siècles: le Royaume dans la Ville", pp. 226—227.

⑤ Juliette Valcke, *La société Joyeuse de la Mère Folle de Dijon: Histoire (XVᵉ -XVIIᵉˢ.) et Edition du Répertoire*, thèse de doctorat, Université de Montréal, 1997, pp. 31—32, 63—65.

生存的体系。这些危险既包括疫病、饥饿、战争、死亡,也包括对黑森林和黑夜等未知世界的恐惧,这是无论当时的教会还是国家都无力有效根除的。在这种条件下,无论阶级、年龄、性别,人的一切生活都必须依赖身边的群体。孤立的个人不仅安全得不到保障,还被社会所厌弃,甚至被视作危险的来源。① 因此,地域(如教区、庄园或城镇)共同体构成了当时最基本的生存单位。在日常生活中,这些共同体必然需要通过某些特殊的活动把全体成员凝聚在一起,共同面对无所不在的恐惧和威胁。② 狂欢游戏就是这样一种活动,因而在中世纪的共同体生活中扮演着非常重要的角色。即使是国王及其宫廷,在他们固定在巴黎并形成封闭的宫廷社会之前,他们也与普通人共享着上述生活方式和世界观。研究发现,在中世纪,反抗性或颠覆性并不是狂欢游戏最主要的特征。恰恰相反,当时的狂欢游戏具有至关重要的文化和社会建构功能:它们既是地方社群进行自我管理的手段,也是驱逐群体恐惧和寻求神灵保护的宗教仪式。

　　中世纪所有的狂欢游戏都明显具有上述双重特征。以狂欢游行这种在许多狂欢节庆中十分常见的活动为例,这是一种真正"全民"参与的狂欢。队列游行通常是沿着城市或乡村最主要的道路行进,并象征性地巡视社群的全部空间。在这过程中,社群成员不断地以各种方式加入进来,包括直接加入游行队列,或与队列成员进行狂欢互动。有研究中世纪队列游行仪式的学者指出,这种仪式传达的信息是全体参与者共享对

---

① Robert Muchembled, trans. Lydia Cochrane, *Popular Culture and Elite Culture in France 1400—1750*, Louisiana: Louisiana State University Press, 1985.

② 罗朗·穆尼埃(Roland Mousnier)的研究显示,在 1515 年的法国,大约每 115 平方公里、每 1000 位居民才有一位政府官员。相比之下,到了 1665 年,法国每 10 平方公里、每 76 位居民就有一位官员。(转引自 Robert Muchembled,*Popular Culture and Elite Culture in France*,*1400—1750*, p. 34)这就使得地方社群在行政上必须进行自我组织和管理。到了 16 世纪,罗芒地区的圣灵兄弟会(它主要负责组织葬礼活动,但兼具游戏社团的功能)还有一个习俗:会员只要在死前支付一笔费用,就可以在死后保留会籍并由穷人代他出席社团的聚会(参见 Emmanuel Le Roy Ladurie,*Carnival in Romans*:*Mayhem and Massacre in a French City*, trans. by Mary Feeney, London: Phoenix, 2003.)。这种做法典型地反映了人们对于被群体遗弃的深刻恐惧。

同一个目标的承诺；它不仅反映社会权力结构和意识形态，同时还创造这些关系和承诺。[1] 因此，狂欢游行充当了重温、继承和更新群体关系和群体价值的仪式。梅斯人菲利普·德·维尼厄尔（Philippe de Vigneulles）曾完整地记录了 1497 年在梅斯举行的狂欢节巨人游行。在肥美日，众贵族和贵妇、男女市民、教士和其他人分门别类地乔装打扮进行狂欢。人们做了一个男巨人，让他穿上华丽的衣服、手提一根巨棒，把他从一位助理法官（eschevin）家里领出来游行。第二天，他们又做了一个女巨人放在另一个助理法官家里。肥美星期二这天，人们敲锣打鼓，把男巨人领到女巨人家中，让他们订婚、举行婚礼并跳舞。随后人们在市内举行盛大的凯旋游行，男巨人领着女巨人，后面跟着那两位助理法官和梅斯的其他法官。到了某个地方，一大群"街坊"迎过来，领头的是一位"修道院院长"（显然是游戏社团的首领）。这群人乔装打扮，领着男女巨人到大教堂前面，由一位愚人"神父"给他们念祝辞，并给众人讲与巨人结婚有关的笑话。所有人都跟在后面观看。返回时，人们在女巨人家的院子里表演一出"极好极欢乐"的滑稽剧。最后女巨人被送到男巨人家中，让他们躺在一起，"做生小孩的事情"[2]。很明显，这是一个当地所有阶层、性别和年龄的人共同参与的公共仪式，它主要的活动是大家一起簇拥着群体的守护神巡视共同的空间，为群体的安康和繁衍祈求宗教上的保护。同时，这样的仪式显然也具有加强群体内部凝聚力的意义。

在许多地方，狂欢游行也是直接处理特定群体事务的场合，特别是以狂欢游戏的方式处罚违反某些群体价值的人和事。最常见的做法是让若干"倒霉蛋"倒骑着驴子，或把他关在牛车里面，在众人的哄笑声中

---

[1] Kathleen Ashley, "The Moving Subjects of Processional Performance", in Kathleen Ashley, Wim Hosken ed. , *Moving Subjects：Processional Performance in the Middle Ages and the Renaissance*, Amsterdam：Rodopi B. V. , 2001, p. 14.

[2] J. F. Huguenin, *Les Chroniques de la Ville de Metz*, 900—1552, Metz：S. Lamort, 1838, p. 622.

沿街游行。然而,这个"倒霉蛋"之所以被选中,并非因为他运气不好,而是他违反了群体的某些公认准则,比如通奸、戴绿帽甚至是怕老婆。这实际上也是一种具有民间司法功能的吵闹游戏。这种游戏同样具有重要的宗教含义。比如在里昂的倒骑驴游行中,犯错者被称作"martyre"(殉道者,引申为受虐者)①,暗示游戏可能具有为群体赎罪的含义。同样,游行中使用的特定牲畜也具有赎罪的作用——动物既能承担人类共同的罪孽,也可以在公共仪式中代表个人的罪愆;在公开处罚中使用的动物种类,则是由所犯罪行的性质来决定。② 在这个意义上,对于当时的人们来说,许多地方在狂欢节殴打妓女和犹太人或处死猫等动物,实际上也具有相同的含义。

这里还需要特别讨论另外一种形式的吵闹游戏。这种游戏主要是针对与婚姻有关的行为,特别是老夫少妻之类的"错配"婚姻,以及夫妻一方死后另一方再婚的情况。前述发生在 1393 年法国宫廷的吵闹游戏便属于后面一种。游戏的形式一般是,结婚当天,等到太阳落山以后,社群里的青年人就会在当事人家门口聚集,他们敲打锅碗瓢盆,大喊大叫,制造可怕的噪音。一般认为,这类婚姻组合对当地社群造成了实质性的损害:它首先是剥夺了本应属于本社群适龄青年男女的婚姻机会;其次,再婚及老夫少妻的组合意味着极大的不孕几率。这些都是关系到社群延续的重大问题。青年人通过这种形式来捍卫他们对社群中适婚女子的优先权,实际上是对群体利益的保护。③ 不过,这种游戏并不会拆散那些婚姻,它的重点在于对犯错者实施某种处罚,再让他回归到社群之中。

---

① *Archives Historiques et Statistiques du Départment du Rhône*, t. 10, Lyon: J. M. Barret, 1829, pp. 402, 405, 420.

② Esther Cohen, "Animals in Medieval Perceptions: the Image of the Ubiquitous Other", in Aubrey Manning and James Serpell, eds., *Animals and Human Society: Changing Perspectives*, London: Routledge, 1994, p. 69.

③ Martine Grinberg, "Charivaris au Moyen Age et à la Renaissance: Condamnation des remariages ou rites d'inversion du temps?", Jacques Le Goff, Jean-Claude Schmitt(eds.), *Le Charivari: Actes de la table ronde organisée à Paris, 25—27 avril 1977*, Paris: École des Hautes Études en Sciences Sociales, 1981, p. 144.

因此,这是一个从"驱离"到"回归"的仪式。贝尔蒙引用列维·斯特劳斯(Claude Lévi-Strauss)的观点指出,吵闹游戏的仪式首先是向触犯者"表明"他们的婚姻不被认同,因而有被逐出社群的风险;其次,它也提供了改变这种情境的办法,即用罚金"赎买"回归群体的机会,同时消除或减轻他所犯的"罪行"。交罚金是为了公开证明罪行已被承担和超越,因而不会对新的家庭和社群秩序构成威胁。① 另一方面,吵闹游戏也是安抚亡灵、保障新人安康的宗教仪式。游戏之所以在太阳落山后举行,是因为那是亡灵活动的时间。同时,游戏者还会化妆成妖魔鬼怪的模样,有时还举着新婚夫妇已离世的前配偶的肖像,甚至还出现法国民间传说中的夜鬼埃勒坎(Hellequin)和他的猎队——他们专门捉拿被诅咒的亡灵并带回地狱。在这里,游戏者实际上是代表死者对再婚者提出抗议。支付罚金是对在世者罪过的象征性救赎,而再婚夫妇与游戏者的和解则相当于在世者与亡灵的和解,否则亡灵极可能因为在世者的亏欠而作祟。② 1669 年,当梅内特里耶为两个世纪前勃艮第的宫廷游戏哑然失笑的时候,他显然已经忘记了,那些荒诞滑稽的场面其实包含了专门在特殊的婚姻场合出现的诸多吵闹游戏(charivari)的元素——那是勃艮第公爵查理的第三次婚姻,新郎 34 岁,新娘则只有 22 岁。再婚和悬殊的年龄差距,正好处在吵闹游戏的管辖范围之内。

类似的双重特性存在于中世纪所有的狂欢游戏当中,这里不再一一列举。总之,中世纪的狂欢文化是地方社群自治的重要载体,它具有重要的文化和社会建构功能,并为所有阶层、性别和年龄的人所共享。当上层社会进行狂欢游戏时,他们并非像彼得·伯克所说的"只是游戏",或是像巴赫金所说是狂欢文化的力量"迫使"上层人士"准许自己娱乐消

---

① Nicole Belmont, "Fonction de la Dérision et Symbolisme du Bruit dans le Charivari", Jacques Le Goff, Jean-Claude Schmitt(eds.), *Le Charivari*, pp. 17—18.

② Nicole Belmont, "Fonction de la Dérision et Symbolisme du Bruit dans le Charivari", p. 19.

遣一番"①。相反,他们与普通民众拥有相同(或大体相似)的信仰和生活方式,狂欢文化乃是他们的文化不可分割的组成部分。把中世纪的狂欢文化看作大众阶层对官方秩序的反抗,或简单地把它们描述成大众情绪的"减压阀",都是十分片面的观点。

二、教会的愚人节狂欢

前面我们已经看到,中世纪的教士也会参与到大众的狂欢活动当中(比如在梅斯)。除此之外,他们还有属于他们自己的狂欢节庆:愚人节(la fête des fous)。一直到 16 世纪,愚人节狂欢在法国各地的教堂、修道院等宗教场所都很常见。

愚人节并非一个十分确定的概念。根据现有研究,最早使用"愚人节"这一名称的是 12 世纪下半叶的巴黎神学院院长贝莱(Jean Beleth),他将愚人节定义为副执事节,庆祝的时间包括割礼节(1 月 1 日)、主显节(1 月 6 日)及主显节后第八天。但这一定义在当时就没有得到普遍认同,许多人都把诸如圣诞节、圣斯蒂文节(12 月 26 日)、圣约翰节(12 月 27 日)、悼婴节(12 月 28 日)等也当作愚人节。② 最广义的愚人节甚至可以囊括早期西欧基督教世界的一切宗教和世俗狂欢节庆。不过,根据最普遍的理解,愚人节主要是指中世纪基督教会的低级教士在圣诞季举行狂欢游戏的节庆。有些地方的愚人节狂欢中会用到驴,这时它也称作驴节。这里不仅仅探讨愚人节本身,同时还试图研究中世纪教会在节庆游戏中与本地社群的关系。因此,除了讨论较狭义的愚人节,作者也会适

---

① 彼得·伯克:《欧洲近代早期的大众文化》,第 35 页;巴赫金:《弗朗索瓦·拉伯雷的创作与中世纪和文艺复兴时期的民间文化》,第 16 页。

② E. K. Chambers, *The Medieval Stage*, v. 1. London: Oxford University Press, 1903, pp. 275, 336—337; Max Harris, *Sacred Folly: A New History of the Feast of Fools*, New York: Cornell University Press, 2011, pp. 54, 66; Margot Fassler, "The Feast of Fools and Danielis Ludus: Popular Tradition in a Medieval Cathedral Play", in Thomas Forrest Kelly (ed.), *Plainsong in the Age of Polyphony*, Cambridge University Press, 1992, p. 74.

当扩展到广义的愚人节,但仅限于由教会发起并主导的游戏节庆。在起源方面,研究者一般都会追溯到古罗马的农神节或"十二月的放纵"(libertate Decembris),但也有人(如哈里斯)认为它是基督教时代的产物。

与一般的理解不同,愚人节并非仅只是低级教士的节日。尽管它可能由低级教士主导,但却囊括了各个阶层、性别和年龄的支持者和参与者,包括教会的和世俗的。

教会方面,首先,包括高级教士在内的各级教士都是愚人节游戏的参与者。贝莱等人都证明,一些地方的大主教或主教经常在"十二月的放纵"期间跟普通教士和本地社群的子民们一起游戏,而1212年巴黎主教会议曾试图"绝对禁止"大主教和主教进行愚人节游戏,也证明他们所言非虚。① 许多地方的记录也表明,在愚人节期间,高级教士也要像对待真主教一样向节日"主教"行礼。我们在下文中将会看到,高级教士不仅以各种方式参加愚人节,有时还在游戏中扮演重要的角色。其次,许多地方的大教堂理事会长期给予愚人节财政和道德上的支持。在14到15世纪,里尔和桑斯的大教堂理事会连续数十年都有资助愚人节的记录。有些地方则规定所有教士都要参加愚人节活动,否则将被罚款或淋水。②而当有人开始试图取缔愚人节时,各地的大教堂理事会是最激烈的反对者。最有代表性的例子发生在尼姆。1394年,尼姆王家总管的代理人试图禁止大教堂的圣诞季狂欢,遭到尼姆各界人士激烈反对。执政官和议事司铎先后代表全体市民提交了三份措辞激烈的抗议书,其中最后一份还有大教堂理事会全体成员的签名。他们声称,"自有记忆以来",尼姆

---

① J. C. I. Gieseler, *Text-book of Ecclesiastical History*, v. 2, Philadelphia, 1836, p. 347; Jean-Baptiste Thiers, *Traité des jeux et des divertissemens qui peuvent être permis*, *ou qui doivent être défendus aux chrétiens selon les règles de l'Eglise et le sentiment des Pères*, Paris, 1686, pp. 403—404, 443.

② 有关例子参见 E. K. Chambers, *The Medieval Stage*, v. 1, pp. 291—292; Max Harris, *Sacred Folly*, pp. 133—134, 169—170, 191—192, 201—202, 204—205, 228, 223, 230—231.

市的全体基督徒就有在圣诞节到大教堂"庆祝神子的荣耀和他的神圣诞生"的习俗,教士和"他们在本市的亲戚、其他贵族和显要、公正诚实的男女以及愿意加入的所有人"都在一起庆祝,参与者甚至包括一些大贵族(如国王让二世等)和红衣主教。① 这个例子充分反映了高级教士及贵族在早期支持和参加愚人节游戏的情况,以及大教堂理事会等积极为节庆游戏辩护的理由。稍后我们将看到,各地的大教堂理事会反对取缔愚人节的状况一直持续到 16 世纪中叶,有时甚至不惜向各级法院提起诉讼。因此,教会上层对愚人节的态度实际上包含了不同的层次:反对、改革、支持和参与,后三种都是对愚人节的认可,并且是 15 世纪以前主流的意见。

愚人节狂欢再次表明,在中世纪的群体生活环境下,各个阶层的生活方式、宗教信仰和文化品味并不像后来那样截然分开。相反,狂欢游戏通过其特殊的宗教仪式和社群管理功能,把所有人紧密地联系在一起。首先,愚人节游戏也包括女性和儿童参与者。在 15 世纪普罗旺斯的阿尔勒(Arles),圣塞萨尔(Saint Césaire)修女院也会选举愚人节"女院长",而圣特罗菲姆(Saint Trophime)教堂的悼婴节"大主教"会在圣特罗菲姆节(12 月 29 日)前去拜访她,真正的女院长还要用鸡、面包和酒来款待。图尔的儿童"主教"事先被送到邻近的博蒙(Beaumont)修女院,再由全体教士在圣约翰节的晨经之后前去迎接。在博韦 1 月 14 日的"驴节"仪式中,则由一个漂亮的女孩抱着一个婴儿,骑着驴从大教堂游行到圣斯蒂文教堂,并参加游戏式的弥撒。② 同样,世俗民众也通过各种方式参与到愚人节游戏中来。除了民众到教堂观看之外——文化史研究也表明,近代以前的群体活动中并不存在纯粹的"观众"③——几乎所有地方的愚人节游戏都会通过游行和其他游戏仪式深入到社群当中。1470

① Max Harris, *Sacred Folly*, pp. 159—166.
② E. K. Chambers, *The Medieval Stage*, v. 1, pp. 287, 317, 347.
③ 让·皮埃尔·里乌等主编:《法国文化史》I《中世纪》,杨剑译,上海:华东师范大学出版社,2011 年,第 312—320 页。

年前后,马恩河畔沙隆(Châlons-sur-Marne)大教堂的圣艾蒂安(Saint Etienne)节庆祝中,包括议事司铎在内的教士们穿着稀奇古怪的衣服,跟民众一起在集市上游戏,在教堂前敲打锅碗瓢盆、大吵大闹。[1] 桑斯 15世纪的队列中还包括"用破车载着未穿衣服、露出私处的男子"。1539年,贝桑松一所修道院的牛车游行队列与大教堂的队列在市内发生冲突,修士和教士们当众互相咒骂甚至斗殴。在一些地方,教士还会到集市上"化缘",或强抢世俗民众的物品以索要赎金,甚至与俗人打架。最后的宴会往往在公共酒馆内举行,后来才被要求转移到某位教士成员的家中。[2]

同狂欢节一样,愚人节狂欢并非仅仅是给人们提供娱乐,而是带有深厚的宗教色彩。有一份中世纪的文献是这样描述欧坦"庄严而得体"的驴节仪式的:驴身上披着金布,四名议事司铎"荣耀地"拉着布的四角,"在庄严的仪式中"领着驴子,从密集的人群中间穿过。文献接着描述:"人们笑得越厉害,仪式就越虔诚。"[3]虔诚的程度竟然是由笑声决定的!这种对狂欢与信仰关系的描述具有典型性。在"基督教就是人们呼吸的空气"[4]的中世纪,在教会的空间和时间里,信仰仪式是愚人节合法存在的根本基础,并且这种信仰必定是基督教的。批评者与支持者之间不是基督教与非基督教的区别,而是不同的基督教信仰标准的区别。当时的游戏者对于什么是"庄严"的理解跟现代人截然不同,狂欢与信仰可以完全一致——14—15 世纪的吉尔松就曾经证明,欧塞尔的游戏者认为愚人

---

① L. Barbat, *Histoire de la ville de Châlons-sur-Marne et de ses monuments depuis son origine jusqu'à l'époque actuelle*, Châlons-sur-Marne, 1855, pp. 234—235; A. Hugo, *France pittoresque ou description pittoresque, topographique et statistique des départements et colonies de la France*, Paris, 1835, p. 226.

② 有关例子参见 Max Harris, *Sacred Folly*, pp. 169—170, 191—192, 210, 215, 229—230.

③ Max Harris, *Sacred Folly*, pp. 147—148.

④ 吕西安·费弗尔:《16 世纪的不信教问题:拉伯雷的宗教》,赖国栋译,上海:上海三联书店,2011 年,第 346 页。

节"跟圣母感孕节一样值得赞赏"①。

同样的观点也存在于愚人节的改革者当中。13 世纪桑斯大主教科贝伊(Pierre de Corbeil)编写的割礼节日课经是以博韦的版本为基础的,它一开头就是一首邀请人们共享"驴节"的欢愉的诗,并在接下来的"驴颂"中模仿驴叫向驴致敬。有研究者指出这是打预防针,以免人们误以为传统的乐趣被剥夺。② 因此,这些改革者并不认为节日的欢笑与仪式有抵触。该日课经还表明,当地的驴节是一种信仰仪式,它再现的是神圣家族逃往埃及的故事。香槟沙隆(Châlons-en-Champagne)同一时期也有割礼节的日课经,但表现的是基督诞生的仪式,真主教还要在其中扮演天父,他的宅邸扮演天堂,儿童主教是新生的基督,众教士则扮演天使,等等。③

欧塞尔大教堂于复活节星期日举行的掷球游戏,则与基督复活和灵魂救赎联系在一起。按照惯例,这只球由上一年新来的议事司铎提供,参加游戏的既有教士,也有官员和市民。新教士首先按照习俗,"庄重地"把球呈献给教长。教长开始与众人对唱《复活节牺牲颂》(Victimae paschali laudes),一边与众人手牵手围着正殿内地板上的迷宫跳圆圈舞,同时把球逐一掷给每个舞者,后者再把球掷回来。④ 多菲内的维埃纳(Vienne en Dauphiné)、桑斯、沙特尔(Chartres)、兰斯、亚眠等地也有类似的游戏仪式。⑤ 这种游戏显然有着重要的宗教含义,包括象征基督从

---

① Jean Gerson, *Contre la fête des fous*, in *Oeuvres completes*, t. 7, Paris, New York: Desclee, 1961, p. 410.

② Henri Villetard (ed.), *Office de Pierre de Corbeil*, Paris, 1907, pp. 48, 86—87; Chambers E. K., *The Medieval Stage*, v. 1, pp. 279—289; Max Harris, *Sacred Folly*, pp. 75—78, 98—106.

③ Max Harris, *Sacred Folly*, pp. 135—137.

④ Constant Leber (ed.), *Collection des meilleurs dissertations, notices et traités particuliers relatifs à l'histoire de France*, t. 9, Paris, 1826, pp. 391—401; Max Harris, *Sacred Folly*, pp. 56—58.

⑤ Constant Leber (ed.), *Collection des meilleurs dissertations, notices et traités particuliers relatifs à l'histoire de France*, t. 20, Paris, 1838, pp. 319—320; Max Harris, *Sacred Folly*, p. 60.

救赎式的死到复活升天的过程,以及对信众的灵魂救赎等。此外,其他节日也各有象征。例如,图尔的愚人节显然有圣母感孕生子的内容。"悼婴节"一般是唱诗班儿童的节日,是为了纪念无辜婴儿被希律王屠杀的历史。主显节则可能是重现东方三博士朝拜初生的耶稣的情形。这里无法一一列举,但有些细节我们在下文还会遇到。至于"愚人节"这一名称,黑斯认为它首先是颂扬弱者,哈里斯也同意"愚人"是指地位低下而非"愚蠢"①。从这个意义上说,愚人节还具有预演天国情景的意味。

　　但是,上述信仰仪式为什么要用狂欢游戏的方式,而不是用真正严肃的仪式来表现? 这是因为愚人节的仪式包含了多个层次的象征。从根本上说,愚人节既是通过再现圣史坚定信仰的仪式,又具有借此寻求宗教保护的意义。但这种信仰和保护绝不仅仅局限于后来所界定的严格的基督教框架之内。在中世纪,尽管基督教在西欧已经传播了数百年,但由于各种原因,源自前基督教时代的民间信仰仍旧根深蒂固,并与基督教的信仰融为一体。当时拥有这种混杂的信仰的不仅仅是普通民众,还包括绝大多数神职人员,尤其是地方的各级教士。与人类学家所揭示的生活于现代世界的许多原始部落一样,面对各种神秘的未知力量,近似癫狂的仪式是驱逐恐惧的最直接也是最有效的方式。因此,那些带有明显的民间宗教或巫术仪式色彩的愚人节游戏仪式,具有召唤鬼神、祈求护佑、保障丰产等方面的重要功能。

　　同样,愚人节狂欢也是中世纪的人们重温、继承和更新群体价值和相互关系的仪式。以贝桑松的悼婴节仪式为例。该市的四座教堂都有愚人节的选举,但地位最高的显然是圣斯蒂文大教堂的"教皇",其他教堂则分别使用"大主教""红衣主教"和"主教"的头衔。在节庆宴饮中,大教堂所在的那座山上的所有居民都要送给"教皇"一份面包和酒。翌日,"教皇"手执一朵金色玫瑰,带着随从到各个教堂和修道院去巡视。另外

---

① Jacques Heers, *Fêtes des fous et carnavals*, Paris: Fayard, 1983, p. 108; Max Harris, *Sacred Folly*, p. 67.

三个教堂的节日"主教"与他相遇时，都要向"教皇"行礼并接受他的祝福。① 这些游戏仪式显然具有重温共同的信仰和确认社群关系等含义。信众向"教皇"提供面包和酒，既是表示确认"教皇"作为上帝代理人的权威，同时也是祈求其保护所有人的丰产和安康。"教皇"带着金色玫瑰（金色代表基督的智慧，红色代表他的血即生命之源，芳香代表他治病的能力）巡视整个社群，既是在确认他（及他所在的大教堂）的权力和他与众人的关系，同时也是在履行职责并满足信众的期待。所有的愚人节游行仪式都具有类似的功能。当然，各教堂的游戏者之间有时也会发生冲突，愚人节游行也是调节社群内部关系的手段。

此外，中世纪的愚人节游戏往往带有明显的强制性，因而包含了许多对缺席者的处罚手段。例如向缺席或拒绝承担特定角色的人征收罚款，或者强迫某些人参加。在游戏中朝缺席者身上淋水则具有双重的含义：它既是对这些人游戏式的处罚，也是模仿洗礼的仪式。这些处罚印证了中世纪人们对于危害群体利益的独立个体的敌视态度，也充分说明了"共同体"的重要性。这是强调个人独立的现代社会所无法想象的。由此我们可以理解愚人节被压制时所引起的愤怒，也可以理解各地的大教堂理事会在此过程中表现出来的暧昧态度。大教堂理事会是一个夹在上级教会和本地民众之间的阶层，但他们在传统上显然与本地社群的联系要密切得多，因而长期站在维护愚人节一边。1394 年尼姆的大教堂理事会就完全与本地官员和市民站在一起。1401 年的欧塞尔和 1517 年的博讷（Beaune），大教堂理事会都曾因愚人节活动被禁而起诉他们的主教。1498 年图尔奈的大教堂理事会曾向游戏者提供面包和酒，后来却把对方告到巴黎高等法院，充分表现出转折时期的复杂心态。② 而在欧塞

---

① Max Harris, *Sacred Folly*, pp. 139—140, 229.

② 尼姆的事例参见前面第二小节。欧塞尔和博讷的例子分别参见 Max Harris, *Sacred Folly*, p. 231; E. K. Chambers, *The Medieval Stage*, v. 1, pp. 308—311. 图尔奈事件参见 *Arrêt du Parlement de Paris Relatif à la Fête des Innocents dans la Ville de Tournay*, 1499, in *Bibliothèque de l'École des Chartes*, t. 3, Paris, 1842, pp. 568—577。

尔,1531 年,一位来自巴黎的议事司铎则坚决拒绝在复活节提供游戏用球,结果被大教堂理事会先后告到地方法院和巴黎高等法院。[①] 在这些事件中,大教堂理事会对变革的极力抗拒,实际上是在代表本地社群竭力维护群体的价值和延续,但同时也可看出他们正面临着越来越大的压力。

三、骑士比武与贵族文化

中世纪晚期的上层社会也有专属于他们自己的游戏,比如骑士比武(tournoi)。不过,早期的贵族或骑士阶层在这些游戏中表现出来的文化品味,与后人所熟悉的骑士精神大相径庭。

骑士比武是一个笼统的名称,它包含有多种不同的具体形式。按是否骑马划分,骑士比武可以分为马上比武和马下比武两种。[②] 按比武人数划分,可以分为群体比武(同样称作 tournoi)、一对一单挑(joute)和单人冲靶(quintaine)等。按比武的组织方式划分,则先后有圆桌比武(table ronde)、攻关比武(pas d'armes)、游行竞技表演(carousel)等。

在起源上,研究者很早就认识到,西欧中世纪的骑士比武与古希腊罗马时期的军事竞赛有关联,但两者远非同一种东西。[③] 尽管目前尚不清楚骑士比武确切的诞生时间,但作为专属于骑士贵族阶层的活动,它的诞生必定是以骑士登上西欧军事舞台作为契机。从这个意义上说,它可能最先出现在加洛林时代的法兰克地区。马克·布洛赫也指出,类似于骑士比武的记录在公元 9 世纪就已经存在。[④] 不过,真正明确的骑士

---

① Constant Leber (ed.), *Collection des meilleurs dissertations, notices et traités particuliers relatifs à l'histoire de France*, t. 9, pp. 391—401; Jean Lebeuf, *Mémoires concernant l'histoire civile et ecclésiastique d'Auxerre*, t. 4, Paris, 1855, pp. 321—322.

② 因此这里并未按照习惯将 tournois 译作"马上比武"。

③ Charles Mills, *The History of Chivalry, or Knighthood and Its Times*, v. 1, London, 1825, p. 260.

④ 乔治·杜比编:《法国史》上卷,吕一民、沈坚等译,商务印书馆,2010 年,第 253—254 页;马克·布洛赫:《封建社会》,张绪山译,商务印书馆,2004 年,第 502 页。

比武记录到 11 世纪下半叶才出现。① 至 12 世纪初，我们已经能够看到比较详细的骑士比武的记录。大约在 12 世纪 20—30 年代，有两名英国贵族订立了这样一份封建契约：一名贵族将一幅土地赐给他的附庸，作为回报，"我到海外参加比武时，将带他同去并带他回来，费用全部由我承担"。② 这表明跟随领主去参加比武已经成为附庸的一项重要的封建义务。1130 年，教皇英诺森二世在克莱蒙(Clermont)宗教会议上明文禁止骑士比武，说明这种活动已经相当流行。而根据传奇骑士威廉元帅(William Marshal)和埃诺(Hainaut)伯爵鲍德温五世(Baldwin V)的传记，骑士比武在 12 世纪 60—70 年代已经成为骑士生活不可或缺的组成部分，其中威廉元帅在法国北部漫游时，每两周就参加一次比武。至此，骑士比武不再只是贵族生活的点缀，而成了"界定骑士生活的重要元素"③。

有许多证据表明，骑士比武首先是在法国发展成熟，随后才传播到西欧其他地区。比如，在整个中世纪，主导骑士比武专门用语的语言始终是法语。④ 而其他国家的人在记录骑士比武时，经常用到诸如"然后开始比武，就像法国人那样"的套话，"法式搏斗"也成为骑士比武的代名词。⑤ 在英国，去法国参加比武则长期被视作青年贵族教育的一个重要

---

① 关于骑士比武最早记录的说法有些分歧，参见 Richard Barber and Juliet Barker, *Tournaments：Jousts，Chivalry and Pageants in the Middle Ages*，New York，1989，p. 15；Joachim Bumke，*Courtly Culture：Literature and Society in the High Middle Ages*，trans. by Thomas Dunlap，Berkeley：University of California Press，1991，pp. 247—248.

② 这份契约的英译本参见戴维·克劳奇：《骑士比武》(David Crouch，*Tournament*，London，2005)，第 163 页。

③ Larry D. Benson，"The Tournament in the Romances of Chrétien de Troyes & L'Histoire de Guillaume Le Maréchal"，Theodore M. Andersson and Stephen A. Barney，eds.，*Contradictions：from Beowulf to Chaucer：Selected Studies of Larry D. Benson*，Scolar Press，1995，p. 7.

④ Juliet Barker，*The Tournament in England：1100—1400*，Wolfeboro：Boydell Press，1986，p. 4；Joachim Bumke，*Courtly Culture：Literature and Society in High Middle Ages*，p. 267.

⑤ Joachim Bumke，*Courtly Gulture：Literature and Society in the High Middle Ages*，pp. 248—251.

组成部分。① 此外,关于骑士比武的早期记录也都集中在佛兰德斯、皮卡第、布拉班(Brabant)、埃诺等法国北部地区。② 骑士比武在这个时期的法国发展成熟并盛行开来,有着十分深刻的历史背景,西方学者对此也给出了多种解释。他们首先注意到了军事制度的变化。理查德・巴伯等人指出,作为军事游戏的骑士比武在 11 世纪流行开来,是因为当时在法国北部出现了重装骑兵集体冲锋的新型战术。③ 其他学者则注意到了教会的影响。比如戴维・克劳奇就认为,骑士比武是 11 世纪 20—30 年代,教会和王公贵族在法国北部推进"和平运动"的意外的副产品,因为骑士和贵族既要遵守和平条约,又需要通过比武保持自身的技能和竞争力。④ 上述两个方面因素固然重要,但我们认为,骑士比武已经远远超出了军事训练的范围,因此其流行的深层原因还需要深入更广阔的社会文化背景进行考察。

我们注意到,早期的骑士比武分为两种情况,一是大贵族带领麾下的骑士队伍前去参加,二是骑士以个人身份进行冒险。这种状况实际上与当时法国的社会发展有着深层的联系。在《骑士社会》一书中,乔治・杜比非常翔实地剖析了法国和西欧社会从 10 世纪末期开始发生的两个重要变化:一是随着中央王朝的崩溃,法国的权力重心逐渐下移,它先是从国王转移到王公贵族手中,进而又转移到封建城堡主和个别骑士手里;二是财产继承制度的变化,它包括加强父系权威、确立长子继承制度、限制幼子婚姻等诸多相互勾连的方面。⑤

在上述制度性变迁的影响下,一方面,各封建主必须借助私人武装应对来自领地内外的威胁,并设法扩充自身的实力。参加和举办骑士比

---

① David Crouch, *Tournament*, p. 41.

② David Crouch, *Tournament*, p. 5.

③ Richard Barber and Juliet Barker, *Tournaments: Jousts, Chivalry and Pageants in the Middle Ages*, p. 14.

④ David Crouch, *Tournament*, pp. 5—6.

⑤ Georges Duby, *The Chivalrous Society*, trans. by Cynthia Postan, University of California press, 1977.

武,既能加强封建主的骑士队伍的凝聚力和锻炼他们的战斗力,也有助于提高封建主自身的声誉,从而招揽更多的优秀骑士加入其阵营。同时,骑士比武还能起到发展和巩固贵族联盟的作用,因为由大贵族组织的比武盛会往往能吸引欧洲各地的众多贵族前来参加。在这种情况下,骑士比武不仅仅是游戏,还是上层社会非常重要的外交舞台。正是由于骑士比武的上述性质,英国国王在骑士比武的问题上表现得似乎自相矛盾:一方面,他们反复颁令禁止比武活动,以防止贵族借机发展个人势力;另一方面,他们又亲自组织并参加许多比武活动,以吸引广大骑士向王室效忠。[①] 相比之下,在国内威望低得多的法国国王在早期因为无力禁止贵族的比武,他们只能选择不参与其中;等到国王权力逐渐增强之后,他们才敢于颁布比武的禁令,进而又自己组织和参加比武。奥地利大公也曾多次干预甚至直接取缔传奇骑士乌尔里希·冯·利希滕施泰因(Ulrich von Liechtenstein)的比武安排,以防止后者利用这些活动形成与他相抗衡的力量。[②] 从上述角度来说,骑士比武在英国和神圣罗马帝国被压制,而首先在封建制度最为典型的法国发展起来,确实有其必然的因素。

　　另一方面,就骑士个人来说,因为继承制度的变化而无望在家族中谋得财富和婚姻的众多"青年"贵族,不得不在外面自谋出路。而在那个时代,以单身为根本标志的"青年"时期漫长得令人绝望:它通常以授封为骑士开始,一直持续到结婚或成为父亲为止。威廉元帅的"青年"时代延续了 25 年,另一位著名的骑士阿尔努·德·阿德尔(Arnould d'Ardres)则长达 30 年。[③] 在这种情况下,骑士比武对于这些"青年"具有多重的重要意义,令他们趋之若鹜。13 世纪早期的德语长诗《帕西瓦尔》所虚构的一个情节,就集中地反映了这些"青年"骑士寄托于骑士比

---

① 有学者认为国王是因为喜爱比武而"忘记"自己的禁令,这种解释过于狭隘。见 Jean Jules Jusserand, *Les Sports et Jeux D'exercice dans L'ancienne France*, Paris, 1901, p. 46.

② Joachim Bumke, *Courtly Culture: Literature and Society in the High Middle Ages*, p. 270.

③ Georges Duby, *The Chivalrous Society*, p. 113.

武的两个最核心的理想：瓦莱斯（Waleis）女王宣布在坎沃莱斯（Kanvoleis)举行比武，最高奖品是两个王国和她本人。①

对于"青年"骑士来说，骑士比武首先是一种财富流转的手段，因为他们有机会凭借个人能力获得丰厚的战利品，包括夺取他人的马匹和武器装备，以及俘虏其他骑士以换取赎金。威廉元帅曾有很多年只能依靠比武获得的战利品度日。他在临终时表示，自己一生俘虏过500多名骑士，并夺取了他们的武器、马匹和盔甲。② 在早期的现实生活和骑士传奇中，夺得战利品的多少，被赤裸裸地宣扬为衡量一名骑士成功与否的重要标准。大约创作于1230年的《拉玛基内传奇》这样描绘一名骑士的出色表现，作品通过观众之口评论说："他正是那种理想的借贷对象，因为他知道怎样收获回报。"③这个故事反映了当时一种非常普遍的现象，即许多穷困的骑士不惜借贷去参加比武，以获得改变命运的机会。其次，骑士比武既为"青年"骑士提供了成名的契机，也是他们十分重要的社交和获得"爱情"的舞台。一方面，"青年"领主与他们的"青年"附庸可以借此增进了解和感情。同时，通过比武建立的外部联系和名声，对于所有的"青年"骑士也都是极其宝贵的财富。传奇骑士威廉元帅是一位英国贵族的幼子，他父亲曾反叛国王，失败时把年幼的他送给国王做人质。幸得国王赦免后，他凭借在法国北部参加比武声名鹊起：佛兰德斯伯爵和勃艮第公爵都愿意出巨资让他为自己服务，后者甚至愿意把女儿嫁给他——这是当时多少"青年"骑士的梦想！但他的"幸运"远不止于此，后来他还获得了为英国王室服务的机会，甚至在13世纪初成为英国的摄政。④ 当然，上述两点也适用于已经结婚生子的"成年"骑士，由于社会的

---

① Wolfram von Eschenbach, *Parzival and Titurel*, trans. by Cyril Edwards, Oxford University Press, 2006, p. 27.

② Paul Meyer, ed., *L'histoire de Guillaume le Maréchal*, T. 2, Paris, 1891—1901, vv. 18483—18485.

③ Philippe de Reimes, *Roman de la Manekine*, Paris, 1840, vv. 2615—2931.

④ David Crouch, *William Marshal: Knighthood, War and Chivalry, 1147—1219*, London, 2002.

组织形式决定了"成年"骑士比"青年"骑士更具稳定性,因而上述情形在后者身上表现得更为典型。

　　综合以上原因,骑士比武得以在 11—12 世纪的法国北部地区盛行,并辐射到整个西欧,形成了一种十分独特的骑士比武文化。同所有的事物一样,西欧中世纪的骑士比武也并非一成不变,始终处在缓慢而持续的演进之中,这使得早期和晚期的骑士比武呈现出非常不同的面貌。当我们讨论西欧的骑士精神时,往往会把骑士小说所鼓吹或是在中世纪晚期才相对普及的骑士价值,与较早时期的骑士生存状态混为一谈。通过对骑士比武的研究,我们发现,早期骑士的举止与我们想象中的那种优雅克制、彬彬有礼的骑士风度相去甚远。如果用最简单的词语来概括早期骑士比武的典型特征,那么"开放"和"粗暴"或可算是最重要的两个关键词。

　　在 13 世纪以前,最受骑士钟爱的比武形式并非后人最为熟悉的马上单挑,而是称作"混战"(melée)的群体比武。这些群体比武的开放程度远超现代人的想象。首先,它们几乎完全没有时间和空间的限制,也没有关于人数对等的任何要求。"青年"威廉元帅在欧陆游历时,曾在茹瓦尼(Joigny)参加过一次比武。他们知道对方人数要多出许多,就没有主动出去寻找,而是选择在茹瓦尼城堡外面就地等待。[①] 与威廉元帅同时的埃诺伯爵鲍德温五世于 1175 年带领 200 骑士和 1200 步兵参加了在苏瓦松(Soissons)市和布赖讷(Braisne)城堡之间举行的一场比武。由于对方待在布赖讷城堡里不出来,直到夜幕降临,伯爵的队伍准备撤退时,他们才追出来攻击。[②] 因此,尽管比武会预先发出通告并指定举行比武的时间和地点,但这些指定都非常含糊。事实上,比武随时随地都有可能发生,包括出其不意的突袭和遭遇战。而随着比武的进行,我们还经常能看到相互追逐的骑士们穿过田野、山丘、庄园、农舍,进入城镇的街道。无论是从游戏还是竞技的角度来说,这种时间和空间的开放性,都

---

① Paul Meyer, ed., *L'histoire de Guillaume le Maréchal*, T. 1, vv. 3426—3562.

② Gilbert of Mons, *Chronicle of Hainaut*, trans. by Laura Napran, Boydell Press, 2005, pp. 67—68.

与 14 世纪以后的骑士比武以及现代的游戏观念大相径庭。

由于上述原因,骑士随时都可以加入比武,而不需要经过任何批准或确认的程序。最"离谱"的一个例子是,在一次比武中,威廉元帅和他的伙伴还在饭馆里吃饭,比武就开始了。此时对方的一名骑士刚好在饭馆前不慎落马,摔断了腿,无法起身。威廉元帅听到呻吟声,立刻起身把这名骑士俘虏了,交给他的伙伴去换取赎金。[①] 我们从许多材料中看到,类似的举止在当时的比武中十分常见,表明比武者与观众之间的界限极其模糊。这是因为比武的空间是完全开放的,而不是像后来那样用围栏或其他手段把比武者与"观众"隔开,因此双方原本就处在同一空间之内,使得"观众"很容易(事实上也经常)介入到比武中来。1292 年英国国王爱德华一世颁布的关于骑士比武的法令,也证明了上述现象的存在:其中一条法令专门禁止"来观看比武的人"携带任何武器,包括剑、棍棒、铁棒、石头和投石器;此外,骑士的随从和仆役也一概不允许携带兵器。[②]需要强调的是,在这之前,观众拿起武器参加比武非但没有违反任何规则,也丝毫不违背骑士的价值准则,它甚至还是一种值得夸耀的战术。12 世纪末著名的"骑士之花"、佛兰德斯的菲利浦伯爵有一个拿手好戏,就是假装不参加比武,等到场上的骑士筋疲力尽时再去抢夺胜利果实。英国的"青年国王"亨利曾因此多次吃亏,但他很快也学会了这种手法,并反过来突袭菲利浦的人。这个策略非常成功,亨利后来又多次故伎重演。[③] 这些类似作弊的行为明显违背现代人的游戏理念,也不符合我们关于骑士精神的美好想象。但很显然,当时的最高贵族在作出如此不"优雅"的举动时,丝毫不觉得有违他们的身份。

早期骑士比武的另外一个主要特征是它极为血腥和粗暴。我们之所以得知 11 世纪有骑士比武存在,是因为有高级贵族在比武中丧生,使

---

① Paul Meyer, ed. , *L'histoire de Guillaume le Maréchal*, T. 1, vv. 7185—7238.

② John Hewitt, *Ancient Armour and Weapons in Europe*, v. 1, Oxford, 1855, pp. 366—368. 法令的英译本参见 David Crouch, *Tournament*, pp. 201—202。

③ Paul Meyer, ed. , *L'histoire de Guillaume le Maréchal*, T. 1, vv. 2713—2772.

事件被记录下来。① 骑士在比武中死亡是家常便饭,这当中不乏高级贵族,有些甚至是父子或兄弟相继。② 如果不考虑鲍德温五世明显夸张的传记,那么最惨烈的或许是 1240 年在科隆附近诺伊斯(Neuss)举行的一次比武,导致总共约 60 名骑士死亡。③ 当然,历史上最著名的案例发生于 1559 年,牺牲者是当时的法国国王亨利二世。尽管这一事件发生在马上单挑当中,并且当时各种安全保护措施和规定都已相当完备,但它却表明,一直到 16 世纪,骑士比武还是一种十分危险和暴力的游戏。

骑士比武的暴力性在一定程度上可以归结为它的开放性,不过,主要还是由特殊的历史观念所造成。有许多证据表明,当时人们对于骑士比武与真实战争之间的差别并不十分清晰。游戏的开放性,以及缺乏清晰的基于公平考虑的规则,便与这种观念密切相关。除此之外,在这个时期,骑士们在比武中使用的是平时打仗用的武器和装备,盔甲是便于活动的锁子甲,兵器都是锋利的刀枪。专门用于比武的武器装备要到 14 世纪马上单挑取代群体比武的地位之后才得到普及,包括钝武器和连体铁甲等。我们还经常看到这样的例子:在战争僵持期间,双方百无聊赖的骑士会举行比武,以便消磨时间,同时为自己创造收入。④ 在 1140 年的英国,切斯特(Chester)伯爵轻易地夺取了只有三名军士驻守的林肯(Lincoln)城堡,因为本应驻防的骑士都跑去参加比武了。⑤ 在这些事例中,比武变成了重要的事情,战争倒似乎成了儿戏。如果说在上述例子中,比武与战争还有着模糊界限的话,那么在鲍德温五世的传记里面,这种界限就几乎完全不存在了。即便只是参加比武,鲍德温五世也得随时

① Richard Barber and Juliet Barker, *Tournament: Jousts, Chivalry and Pageants in the Middle Ages*, p. 15;Joachim Bumke, *Courtly Culture*, pp. 247—248.

② 戴维·克劳奇开列了一个 13 世纪死于骑士比武的部分高级贵族名单,参见 David Crouch, *Tournament*, pp. 99—100。

③ Jean Jules Jusserand, *Les sports et Jeux d'Exercise dans I'Ancienne France*, p. 44.

④ 比如 1127 年的纽伦堡围城和 1148 年的摩泽尔(Mosel)战役,参见 Richard Barber and Juliet Barker, *Tournament*, p. 16;Joachim Bumke, *Courtly Culture*, pp. 249—250。

⑤ Richard Barber and Juliet Barker, *Tournament*, p. 19.

提防仇家趁隙展开攻击,因此他每次都要带上一支庞大的队伍。传记所记录的伤亡数字高得吓人。1170 年 8 月,鲍德温五世与仇家戈弗雷公爵(Duke Godfrey of Louvain)在比武场上相遇,"公爵的军队约有 2000 人被杀,约 6000 人被俘"。1175 年 8 月的比武中,"对方有许多骑士和步兵在城门口被杀死,许多人被淹死,还有一些人被俘"①。这些数字的可靠性当然值得怀疑,但这种叙述所反映的观念非常值得注意,因为在传记作者的意识中,骑士比武与真实的战争几乎没有任何差别。考虑到作者吉尔贝·德·蒙斯是鲍德温五世同时代的人,并且在其宫廷任职多年,是许多事件的亲历者,这种叙事方式的意义就更非同一般。

综上所述,西欧 11—13 世纪的骑士比武所展现的文化特征,与我们惯常的理解有很大的差别。它的一个最明显的特征,是骑士贵族毫无顾忌地公开展现他们粗暴、不"文明"的行为举止,而不是像后来那样强调全方位的优雅控制。或者说,我们现在所熟知的骑士文化,乃是较晚时期才形成的骑士行为准则所塑造出来的行为模式,并不能反映 11—13 世纪的骑士文化。那么,我们应该怎样理解这种早期的骑士比武文化?根据彼得·伯克的说法,在近代早期的西欧,由上层贵族和教士组成的精英阶层既有属于他们自己的大传统,同时也参与大众阶层的小传统。②这种观点也可以借用来解释前述现象。一方面,骑士比武是贵族阶层所特有的文化。尽管它并不像 16 世纪以后那样完全与大众阶层隔绝开来,而是允许大众阶层有限度地参与其中(甚至有市民模仿贵族进行比武的情形),但这些并不能改变骑士比武的阶级属性。另一方面,贵族在骑士比武中的行为举止所呈现的文化特征,却与普通大众的文化没有实质性的分别。换言之,就骑士比武的简单、粗暴、不"文明"等方面而言,骑士阶层与大众实际上共享着同一种文化,那种以克制、优雅、文明为特征,并以此刻意与大众阶层区别开来的骑士文化还未形成。

---

① Gilbert of Mons, *Chronicle of Hainaut*, pp. 59,67—68.
② 彼得·伯克:《欧洲近代早期的大众文化》,第 107—247 页。

但彼得·伯克的解释有一个值得商榷的问题,即他认为上层社会参与大众文化仅仅是出于游戏心理。[①] 这种说法即使放在近代早期的欧洲社会也不是十分恰当,在中世纪更是如此。从前面的研究可以看出,骑士阶层并非刻意地去参与大众的文化,更不是把它当作游戏。相反,他们的行为举止完全是自发的,这种文化原本就是他们文化的组成部分。可以说,这个时期的骑士阶层具有双重的身份特征:他们在身份上是区别于普通大众的贵族阶层,但在文化模式上又是普通大众的一分子。这是由当时的社会组织方式所决定的。

乔治·杜比认为,到 12 世纪末,西方文明已经发生了根本的变化:生活的重心由乡村转向城镇,一切财富、权力和创造力也将由城市活动肇始。[②] 这大概是从推动历史发展的主导力量来说的。但就现代性语义下的生活方式或文化模式而言,城乡文化的根本差别之一,当数对公共与私密生活的不同理解和要求。在这方面,城市文化与乡村文化拉开差距进而占据历史的主导地位,则要等到近代早期乃至更晚的时候。在此之前,尽管城市已在西欧各地迅速兴起,但城市生活依旧沿袭着乡村的模式,它近乎强制性(很多时候也确实是强制性的)地强调群体生活和对群体价值的认同,因而必然讲求开放的生活状态并极力压制私密的空间。这种生活状态决定了人们不可能存在近代以后的那种私密观念。[③]

---

① 彼得·伯克:《欧洲近代早期的大众文化》,杨豫、王海良等译,第 34—35 页。

② Georges Duby, *The Chivalrous Society*, p. 9.

③ 这方面的研究参见菲利浦·阿利埃斯、乔治·杜比主编:《私人生活史》II《肖像——中世纪》和 III《激情——文艺复兴》,洪庆明等译,北方文艺出版社 2009 年版;Robert Muchembled, *Popular Culture and Elite Culture in France 1400—1750*, trans. by Lydia Cochrane, Louisiana State University Press,1985。上述开放性和缺乏私密性,极其鲜明地反映在了城市特别是房屋的空间布局上:所有的房屋都是临街的,通向街道的大门永远敞开着,最好的房间都面向街道;而在室内,客厅与卧室彼此连通且没有门,而要到达客厅或某个房间,必须先经过卧室。米桑布莱德的研究则表明,城市的大众文化是 15 至 17 世纪才日益展现出与农村不同的面貌。而在中世纪晚期至近代早期,出于对已知和未知世界的恐惧,城市社会和乡村都不能容忍孤立的个人的存在,而总是设法(往往通过文化的强制力,甚至诉诸暴力,比如 16 至 17 世纪席卷西欧的猎巫狂潮就总是针对独居的个人)把他们纳入到群体生活之中,这反映了人们对于通过群体生活寻求安全感的迫切需要,以及对独居者与神秘的未知力量相勾结、进而危害群体生存的深刻恐惧。

在中世纪,无论是普通大众还是上层社会都生活于上述文化模式之中,而罕有例外的情况。特别是当城市方兴未艾,贵族还普遍选择居住在其乡间封地上的时候,贵族也和当地居民一样,都是本地乡村共同体的成员,他们分享着同样的世界观和生活方式。这种状况也或多或少地延续到了贵族城市化之后的前几个世纪。正是因为缺乏通过文明化的举止来展示身份差别的观念,因而这个时期的骑士贵族不仅未表现出更加文明的行为举止,也不惮于在普通人面前公开展现这种举止。

中世纪的骑士习惯于在比武中公开展现他们的暴力,还有一个重要的原因。除了作为军事训练的手段以及为骑士提供获取名声和财富的机会,骑士比武还具有非常重要的社会功能。一直到近代为止,西欧几乎所有的群体游戏都具有公共仪式的意味,骑士比武也不例外。这种仪式性包含了两个方面。首先,盛大的比武通常是在某些具有宗教意味的重要日子或前后举行,并构成这些节日的宗教活动的一部分。与狂欢节庆的喧嚣一样,骑士比武的暴力也是人们在重大节庆中祈求宗教保护和驱逐内心恐惧的手段。这种习俗一直延续到16—17世纪骑士比武最终衰落为止。其次,骑士比武还是凝聚群体认同的公共仪式。对暴力史有专门研究的法国学者罗贝尔·米桑布莱德提出,暴力在中世纪远非禁忌,事实上,它们"往往构成人际关系和各个人群特有的交际方式的日常经纬线",是维持等级关系和调节物质及符号交换的手段。[1] 从这个角度来说,骑士比武的暴力乃是封建割据丛林中一种基本的交际手段。一方面,骑士比武的暴力是骑士贵族强调其相对于君主的自治权的手段。骑士贵族不通过国家而行使暴力,即意味着(同时也确认)实际统治权掌握在他们而非君主手中。国王、教宗以及骑士贵族之间在骑士比武问题上的冲突,则是他们争夺统治权的具体反映。另一方面,骑士比武也是骑士阶层确认其对普通民众的统治权的手段。在中世纪,骑士阶层总体上

---

[1] Robert Muchembled, *La violence au village : sociabilité et comportements populaires en Artois du XVᵉ au XVIIᵉ siècle*, Paris, 1989, p. 9. Robert Muchembled, *A History of Violence : From the End of the Middle Ages to the Present*, Cambridge: Polity Press, 2012, p. 45.

掌握着统治权和日常的司法权,但这种权力并不像现代社会一样主要通过制度化的机构来行使,而是极大地依赖于骑士个人以及文化的习惯力量。因此,经常公开展示这种权力就变得十分必要。上述两种功能使得骑士比武成为一种关乎集体利益的仪式,这个集体并非局限于贵族阶层内部,而是包含了所有社会阶层的生活的共同体。正因为如此,早期比武的开放性具有至关重要的意义,它保证了共同体全体成员的参与(无论是主动还是被动),共同祈求宗教保护和驱逐集体恐惧,并在骑士的暴力中确认和更新彼此的社会关系。①

第二节　16—17 世纪法国各阶层的文化

16—17 世纪,法国不同阶层的文化明显分离开来:教士和宫廷贵族阶层脱离了原先的文化共同体,形成自身独特的文化。然而,两者的表现并不相同。在"信仰纯化"的潮流下,教士阶层最终在 16 世纪完全退出了公开的游戏活动,包括各种节庆狂欢和日常游戏。贵族阶层则逐渐发展出一套以"体面""优雅"为特征的游戏文化,并在空间和品味上与大众阶层隔离开来。当然,这种文化分隔经过了数个世纪的演化,才在16—17 世纪最终成形。

一、不再游戏的教士

黑死病、宗教大分裂、百年战争,这些 14—15 世纪的深重灾难对中世纪人们的文化心理造成了深远的影响,尤其是使教会面临空前的信任危机。当时就有一种观点认为这些灾难是教会"腐化堕落"的结果,"不合格"的教士也因此屡屡成为攻击的靶子。在这一背景下,经院哲学加速衰落,以唯名论为代表的新宗教思想迅速崛起。唯名论强调独立个体

①　埃马纽埃尔·勒华拉杜里也曾提及骑士比武上述两个方面的功能,参见 Emmanuel Le Roy Ladurie, *Carnival in Romans : Mayhem and Massacre in a French City*, trans. by Mary Feeney, London: Phoenix, 2003, pp. 212—213。

与全能上帝之间的联系,这对传统教会甚至社会体系均形成巨大冲击。面对这些挑战,人们对教士生活提出了新的要求,强调教士的举止应符合其神圣的身份。有研究表明,黑死病曾经导致绘画由表现神圣家族的乐观主题转向强调上帝、教会机构和神甫的庄严。① 我们也注意到,1394年尼姆王家总管的代理人在试图禁止圣诞节的游戏时,其核心理由就是人们不应在宗教分裂这样的悲伤时刻在圣体面前放纵狂欢。② 同样,世纪之交深受唯名论思想影响的巴黎大学校长吉尔松,也在其作品中反复表达了对宗教分裂等时代灾难的痛心,并表现了对教士在愚人节期间放纵狂欢的极端愤怒。在 1400 年给教皇特使、也是唯名论者的皮埃尔·德·阿伊(Pierre d'Ailly)的书信和 1402 年的一篇题为《反对愚人节》的短文中,吉尔松特别点名批评了地方的大教堂理事会,称他们本应是主教管辖的羊群的扶助者和保护者,现在却变成了最无耻的白眼狼。他因此主张在压制这种狂欢习俗时不应手软,甚至可以借助世俗权力的力量达到目的。③

　　唯名论可被视作宗教改革和人文主义的先声。不过,在 14—15 世纪,人们还只是寻求在传统教会的体系之内进行改革,由宗教分裂直接推动的公会议至上(Conciliarism)运动就是其重要组成部分,这一运动也与近代政治思想的演变有着深层的联系。除了限制教皇的权力之外,它也涉及旨在"纯化"信仰的重要改革内容。例如,巴塞尔公会议在 1435年就教会的得体行为发布了一系列教令,包括禁止人们在教堂及其墓地进行愚人节庆祝。有研究者敏锐地注意到,这一禁令"仅限定了节庆地点而不是节庆本身",即只是把愚人节逐出教堂及其墓地,而不是予以取缔。④ 尽管如此,禁令仍具有重要的意义,因为它表明教会上层已经就压

---

① 米歇尔·沃维尔:《死亡文化史》,高潜翰、蔡锦涛译,中国人民大学出版社,2004 年,第 69 页。

② Max Harris, *Sacred Folly*, pp. 159—166.

③ Jean Gerson, *Jean Gerson: Early Works*, trans. by Brian Patrick McGuire, New York-Mahwah: Paulist Press, 1998, pp. 168—169; Jean Gerson, *Contre la fête des fous*, pp. 409—411.

④ Max Harris, *Sacred Folly*, pp. 208—209.

制愚人节的问题达成普遍共识。

巴塞尔公会议后来的分裂和失败，标志着教会通过分权式的内部改革来化解危机的方案彻底落空。然而，这绝不意味着改革思想的失败。1438 年 7 月，法国国王查理七世以国事诏书的形式确认了巴塞尔公会议的成果，使它成为法国的教会法律，并由高等法院监督执行。诏书对教令作了一些有利于法国教会自主和加强国王权威的修改，但有关愚人节的部分未作任何改动。① 此举显然有着重要的政治考量，因为时任罗马教皇一直对巴塞尔公会议怀有戒心，并于查理七世颁布诏书后一个月就把会议转移到费拉拉以加强对它的控制。因此，事件的背后是王权—教权之争，而压制愚人节也由此与民族国家崛起这一重要的近代化进程联系在了一起。

在上述形势下，教会长期压制愚人节的努力终于取得进展，被吉尔松点名批评的地方大教堂理事会开始有限度地配合压制愚人节的努力。与巴塞尔公会议的教令一致，教会改革愚人节的主要举措是将其逐出教堂，这可以看作是双方暂时达成妥协的结果。许多其他地方也有类似的规定。例如，1403 年，桑利斯大教堂理事会也决定，他们的愚人节"教皇"不应再进入教堂，不过教堂外面的活动不受限制。特鲁瓦则要求将愚人节的宴会从公共酒馆转移到议事司铎家里。② 总之，这同样是一个漫长的、在不断反复中渐进的过程，它没有确切的起点，甚至也没有确切的终点。各地的进度不一致，但总体趋势不可逆转。

从各地的规定中可以看出，这个时期的教会除了限定"教堂"这一特殊的空间之外，还限定了"举行圣事时"这一特殊的时间。因此，它们实际上是在强调宗教的时间和空间的特殊性，并与其他时间和空间区别开来。而把愚人节游戏排除出教会的空间，也意味着教会丧失了对节庆活动的控制权，进而导致游戏的世俗化。在同一时间，随着城市的迅速发

① Max Harris, *Sacred Folly*, pp. 209—210.
② 上述及更多例子参见 Max Harris, *Sacred Folly*, pp. 164, 193—198, 200—203, 210—214, 214—215; Jean-Baptiste Thiers, *Traité des jeux et des divertissemens*, pp. 444—449。

展,世俗的游戏社团(sociétés joyeuses)迅速崛起,它们组织的狂欢节等游戏活动相对来说没有宗教上的顾虑,因而更加自由,也更直接贴近民众的信仰和生活状况,且日益挤压了传统愚人节的生存空间。新兴的人文主义思想强调个人的独立,对传统游戏的看法也更加世俗化。此外,随着近代化进程的推进,无论是新教还是天主教,一个更有教养、并因此在文化上脱离本地社群民众的教士阶层也逐渐形成。其中天主教1562年的第22次特兰托公会议不仅明令禁止教堂内的游戏,还特别规定教士要通过自身的行为使民众产生崇敬感,因而无论是穿着、举止、步态、言谈还是其他方面都必须给人们做榜样,并避免奢华、宴饮、跳舞、赌博、游戏及一切罪行和世俗追求。[①] 所有这些变化都使愚人节失去了存在的意义和基础。尽管有极个别地方的愚人节活动一直延续到18世纪,但绝大多数地方的活动都在16世纪就被取缔了。

　　因此,愚人节衰落的过程,也就是教会与世俗生活分离的过程,这是中世纪晚期至近代早期的信仰"纯化"运动的第一个阶段。不过,当时的教会可能没有料到,这一演变的结果却使它丧失了对世俗事务的话语权,最终"上帝的归上帝,凯撒的归凯撒"。从这个意义上说,它也是"理性化"这一近代化进程的重要开端。与此同时,教会也在时间、空间和人员所有层面上日益脱离本地社群。而此前的教士阶层尽管拥有自身的文化,但仍旧属于中世纪生活"共同体"不可分割的一部分,并共享着大众阶层的文化、信仰、群体认同和生活方式。近代化造成了"共同体"的解体,造就了一个掌握着话语权并高于(或自认为在所有方面均高于)大众的教士阶层。社会各阶层之间的隔阂和冲突由此产生。从此以后,大众阶层的文化变成了低俗、无序的代名词,成为被改革和压制的对象。传统社会原有的自然的和谐永远地消失了。只有在这个时候,才说得上是教会作为一个统治阶层在"容忍"民间的狂欢文化。

---

① Henry J. Schroeder (ed. and trans.), *Canons and Decrees of the Council of Trent*, St. Louis: B. Herder, 1941, pp. 150—153.

二、优雅的宫廷比武

在 13 世纪,以暴力的减退和游戏规则的明晰化为核心,骑士比武开始发生根本转变,这可以称为比武的"文明化"。它对于西欧文明的转型具有关键的意义。

第一个重要的变化是群体比武逐渐衰落,并为马上单挑所取代。马上单挑是在 13 世纪上半叶随着圆桌比武的兴起而流行起来的。圆桌比武是一种在骑士文学的影响下发展起来的特殊比武形式。"圆桌"一词最早于 12 世纪中叶出现在罗伯特·韦斯(Robert Wace)为英国国王亨利二世撰写的亚瑟王传奇《布吕特传奇》(Roman de Brut)当中①,从一开始就具有成员之间相互平等的骑士团的概念,与王权的直接联系则使它成为骑士最高身份和荣誉的象征,并因此成为骑士竞相追逐的对象。另一方面,从某些高级贵族开始,权力阶层也有意识地利用这个新兴的概念推进骑士界的亚瑟王崇拜,从而吸引骑士效忠并加强自身的势力。两相作用之下,在大约半个世纪的时间里,这一概念便在整个西欧骑士世界广为流传。

综合 13 世纪记述圆桌比武的诸多文献,包括匈牙利传奇骑士利希滕施泰因(约 1200—1275 年)的自传②、马修·帕里斯(Matthew Paris)关于 1252 年在英国沃尔登(Walden)举行的圆桌比武的记载③、13 世纪下半叶根据现实比武加工而成的法语叙事诗《索内·德·南瑟》(Sone de Nansay)④和《勒埃姆传奇》(Le Roman du Hem)⑤等,尽管每次比武的具体形式可能有所不同,但总体上说,圆桌比武都是分成攻守双方,采用马

---

① 相关研究参见 Julian Munby et al., *Edward III's Round Table at Windsor*, Woodbridge: The Boydell Press, 2007, p. 69。

② Ulrich von Liechtenstein, *The Service of Ladies*, trans. by J. W. Thomas, Woodbridge, 2004.

③ Matthaei Parisiensis, *Chronica Majora*, v. 5, London, 1880, pp. 318—319.

④ Moritz Goldschmidt, ed., *Sone von Nausay*, Tübingen, 1899.

⑤ Sarrasin, "Le Roman de Hem", in Francisque Michel, *Histoire des Ducs de Normandie et des Rois d'Angleterre*, Paris, 1840, pp. 213—384.

上单挑的形式进行比武，以选出若干最优秀的骑士。同时，每名参赛骑士还要为一位贵妇的荣誉而战，失败的骑士连同他的贵妇一同出局，最后优胜者的贵妇则在圆桌中央接受加冕。此外，每轮比武的获胜者还可以赢得对方的马匹。[1] 因此，圆桌比武是满足"青年"骑士对于财富、爱情和地位的渴望的一个理想舞台。不过，这种比武设计与群体比武最主要的区别，在于它把所有的注意力都聚焦到个别骑士身上。14世纪上半叶，圆桌比武还成为进入国王骑士团的主要通道，包括匈牙利查理一世的圣乔治骑士团，西班牙卡斯提尔(Castile)国王阿方索十一世的班达(Banda)骑士团，英国爱德华三世的嘉德(Garter)骑士团，以及法国菲力普六世和让二世的骑士团，等等。[2] 这些安排极有效地放大了骑士所获得的荣誉，同时也反映了西欧民族国家构建初期各国王权所作的努力，即以圆桌比武和组建圆桌骑士团作为手段，通过强化对骑士群体的控制来加强自身的力量。

在骑士文学的影响下，圆桌比武还开启了骑士比武戏剧化的先河。这不仅表现为一些贵族有意识地把自身的比武经历传奇化（即模仿骑士传奇把它们编撰成叙事诗），更重要的是，圆桌比武所采用的攻防设计，使人们极为方便地在其中加入戏剧的元素。在这当中，最简单的方法是骑士们装扮成某个传说中的人物，最常见的是亚瑟王和他的圆桌骑士们，比如1240年利希滕施泰因就装扮成亚瑟王，和他一起担任守方的骑士分别扮演伊万(Yvain)、朗斯洛(Lancelot)、帕西瓦尔、伊德(Ither)、埃雷克等。在更复杂的圆桌比武中，整个比武都被设计成特定的剧情，参加比武的骑士和看台上的贵妇分别在其中扮演重要的角色。在14世纪继圆桌比武而兴起的攻关比武中，上述戏剧化特征得到了继承和加强。同圆桌比武一样，它也分为攻守两方，双方争夺的对象可能是某个具体的

---

[1] Moritz Gddschmidt (ed.), *Sone von Nousay*, vv. 1163—1198.

[2] 关于这些骑士团的更多研究，参见 D'Arcy J. D. Boulton, *The Knights of the Crown : The Monarchical Orders of Knighthood in Later Medieval Europe*, *1325—1520*, Woodbridge, 1987。

地点，比如城门、桥梁、路口等，但也可能是某种抽象的东西，比如某种荣誉。因此，攻关比武通常都会有一个主题，同时围绕该主题设计比武的"剧情"，所有比武活动都将围绕这个"剧情"展开。这种戏剧化对骑士伦理的形成有重要的影响。

13 世纪开始发生的另一个重要变化是比武规则的明晰化。随着圆桌比武和马上单挑的流行，早期比武的混乱状况开始改变。长枪成为马上单挑最主要的武器。判断胜负的标准不再是俘虏对手，而是把对方挑落马下，或是在对方身上折断的长枪的数量，因此马上单挑也经常以"击折长枪（rompre les lances）"来指代。与马上长枪单挑直接相关的另一个重要变化，是钝枪头（一种花冠形状的三叉铁套头，能防止长枪穿透盔甲刺伤人体）在 13 世纪中叶前后成为西欧比武场上的常规装备，这可以在英国本笃会修士马修·帕里斯（1200—1259）记载的圆桌比武中得到证明。他说，1252 年在沃尔登举行的一场圆桌比武中，利伯恩的罗杰（Roger of Leyburne）的长枪刺入另一名骑士的喉咙，导致后者当场死亡。后来人们发现，罗杰并未"像理应做到的那样"使用钝枪头，而是用了锋利的枪头。于是人们怀疑罗杰是蓄意谋杀。这则记录还称，这种钝枪头一般称作"vomerulus"，法国人称之为"soket"。[①] 这足以表明，无论是在英国还是在法国，使用钝枪头进行比武已经相当普及。就骑士比武的发展演变而言，钝枪头的出现和普遍使用是一个具有里程碑意义的重要事件：它是骑士比武作为一种游戏、并与日常生活的其他方面（特别是战争）明确区别开来的观念被固定下来的标志。比武优胜者获得奖赏的方式也在发生变化。据《索内·德·南瑟》记载，在圆桌比武中，马上单挑的获胜者不再俘虏对手换取赎金，而只能赢得对方的马匹。尽管如此，表现出众的骑士依然能够收获颇丰，其主人公索内在一天里就赢得了八匹马。[②] 在同一时期的德国，比武者只要在单挑中击折他的长枪，就

①　Matthaei Parisiensis, *Chronica Majora*, v. 5, pp. 318—319.
②　Moritz Goldschmidt（ed.）, *Sone von Nausay*, vv. 1186—1187, 1549—1551.

可以立刻获得一片银叶。如果他把对手击下马并且自己没有落马,那就可以得到一片金叶。①

另一方面,群体比武的混乱状况却日益招致人们的不满。除了教会一贯的批评之外,骑士阶层内部也出现了不同的声音。13 世纪中叶法国诗人亨利·德·拉翁(Henry de Laon)的抗议代表了中下层骑士的感受:"骑士道已经堕落……现在的贵族身边围满了扈从,以致一位穷困的骑士根本无法靠近他们……"②在一首德语诗歌中,一位"国王"则宣称要把敢在比武中冒犯贵族的低等人的手砍掉。③ 必须指出,亨利·德·拉翁所描述的现象在上个世纪的高级贵族那里早已存在,它并不是所谓骑士道堕落导致的结果。因此可以说,骑士阶层自身的观念和价值取向发生了变化,使得之前习以为常的行为举止变得不可忍受。

这些不满导致了群体比武规则的改变。在这方面,最有代表性的例子发生在 13 世纪末的英国。1292 年,英国国王爱德华一世颁布了一项普适性的法令,就群体比武的诸多方面作了详细的规定。其中最令我们关注的规定包括三个方面:首先,骑士无论多富有,每人最多只能携带三名扈从上场;其次,无论骑士还是扈从都不允许携带锋利的刀剑或钝头锤(mace);再次,观众和步骑仆从一概不许携带武器。④ 上述法令的重要意义在于,它第一次在人数对等、游戏与战争的区别、观众与游戏者的分隔等方面作出了明确的规定。该法令明显是针对群体比武一直存在的混乱状况,目的是借助王家权力进一步明确骑士比武的游戏性质,从而把随时可能在比武中随处泛滥的私人暴力纳入到受控

① Joachim Bumke, *Courtly Culture : Literature and Society in High Middle Ages*, p. 264.
② 戴维·克劳奇在其著作的附录中提供了这些诗歌的英文译本,参见 David Crouch, *Tournament*, pp. 188—193.
③ 奥斯卡·雅尼克编:《比特洛夫》(Oskar Jänicke, ed. , *Biterolf*),第 8579—8588 行,转引自 Joachim Bumke, *Courtly Culture*, p. 257.
④ 这份法令的原文参见《英国成文法》(*Statutes of the Realm*)(作者不详)第一卷,伦敦 1810 年版,第 230—231 页。朱丽叶·巴克认为另一份钞本(BL, MS Harleian 69, fol. 17r)更可靠,见 Juliet Barker, *The Tournament in England*, *1100—1400*, pp. 191—192。

制的轨道上来。

尽管如此，传统形式的群体比武仍日受挤压，并于 14 世纪消失。群体比武虽然在随后兴起的攻关比武中继续存在，但它已经受到各种具体规则的约束，包括人数、装备等方面的约束。到了 15 世纪的安茹王勒内（René d'Anjou）那里，这些比武规则已经变得十分细致，包括剑要有四指宽，剑刃要一指厚，以免从头盔的视窗开口穿进去；除了王公贵族之外，任何人都不能骑明显比别人高大强壮的马匹；此外还有关于盔甲的要求，等等。[1] 英国、法国和德国等地保留下来的比武通告，还规定不能攻击落马或受伤的骑士，也不能攻击没有武器或掉了头盔的骑士。[2] 同样是在这个世纪，随着比武规则的进一步细化，比武场上出现了两个引人注目的变化。首先是马上单挑的场地中央，出现了把双方骑士和马匹分隔开来的栅栏。[3] 16 世纪初进一步出现了专门用于马上单挑的场地，在中间栅栏的两侧分别增加了另一层栅栏，把两名单挑骑士之外的所有人员都隔离在外面。[4] 第二个重要变化是，通过对比 14—16 世纪的大量比武插画，我们发现盾牌也在 15 世纪末逐渐从比武场上消失了。这些都可以看作是骑士比武文明化基本完成的重要标志。

从群体比武到马上单挑的过渡以及比武的文明化，标志着骑士比武一步步地偏离了战争训练的宗旨，日益变成纯粹的贵族游戏。作为西欧中世纪骑士贵族日常生活的一项重要内容，骑士比武的演变无论对于贵

---

[1] René d'Anjou, "De la Forme de la manière des Tournois à Plaisance", J. M. Gassier, *Histoire de la Chevalerie Française , ou Recherches Historiques sur la Chevalerie , depuis la Fondation de la Monarchie jusqu'à Napoléon*, Paris, 1814, pp. 290—332.

[2] 拉尔夫·多米尼克·莫法特：《中世纪的骑士比武：骑士制度、纹章学与现实——三份 15 世纪骑士比武钞本的整理与研究》（Ralph Dominic Moffat, *The Medieval Tournament : Chivalry, Heraldry and Reality : an Edition and Analysis of Three Fifteenth-century Tournament Manuscripts*），利兹大学博士论文，2010 年，第 122、238、242、247、248 页。

[3] 朱丽叶·巴克认为，这种栅栏出现在 15 世纪 20 年代，不过并未提供任何证据，见 Juliet Barker, *The Tournament in England , 1100—1400*, p. 145.

[4] 这种场地的最早呈现，见 16 世纪初出版的《昂盖朗·德·蒙斯特勒莱编年史：1380—1432》（*Chronique d'Enguerrand de Monstrelet : l'Années 1380—1432*）（作者不详），法国国家图书馆，Ms. Fr. 20360，第 36v、43v、138、303v 页。

族阶层文化心理的嬗变,还是对于西欧社会向近代的转型,都产生了深远的影响。文明化与去暴力化实质上是一体两面的关系。骑士比武文明化的进程,也是骑士的暴力不断受到约束的过程。这种去暴力化既是国家控制力加强的结果,也是骑士个人在社会风尚的影响下自觉追求使然。以13—14世纪对骑士比武的演变起到关键影响的圆桌比武为例。这种游戏形式的流行,一方面是因为各国君主(包括某些大贵族)有意识地推进骑士界的亚瑟王崇拜,另一方面是由于亚瑟王和圆桌骑士的传奇以及他们的行为准则得到骑士阶层的广泛认同,两方面的因素都对骑士价值和伦理的构建起到了重要作用。特别是在马上单挑中,骑士的一举一动全部暴露在观众(特别是贵妇)的目光之下,对骑士的行为举止构成了有效的监督和约束。新的比武环境使得骑士比武日益变成上流社会的社交聚会,加上骑士文学对13世纪以后的骑士比武产生的巨大影响(以比武的戏剧化为表征),骑士文学鼓吹的骑士价值很容易传播开来,并成为骑士阶层共同倡导的价值观念。在这种情况下,慷慨、正义、忠诚、荣誉等价值观逐渐获得了清晰的界定,在骑士比武中通过各种不公平的手段掠夺财富(甚至是追求财富本身)变成了一种可耻的行为。

　　上述演变对于骑士贵族身份心理的影响是微妙而深刻的:他们逐渐把自身看作拥有文明和修养这一特殊高贵秉性的人,而不只是掌握着权力和财富的特权者。16—17世纪的贵族对于"优雅"举止的追求便由此而来。17世纪初,法国国王路易十三的马术教师普吕维内尔对此作了最具有代表性的总结。在《国王骑术教程》一书中,普吕维内尔竭力强调马上单挑中优雅举止(bonne grace)的重要性:"启动时……让长枪尾部靠在盔甲下摆处。切忌缓慢地放下枪头,而应在距离对方二十步的时候就让它完全对准目标,以便经过调整后刺中理想的部位,这样就最优雅了……长枪折断后,应当优雅地做收束动作,方法是举起手中的断枪,把它扔到场外的地上。但如果长枪在把手的位置折断,为了让收束动作做得优雅,就要把手抬高,晃一晃手套,让观众知道你并没有因为受到撞击而惊惶失措。"①我们可以看到,对于从容不迫的"优雅"的身体控制要求,已经贯穿了比武过程的每一个细节。在另外一些关于宫廷礼仪的著作中,这种游戏中的优雅控制更被看作是"以理性驯服自然本性深处的冲动和粗野"的标志,一名贵族不能掌握这些控制技巧,"不仅是严重的缺点,还是令人难为情的无知的表现,因为这是界定其身份的基本要素"②。

　　一个文明化的骑士贵族阶层的形成,其最大的受益者并非这个阶层本身,而是在中世纪晚期逐渐崛起的以君权为代表的集权势力。这是因为,文明化不仅意味着原本恣肆放纵的私人和集团暴力得到了有效的控制,还使骑士贵族在文化模式等方面日益远离地方社群向集权势力靠拢。法国文化史学家米桑布莱德曾借用福柯的术语"肉体的政治技术学"③来解释"社会对肉体的控制"与集权国家构建之间的内在联系。④根据这一理论,当人们改变恣肆放纵的游戏习惯,进而按照统一的模式严格控制自身的游戏举止的时候,这一转变本身就具有重要的政治含义:一方面,骑士贵族对统一模式的服从,体现了他们对于某种价值观念或意识形态的自觉认同;另一方面,君主(或大贵族)也藉此宣扬集权的意识形态(如亚瑟王崇拜和民族国家意识)。事实上,如前所述,在控制骑士暴力的进程中就有集权力量的重要贡献,包括通过圆桌比武吸引骑士的效忠,颁布普适性的比武规则,发布文明化的比武指引,等等。15 世纪 60 年代,安茹王勒内在《论游戏式比武的形式和规则》一书中宣称,"举行比武盛会的只能是王公贵族,或至少是拥有爵位之人"⑤,这与我们

---

① Antoine de Pluvinel, *L'instruction du roy en l'exercice de monter à cheval*, Amsterdam, 1629, pp. 136—139.

② Nicolas Pasquier, *Le Gentilhomme*, Paris, 2003, p. 183. Nicolas Faret, *L'Honneste Homme ou l'Art de Plaire à la Court*, Paris, 1631, pp. 26—27.

③ technologie politique du corps,详见米歇尔·福柯:《规训与惩罚:监狱的诞生》,刘北成、杨远婴译,生活·读书·新知三联书店,1999 年,第 25—28 页。

④ Robert Muchembled, *Popular Culture and Elite Culture in France*, 1400—1750, p. 196.

⑤ René d'Anjou, "De la Forme de la manière des Tournois à Plaisance", p. 291.

观察到的现象基本一致,即除了零散的比武之外,在 14—15 世纪,较大规模的比武活动已经集中到少数大贵族和国王手中,或是必须经过他们批准。我们还必须注意从 13 世纪开始的骑士比武戏剧化的问题。正如英国历史学家罗伊·斯特朗所说,骑士比武的戏剧化,反映了它对于贵族廷臣化和骑士国家化这两种新形势的适应。[1] 从这个角度来说,骑士比武的戏剧化可以看作是骑士阶层文人化或文臣化的重要表征。这是西欧民族国家建构的一个关键环节。

　　无论是贵族身份意识的变化,还是集权势力有意识地加强对私人暴力的控制,它们的共同结果都是导致骑士比武日益失去了原初混乱粗暴的特征,而变成一种文明有序的高贵的游戏。然而,这也导致骑士比武丧失了活力,它们的性质和功能也发生了根本的变化。随着西欧各国王权的进一步加强,骑士比武在 16—17 世纪逐渐走向衰落。尽管 1559 年亨利二世在马上单挑中意外受伤致死,被认为是导致法国骑士比武衰落的直接原因,但从整个西欧来看,其实这只是一次偶然事件,对骑士比武的整体演变并无决定性的影响。

　　骑士比武走向衰落的第一个表征,是它最终丧失了军事训练的功能,而变成了纯粹的宫廷娱乐。这在前面已有探讨。不过其演变过程的最终完成,则以马下障碍比武(combat à la barrière)和(尤其是)冲靶游戏取代马上单挑作为标志。马下障碍比武诞生的时间有待研究,不过它在 16 世纪初的文献中已有呈现[2],在 17 世纪初仍有许多记录。在这种游戏中,比武者并不骑马,而是站在地上隔着一堵矮墙使用剑或长枪进行比武。它的出现可能与重装骑兵在战场上的地位下降有关,也是"骑士"身份退化的重要标志。冲靶游戏在 14 世纪已经存在,但主要是作为

---

[1] Roy C. Strong, *Art and Power : Renaissance Festivals*, *1450—1650*, University of California Press, 1984, p. 12.

[2]《1519 年尚布利和锡尔克河畔巴约勒的骑士比武》(*Description des tournois faits l'an 1519 à Chambly et à Bailleul-sur-Cirches*)(作者不详),法国国家图书馆,Ms. Fr. 1436,第 7、8、8r 页。

见习骑士训练的手段。① 15 世纪下半叶，它们开始成为骑士比武的项目。16 世纪下半叶至 17 世纪，西欧关于冲靶游戏的记录达到高峰，并取代了真人马上比武的地位。② 与真人比武相比，这些冲靶游戏的对抗性大大减弱，但更具有娱乐性，也更加讲究瞬间攻击的精确性：比如挑人像靶时必须刺中头部或身体的中间位置，否则人像靶就会旋转过来，手中的武器则攻向骑手，逼迫他狼狈躲避；骑马持长枪穿环游戏则要求骑手在高速冲刺的同时，令手中的长枪从一个小圆环内穿过。至此，骑士比武已名不副实。普吕维内尔尽管还在教授青年路易十三各种比武技巧，但借用让·朱尔·朱瑟朗的话说，他在每一页都要悲悼骑士比武所代表的古老尚武精神的失落。③ 而根据目前掌握的资料，法国的马上单挑大约在 17 世纪初最后消失。④ 因此，尽管路易十三学习的内容包含有马上单挑，但它已经只是一种文化象征而没有实际的用处。

　　其次，也是更为重要的变化，是骑士比武在 16—17 世纪经历了一个明显的被边缘化的过程。这既是比武自身的上述变化使然，也是勃艮第宫廷的比武模式传播到西欧各国的结果。15 世纪中叶，勃艮第宫廷发展出一套特殊的比武模式，它将贵族入城式、节庆狂欢和骑士比武结合在一起，创造出一种普天同庆的盛大庆典，以彰显权力的威仪，并宣扬统治

---

① 在 14 世纪上半叶《亚历山大传奇》钞本的插画中，人们玩冲靶游戏时穿的是便服（和其他骑士训练游戏一样），而在马上单挑中则是全副武装，见《亚历山大传奇》(*Roman d'Alexandre*)（作者不详），牛津大学博德利图书馆，MS Bodley 264，第 56、82v、89 页。

② 关于这些比武形式的详细研究，参见 Lucien Clare, *La Quintaine*, *la Course de Bague et le Jeu des Têtes*, Paris, 1983。

③ Jean Jules Jusserand, *Les Sports et Jeux d'Exercice dans l'Ancienne France*, pp. 130—131.

④ 根据弗朗索瓦·德·巴松皮埃尔的日记，1605 年，亨利四世怂恿吉斯公爵跟巴松皮埃尔侯爵进行三对三的单挑，结果差点导致侯爵死亡。国王自此下令禁止比武（应是指马上单挑），后来再也没有恢复。见 François de Bassompierre, *Journal de ma vie*: *mémoires du maréchal de Bassompierre*, T. 1, Paris, 1870, pp. 161—166.

的合法性。① 勃艮第的做法在 16 世纪被西欧各国宫廷普遍采纳,包括神圣罗马帝国、法国、费拉拉、英国等,但它们不约而同地把表现的重心由宣扬整体权力的合法性转向了突出君主个人的神性,其手段也变得越来越露骨。英国的亨利八世曾在比武中把自己呈现为"第十杰"骑士,伊丽莎白一世时期的比武则结合《圣经》故事突出对"童贞女王"的崇拜。法国和匈牙利的比武盛会则把国王或王位继承人设计为神圣预言的兑现者。② 这种意识形态目的,使得宫廷更加看重盛装表演,而不是比武活动本身。另一方面,16 世纪以后的比武在空间上日趋封闭,而不再对大众开放③,这使得骑士比武公开展示统治权力的功能被作为比武前奏的盛装游行所取代。同时,盛装游行则开始使用机械手段(如会动的彩车、大船等)来加强表演的效果,狂欢、神话和异域元素(如巨人、水妖、大象等)也成功地帮助它吸引了人们的眼球。在多重因素的共同作用之下,盛装仪式的地位越来越突出,骑士比武反而变成了盛装仪式的工具。

这一发展的结果是,大约在 17 世纪形成了一种称作"carousel"的骑士游戏。这个词或可翻译成"游行竞技表演",因为尽管包含了游行和竞技两个部分,但两者的重心都在于"表演"。④ 如果说 15 甚至是 16 世纪

---

① 关于 15 世纪(特别是 1468 年)勃艮第节庆和比武活动最详尽的记载,见奥利维耶·德·拉马尔什《奥利维耶·德·拉马尔什阁下的日记》(Olivier de La Marche, "Les Mémoires de Messire Olivier de La Marche"),载 M. Petitot, ed., *Collection Complète des Mémoires Relatifs à l'Histoire de France*,Paris,1825, pp. 299—391. 罗伊·斯特朗对此有专门的研究,参见 Roy Strong, *Art and Power: Renaissance. Festivals, 1450—1650*, pp. 14—15。

② Roy Strong, *Art and Power*, pp. 15—16, 103—109; Richard Barber and Juliet Barker, *Tournament: Jousts, Chivalry and Pageants in the Middle Ages*, pp. 134—137. 中世纪人曾把最杰出的九位历史人物附会成"九杰"(Nine Worthies)骑士,包括亚历山大、大卫王、查理曼、亚瑟王等,亨利八世自封为"第十杰"。

③ 比如,1564 年,法国巴勒迪克(Bar-le-Duc)的居民已经只能爬上屋顶观看查理九世在圣皮埃尔(Saint-Pierre)广场举办的比武。翌年巴约讷(Bayonne)的骑马持长枪穿环游戏尽管是在城市的中心广场举行,现场却有约 2000 士兵把守,只有受到国王邀请的贵族才能入内。这种封闭化与反映了骑士贵族身份心理的变化,详见 Jean Boutier, et al., *Un Tour de France royal: Le voyage de Charles IX(1564—1566)*,Paris,1984, pp. 307—308。

④ 在 18—19 世纪兴起的游乐场中,"carousel"变成了现代人熟悉的"旋转木马"——联想到 17 世纪骑士贵族的盛装游行,这个词汇含义的演变实在有趣。

的比武盛会尽管有盛装游行，但人们关注的重心仍旧是比武场的话，那么到了 17 世纪的游行竞技表演，这种状况已经完全颠倒过来。除了表现路易十三 1612 年的比武盛典和路易十四 1662 年的若干木刻画之外①，最典型的就是一本题为《1627 年 2 月 14 日在洛林宫廷举行的马下障碍比武》的小册子。从标题看，它应当主要是记录这次比武的全过程。然而全书约 100 页的篇幅却丝毫没有提及比武的过程或结果，而是流水账式地详细记述各个贵族队列入场的情形，包括各个队列中的贵族成员和他们的次序、队列的豪华装扮、他们的表演内容等。真正表现比武场面的只有最后一张插画，比武者在其中也只占了很小的比例。② 这与两个世纪前的情况形成明显的反差，因为在先前表现骑士比武的绘画中，即使有国王在场观看，处于画面前端或中心的也仍然是比武中的骑士。类似的情况也发生在同一时期的欧洲其他国家。③

至此，骑士比武本身已形同摆设。对于贵族阶层来说，主要的荣耀不再是在比武中取胜，而是参与活动的资格。17 世纪初，一位年轻的法

---

① 表现 1612 年的木刻画参见 D. 梅耶尔：《在王宫举行的游行竞技表演》(D. Meier，*Le Carrousel Donné à la Place Royale*)，http://gallica. bnf. fr/ark:/12148/btv1b8401638w. r＝carrousel＋＋1612. langFR；让·辛亚尔科：《在王宫举行的游行竞技表演》(Jan Ziarnko，*Le Carrousel Donné à la Place Royale*)，http://gallica. bnf. fr/ark:/12148/btv1b8401640z. r＝carrousel＋＋1612. langFR；克洛·德·沙蒂永：《1612 年 4 月 5、6、7 日在巴黎王宫举行的游行竞技表演的盛况》(Claude de Chastillon，*Dessein des Pompes et Magnificences du Carousel Faict en la Place Royalle à Paris，le V，VI，VII d'Apvril* 1612)，http://gallica. bnf. fr/ark:/12148/btv1b6945251h. r＝1612＋carrousel＋C＋chastillon. langFR. 表现 1662 年比武的木刻画参见《1662 年 6 月 5、6、7 日陛下举行的盛大的王家游行竞技表演》(*Le Grand Carozel Royal Fait par Sa Majesté ou le Prix de la Course de la Bague et des Testes Fait le 5，6 et 7. me Juin* 1662)(作者不详)，http://gallica. bnf. fr/ark:/12148/btv1b8404716k. r＝carozel＋1662. langFR. 它们的共同特点都是力图全景式地呈现宏大的场面，而把比武活动本身放在极边缘的位置。

② 亨利·安贝尔：《1627 年 2 月 14 日在洛林宫廷举行的马下障碍比武》(Henry Humbert，*Combat à la Barriere，Faict en Cour de Lorraine le 14 Febvrier，en l'Année Présente* 1627)，南锡 1627 年版。需要说明的是，洛林当时还是一个相对独立的公国，但六年后即被法国完全占领。

③ 比如 17 世纪一幅表现在罗马举行的比武的绘画，参见 Richard Barber and Juliet Barker，*Tournament: Jousts，Chivalry and Pageants in the Middle Ages*，p. 203.

国廷臣的自我表白为上述观点提供了最好的注脚:"1605 年狂欢日,德·内韦尔公爵(Duc de Nevers)……举行了一次马下障碍比武……我原本一个子儿都没有,但依靠朋友们的帮助和商人的贷款,我得以体面地参加。它花了我 400 埃居。这次小雅集给我增添了一些勇气,因为参与者都是最高贵的宫廷成员……"翌年的狂欢日又有这样的比武机会,他再次借钱参加:"尽管我的比武技艺非常糟糕……但我认为,一个年轻的宫廷成员错过这样的雅集是可耻的,即使接下来几个月得勒紧腰带也值得。"[1]如果说借贷参加比武在 13 世纪是为了从比武场上获得直接的回报,那么到了这个时候,参与上层社交已经成了它的唯一目的。另一方面,宫廷也乐意花钱举办这种盛会,以便把贵族阶层紧紧笼络在自己周围,同时通过财富和权势的炫耀来证明统治的合法性:在 1662 年的游行竞技表演中,路易十四率领的骑士队伍装扮成古罗马人,表示国王的权力与古罗马帝国一脉相承;另外四个大贵族的队伍则分别是波斯、土耳其、印度、美洲的军团,象征四海臣服。[2]

在这种情况下,骑士比武已经变得必须依赖于宫廷才能勉强维持存在。一旦宫廷失去了兴趣,它最后的消失也就不可避免了。这在法国发生于 17 世纪晚期,在西欧其他一些地方则延续到下一个世纪。[3]

三、狂欢文化的衰落

16—17 世纪狂欢文化的演变,特别是不同人群对它的态度发生的变化,也十分鲜明地反映了这个时期法国文化分层的状况。

如前文所说,大约从 16 世纪开始,"大斋节"在与"狂欢节"的对抗中占据了绝对的优势。也是在这个时期,西欧各地开始出现了许多"处死"

---

[1] Beauvais-Nangis, *Mémoires du Marquis de Beauvais-Nangis et Journal du Procès du Marquis de la Boulaye*, Paris, 1862, pp. 75, 90.

[2] Marie-C. Moine, *Les Fêtes à la Cour du Roi Soleil : 1653—1715*, Paris, 1984, pp. 26—28.

[3] 1694 年出版的《法兰西学院辞典》在解释"barrière"一词时,已经把各种骑士比武描述为"过去的"游戏,参见《法兰西学院辞典》(*Le Dictionnaire de l'Académie Françoise, Dédié au Roy*)第一卷,巴黎 1694 年版,第 85 页。

或驱逐"狂欢节"的案例。比如在 15 世纪末的意大利,宗教改革家萨沃纳罗拉曾带人把"扎成丑陋和可憎的怪兽模样"的"狂欢节"投入火堆。[①]在 1540 年的纽伦堡,路德的朋友汉斯·萨克斯(Hans Sachs)在描写这年狂欢节的一首诗中,把"狂欢节"描绘成一个丑陋、贪婪且无耳无目的野人,并让它在纽伦堡的河里淹死。[②] 1605 年巴黎出版的一本小册子则详尽地描述了"大斋节"老爷审判并流放"狂欢节"的过程。一开头,作者便堆砌了大量极端贬抑的词汇来给"狂欢节"作了最恶劣的定性,包括"狂人(fol)、笨蛋(lourdaut)、伪善者(loup)、坏蛋(meschant)、厚颜无耻的人(effronté)、邪恶的人(villain)、荒诞的人(insensé)、粗野的人(animal)、暴食者(glouton)、酒鬼(beuveur)、流氓(vaurien)、蠢货(sot)、无赖(faquin),生于猪圈之中,欺诈舞弊,恶贯满盈"等等。"大斋节"老爷最后宣布了对"狂欢节"的处罚。人们首先要在城市广场上和商店前面用兔皮抽打他,然后把他放到一只小船上,身上挂着两只鸡,以示他随时都只想着吃喝。星期三零时,他要在所有人的谴责中被放逐一年时间。为示羞辱并把他赶走,人们要用菊苣、野芹、马齿苋、萝卜以及各种海鱼、淡水鱼、鲜鱼、咸鱼(这些都是大斋节期间的食物)抽打他。"狂欢节"要带上他所有的伙伴和工具一同离开,包括大小香肠、脂肪、牛排、牛肉、羊肉等(这些都是狂欢节期间的食物)。胆敢收留他的人将被监禁和罚款。[③] 从这些例子可以看出,至少在相当多的一部分人那里,狂欢节的形象已明显变得非常负面。但它们同样反映了一个十分有趣的现象,即这些对狂欢文化的攻击恰恰也采用了狂欢文化的形式,它再次证明中世纪的狂欢文化是所有人的文化,而不仅仅局限于所谓的民间或大众阶层。由于所秉承的是同一种文化规则,因而反对者们也不自觉地运用狂欢文

[①] 彼得·伯克:《欧洲近代早期的大众文化》,第 280 页。

[②] Samuel Kinser, "Why Is Carnival So Wild?", in Konrad Eisenbichler and Wim Hiisker, eds., *Carnival and the Carnivalesque: The Fool, the Reformer, the Wildman, and Others in Early Modern Theatre*, Amsterdam: Rodopi, 1999, p. 69.

[③] *Procez et Amples Examinations sur la Vie de Caresme-prenant*, Paris, 1605.

化来攻击狂欢文化本身。

综合狂欢节的形象发生变化的原因,我们首先注意到了宗教意识的影响。在中世纪晚期,西欧基督教世界兴起一股信仰"纯化"的潮流,它首先是从教会内部发起,并在15世纪前后把"愚人节"这种原先由教会主导,并带有明显的非基督教色彩的狂欢节庆逐出教会的空间。到了16世纪,这股潮流已经由教会内部迅速扩散到更广阔的社会空间,令整体宗教氛围发生了根本的变化。从这个意义上说,处死"狂欢节"与宗教改革时期破坏圣像的热潮有异曲同工之处。事实上,许多破坏圣像的活动正是在狂欢节期间以狂欢游戏的形式展开的。在1529年的巴塞尔,破坏圣像的暴动从肥美星期二开始,人们唱着狂欢歌曲,大肆辱骂从教堂搬出来的偶像。圣灰星期三,人们点起巨大的火堆,庄重地焚烧那些画像和偶像。1530年德国的艾恩贝克(Einbeck)、1567年荷兰的登布里尔(Den Briel)也在圣灰星期三焚烧了偶像,后者还进行了公开的"滑稽审判"。这种做法并非改革者所独有,因为教会的支持者同样在狂欢节期间焚烧茨温格利或路德的模拟像。[1] 不过,新的变化也在酝酿当中。1562年,鲁昂的"笨蛋修道院"照例组织狂欢节的活动,信奉加尔文教的民众并没有以狂欢的方式进行反击,而是直接朝他们投掷石子,把他们从大街上赶走。[2] 16世纪末,宗教氛围的变化在法国上层社会产生了决定性的影响。在那个时候,法国国王亨利三世还保持着在每年的狂欢节戴着面具到大街上参加狂欢的习惯。1583年狂欢日,他又带着他的嬖幸们(mignons)出去彻夜狂欢,直到翌日凌晨六点才回到王宫。巴黎的许多神父都在布道时公开批评国王,其中国王的一位御用神父批评得尤其严厉。这些批评尽管令国王不悦,但在接下来的几年里,情况逐渐发生了变化。从1586年开始,国王连续三年没有在狂欢日"像往年那样骑马

---

① 彼得·伯克:《欧洲近代早期的大众文化》,第280页;Sergiusz Michalski, *The Reformation and the Visual Arts : The Protestant Image Question in Western and Eastern Europe*, London:Routledge,1993, pp. 93—94.

② Dylan Reid, *Carnival in Rouen*, p. 1044.

到巴黎大街上游玩,甚至还明令禁止所有的假面舞会和假面活动"。根据当时人的记录,到了亨利三世遇刺的 1589 年,狂欢日"放荡、污秽"的假面狂欢已经变成了"有序、虔诚"的游行。① 其后亨利四世尽管又故态复萌(这显然与他的出身有关),但从他在巴黎生长的儿子路易十三开始,法国国王已不再像先辈那样参加大街上的狂欢,这可以看作是世俗上层退出狂欢传统的标志。而在民间,也是在 16 世纪末,原先放肆喧闹的狂欢游行也开始变成庄严肃穆、秩序井然的宗教游行。② 这说明,在新的宗教氛围的影响下,狂欢文化的反对者也逐渐摒弃了这种文化,令狂欢文化以及它所代表的民间宗教在基督教世界里丧失了存在的合法性。

不过,"狂欢节"失宠最根本的原因,还要归结于社会生活和社会组织方式发生的变化。前面已经表明,中世纪的狂欢文化乃是法国和西欧的自治性社群应对各种实际和假想的危险的重要手段。随着社会的发展,特别是新兴民族国家的形成,原先支离破碎的封建割据状态逐渐被统一的王权所取代,国家的行政保护也更加有效地渗透到地方社群当中。同时,在经济发展、边疆开拓和近代城市兴起等因素的影响下,不同群体之间的联系变得日益密切,封建时代以地域划分的地方社群的封闭边界逐渐被打破,人们与生活环境的紧张关系发生了根本的改变。这使得狂欢文化所表达的驱逐恐惧和寻求宗教保护的功能失去了意义。因此,从社会中上层开始,狂欢游戏在 16 世纪呈现出明显的世俗化的趋向。在该世纪 30—40 年代的鲁昂当局眼中,狂欢游戏必不可少的喧嚣已经变成了不堪忍受的噪音,因而试图禁止"笨蛋修道院"在狂欢节游行时吹打任何乐器。戴面具也失去了原有的宗教含义,而变成增加暴动或犯罪风险的因素,因而遭到限制。"笨蛋修道院"在为自己辩护时,除了强调狂欢传统是自古以来的习俗之外,也只是注重它们在娱乐民众和吸

---

① Pierre de l'Estoile, *Registre-journal d'un Curieux etc. pendant le Règne de Henri III* (*1574—1589*),Paris:Didier,1854, pp. 158—159,169,181,214—215,246,284.

② 让·皮埃尔·里乌等主编:《法国文化史》II《从文艺复兴到启蒙前夜》,第 208 页。

引青年人参加狂欢方面所起到的作用。[1] 同样,1630年第戏"疯妈妈"被取缔时,官方提供的理由也是它的狂欢游戏"破坏了城市的良好风尚、平静和安宁"。[2] 同样的情况也发生在吵闹游戏当中。在许多地方,"收税"即收取罚金本身变成了吵闹游戏的主要目的,并成为游戏社团重要的收入来源,而不再具有宗教上的意义。在16世纪末的罗曼,"收税"的对象涵盖了所有新婚夫妇,而不仅仅是违反社群伦理的婚姻,只是"娶镇外女人"时"税额"较高,是嫁妆的1‰—2‰加60苏。[3] 以狂欢游戏为发泄社会情绪的"安全阀"为由要求允许它们继续存在的言论,也是出现在这个时期。[4]

另一方面,从16世纪下半叶开始,随着宫廷社会的形成和人文主义思潮的传播,理性、优雅、体面等逐渐成为上层社会所崇尚的价值观,狂欢文化在他们眼中变成了野蛮的不可理喻的事物。比如在这个时期,社会上层和下层对一种称作"晃脚舞"(branles)的舞蹈的看法就明显不同。在1580年2月3日的罗曼圣布莱兹节的狂欢游行中,一队"劳工阶层"的狂欢者就在罗曼的街道上跳起这种舞蹈,其中有些人还带着鼓,或在脚上挂着铃铛。另一队农民狂欢者则带着钉耙、扫帚、连枷,跳一种代表小麦脱粒仪式的舞蹈,并穿着代表季节更替仪式的寿衣。很明显,这些下层民众的节日狂欢仍旧带有重要的宗教含义,"晃脚舞"则具有驱魔仪式的象征功能。[5] 而在此时的精英文化视野中,这种舞蹈非但不再具有宗教功能,还变成了非常负面的游戏。有一幅题为《疯狂女人的晃脚舞》(Le Branle des folles)的版画描绘了十六个跳这种舞蹈的女人,分别对

① *Les Triomphes de l'Abbaye des Conards avec une Notice sur la Fête des Fous*, Paris: Librairie des Bibliophiles, 1874, pp. 5—6, 11—15.

② Lucotte Du Tilliot, *Mémoires pour Servir à l'Histoire de la Fête des Foux*, Lausanne: Marc-Michel Bousquet, 1741, p. 111.

③ Emmanuel Le Roy Ladurie, *Carnival in Romans*, pp. 295—298.

④ Natalie Zemon Davis, "The Reasons of Misrule: Youth Groups and Charivaris in Sixteenth-Century France", in *Past & Present*, No. 50(Feb, 1971), p. 42.

⑤ Emmanuel Le Roy Ladurie, *Carnival in Romans*, pp. 177—178.

应当时人们对女性的诸多负面看法,包括懒惰、贪吃、不知羞耻、吝啬、好打听、爱斗嘴、溜须拍马、恶意诽谤、嫉妒、说长道短、傲慢无理、野心勃勃,等等。① 到了 17 世纪下半叶,巴黎人对于传统的狂欢游戏已经变得十分陌生。1666 年,来自巴黎的弗莱希耶(Fléchier)修道院长和另外一些人在法国中部城市克莱蒙(Clermont)"十分震惊"地目睹了青年人举行的一次吵闹游戏。一大早,城市狭窄的街道上就传来喧天的"外省"鼙鼓声,随后走来一队穿着黄绿相间的怪诞制服的青年人。总督阁下和塔隆(Talon)阁下认为这种公共仪式十分粗野无礼,因为王后刚去世,一切娱乐都应被禁止。他们命令鼓手们解散。但对方傲慢地回答说,他们不承认世界上最伟大的"荒诞不经"王子殿下(prince de Haute-Folie)以外的任何权威,并把鼙鼓擂得更响了。总督不得不把鼓手们的领头叫来,询问如此放肆地违反国丧和公众哀悼情绪的行为是怎么回事。他得到的答复是,"荒诞不经"王子殿下的官员们"正准备向拐走其'王国'最美丽少女的一位'外国人'征收例常的贡赋"②。这事实上是当地青年人举行的另外一种形式的吵闹游戏,以向娶走本地适婚女性的外地人提出抗议并向其收取罚金。然而,这种活动在巴黎人的眼中已经变得不可理解。由此我们也能明白,为什么路易十四的宫廷节庆理论家梅内特里耶会对 1468 年勃艮第的宫廷狂欢哑然失笑。

　　总而言之,狂欢游戏宗教性的丧失,也就是狂欢文化的世俗化,导致人们(特别是上层社会)对狂欢文化的态度发生了根本的改变。与之相伴随的一个重要后果是中世纪的"文化共同体"开始分裂,这在城市表现得最为明显,它最重要的一个表征是城市的游戏社团不再是按地域,而是按社会阶层和所从事的行业划分。比如在勒华拉杜里所研究的罗曼地区,1580 年之前,它的狂欢节庆祝仍旧是城乡联动的,但已经按照社会等级划分成不同的"王国",并以不同的动物作为象征:社会上层是天上

---

① 让·皮埃尔·里乌等主编:《法国文化史》II《从文艺复兴到启蒙前夜》,第 126—127 页。
② Esprit Fléchier, *Mémoires de Esprit Flechier sur les Grands-Jours Tenus à Clermont en 1665—1666*, Paris: Porquet, 1844, pp. 312—317.

的老鹰、山鹑和雄鸡,并不富裕的布商和城乡农民则是地上的阉鸡、熊、绵羊、兔子和驴(勒华拉杜里认为这种分配体现了不同阶层在求偶能力上的差别)。布商和农民不仅拥有共同的保护圣人,还拥有同一个社团首领。不仅如此,下等阶级的狂欢游戏重点表现的仍是与农业生活有关的宗教仪式,他们的保护圣人圣布莱兹是一头能预知冬春季节转换的熊。他们跳的"晃脚舞"是模拟冬季农活的舞蹈,儿童举着火把游行则具有驱除邪魔和疫病、保障丰产的象征意义。上等阶层的狂欢则没有这些仪式。尽管他们的某些狂欢活动与下层民众表面上相似,例如假面游戏、舞蹈、猎杀动物等,但这些游戏的农业仪式意味已经非常淡薄。此外,不同阶层的狂欢活动完全是分开的,上层社会基本上不会去参加甚至不愿意观看下层的狂欢游戏。另一方面,下层民众可以去观看上层的游戏,他们的首领也可能被邀请参加上层的宴会,但普通民众绝无参与上层狂欢的机会。无论从哪个角度来说,城市社群的阶层分化已经十分明显,而其下等阶层与乡村的联系则要更紧密一些。这种分化在 1580年进一步加剧:罗曼的城市上层与王权联合,借助狂欢节的机会血腥镇压了城市下层和乡村农民的反抗。[1] 罗曼地区的情况可以视作整个法国的一个模板,而 1580 年狂欢节的流血冲突在近代早期法国的社会演变中也具有代表性的意义:它不仅确认了以农业生产为基础的乡村文化模式和以工商业为基础的城市模式之间的割裂,还意味着后者将全面压倒前者,并使前者丧失文化的话语权乃至合法性。

仔细查看巴赫金等学者关于西欧狂欢文化的颠覆性的论述,就可以发现,他们提供的绝大多数证据都集中在 16—17 世纪。如果不对这段时间的特殊性加以认真考察,并与更早时期的情形进行比较,我们就很容易落入时空错置的陷阱,把反抗性和颠覆性看作狂欢文化固有的本质特征。那么,为什么狂欢文化的颠覆性特征会在这个时期如此鲜明地突

---

[1] Emmanuel Le Roy Ladurie, *Carnival in Romans*, pp. 177—185,214—215,294—295,309—311.

显出来？

首先，狂欢文化的世俗化使狂欢游戏的宗教功能明显弱化。另一方面，狂欢文化的社群管理功能却在延续，只是它的具体形式和内容发生了重要的变化。具体而言，中世纪的狂欢游戏基本上仅指向本地社群的事务，随着传统社群边界的瓦解，这种局限在16世纪前后被打破，指向城市、地区或国家事务的狂欢主题明显增多。我们很难确切地说明这种变化最先发生在何时何地，但许多由此引发的冲突清晰地显示，新的狂欢主题总是与时代的热点议题密切相关，说明社会转型时期的时代氛围也在狂欢文化的演变当中扮演了重要的角色。前面所说的处死"狂欢节"模拟像、破坏圣像、焚烧路德画像等举动，便是狂欢者在宗教改革的背景下表达宗教政治诉求的具体形式。更多的诉求则直接面向世俗生活。在1490年的兰斯，教士们在"悼婴节"表演闹剧讽刺当地资产阶级的妇女模仿巴黎贵妇的风尚。作为回应，对方在大斋节的第一个星期日（这也是一个狂欢节日）纠集上百人冲进大教堂内攻击某些教士，并在翌日的游行中领着"一个化妆成胖乎乎的、胡子拉碴的妇女的男子"（显然是为了讥讽教士）凯旋，同时高喊"神甫为什么不交土地税"[1]。这个冲突反映了两个鲜明的时代新问题：一是正在形成的巴黎宫廷社会对其他地方的文化影响，二是城市资产阶级的崛起开始动摇传统的等级特权。1541年鲁昂的狂欢节游行也涉及多个时代议题。队列游行中，最先出场的是主题为"商业的葬礼"的花车队伍，以表达以工商业资产者为主体的游戏社团对经济不景气的担忧。在另一辆花车上，有四个人分别扮成教皇、皇帝、国王和疯子，"像玩破罐游戏一样，拿一个圆形的地球投来掷去"，"粗暴地把这个可怜的世界搞得乱七八糟，使它在他们手中遭受巨大的折磨"，反映了游戏社团超越地域局限的现实关怀。[2] 游戏社团还经常通过狂欢表演来讽刺特权阶层的腐败。1516年，巴黎有三个人因为表

---

[1] Max Harris, *Sacred Folly: A New History of the Feast of Fools*, New York: Cornell University Press, 2011, pp. 235—236.

[2] *Les Triomphes de l'Abbaye des Conards avec une Notice sur la Fête des Fous*, pp. 29—34, 53.

演讽刺国王和摄政王后的闹剧而被捕。[1] 1542 年鲁昂"笨蛋修道院"的 11 名成员也因为在狂欢节中散布讽刺性的小册子而遭遇同样的命运。[2] 这样的事例在 16 世纪前后法国的狂欢活动中不胜枚举。

　　另一方面,"文化共同体"的分裂导致狂欢文化失去了巴赫金所说的 "全民性"特征,并在相当程度上脱离了地方社群,而日益被按社会阶层、行业等组织的特定团体所垄断。1570 年,鲁昂的"笨蛋修道院"向高等法院申请举行狂欢节游行时,就要求颁令禁止社团以外的人在狂欢节中戴面具。高等法院最终允许社团举行"游行、游戏和假面舞会",并明确支持社团对狂欢节的垄断权,规定其他人未经"院长"许可,一概不得戴面具或奏乐。[3] 1597 年马赛的狂欢节,街道上甚至围起了护栏,好让群众观看假面游行的队列。[4] 狂欢变成了游戏社团的特权,普通民众成了被动的看客。这些游戏社团在文化取向上明显地向新形成的宫廷文化靠拢,特别是喜欢在狂欢游行中模仿贵族入城式的盛大场面(尽管模仿得十分拙劣),不过这些并不是这里想讨论的重点。这里想说明的是,以上诸多方面的演变,导致狂欢游戏不再像中世纪那样对所有人具有约束力。1517 年,里昂缝纫街的"作乱修道院"计划对一位制革商实施骑驴游行的狂欢处罚,因为他近期被妻子殴打了。但制革商夫妇拒绝接受处罚,并把"作乱修道院"起诉到法院。[5] 在波尔多,倒骑驴游行仪式中的犯错者也可以由邻居顶替,这时他要高喊"犯错的不是我,是我的邻居"[6]。到了 17 世纪,拒绝接受狂欢式处罚的情况变得更加普遍。1603 年,诺曼底小镇维尔(Vire)的一位面包师傅被选为做了最愚蠢的事的人,被当地

---

① Ludovic Lalanne, *Journal d'un Bourgeois de Paris sous le Règne de François Premier* (*1515—1536*),Paris:Veuve Jules Renouard,1854, p. 44.

② Dylan Reid, *Carnival in Rouen*, p. 1046.

③ Dylan Reid, *Carnival in Rouen*, p. 1045.

④ 让·皮埃尔·里乌等主编:《法国文化史》II《从文艺复兴到启蒙前夜》,第 133 页。

⑤ *Archives historiques et statistiques du département du Rhône*,t. 11, pp. 188—191.

⑥ Claude Noirot, "L'Origine des Masques", dans C. Leber, ed., *Collection des Meilleurs Dissertations, Notices et Traités Particuliers Relatifs à l'Histoire de France*. t. 9, Paris, 1826, pp. 52—53.

的笨蛋社团强行授予"笨蛋权仗"。根据习俗,他需要在来年的狂欢节中拿着"笨蛋权仗"游行,但他拒绝了这个角色。在成功地向高等法院申诉后,他还要求当局保护他免受游戏社团的骚扰。[1] 1642 年卢瓦尔河畔圣朗贝尔(St. -Rambert-sur-Loire)一对异地联姻的夫妇也曾向行政官求援,以求摆脱吵闹游戏者的骚扰。[2] 1668 年,里昂一位娶了寡居女主人的年轻雇工对同业学徒的狂欢式勒索作出反抗,得到了行政官的支持,尽管他最后在打斗中受伤致死。[3] 我们可以把这种变化看作个体意识在民间觉醒的一个标志。

同时我们注意到,在上述事件中,在谋求独立的个人与代表着传统的社群自治力量的游戏社团之间,有第三股力量强势介入进来,那就是新兴的国家权力。从这个意义上说,法国绝对君权的构建过程,也就是它与传统的自治社群争夺权力的过程。另一方面,游戏社团对权力和时政的狂欢式嘲弄或抗议,乃是其传统的社群管理功能在新的社会背景下的自然延伸。然而,这个传统一旦与触角正迅速伸向各个地方社群的绝对君权发生碰撞,激烈的冲突便不可避免。16—17 世纪分别发生在罗曼和勃艮第的两次狂欢冲突,可以视作上述情况的两个典型例子。根据勒华拉杜里的研究,16 世纪下半叶,罗曼地区的狂欢节日庆祝明显分成两个剑拔弩张的对立阵营。一个阵营是城市上层,主要包括行政官员和富人,他们以王家法官为中心,与巴黎宫廷联系密切,并享受着政治权力带来的好处。另一个是城市和乡村平民,主要包括并不宽裕的布商、工匠和城乡贫民,他们是在社会集权化的过程中权益受损最大的群体。平民希望回归更公平的权力模式,并维持传统的社群价值,而这些都已经被统治精英所践踏。因此,两个阵营之间的冲突,实际上是中世纪的城镇民主模式(即传统的社群自治模式)与新兴的绝对权力之间的冲突。狂

---

[1] Dylan Reid, *Carnival in Rouen*, pp. 1043,1051.

[2] Edward Muir, *Ritual in Early Modern Europe*, Cambridge：Cambridge University Press, 2005, p. 111.

[3] Natalie Zemon Davis, "Charivari, Honneur et Communauté à Lyon et à Genève au XVIIe Siècle",Jacques Le Goff, Jean-Claude Schmitt, eds. , Le Charivari, pp. 208,214.

欢节庆成为联络各自力量的契机,为双方的密谋提供天然的伪装,因为两个阶层的人都在这个时候分别聚集庆祝节日。冲突的最后结果是平民社团的领袖和众多成员在 1580 年的狂欢节被精英社团设计屠杀。[①] 16—17 世纪的勃艮第更是以狂欢文化著称,因为它有一个非常有名的游戏社团,称作"第戎步兵团"或"疯妈妈"社团。不过,这里的情形与罗曼不相同。第戎是勃艮第的首府,而勃艮第尽管早在 15 世纪就已并入法国,但一直到 17 世纪,它都享有高度的自治权。只是在 17 世纪前后,它的自治权不断地受到日益强大的绝对王权的威胁。因此,"疯妈妈"作为当地上层社会的游戏社团,它的一个重要任务就是借助狂欢游戏来维护勃艮第的自治传统并抵御绝对君权的入侵。也是这个原因,在 16 世纪最后 30 年,正当法国其他地方的游戏社团普遍趋于沉寂的时候,"疯妈妈"却进入最活跃的时期。1576 年,"疯妈妈"通过一系列闹剧讽刺国王派驻勃艮第的水流和森林大总管,因为他违反习俗在五月殴打了老婆(根据法国的民间传统,五月是个十分特殊的月份,女性在这期间受到特别的保护),同时还抗议他代表国王掠夺本地的资源。在其他狂欢表演中,它还讽刺了法国宫廷的奢侈和腐败。[②] 1630 年"疯妈妈"被路易十三取缔,与勃艮第的自治权被取消有直接的关联。国王于 1629 年来到第戎,但拒绝按照惯例保留该市的各种特权,引起普遍的不满。同年 7 月,他进一步撤销了勃艮第公国(états de Bourgogne),把它拆分成十个选区。翌年第戎发生骚乱,有高官的住宅被劫掠并焚烧,一幅路易十三的画像也被烧毁。尽管没有证据表明事情与"疯妈妈"有直接关联,但当局认为,它长期以来针对王家和宫廷代表的讽刺表演激化了民众的不满情绪,因而将它取缔。1631 年社团恢复,但已完全失去了旧日的锋芒,例如它被要求只能恭维而不能讽刺王国的大人物,同时必须取得当局批准才能进行狂欢表演。在投石党叛乱期间,"疯妈妈"暂时重现活力,但路易

---

① 参 Emmanuel Le Roy Ladurie, *Carnival in Romans*。

② Juliette Valcke, "La Satire Sociale dans le Répertoire de la Mère Folle de Dijon", Konrad Eisenbichler, Wim Hüsker, eds., *Carnival and the Carnivalesque*, pp. 147—162.

十四在亲政之后取缔了法国所有的游戏社团,"疯妈妈"也就永远地从人们的视野中消失了。①

总之,正是因为狂欢活动的"政治转向"②,加上狂欢文化原有功能的严重弱化或转变,才使得社会抗议成为这个时期狂欢文化的一个突出特征。但我们也必须注意,所有以上冲突案例都反映了一个相同的事实:即使是在16—17世纪这个狂欢文化的颠覆性和反抗性被急剧放大的时期,狂欢文化也只是呈现社会冲突的一个窗口,它本身并未创造这些冲突,因而不能把它与反抗和颠覆官方秩序等同。更何况,上层社会同样利用狂欢节庆来施展他们的血腥阴谋,从这个意义上说,1580年罗曼狂欢节的屠杀,与八年前发生在巴黎的圣巴托罗缪节大屠杀相似。此外,并非所有的游戏社团都与官方发生了如此尖锐的对抗,积极合作者也不在少数——有些"作乱修道院"就在这个时期更名为"良政修道院(l'Abbaye de Bongouvert)"③。绝大多数的游戏社团则在17世纪前后悄无声息地消亡了。由于对抗无疑是最醒目的存在方式,才使得狂欢游戏的颠覆性和反抗性被突显出来。总之,颠覆和反抗"官方"的秩序并非狂欢文化的本质或固有特性,它只是在特定的历史条件下才会发生,即先有社会冲突,然后才会有以狂欢文化的形式进行的反抗。此外,狂欢反抗也往往与狂欢"镇压"相伴随。当然,颠覆日常秩序确实是狂欢文化的一个固有特征,因为狂欢节庆原本就是与日常生活截然不同的时间窗口,但这绝不能简单地归结为反抗"官方"的秩序。在16世纪下半叶,罗曼地区狂欢节期间的"柯肯乐土"(pays de Cocagne)是一个把物品的贵贱进行颠倒的时间窗口,但仅限于物品,并不包括人。比如它规定最稀缺的食物最便宜,而干草、麦秸、燕麦等动物饲料以及劣质酒、腌鱼烂鱼

---

① Juliette Valcke, *La Société Joyeuse de la Mère Folle de Dijon*, pp. 31—99. Jacques Rossiaud, "Fraternités de Jeunesse et Niveaux de Culture dans les Villes du Sud-Est à la Fin du Moyen Âge",*Cahiers d'Histoire*, n°21(1976), p. 102.
② 娜塔莉·泽蒙·戴维斯也对法国的游戏社团在16世纪的这种"政治转向"表示认同,参见 Natalie Zemon Davis, "The Reasons of Misrule", p. 74。
③ Emmanuel Le Roy Ladurie, *Carnival in Romans*, p. 297.

等则最昂贵。非常重要的一点是,这些活动是由城市的精英社团(而不是下等阶层)所控制并强制推行的。同时勒华拉杜里指出,这种颠倒的宗旨并非颠覆,恰恰相反,它是为了强调正常的社会秩序。[①] 在中世纪和近代早期的法国,狂欢节庆中人的社会等级颠倒的现象确实存在,但它发生和影响的范围都极有限。比如在 14 世纪下半叶,路易·德·波旁公爵有一个习惯,他在"三王节"让人在整个城市找出最贫穷的 8 岁小孩,让他穿上王家服饰当节日"国王",把自己的官员交给他统治。第二天,公爵本人提供 40 利勿尔,他的宫廷骑士每人一法郎,见习骑士每人半法郎,送给这名小孩的父母作为上学的学费。[②] 显然,角色的转换仅发生在这个小孩和公爵的官员之间。在 1536 年的"三王节",弗朗索瓦一世的宫廷贵族们争相扮演地位最低下的仆人,但游戏也仅限于这些贵族内部。[③] 同样,在 16 世纪下半叶的罗曼,平民社团的领袖尽管能在狂欢节庆期间坐上行政官的位置,但他并不能对当地的贵族和官员发号施令。[④] 真正全面颠倒社会秩序的现象并不存在。因此可以说,狂欢文化反抗和颠覆"官方"秩序的一面被明显夸大了。

　　总而言之,经历 16 世纪最后的辉煌之后,法国的狂欢文化在 17 世纪明显衰落。在前面提到过的 1666 年的克莱蒙,一位"有身份的人"(他当时已经很老了,但以前曾经非常热衷于"青年王国"的狂欢)向来自巴黎的客人悲悼当地狂欢传统的没落。根据他的描述,以前该市的习俗是三个街区各选出一位狂欢"王子",分别叫做"荒诞不经王子""美好时光王子"和"月亮王子",并举行"更无邪""更盛大""更欢乐""设计和花销更引人瞩目"的狂欢。可现在只剩下一个狂欢王,还很难找到出色的人选。[⑤] 这样的描述极具代表性,只是这种衰落在法国各地发生的时间有所不同。

① Emmanuel Le Roy Ladurie, *Carnival in Romans*, pp. 189—190.
② A. M. Chazaud, *La Chronique du Bon Duc Loys de Bourbon*, Paris, 1876, p. 17.
③ 玛丽·霍林斯沃斯:《红衣主教的帽子》,张立群译,上海人民出版社,2007 年,第 121 页。
④ Emmanuel Le Roy Ladurie, *Carnival in Romans*, pp. 103—104.
⑤ Esprit Fléchier, *Mémoires de Esprit Fléchier sur les Grands-Jours Tenus à Clermont en 1665—1666*, pp. 312—317.

关于狂欢文化衰落的原因,前面的论述已有提及,这里再总结如下。首先,法国近代早期社会文化的变迁,特别是生活环境和社会结构的变化,以及理性化、信仰"纯化"等近代观念的传播等,导致狂欢文化赖以生存的土壤发生了根本的变化。特别是在上层社会,这些变化导致狂欢文化不再具有传统的宗教仪式和社会管理功能,甚至变成不可理喻的行为甚至是"迷信"——现代学者的研究表明,"迷信"的概念正是在 1600 年前后开始确立下来的。① 这些显然严重威胁到狂欢文化继续存在的必要性和合法性。其次,狂欢文化在 16—17 世纪遭到教会和王权的联合打压。教会方面,无论是对于新教还是天主教来说,狂欢文化所包含的"异教"元素都与新的教义严重冲突,它受到排斥和打压也就顺理成章。王权方面,狂欢文化所承载的自治传统与法国的绝对主义进程格格不入,它也因此成为表达对抗情绪的一个窗口(当然也有许多游戏社团选择主动跟当局合作,但它们也因此失去了存在的价值和意义),这导致政府采取越来越严厉的措施来打压狂欢文化。16 世纪下半叶,法国各地先是要求狂欢活动必须经过当局批准,并对它们提出诸多限制。随后的一个世纪,各地曾经名噪一时的游戏社团逐渐销声匿迹,直至被路易十四全部取缔。此外,路易十四还明令要求大幅缩减宗教节庆的数量,随后法国在一个多世纪的时间里把一年的节庆从四五十天缩减至二十天左右。② 这些举措为近代早期的工业生产腾出了宝贵的时间,对狂欢文化却是根本性的打击。

不过,尽管法国的狂欢文化在 17 世纪以后明显衰落,但它仍在底层社会继续长期存在。这是因为,在中世纪的"文化共同体"分裂的过程中,被上层社会遗弃的文化、世界观和生活方式,在很大程度上仍然为下层社会所保留。到 20 世纪初,法国部分地方还能看到某些传统的狂欢游戏。

---

① 让·皮埃尔·里乌等主编:《法国文化史》II《从文艺复兴到启蒙前夜》,第 204 页。
② 这方面的研究参见 J. Maarten Ultée, "The Suppression of Fêtes in France, 1666", *The Catholic Historical Review*, Vol. 62, No. 2(1976), pp. 181—199; Noah Shusterman, "The Decline of Religious Holidays in Old Regime France (1642–1789)", *French History*, Vol. 23 (3), 2009, pp. 279—310。

第七章　探索欧洲以外的世界

第一节　法国海外探索与殖民活动的开端

　　法国西濒大西洋的比斯开湾,西北隔拉芒什海峡同英国相望,东南临地中海,海岸线构成了法国土地"六边形"中的三条边。法兰西的先民很早就深谙与海为伴之道。如同布罗代尔所言,"历史对法国的青睐非同一般。法国在夺得诺曼底、布列塔尼、阿基坦、朗格多克和普罗旺斯等地区的同时,便拥有了大批航海世家"①。而当航海技术的发展使海洋从天堑变为通途,法国与其他西欧国家便竞相开启了航海探险与殖民扩张的历史进程。此后几个世纪,充盈着大海气息的故事伴着几代人的身影缓缓展开,那些对远方异域的奇妙遐想,亦随之变成坚硬的甚至是冰冷残酷的现实。

　　16 世纪的法国刚刚抚平了百年战争的创伤,旋即处于哈布斯堡王朝的包围之中,被迫搁置宗教矛盾与土耳其结盟,与西亚、北非地区的经济文化交流也因此增多。大航海时代来临之际,法国的精力仍集中于欧陆

---

① 布罗代尔:《法兰西的特性》(第一卷),顾良、张泽乾译,北京:商务印书馆,1994 年,第 268 页。

与地中海事务,在大西洋上的探索步伐则晚于西班牙、葡萄牙等国,力量也相对较弱,主要意在占领西班牙、葡萄牙殖民统治的薄弱地区,为自身建立起踏入"新大陆"的立足点。虽然西、葡的严防死守,加之后来宗教战争的爆发,16世纪法国的早期海外探索活动并不顺利,但也并非一事无成:法国巩固了在地中海的优势,并保留了在加拿大的殖民据点,为17世纪殖民活动的进一步扩展创造了可能。

一、法国与西亚、北非的交流

法国对欧洲以外世界的探索,始于地中海边缘的西亚、北非等地,主要在欧洲泛称为"黎凡特"(Le Levant,意为日出之地)的地中海东岸地区。早在十字军东侵之时,法裔十字军即先后在巴勒斯坦、叙利亚、小亚细亚等地裂土称王。[①] 东侵热潮消退后,法国同这一地区的贸易继续发展,融入欧亚丝绸之路中,其主要商品是来自土耳其、印度和中国的丝绸、香料、宝石等奢侈品,与宫廷政治的联系十分密切。英法百年战争期间,威尼斯、热那亚等意大利城邦控制了地中海贸易。以雅克·科尔(Jacques Cœur,约1395—1456)为代表的法国商人为向王室供应黎凡特的奇珍异宝,不仅要同意大利商船队勉力竞争,还要应对奥斯曼海军和北非海盗的挑战。因为在当时的法国政治家和大商人眼中,"地中海仍是通往一切财富的钥匙"[②]。

百年战争结束后,随着普罗旺斯等沿海地区并入法国版图,以马赛为主要商港的地中海贸易进一步发展,"法国拼命与威尼斯的垄断贸易竞争,它和埃及、叙利亚以及北非重新建立了联系"[③]。在西班牙、葡萄牙热火朝天地进行航海探险时,15世纪末爆发的意大利战争则反映出法国

---

① Great Britain. Foreign Office. Historical Section, *France and the Levant*, London: Stationary Office, 1920, pp. 1—3.

② 乔治·杜比主编:《法国史》(上卷),吕一民等译,北京:商务印书馆,2010年,第553—554页。

③ G. R. 波特编:《新编剑桥世界近代史》(第一卷),中国社会科学院世界历史研究所组译,北京:中国社会科学出版社,1988年,第67—68页。

人"依旧固守着地中海的传统"①。16世纪初,法王路易十二(Louis XII,1499—1512年在位)从马木路克人手中获得了在埃及通商的便利条件;继任的弗朗索瓦一世(François Ier,1515—1547年在位)为对抗哈布斯堡王朝的威胁,大胆打破了欧洲国家敌视伊斯兰文明的宗教束缚,于1536年同奥斯曼帝国结盟。② 法国使团在伊斯坦布尔近郊的加拉塔(Galata)建立使馆和附属教堂,后来陆续在奥斯曼帝国治下的亚历山大港、的黎波里、贝鲁特等地设立领事馆,进一步加强了与西亚、北非多地的经济文化交流。

与奥斯曼帝国的结盟使法国获得了在其西亚、北非广袤属地的贸易特权。法国商人可以在中近东各大港口自由贩运货物,而外国商船只有在法国旗帜保护下才能在当地进行贸易,法国由此几乎垄断了地中海商贸。不宁唯是,法国人在奥斯曼帝国境内享有治外法权和宗教宽容政策,且这种宗教自由逐渐为在土耳其的其他基督教徒所共享,使法国逐渐成为在土耳其基督徒(甚至是东正教徒)和"圣地"耶路撒冷的保护者。这一点不仅得到了教皇的认可,也给法国带来了在该地区远超其他欧洲国家的影响力。③

法国不仅与土耳其建立起稳定的政治和经贸关系,而且与伊斯兰世界广泛开展文化交流。16世纪的法国人文主义者随使团前往小亚细亚和中东地区游历,收集了大量阿拉伯文、希伯来文手稿进行研究。他们起初将这些手稿视为通向希腊罗马古典知识的钥匙,后来逐渐开始关注阿拉伯的自然科学和哲学知识,对法国乃至欧洲近代科学的产生起到了很大帮助作用。法国学者纪尧姆·波斯泰尔(Guillaume Postel,1510—1581)被称为欧洲第一个"东方学家",他曾亲身游历小亚细亚地区,在著

---

① 乔治·杜比主编:《法国史》(上卷),第570—571页。

② Stanford J. Shaw, *History of the Ottoman Empire and Modern Turkey*, Volume I, *Empire of the Gazis: The Rise and Decline of the Ottoman Empire*, *1280—1808*, Cambridge: Cambridge University Press, 1976, pp. 97—98.

③ Great Britain. Foreign Office. Historical Section, *France and the Levant*, p. 7.

作中对奥斯曼帝国作了正面评价;让·博丹(Jean Bodin,1530—1596)亦高度赞扬奥斯曼帝国的行政制度——他们的思想成为18世纪启蒙时代的先声——法国的小说和戏剧等文学作品中亦开始出现奥斯曼帝国的人物形象。从16世纪起,"土耳其热"(La Turquerie)成为法国的流行文化,艺术家在创作中模仿土耳其的音乐、绘画、建筑和雕塑风格,以满足上层社会崇尚奢华、对异国情调猎奇的心理,形成了以法国乃至欧洲追捧所谓"东方文化"的第一次热潮。

二、法国探索美洲的开始

当法国对外贸易的重心仍集中于地中海传统商路时,西班牙、葡萄牙已开始了大西洋上的航海探索。与西、葡相比,法国对当时新兴的大西洋贸易和探险活动关注较少,是"地理大发现"热潮中的迟到者。法国大西洋沿岸的布列塔尼、诺曼底等地经济发展水平较低,且在政治上较为独立,加之百年战争后英法关系仍长期处于紧张状态,这些都给法国大西洋航海业的发展造成很大阻碍。直到1475年两国签订《皮吉尼条约》(Le traité de Picquigny)缓和关系后,两国贸易才得以重开,大西洋新市场开始在法国形成。①

自15世纪80年代起,法国地理位置的优势得到发挥,大西洋沿岸的鲁昂、南特、波尔多等商港与西南欧多国的贸易往来不断增多,诺曼底和布列塔尼等地居民不仅经常往来于西、葡属地马德拉群岛和加那利群岛,甚至已航行到纽芬兰近海捕捞鳕鱼。② 大西洋时代到来后,法国人虽在发现"新大陆"的探险中姗姗来迟,但与"新大陆"建立商贸关系的尝试却是方兴未艾。法国的谷物和葡萄酒等农产品,呢绒、亚麻布、服饰等手工业品,不仅在欧洲诸国销路甚广,在西属美洲也备受青睐。由于西班

---

① Robert Knecht，*The Valois：Kings of France，1328—1589*，London：Hambledon Continuum，2007，pp. 100—101.

② W. Jeffrey Bolster，*The Mortal Sea：Fishing the Atlantic in the Age of Sail*，Cambridge，MA：Belknap Press of Harvard University Press，2012. pp. 12—13.

牙禁止其殖民地单独与他国做生意,法国商品必须经西班牙商人之手方能销往美洲。此种贸易垄断使美洲殖民地商品价格居高不下,致使加勒比海的走私活动陡然增加,法国、英国、荷兰等国商人在殖民地低价出售欧洲产品,收购当地的烟草、可可等原产品,从西班牙商人的财富中分得了第一杯羹。

默许甚至暗助海盗活动,是劫掠西班牙财富更直接的方式。1522年,为法王弗朗索瓦一世效劳的佛罗伦萨海盗让·弗勒里[①](Jean Fleury,? —1527)就曾拦截过西班牙征服者科尔特斯(Hernán Cortés,1485—1547)从墨西哥运黄金的船队。据说,弗朗索瓦一世在接受其馈赠的财宝时感慨道:"查理五世只要依靠从西印度得来的财富就能继续同我作战了!"[②]此后,以弗朗索瓦·勒克莱克(François le Clerc,? —1563)为首的胡格诺派海盗开始登上历史舞台。"勒克莱克是近代早期首个为世人所知的'木头腿'海盗(peg-legged pirate),后成为受法王正式认可的私掠船船长。他的船队时常在西班牙南部加的斯(Cádiz)港至瓜达尔基维尔河(Guadalquivir River)河口一带游弋,接着驶往加纳利和亚速尔群岛。"[③]这些法国"御用"私掠船队曾多次截击满载财宝的西、葡商船队,有时也会登陆侵扰西班牙殖民城市。1553年,胡格诺派劫掠了伊斯帕尼奥拉岛;1555年,法国海盗雅克·德·索雷斯(Jacques de Sores)率众登陆哈瓦那,将城市烧成了一堆瓦砾[④],迫使西班牙开始建造堡垒来保护殖民地。法国海商和海盗也时常劫掠葡萄牙在南美的殖民据点,扩大在巴西的红木贸易。弗朗索瓦一世给法国海盗签发特许状,承认他们袭击西、葡船只的合法性,海盗船成了为国家劫掠财富的私掠船,这种做法

---

① 西班牙称其为胡安·弗罗林(Juan Florin)。

② Eric Williams, *From Columbus to Castro : The History of the Caribbean*, *1492—1969*, London : André Deutsch Limited, 1970, p. 73.

③ Kris E. Lane and Hugh O'Shaughnessy, *Blood and Silver : A History of Piracy in the Caribbean and Central America*, Kingston, Jamaica: Ian Randle, 1999, p. 23.

④ D. H. Figueredo, Frank Argote-Freyre, *A Brief History of the Caribbean*, New York : Facts on File, 2008, p. 36.

后来被英国伊丽莎白女王"发扬光大"。

法国、英国、荷兰等国的走私和海盗活动成功撼动了西、葡在"新大陆"的垄断地位,亦是这些国家与"新大陆"特别是与西属中南美洲联系的开端。此后,西班牙被迫将注意力放在最主要的岛屿上,而将那些价值不大的小岛放弃。法国等国的海商和海盗则趁机占据这些岛屿以为据点,在海上抢劫满载货物的商船,同时也在岛上经营甘蔗种植园,发展商业和采矿业等,为这些"后起之秀"在加勒比地区的殖民活动奠定了基础。

三、法国殖民美洲的最初尝试

持续不断的海盗和走私活动暴露了西班牙和葡萄牙两个殖民帝国的漏洞,法国也逐渐显露出在"新大陆"争夺霸权的意向。弗朗索瓦一世自即位起就反对西、葡"瓜分世界"的《托尔德西里亚斯条约》(Treaty of Tordesillas),鼓励法国船只到公海进行探险与殖民活动。[①] 1540 年,他在致西班牙国王查理五世(Charles V,1516—1556)的信中宣称:"难道我把舰队派到海上,国王陛下就要向我宣战或者与我恩断义绝吗? 太阳照耀着我,同时也照耀着别人。我倒很想看看,亚当的遗嘱中哪条剥夺了我分享天下的权利。"[②]法国殖民者开始以"有效占领"原则为依据,有计划地尝试侵占西、葡的殖民地,主要指向三个容易进入的地区:北美北部、西印度群岛和南美的巴西。

与其他欧洲海上列强一样,法国海外探险的最初目的,也是开辟通往印度和中国的新航路。但法国更重视寻找从北美洲以北的未知海域行至亚洲的"西北通道",以避免与南方的西、葡正面冲突。15 世纪,法国大西洋沿岸的港口迪耶普(Dieppe)和圣马洛(Saint-Malo)成为远航探险

---

① 乔治·杜比主编:《法国史》(上卷),第 581 页。

② Marcel Trudel, *Histoire de la Nouvelle-France*, Tome I, *Les vaines tentatives*, 1524—1663, Montréal:Fides, 1963, pp. 133—134.

的主要基地。法王弗朗索瓦一世资助佛罗伦萨探险家乔瓦尼・达・维拉扎诺(Giovanni da Verrazzano,1485—1528)开启探险活动。1524 年到 1528 年间,维拉扎诺先后进行了三次远洋航行,其中 1526 年的第二次航行成就了法国舰船首次驶抵印度洋的历史[1];其他两次航行的目标都是大西洋的彼岸,拉开了法国殖民美洲的序幕。

1524 年 1 月中旬,维拉扎诺率船队从迪耶普出发,向西横渡大西洋。3 月 20 日,船队抵达今美国北卡罗来纳州所在地区后,首先南下探察了约 300 公里的海岸线,因未发现通往太平洋的海峡,转而沿海岸径直向北航行,途中或登岸考察、补给。他们先后驶入数个海湾,最后抵达现在的新斯科舍半岛沿岸。维拉扎诺将新发现的这片土地称作"新法兰西"(la Nouvelle France),期间还将北美的多个地点冠以具有浓郁法国特色的名字,如"昂古莱姆之地"(la Terre d'Angoulesme,今纽约,New York)、"洛林海岸"(la Côte de Lorraine,今新泽西州,New Jersey)、"旺多姆河"(le Fleuve Vendôme 今特拉华河,Delaware)、"博尼韦(海军上将)[2]海角"(le Cap Bonnivet,今开普梅,又译五月岬,Cape May)、"阿卡迪亚"(l'Acadie,今马里兰州,Maryland)云云[3],不一而足。由于始终没有发现通向太平洋的海峡,船队的补给也即将告罄,维拉扎诺遂决定返航,于同年 7 月初回到法国。

在整个航程中,维拉扎诺船队与印第安人多有接触。维拉扎诺曾写

---

[1] Etienne Taillemite, *Giovanni et Girolamo Verrazano*, *navigateurs de François Ier*, Dossiers de voyages établis et commentés par Michel Mollat et Jacques Hapert, Paris：Imprimerie nationale, 1982. In—8°, dans *Bibliothèque de l'école des chartes*, 1985, tome 143, livraison 1, p. 185.

[2] 纪尧姆・古费耶・德・博尼韦(Guillaume Gouffier de Bonnivet,1482—1525)系法国海军上将。维拉扎诺第一次远航北美期间,博尼韦奉弗朗索瓦一世之命指挥法军在意大利境内与神圣罗马帝国作战。在 1525 年 2 月 24 日的帕维亚战役(la Bataille de Pavie)中,法军战败,弗朗索瓦一世被俘,博尼韦亦阵亡。

[3] M. Ballesteros-Gaibrois, M. Bataillon, ed., *La découverte de l'Amérique*, *Esquisse d'une synthése*, *Conditions historiques et conséquences culturelles*, Paris：Librairie philosophique J. Vrin, 1968, p. 55.

道:"我们乘一只小船沿河上行了约半里格(3 公里),这条河在那里形成了一个约 3 里格宽(18 公里)的美丽湖泊(指南北向)。约 30 只印第安人的独木舟在湖区行驶。人们穿着用各色羽毛装饰起来的衣服跑到岸边观看我们,指点我们最好在哪里靠岸。后来刮起一场风暴,我们只得退出返回大船。"①

维拉扎诺的这次探险活动仔细考察了北美东部海岸和内河水系,并带回了沿岸地区自然环境和居民情况的首批资料。他首次发现,北美洲与南美洲同样具有独立大陆的特征,"亚美利加"一名得以扩展到北美洲。此后,维拉扎诺仍然希望在中美洲寻找通向太平洋的海峡,于 1528 年 4 月再度率船队踏上航程,却"被安地列斯群岛的加勒比土著杀害并分食",为他的第三次远航画上了悲惨的休止符。② 今天横跨纽约湾的维拉扎诺海峡大桥(Verrazano-Narrows Bridge),即因纪念这位航海家而得名。

此后,从 1534 年起,弗朗索瓦一世委派本国探险家雅克·卡蒂埃(Jacques Cartier,1491—1557)再赴北美,继续维拉扎诺未竟的冒险,"以期寻找并带回大量的黄金和无价之宝"③,由此开始了对加拿大内陆的首次深入探查。卡蒂埃出生于法国西部布列塔尼地区港口圣马洛(Saint-Malo),他的北美之行前后也有三次。1534 年 4 月 20 日,卡蒂埃首次率领探险队从圣马洛出发,仅用 20 天便横穿大西洋,到达纽芬兰东部海岸,在浮冰间艰难前进。探险队先向西北航达纽芬兰最北端的海角,经过拉布拉多半岛进入一个巨大的海湾。由于时值 8 月 10 日,是基督教圣徒圣劳伦斯的纪念日,卡蒂埃遂将其命名为圣劳伦斯湾(le Golfe du Saint-Laurent)。卡蒂埃在湾内进行了一番考察,并交换到当地印第安

---

① 约·彼·马吉多维奇:《世界探险史》,屈瑞、云海译,北京:世界知识出版社,1988 年,第 338 页。

② Etienne Taillemite, *Giovanni et Girolamo Verrazano*, *navigateurs de François Ier*, Dossiers de voyages établis et commentés par Michel Mollat et Jacques Hapert, p. 185.

③ Robert Bothwell, *Une histoire du Canada*, traduit de l'anglais par Michel Buttiens, Québec: Les Presses de l'Université Laval, 2009, p. 14.

人的毛皮后,决定返航,于9月初抵达法国,带回了有关北美印第安王国的传闻,还有两名印第安儿童以训练作为翻译。他此行的最大收获是发现圣劳伦斯河是一条河流,而非通向太平洋的海峡。

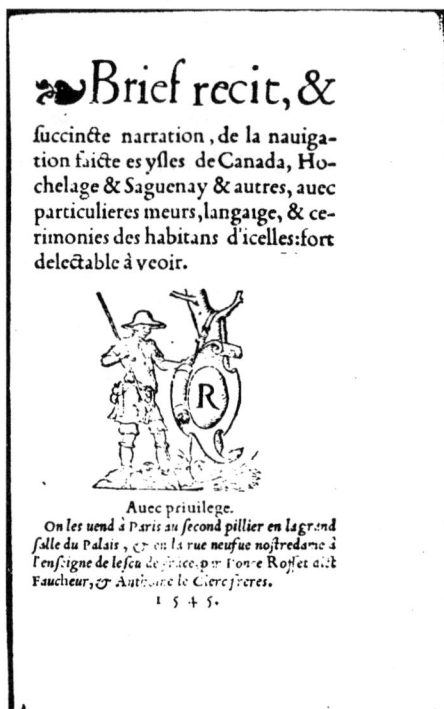

图1:法国探险家雅克·卡蒂埃所著《加拿大群岛航海记述略》扉页

资料来源: Jacques Cartier, *Brief recit de la navigation faicte es ysles de Canada*([Reprod.]), Paris, 1545.

翌年5月19日,卡蒂埃再度率110人分乘三艘舰船前往北美探险,这次他先沿着圣劳伦斯湾仔细搜寻,证实确无其他通向内地的水路之后,遂溯圣劳伦斯河而上。河畔的印第安人把自己的村庄称为"加拿大"(Canada),这个表示村落的名词被卡蒂埃误认为是国名,后来引申为对北美洲北部地区的统称。卡蒂埃一行不仅与印第安人交换货物,还试着传播基督教。他们在河岸边竖起高大的木十字架,宣布该地属法王弗朗索瓦一世所有。不久后,卡蒂埃在印第安人的引导下到达名为"斯塔达科纳"(Stadacona) 的易洛魁族村落(即后来的魁北克城所在地),当地人对他的到来十分欢迎。他把其中两艘船留在此地休整待命,自己率第三艘船继续逆流而上,直至渥太华河与圣劳伦斯河交汇处。9 月 20 日,卡蒂埃一行在当地土著带领下,抵达了印第安人居住的霍切拉嘎村(Hochelaga),发现了肥沃的田野和附近一座经过开垦的山地。他将此山命名为王家山(Mont Réal)①,后来演变为"蒙特利尔"(Montréal),并沿用至今。由于前方河道滩多水急,探险队无法再向前航行,于 11 月回到斯塔达科纳,依靠本地的易洛魁人度过了严冬。"由于缺乏新鲜的食物,加之坏血病的折磨,他们不得不在易洛魁人的指导下煮食桦树皮,用以抵抗坏血病并逐渐恢复健康。尽管如此,卡蒂埃仍然损失了 110 名队员中的 25 人。"②至 1536 年 5 月中旬,圣劳伦斯河开始解冻,卡蒂埃才得以率队返航。7 月上旬,船队到达法国,随行的印第安酋长多纳科纳等人还觐见了法国王室,并向弗朗索瓦一世描述加拿大内陆的情况,引起了法王对北美大陆的强烈兴趣。弗朗索瓦一世很快公布了卡蒂埃的重大地理发现,并把加拿大地区正式划入法国版图,奠定了建立"新法兰西"的基础。

1541 年 5 月下旬,法国组织了新一次北美探险,仍由卡蒂埃带队。这次行动除了继续寻找财宝和"西北通道"外,还在为殖民活动作准备,因而是一个具有历史意义的转变。卡蒂埃指挥 5 艘舰船浩荡西行,船上载着法国各监狱集合的犯人作为首批移民,此外还有 300 名士兵负责安全保卫。他们在罗格角过冬。这里冬天苦寒、疾病侵扰,印第安人充满敌意,迫使卡蒂埃放弃西进计划,甫一开春就匆匆返回法国,带回大批海狸皮和被当作金矿的黄铁矿。同年法国大贵族罗伯瓦尔(Jean-François

---

① Jacques Cartier, *Brief recit de la navigation faicte es ysles de Canada* ([Reprod.]), Paris, 1545, p. 23.

② Robert Bothwell, *Une histoire du Canada*, traduit de l'anglais par Michel Buttiens, Québec: Les Presses de l'Université Laval, 2009, pp. 16—17.

de La Rocque de Roberval,约 1500—1560)被任命为"新法兰西"地区总督,率船队赴罗格角建立定居点,但一个冬天即有 50 人死于坏血病,而罗伯瓦尔的兴趣又不在移民,只热衷于寻找金矿,结果金矿没有找到,殖民地也无法维持,遂于 1542 年撤回法国。法国在加拿大的第一次殖民尝试失败。

卡蒂埃是法国早期探索北美大陆的重要人物,他的探险活动"堪称欧洲人与生活在圣劳伦斯河沿岸、西起蒙特利尔东至加斯佩半岛的加拿大当地居民间的首次接触"[1],在世界范围内首先揭示了北美洲东部原本不为人知的地形地貌。但此后的法国忙于欧洲事务与国内宗教纷争,在16 世纪下半叶对北美大陆的探索趋于停滞。在此期间,北美却成了法国民间关注的新兴渔场,法国渔民开始经常性地到圣劳伦斯湾捕捞鳕鱼和鲸类,并与居于海滨的印第安人开展贸易,用铁制工具、手工艺品等换回毛皮等到国内出售。其中最为知名的是北美的海狸皮,"正是这种长着橙黄色牙齿和覆盖鳞片的尾巴,看起来毫不起眼的动物,使欧洲人来到了最终成为加拿大的这块领地,在此换取商品,并最终定居于此"[2],为法国进一步探察加拿大腹地奠定了基础。

法国对西班牙殖民霸权的挑战,根本原因是商业和贸易利益的考虑,又因强烈的政治与宗教动机而加强。西班牙不仅在美洲拥有殖民霸权,而且是欧洲天主教势力的支柱、反宗教改革的中心,而"西班牙在欧洲的军队和霸权,是靠它在加勒比地区和美洲的矿山和贸易供给资金的"[3]。因此以胡格诺派为代表的新教势力在美洲进行牵制性的殖民活动,可以削弱西班牙的力量,同时壮大自身实力。胡格诺派领袖、法国海军上将加斯帕德·德·科利尼(Gaspard II de Coligny,1519—1572)坚决

① Robert Bothwell, *Une histoire du Canada*, traduit de l'anglais par Michel Buttiens, Québec: Les Presses de l'Université Laval, 2009, p. 14.

② Robert Bothwell, *Une histoire du Canada*, traduit de l'anglais par Michel Buttiens, Québec: Les Presses de l'Université Laval, 2009, p. 23.

③ 埃里克·威廉斯:《加勒比地区史(1492—1969 年)》,辽宁大学经济系翻译组译,辽宁大学出版社,1976 年,第 109—110 页。

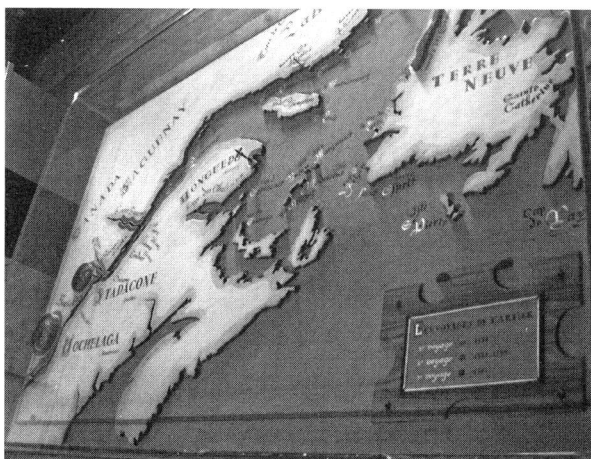

图2:雅克·卡蒂埃三次探索加拿大示意图

资料来源:本章作者摄于法国圣马洛航海博物馆(2010年5月13日摄)。

主张从西印度攻击西班牙。他清楚地认识到,"那些被他们的'新主人'剥削、虐待甚至屠戮的美洲土著,一直都在伺机报复,故对法国而言,需要借助各方面因素削弱西班牙在美洲的实力",因为"战场不仅在欧洲,也同样在新世界"①。

在北美大陆,科利尼将目标锁定在了介于大西洋和墨西哥湾之间、土地丰腴的佛罗里达半岛。1561年起,他开始在勒阿弗尔港陆续招募志愿者,做"远征"前的准备。此后,他派遣胡格诺派殖民者两度进军西属佛罗里达地区,试图建立法国殖民据点,也为国内的胡格诺教徒寻找躲避日益激烈的宗教冲突的庇护所。1562年2月,法国海军军官让·里博(Jean Ribault,1520—1565)率队从勒阿弗尔起航,抵达佛罗里达后,指挥胡格诺教徒在当地一块平坦空旷的空地上,建立起一座长16古米、宽13古米的要塞,用以储存粮食和弹药。里博将其命名为"夏尔堡(Charlesfort)",将旁边的小河取名为"舍农索河"(Chenonceau),希望以

---

① Paul Gaffarel, *Histoire de la Floride française*, Paris: Libraire de Firmin-Didot, 1875, pp. 7—8.

之为中心建成"法属佛罗里达"(la Floride française)殖民地①,但这一计划后因殖民者的内讧未获成功。

　　1564 年 6 月,另一位胡格诺派探险家朗多尼耶尔(René de Goulaine de Laudonnière,1529—1574)又奉命重新率舰队前往佛罗里达,修筑了卡罗林堡(Fort Caroline),对西班牙的海上运输构成很大威胁。1565 年 9 月,西班牙军队再次进攻并摧毁了"法属佛罗里达",大量胡格诺教徒惨遭屠戮,前往救援的让·里博也被西军俘获并遭处决。1568 年,多米尼克·德·古尔盖(Dominique de Gourgue,1530—1593)率领法国远征军,在当地印第安人的协助下屠杀了西班牙在佛罗里达的驻军以示报复,但没有重建殖民地。

图 3:法国海军军官让·里博画像

　　与此同时,在海军上将科利尼的大力支持下,法国海军将领维尔盖尼翁(Nicolas Durand de Villegaignon,1510—1571)于 1555 年率领一只

---

① René de Goulaine de Laudonnière, *L'Histoire notable de la Floride située ès Indes Occidentales : contenant les trois voyages faits en icelle par certains capitaines et pilotes français*, Paris, P. Jannet, 1853, pp. 37—38.

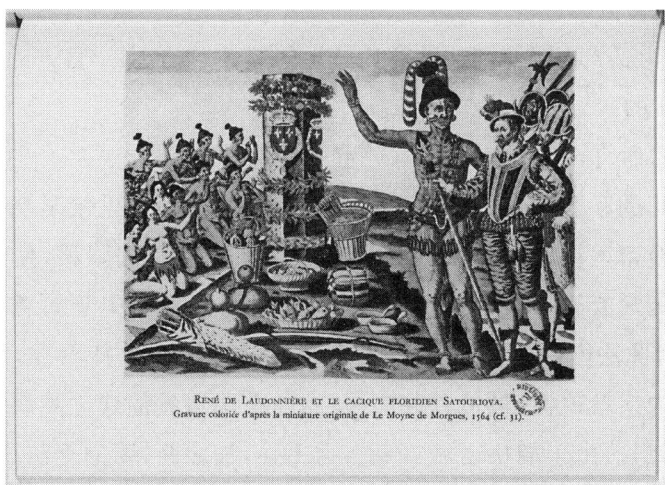

RENÉ DE LAUDONNIÈRE ET LE CACIQUE FLORIDIEN SATOURIOVA.
Gravure coloriée d'après la miniature originale de Le Moyne de Morgues, 1564 (cf. 31).

图4：法国殖民者朗多尼耶尔与当地土著领袖在让·里博竖立的纪念碑前

资料来源：*Quatre siècles de colonisation française-exposition d'oeuvres du XVème au XVIIIème siècle*，Paris：Édition des Bibliothèques Nationales de France，1931，p. 30.

小型舰队，载着 600 余名殖民者驶抵里约热内卢海湾，建立起以科利尼堡(Fort Coligny)和亨利维尔(Henriville)为据点的"南极法兰西"殖民地(la France antarctique)。[1] 1557 年，又有一批法国殖民者到达该地。同时，法王亨利二世（Henri II）也希望以此作为根据地，建立起法国在新大陆商贸网络的中心，尤其着眼于巴西的木材交易。然而，"南极法兰西"只是昙花一现，当地印第安人的反弹、殖民者内部的矛盾纷纷出现，女性拓垦者不足也导致这一据点难以长久为继。[2] 1560 年 3 月 17 日，葡萄牙殖民者派出军队驱逐胡格诺定居者，占领法国要塞，后于 1567 年将"南极法兰西"彻底摧毁，法国在南美洲的殖民活动受到重挫。

由于葡萄牙和西班牙对中南美洲的垄断、对法国扩张动向的戒备，法国胡格诺派在巴西和佛罗里达的殖民均告失败，法国的第一波美洲殖

---

[1] 乔治·杜比主编：《法国史》（上卷），第 582 页。

[2] Marcel Dorigny, Jean-François Klein, ed., *Grand Atlas des empires coloniaux*, pp. 42—43.

民活动暂时偃旗息鼓。此后"法国的策略是避免公开竞争,鼓励由个人的旅行、为私人或团体利益的商业公司的经营活动,而非官方的为国家或王室目的"①。

　　总体而言,16 世纪的法国对殖民活动并未给予很大关注。法国与土耳其的联盟和在地中海贸易的优势地位,在 16 世纪早期抵消了哈布斯堡帝国在美洲贸易的优势,加之西、葡霸权的强盛,使法国对殖民美洲没有给予很大关注,而是将注意力一直集中于向意大利扩张。② 因此法国最初的殖民地大多为胡格诺派新教徒所建,他们为逃避国内宗教迫害,被迫背井离乡(这与英国清教徒建立英属北美殖民地类似)。由于胡格诺派自身实力不强,加之西、葡的严防死守,胡格诺派建立的早期殖民地大多失败。而 16 世纪晚期法国宗教战争造成了严重内乱,胡格诺派势力遭到彻底镇压,这使法国殖民扩张愈发缓慢,"当西班牙、葡萄牙、荷兰和英国在海外进行殖民扩张时,法国的远洋船只有一段时期却近乎绝迹"③,宗教战争成为法国殖民的一个自然分界线。

　　另一方面,"虽然宗教内战的原因使法国暂时退出了国际战场,可法国的海盗依然为了他们自己的利益在活动"④,且 16 世纪的殖民尝试为法国进一步开展探险与殖民活动奠定了基础,"卡蒂埃的《航行记略》使加拿大的美景永远吸引着法国人。当法国克服了国内的纷乱以后有力量再度向海外领地进行建设性开拓的时候,加拿大是它心目中最重要的目标"⑤。殖民扩张的前景召唤着一个更强有力的法国。

---

① D. H. 菲格雷多、弗兰克·阿尔戈特—弗雷雷:《加勒比海地区史》,王卫东译,北京:中国大百科全书出版社,2011 年,第 33 页。
② 乔治·杜比主编:《法国史》(上卷),第 584 页。
③ 张芝联主编:《法国通史》,北京:北京大学出版社,1988 年,第 98 页。
④ G. R. 波特编:《新编剑桥世界近代史》(第一卷),第 690 页。
⑤ G. R. 波特编:《新编剑桥世界近代史》(第一卷),第 656 页。

第二节 17 世纪殖民活动的扩展

艰难度过宗教战争的动荡岁月后,法国满怀对重建与新生的憧憬进入 17 世纪。此时的英国和荷兰逐渐取代西、葡,相继称雄于海上。法王亨利四世确立统治后,历代法国君主为恢复与发展经济、提振国际地位,也开始大力支持海外贸易与殖民活动。这一时期重商主义思想在法国的发展与实践,又为方兴未艾的远洋探索提供了行动指南。黎塞留、科尔贝等权臣相继实行重商主义政策,为法国对欧洲以外世界的探索带来了新的历史机遇。

在 17 世纪之初,法国政府尚无力开展系统的海外探索与殖民,其主要举措是将垄断海外贸易、殖民"新大陆"土地等特权授予豪商巨贾。在重商主义思想的指导下,黎塞留开始仿效英、荷,组织贵族和大商人成立特许公司,垄断某一区域的贸易与殖民活动,使法国殖民地在大西洋两岸建立起来。当西欧多国对殖民霸权的争夺趋于激烈之时,科尔贝对特许公司进行整合与改组,逐渐限制公司原有的垄断权,派遣军事、行政人员接手殖民地管理,从而将殖民地逐步纳入国家行政体系之内,亦将法国的经济文化影响传播到欧洲之外。

一、法属北美殖民地的建立

"随着 17 世纪的到来,通往中国的海上之路,即西北通道,仍吸引着渴望成功的探险家们"[1],法国在北美的殖民地"新法兰西"得以逐步建立和扩张。1602 年,在亨利四世的支持下,一些法国商人组成一家殖民冒险公司,对加拿大发起了新的探查。此前,来自圣马洛的探险家杜庞

---

[1] Robert Bothwell, *Une histoire du Canada*, traduit de l'anglais par Michel Buttiens, Québec: Les Presses de l'Université Laval, 2009, p. 23.

(François Gravé Du Pont,约 1560—1629)已于 1600 年赴加拿大建立毛皮贸易站,但在严寒和坏血病的威胁下,这批早期移民被迫于次年春天返回法国。1603 年,奉殖民冒险公司之命,杜庞与他的外甥塞缪尔·德·尚普兰(Samuel de Champlain,约 1574—1635)再赴加拿大探险,此行也开启了后者作为"新法兰西之父"的传奇经历。尚普兰生于法国拉罗谢尔的航海世家,有着丰富的航海与地理学知识,曾到西属美洲旅行,并深得亨利四世的信任。[①] 抵达北美后,他追随卡蒂埃、杜庞等人的脚步,乘船溯圣劳伦斯河而上,经过今魁北克、蒙特利尔等地,接近北美五大湖地区,直至被上游的瀑布区挡住去路。尚普兰还从印第安人处了解到,西方存在一大片咸水水域,便猜想那可能是太平洋的一部分,这也成为他继续探查的主要动力之一。

尚普兰回国后,将经由加拿大的内河水系可进入太平洋的理论广为宣传,并提出应在那里建立前进基地的想法,与新近获得阿卡迪亚贸易独占权的胡格诺派商人德蒙(Pierre Dugua, Sieur de Mons,约 1558—1628)一拍即合。此后,在德蒙的资助下,尚普兰于 1604 年率探险队航行到阿卡迪亚,把移民点选建在法兰西湾(今芬迪湾,Bay of Fundy)的圣克罗伊岛(又译圣十字架岛,Île Sainte-Croix)。由于该地气候寒冷、资源匮乏,几乎一半的移民死于坏血病和严寒,被迫迁往条件稍好的罗亚尔港(Port-Royal,今安纳波利斯)——这里冬天气候较温和,食物也较充足,且能得到附近印第安人的帮助。[②] 期间,尚普兰多次从罗亚尔港出发,乘船考察北美海岸并绘制地图。1608 年夏,尚普兰率移民在圣劳伦斯河岸建立魁北克城(Québec),成为"新法兰西"的第一块永久殖民地,也是法国继续向北美内陆发展的主要基地。次年夏天,他率队溯圣劳

---

① Edwin Asa Dix, *Champlain, the Founder of New France*, New York: D. Appleton and Company, 1903, pp. 15—32.

② Charles William Colby, *The Founder of New France:A Chronicle of Champlain*, Glasgow: Brock & Company, 1915, pp. 34—41.

伦斯河支流黎塞留河（La rivière Richelieu）逆流而上，在河的中游发现了一个很大的淡水湖，后将其命名为尚普兰湖（Le lac Champlain）；1615 年，又溯圣劳伦斯河的另一支流渥太华河（La rivière des Outaouais）而上，深入考察了五大湖地区，最终证明这里并不是太平洋。经过多次实地考察，尚普兰最终放弃了寻找西北通道的希望，转而大力经营北美殖民地。

图 5：尚普兰画像

资料来源：*The Founder of New France：A Chronicle of Champlain*，1915.

与之前越洋探险的维拉扎诺或卡蒂埃不同，尚普兰通过建立起魁北克等殖民地，开启了法国人在加拿大的定居阶段，其探索活动亦可以殖民地为依托，深入内陆作长时间、长距离的考察，使法国人对北美腹地特别是大湖区的地理状况有了新的认识。尚普兰被视为"新法兰西之父"，在他的领导下，魁北克一带的法国据点靠毛皮贸易、初级农业和渔猎巩固并发展起来，成为新法兰西殖民地的滥觞。

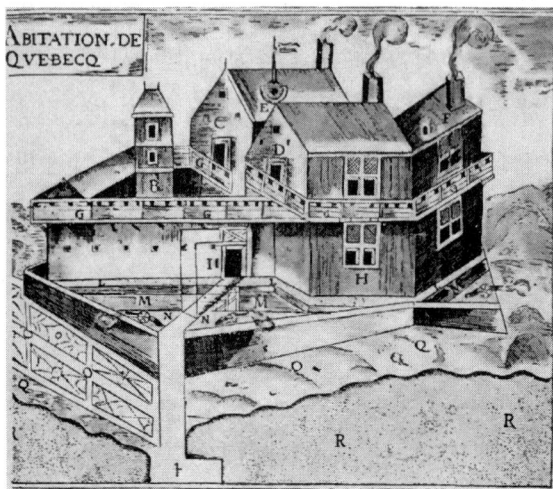

图6:魁北克定居点的地图

资料来源:Edwin Asa Dix, *Champlain*, *the Founder of New France*, New York: D. Appleton and Company, 1903, p. 102.

　　"新法兰西"这一初建的殖民地名义上属于法王路易十三,实际统治权掌握在法国特许公司手中。在权臣黎塞留的支持下,一些法国商人于1627年成立了规模更大的"新法兰西公司"(Compagnie de la Nouvelle France),因其由百位富商集资合股而成,故又称百人合股公司(Compagnie des Cent-Associés)。不仅垄断了利润丰厚的毛皮贸易,而且担负着为法兰西开拓殖民地的任务,先后于1634年和1642年在魁北克上游建立三河城(Trois-Rivières)和维莱玛丽堡(Le Fort Ville-Marie)。前者是法国人在加拿大建立的第二个大型定居点,后者发展为蒙特利尔,"新法兰西"的规模不断扩大。1647年,根据法王命令,新法兰西地区成立了"魁北克议会"(Conseil de Québec)作为最高权力机关,由各殖民地总督和主教等组成领导层。同时,允许魁北克、三河城和蒙特利尔的居民选举若干名理事参加议会。此举被认为带有一定的民主特征,这种暂时性的安排只是法国政府在殖民地采取的权宜之计。

　　在特许公司治下,大多数殖民者的兴趣主要在毛皮贸易,一旦获得利润即返回法国,不愿把金钱和精力花在土地开发上,导致新法兰西的农业没有多大的进展,制造业更为薄弱,经济总体发展水平不高。作为新法兰西的经济支柱,毛皮贸易一方面给殖民地和宗主国带来可观的财富,另一方面占用了本就不多的劳动力,制约了其他资源的开发,尤其妨碍了农业、手工业的发展,使殖民地在经济和社会生活方面对宗主国存在很强的依赖性,这对新法兰西的自身发展产生了很大的消极作用,使法国在同英国争夺北美的较量中处于不利地位。

路易十四即位后,法国绝对君主制得以大幅加强。出于争夺海外霸权的需要,法国政府改变策略,谋求将新法兰西建成直属中央的海外行省,遂于1663年解散百人合股公司,法国的海外殖民与贸易活动转变成国家指导的殖民扩张。法国政府通过派遣总督,取得了对新法兰西政治事务的全面控制,并逐步取消了殖民地统治机构中的民主因素,将权力授予"最高参事会"(Le Conseil souverain de la Nouvelle-France)。该机构名义上集立法、行政、司法诸权于一身,实际上只负责具体执行并处理殖民地各种民事、刑事案件,殖民地的一切法令均由巴黎制定。[①] 通过多次政治改组,新法兰西逐步落入法国中央政府的高度控制之中。此外,为加强新法兰西防务,对付易洛魁族印第安人,法国政府于1665年派出千余名正规军长驻新法兰西,并沿黎塞留河修建了多座要塞。次年法军击败易洛魁人,为殖民地获得了相对安全的发展环境。战事平息后,一些法国军人也作为殖民者定居下来。

这一时期的法国殖民者以新法兰西为基地,继续向西、向南深入内陆,进行探险和扩张,其中最为成功的是向密西西比河流域和大湖区以西地区的推进。法国人探察密西西比河的最初动机,仍旧是寻找通向太平洋的水路。1682年,法国探险家拉萨尔(René-Robert Cavelier, Sieur de La Salle,1643—1687)率探险队航行至密西西比河河口,在那里树立

---

① James Pritchard, *In Search of Empire: The French in the Americas, 1670—1730*, Cambridge University Press, 2004, pp. 241—242.

起法国的标志,宣布整个密西西比河谷地都是法国的领土,并以法王的名字命名为路易斯安那(La Louisiane),将新法兰西扩展至密西西比河流域。从 17 世纪 70—80 年代开始,拉萨尔还在法王的支持下,于五大湖地区兴建要塞,安置武装,在从墨西哥湾、大湖区至圣劳伦斯河的广袤土地上,建立起一系列法国殖民据点与堡垒。①

　　数量有限的法国殖民者要在广阔的"新法兰西"立足,必须处理好与当地印第安人的关系,方能保证毛皮贸易的顺利进行,也确保早期殖民地的安全。法国人曾与魁北克附近的阿尔冈昆人(Algonquins)结盟,共同与易洛魁人(Iroquois)作战。而由于与法国殖民者的接触,特别是铁器、火枪、烈酒的传入,印第安人逐渐对法国人的物质和技术产生了很强的依赖性。法国殖民者还重视向印第安人传播天主教,耶稣会传教士很早就在印第安人中建立传教点,学习印第安语言用以宣讲基督教义,力图改造和同化印第安人,使他们为法国的殖民扩张服务。② 另一方面,印第安人的技术和经验也帮助法国殖民者在"新大陆"的荒野中站稳了脚跟。在探寻北美腹地的进程中,一种特殊的"林中跑者"(Les Coureurs des bois)群体开始出现。他们本身是法国殖民者,又曾在印第安人间长期生活,集探险家、农牧民、猎人、毛皮商、翻译等于一身,可以在印第安人的帮助下完成长途跋涉的内陆探险,是法国和印第安文化接触、碰撞、交流的产物和中介,也因此成为法国人探索、殖民北美腹地的急先锋。③

　　经过航海家、探险家和"林中跑者"等数代法国殖民者的共同"努力","新法兰西"在一个多世纪的时间里不断扩张,东到纽芬兰,西至苏必利尔湖,南到墨西哥湾,北至哈德逊湾,几乎控制了整个北美大陆的心脏地带。虽然就地域而言,广袤的新法兰西已不逊于英属北美殖民地;

---

① Patricia Kay Galloway, *La Salle and His Legacy: Frenchmen and Indians in the Lower Mississippi Valley*, University Press of Mississipi, 1983, p. 41.

② J. R. Miller, *Skyscrapers Hide the Heavens: A History of Indian-White Relations in Canada*, University of Toronto Press, 2000, pp. 39—40.

③ P. Jacquin, *Les Indiens blancs: Français et Indiens en Amérique du Nord, XVIᵉ—XVIIIᵉ siècle*, Montréal: Libre Expression, 1996, p. 41.

但由于地广人稀，开发程度较低，在综合实力方面较后者还有很大差距，这将为 18 世纪英、法两国在北美的殖民争夺带来明显影响。①

图 7：表现法国殖民者（图中持火枪者）参与北美印第安人战争的铜版画
资料来源：*Une histoire du Canada*［Hors-collection ed.］，2009，p. 21.

二、法国在美洲热带地区的立足与发展

整个 17 世纪，法国对南美洲和加勒比海岛屿（惯称西印度群岛，les Indes occidentales）的殖民步伐从未中止，较之 16 世纪的走私和海盗活动，其扩张的速度和范围都有增无减。

17 世纪初，法国在北美建立"新法兰西"的同时，也不忘在南美重拾"南极法兰西"的旧梦，试图在巴西再建"赤道法兰西"（la France équinoxiale）。1612 年，法国海军军官图什（Daniel de la Touche）、拉瓦尔迪耶（Seigneur de la Ravardière）和拉齐利（François de Razilly）指挥 500 名殖民者从布列塔尼起航，前往巴西北部海岸（即今日巴西的马拉尼

---

① William Nester, *The Great Frontier War：Britain，France，and the Imperial Struggle for North America*，*1607—1755*，Westport，CT：Praeger，2000.

昂州,Maranhāo),很快建立起名为"圣路易"(Saint-Louis)的定居点,主要从事巴西红木和烟草贸易。[1] 与"南极法兰西"的命运类似,"赤道法兰西"也没能延续太久。法国殖民者于1615年被葡萄牙军队驱逐,但定居点却被继承下来,后来发展为巴西马拉尼昂州首府圣路易斯(Sāo Luís),是巴西唯一由外国人奠基的省府。[2] 可以说,"正是受到了法国在南美建立永久据点的刺激,葡萄牙才开始重视在该地的经营"[3]。

17世纪中期,法国殖民者又试图在南美洲北部建成卡宴城(Cayenne),并成立赤道法兰西公司(Compagnie de la France Équinoxiale)加以管辖。但该公司后因管理不善倒闭,卡宴于1674年改由法国政府直接控制。至此,"赤道法兰西"之梦才在与葡、英、荷等国的竞争中成为现实,后来逐步发展为法属圭亚那(La Guyane française)。

在加勒比海地区,法国殖民者逐渐占据了西班牙放弃的一些小岛,以之为基地劫掠西、葡在殖民地的市镇和商船,或在岛上开辟热带作物种植园以巩固殖民基地。[4] 1635年,法国冒险家兼商人德斯南布克(Pierre Belain, Sieur d'Esnambuc, 1585—1636)率领百余名殖民者,于马提尼克岛(La Martinique)建起了法国在西印度群岛的首个殖民地——圣皮埃尔(Saint-Pierre),同年又成功殖民瓜德罗普(La Guadeloupe)。马提尼克岛逐渐发展为法国在西印度群岛的重要海军基地,法国人以此为据点开始了进一步的殖民活动,后又于1643年、1649年先后登陆圣卢西亚(Sainte-Lucie)、格林纳达(La Grenade),赶走了当地的加勒比印第安人和西班牙人。

在同西班牙、荷兰及英国的长期争夺中,法国在加勒比海的属地不断发生变化,一些岛屿在列强间数度易手。值得一提的是,当奥格斯堡

---

[1] Philip P. Boucher, *France and the American Tropics to 1700: Tropics of Discontent?* Baltimore, MD: The Johns Hopkins University Press, 2008, p. 57.

[2] David Marley, *Wars of the Americas: a chronology of armed conflict in the New World, 1492 to the present*, ABC-CLIO, 1998, p. 101.

[3] Philip P. Boucher, *France and the American Tropics to 1700*, p. 43.

[4] D. H. 菲格雷多,弗兰克·阿尔戈特-弗雷雷:《加勒比海地区史》,第44页。

同盟战争的余波在美洲平息后，法国通过《里斯维克条约》(Les traités de Ryswick)，于 1697 年从西班牙手中获得了它在加勒比地区最富庶的殖民地——圣多明各（Saint-Dominique），即原西属伊斯帕尼奥拉岛（Hispaniola）西部三分之一的土地，亦即后来的海地。

法国对西印度群岛的管理与"新法兰西"类似，起初亦是以特许公司的形式进行。1626 年，德斯南布克曾在黎塞留支持下成立圣克里斯托弗公司（La Compagnie de Saint-Christophe）；1635 年 2 月，黎塞留将其改组为美洲群岛公司（La Compagnie des îles d'Amérique），由法王任命公司总负责人，再由公司任命其下诸岛屿的总督；1664 年 7 月 11 日，科尔贝又建立西印度公司（La Compagnie française des Indes occidentales），总揽法国在美洲和非洲海岸的所有殖民地，并取得了对美洲贸易、西非奴隶贸易的垄断权，甚至一度负责新法兰西的发展和拓殖。然而该公司在与英、荷同类公司的竞争中落败，西印度群岛殖民地最终被置于法国政府控制下。

对法国而言，西印度群岛有着极其重要的经济价值。首先，其热带种植园经济，特别是甘蔗种植与蔗糖生产具有特殊功用。当时蔗糖作为珍贵物品，价值甚至与西属美洲的金银相当。圣多明各正是通过发展奴隶制甘蔗种植园，很快成为加勒比地区最富庶的殖民地，享有"安的列斯珍珠"的美誉。其次，西印度群岛殖民地的发展极大地推动了法国的海外贸易：不仅使法国免于支出金银向外国购买热带产品，而且为法国的制造品和食品提供了市场；作为重商主义体系中的关键一环，其对黑人奴隶的需求还推动了跨大西洋奴隶贸易的发展。正因如此，西印度群岛成为 18 世纪法英争霸时长期争夺的对象。

在殖民与开发西印度群岛的过程中，法国殖民者一方面驱赶乃至屠杀加勒比印第安人，另一方面也与他们进行贸易、传播天主教，甚至与之结盟共同对抗英国殖民者。总体上看，法国对加勒比群岛的殖民不如英国激进，因此加勒比人与法国人的合作更多。加勒比酋长和社会上层开始学习法国文化、穿着欧式服饰，并按照种植园的方式经营地产。法语从加勒比印第安人中借用的部分词汇也沿用至今。如"boucanier"一词，指劫掠西班牙商船的欧洲裔海盗，源于加勒比人所称的"布坎"（boucan），意为用明火在木架上烤肉的方法。这些海盗从加勒比人那里学会了以烤肉果腹之法，因此被称作"boucanier"。雪茄（le cigare）、吊床（le hamac）和飓风（le ouragan）等法语亦复如是。此外，由于法属西印度群岛上人口不足，法国殖民者逐渐参与到奴隶贸易之中，从非洲掳掠了大量黑人奴隶充作劳动力。殖民者、非洲奴隶与印第安人在长期通婚中融合，形成了加勒比地区独具特色的地方文化。

三、法国加入非洲殖民与奴隶贸易

16世纪中后期以降，法国开始尝试在撒哈拉以南非洲开展贸易活动，以挑战葡萄牙在当地的垄断权。起初，为黄金、象牙、香料等物产所吸引的法国商人，较早进入的是临近欧洲、美洲的西非地区；而真正推动法国在非洲殖民活动的，是美洲种植园对黑人奴隶的需求。[①] 在17世纪，法国等欧洲殖民者将西非海岸地区统称为"几内亚"（La Guinée，意为"黑人的国家"），并分为上、下两个部分。其中的"下几内亚"又自北向南划为四部，各以一种主要产品命名："胡椒海岸"（La Côte du Poivre）、"象牙海岸"（La Côte d'Ivoire）、"黄金海岸"（La Côte de l'Or）与奴隶海岸（La Côte des Esclaves）[②]，充分体现出大航海时代的殖民色彩。由于当时的非洲大部分地区气候恶劣、疫病流行，殖民者难以在非洲大肆扩张领土，遂以在沿海地区建立贸易据点为主，通过出售工具、火器和烈酒等廉价商品，换取非洲特产和大量黑奴充作劳动力。

路易十三时期，宰相黎塞留大力发展海军。对于法国的宿

[①] Basil Davidson, F. K. Buah & J. F. Ajayi, *The Growth of African Civilization : A History of West Africa*, *1000—1800*, London: Longmans, 1985, p. 212. Robert Cornevin, *Histoire de l'Afrique*, Tome II, Paris: Payot, 1966, pp. 342—343.

[②] J. D. Fage, *A History of West Africa : An Introductory Survey*, Cambridge: Cambridge University Press, 1969, p. 114.

敌——哈布斯堡王朝，黎塞留"并不局限于欧洲边界内的斗争，而希
望开辟一个得以与西班牙竞逐的海外殖民新战场"。这一方针后也
为科尔贝所延续。有学者指出，国力日盛的法国，"必须采取与它在
欧洲人口基数和经济实力相称的海洋政策和殖民政策"①。至 17 世
纪中期，随着葡萄牙殖民势力的日渐衰落，在法国政府支持下设立的
一系列特许公司相继出现，并在西非海岸建立贸易据点，在非洲有组
织的殖民活动就此展开。

　　法国殖民者的力量主要集中于塞内加尔河流域，先于 1659 年在河
口的一个小岛上建起圣路易（Saint-Louis）堡垒；法国对荷战争后又通过
《尼姆维根条约》，从荷兰殖民者手中夺得戈雷岛（l'île de Gorée）等据点。
为巩固这一战果，"负责商业活动和奴隶贸易的人员被源源不断地派赴
当地，往往多达数百人，有几年甚至超过 1000 人"②。他们很快在周围建
起市镇，并逐渐形成了以法非混血种人为主的商业团体。由圣路易堡垒
和戈雷岛等组成的塞内加尔殖民地（le Sénégal），很快发展为法国在西非
的主要活动基地。③ 对于法国早期的奴隶贸易而言，此类殖民据点的重
要性可见一斑：作为仓库，可关押等待运出的奴隶，贮存用来换取奴隶的
各种货物；作为军事防御设施，又可用以防备其他欧洲殖民者或非洲当
地武装的袭击。到 17 世纪末，正是以这些据点为桥头堡，法国人已控制
了塞内加尔河中下游地区的贸易。法国探险家、商人和传教士从戈雷岛
和圣路易出发，或溯塞内加尔河深入西非内地，或沿海岸向南扩张，与
英、荷殖民者争夺其他沿海贸易据点，为法国对非洲贸易特别是奴隶贸
易的大规模开展提供了条件。

　　法国在非洲的奴隶贸易始于 17 世纪，起初由特许公司垄断，禁止个

---

① 以上两段引文自 Robert Cornevin, *Histoire de l'Afrique*, Tome II, Paris：Payot, 1966,
　　pp. 341—343.

② Alain Sinou, *Comptoirs et villes coloniales du Sénégal-Saint-Louis*, *Gorée*, *Dakar*, Paris：
　　Karthaka：Ed. de l'Orstom, 1993, p. 66.

③ Ibid, p. 140.

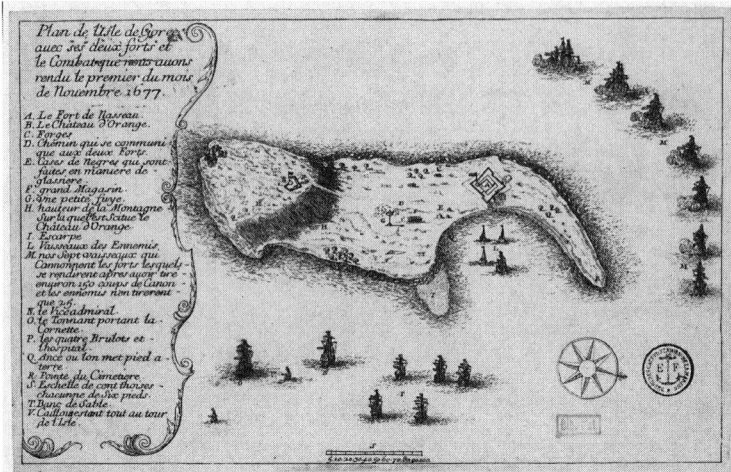

图 8：1677 年 11 月 1 日法、荷舰队在圣路易岛近海交战示意图

资料来源：*Plan de l'île de Gorée*，1677，Bibliothèque nationale de France，département Cartes et plans，GE SH 18 PF 111 DIV 4 P 1 D.

体贩奴，因为只有凭借公司的雄厚力量才能建筑、维修和保卫西非沿海的堡垒。在法国特许公司的发展史上，对这一时期法国在非洲奴隶贸易中起到重要作用的，除此前介绍过的西印度公司，还有以下三家公司：1684 年建立的几内亚公司(La Compagnie de Guinée)，独占塞内加尔以南地区的贸易；1696 年改组的皇家塞内加尔公司(La compagnie royale du Sénégal)，垄断了塞内加尔及附近地区的贸易；1698 年成立的圣多明各公司(La Compagnie de Saint-Domingue)，虽然在非洲海岸没有专利权，但有权向法属西印度群岛输入奴隶，特别是促进圣多明各的种植园产业。

在非洲奴隶贸易的基础上，法国殖民者也同其他欧洲殖民者一样，发展出跨大西洋的"三角贸易"(Le commerce triangulaire)：白人奴隶贩子从本土的鲁昂、南特、波尔多等商港出发，载着火器、烈酒、铁质工具等货物运往西非海岸换取奴隶，这构成三角形的第一个边；用条件极其恶劣的贩奴船，经由西非到西印度群岛的"中间航线"(Le Passage du milieu)，横渡大西洋，其中幸存的黑奴被高价卖到种植园，构成三角形的

第二条边；用奴隶换得西印度群岛的蔗糖、咖啡、可可等热带产品后，装船运回法国和欧洲市场出售，最终完成这个三角形。[①] 对此，法国海军史专家德拉龙西曾有如下评论："1664 年，我们在非洲和美洲，在塞内加尔、圭亚那和安地列斯群岛的众多小型殖民特许公司，被整合成一个庞大的机构——西印度群岛公司，得以将两个世界连结起来，并从旧世界向新世界输送了大量劳动力——可以适应热带地区酷暑的劳动力。"[②]但不容掩盖的是，"三角贸易"带来的所谓文明、繁荣与财富，无一不是建立在非洲人民深重的苦难之上。

受到在西非"殖产兴业"的鼓舞，17 世纪的法国殖民者也已悄然开始了对东非的染指，试图在通往亚洲的新航路上，再建立一个类似西非戈雷岛、助其向东扩张的中转基地，以期在对中国、印度的贸易中占居优势地位。从 17 世纪中期起，法国殖民者先后在马达加斯加建立起多凡堡（Le Fort Dauphin）等殖民据点，并参与到岛上各势力争夺统治权的冲突之中。以马达加斯加为基地，法国人还占领了附近马斯克林群岛（Les Mascareignes）中的一个大岛，并命名其为波旁岛（L'île de Bourbon，今留尼汪岛，La Réunion），以表达对王室的敬意。后来，殖民马达加斯加的企图宣告失败，大部分法国殖民者在冲突中被岛民杀死[③]，而波旁岛却成功保存了下来，还接纳了从马达加斯加逃来的幸存者，成为法国向印度洋地区扩张的重要基地。波旁岛上的法国移民主要是法国特许公司的雇员、冒险家以及流放来的囚犯等，他们开始在岛上发展甘蔗和咖啡种植园，将奴隶贸易引入了东非地区。到 18 世纪初，法国舰队还占领了荷兰放弃的毛里求斯岛（L'île Maurice），并改称为法兰西岛（L'île de France）。

① Basil Davidson，*The Grouth of African Civilization：A History of West Africa*，1000—1800，p. 202.

② Charles Bourel de La Roncière，*Nègres et négriers*，Paris：Éd. des Portiques，1933，p. 20.

③ Endre Sik，*The History of Black Africa*，Vol. I，Sándor simon trans，Budapest：Akadémiai Kiadó，1970，pp. 186—187.

**图9：1701年法国殖民者安德烈·布律与塞尔加尔当地统治者
发生冲突后被扣留**

资料来源：Jean-Baptiste-Léonard Durand, *Atlas pour servir au
voyage du Sénégal par Jean-Baptiste-Léonard Durand*, Paris：
Dentu，1807.

四、法国与南亚次大陆的经济文化交流

　　自维拉扎诺船队成就了法国首航印度洋的历史起，法国探险家便开
始了对所谓"东印度"地区(les Indes orientales)①的探索。但由于法国

---

① "东印度"泛指今印度、中南半岛和马来群岛，同"西印度"相对，二者均为近代早期欧洲"地理
大发现"过程中产生的名称。由于"发现"美洲的哥伦布将该地误认作印度，后来欧洲殖民者
就将加勒比海诸岛称为"西印度群岛"，而将真正的印度以及受印度文化影响的中南半岛、马
来群岛等地泛称为"东印度"，又根据其特产称为"香料群岛"。

向东的航海与贸易活动屡屡受挫①，又遭到捷足先登的葡、英、荷等殖民势力长期阻挠，以至于"在西欧主要的海洋强国中，法国是最后一个进入'东印度'的竞争者"②，亦是最后一个踏上南亚次大陆的国家。到 17 世纪中期，英、荷等国已依靠各自的东印度公司建立起许多贸易据点，而法国对印度的经济活动基本仍是空白。

　　然而值得一提的是，同时期法国与印度的文化交往并没有因海路受阻而隔绝。随着法国与奥斯曼帝国所代表的"东方"地区交流的深入，不时有法国探险家、旅行家从小亚细亚半岛出发，越过高加索山脉、伊朗高原，经陆路辗转来到印度半岛游历，留下了大量关于莫卧儿帝国风土人情、社会状况的珍贵记录③，增进了法国乃至欧洲对印度的认识。其中较有代表性的一位是法国医生、旅行家弗朗索瓦·伯尼尔（François Bernier，1620—1688）。他曾在印度生活 12 年，因医术高明得到了印度达官贵人的青睐，一度成为莫卧儿皇帝奥朗则布（Aurangzeb，1658—1707 年在位）的御医，得以与莫卧儿宫廷进行深入接触。④ 伯尼尔不仅留下了大量关于印度的旅行游记，而且曾专门撰写关于印度商贸的备忘录供科尔贝参考，为法国经营对印度的贸易创造了条件。

　　科尔贝充分吸取先前法国对"东印度"贸易活动失败的教训，于 1664 年 9 月组建法国东印度公司（La Compagnie des Indes orientales），开启

---

① 弗朗索瓦一世时期的鲁昂商人曾派出商船前往东方，后来音信全无；17 世纪的亨利四世、黎塞留时期都曾组建垄断印度贸易的特许公司，但因经营不善、外部竞争等均告破产。

② Tirthankar Roy, *India in the World Economy: From Antiquity to the Present*, Cambridge: Cambridge University Press, 2012, p. 91.

③ 时至今日，以法国为代表的欧洲旅行家著作仍是研究印度历史的重要史料。如《剑桥印度经济史》（Tapan Raychaudhuri and Irfan Habib, ed., *The Cambridge Economic History of India*. Volume 1, c. 1200 - c. 1750, New York: Cambridge University Press, 1982.）即多处引用 17 世纪的法国旅行家伯尼尔（Francois Bernier）、泰弗诺（Jean de Thevenot）、达文尼（Jean Baptiste Tavernier）等人的著作。

④ Nicholas Dew, *Orientalism in Louis XIV's France*, Oxford: Oxford University Press, 2009, p. 132.

了法国与印度经济文化交流的新阶段。与英、荷等国的东印度公司不同,法国东印度公司并非商人集资而成,主要由法国政府贷给资金。路易十四和科尔贝都是该公司的大股东,前者甚至提供了超过 300 万里弗的资金,约占公司初始股本的半数。① 因此公司的活动无不置于国家严密监管之下,其主要负责人亦由政府指派。次年 3 月,东印度公司旗下的首支船队从布雷斯特出航,前往马达加斯加从事商贸活动,日后成为法国在印度殖民推手的大商人弗朗索瓦·马丁(François Martin)也随船队同行。

1666 年 8 月 11 日,在法国东印度公司使节和在印传教士的敦请下,莫卧儿皇帝奥朗则布向法国商人颁布法令,"允许他们在苏拉特(Surate)商埠享有与荷兰和英国商人相同的贸易特权"②。法国商人由此在苏拉特建立起首个贸易据点,开始购买印度的香料、羊毛、丝绸、棉质纺织品等,并享有低于 2.5% 的超低关税,标志着法国势力渗入印度的开始。③ 1669 年 3 月,已被任命为东印度公司负责人的弗朗索瓦·马丁自马达加斯加抵达苏拉特。

尽管已经得到印度最高统治者的允许,但法国商人的立足仍面临印度地方当局的掣肘和英、荷等国的竞争。1672 年,由布朗盖·德拉伊(Blanquet de la Haye)将军指挥的舰队奉科尔贝之命抵达锡兰岛的亭可马里(Trincomalé),以为巩固法国在印度地位的武力凭靠。舰队在法国

---

① Danna Agmon, *A Colonial Affair: Commerce, Conversion, and Scandal in French India*, Ithaca: Cornell University Press, 2017, p. 7.

② 苏拉特位于印度西海岸,梵语意为"肥沃平原"或"好地方"。在莫卧儿帝国统治的数个世纪间,苏拉特一直是印度洋海上贸易的国际商业中心,其贸易范围辐射到亚洲和非洲多地,英国和荷兰都在此建有贸易据点。见 H. de Closets d'Errey et Société de l'histoire de l'Inde française, *Précis chronologique de l'histoire de l'Inde française, 1664—1816*, Pondichéry: Bibliothéque publique; Paris: Librairie E. Leroux, 1934, p. 1.

③ 参见 *Archives de Pondichéry*, No. 5057, Edmond Gaudart et Société de l'histoire de l'Inde française, *Les privilèges du commerce français dans l'Inde*, Pondichéry: Impr. moderne, 1935, p. 2.

对荷战争期间曾一度攻占荷兰人在印度的要塞,后来法军不敌荷兰与印度联军,不得以打消了军事扩张的念头。[①] 直至1673年法国东印度公司购得了本地治里(Pondichéry)港,法国人才在印度站稳了脚跟。本地治里位于印度东南沿海,地理位置优越:"在一年的大部分时间里,该港口都免于季风侵袭;有一条小河注入大海,其上可以经由小型平底船通航。这些优势使之成为一个有吸引力的贸易点。"[②]弗朗索瓦·马丁此后在本地治理修筑防御工事,并长期担任法国驻当地的总督,带领法国殖民者充分发挥本地治里的区位优势,建立起较完善的行政机构与税收制度,同时重视向当地居民传播天主教,使该地很快由渔村发展为繁荣的商港,成为法国在印度从事贸易与殖民活动的重要基地。尽管"在奥格斯堡同盟战争中,这块迅猛发展的小殖民地一度落入荷兰人之手,险些遭遇早夭的命运"[③],东印度公司也受到严重冲击,但法国通过战后的《里斯维克条约》"收复失地"后,公司又重新"焕发生机",在印度东西海岸和孟加拉湾建立起以本地治里为中心的商业网络,法国殖民者的力量得以增强。

有学者评论认为,法国在印度的势力"始于无足轻重的弱势地位,却迅速崛起为令人生畏的竞争者"[④]。随着荷兰殖民势力的衰落,英国成为法国在印度的最主要敌手。这一转变适逢欧洲人与印度人关系演变的时代,二者共同形塑了18世纪前半期英法争夺印度殖民霸权的新局面——当莫卧儿帝国强盛之时,法、英、荷等国在印度的活动以商业性为主,其冲突也主要体现在争夺贸易权利方面,无意与帝国正面对抗。如

① Tapan Raychaudhuri and Irfan Habib ed. , *The Cambridge Economic History of India*. Volume 1, c. 1200 - c. 1750, New York: Cambridge University Press, 1982, p. 393.

② Danna Agmon, *A Colonial Affair*, p. 12.

③ Henry Weber et E Levasseur, *La compagnie française des Indes*, 1604—1875, Paris : Arthur Rousseau, 1904, p. 226.

④ Tapan Raychaudhuri and Irfan Habib ed. , *The Cambridge Economic History of India*, p. 393.

法国殖民者曾试图在本地治里修筑城防工事,招致印度地方政府的强烈反对和军事威胁,后被迫缴纳大量贡物以平息争端。[1] 而当莫卧儿帝国逐渐衰落后,印度各地方豪强纷纷起兵,法国、英国的东印度公司充分抓住这一"历史机遇",不仅大肆扩张其经济活动,而且分别支持不同的地方势力逐鹿南亚次大陆,对印度殖民霸权的争夺自此由幕后走向台前。

Source: gallica.bnf.fr / Bibliothèque nationale de France

图 10:17 世纪 60—70 年代法国人绘制的莫卧儿帝国地图

资料来源:"L'Indostan: description de la partie des Indes Orientales qui est sous la domination du grand Mogol / J. de His, sculp," Bibliothèque nationale de France, département Cartes et plans, GE DD‑2987(6825).

---

[1] Om Prakash, *European Commercial Enterprise in Pre-colonial India : The New Cambridge History of India*, Vol. II (5), Cambridge: Cambridge University Press, 1998, p. 147.

图 11：1704 年本地治里城平面图

资料来源："Plan de Pondichéry à la côte de Coromandel occupé par la Compagnie royale des Indes orientales/ mis au jour par N. de Fer—1704," Bibliothèque nationale de France, département Cartes et plans, GE D‑17834. 转引自 Danna Agmon, *A Colonial Affair: Commerce, Conversion, and Scandal in French India*, Ithaca: Cornell University Press, 2017, p. 11.

　　总的来看，法国的探索活动在 17 世纪取得了很大的进展：一方面，其将殖民掠夺的触角伸向南北美洲、非洲、印度多地，给当地人民带来深重的苦难；另一方面，又通过开展贸易、派遣使节和探险家等活动联系起范围更广的地区，一定程度上对世界经济文化交流起到了促进作用，其体现出的破坏性与建设性"双重使命"值得思考。而借助探索活动流向法国本土的域外奇珍、游记撰述甚至奇闻异事，也潜移默化地影响了法国乃至欧洲社会。

第三节　新大陆"野蛮人"形象的塑造

一、殖民者与"野蛮人"的相遇

　　自 16 世纪初以来，法国逐渐进入新大陆，开展了一系列探索与殖民活动,通过不断调整殖民政策,建立起以加拿大为中心的北美殖民地。在此期间,法国人与新大陆上的土著印第安人,如休伦人、易洛魁人等既有合作也有冲突,并由此对这些印第安人有了近距离的观察。

在与欧洲探险家接触之前,生活在今天加拿大大西洋地区的土著印第安人约有1万人,包括居住在纽芬兰地区的大约1000名贝奥图克人(Beothuck)。因此,当法国探险家和殖民者抵达北美洲北部的大西洋沿岸地区时,他们遇到的土著印第安人并不太多。不同于西班牙在征服新大陆期间看到大批土著印第安人的情况,只有数千名土著人生活在加拿大该沿海地区,人数甚至比前往美洲的法国移民还要少。在1670年之前,漂洋过海到达那里的欧洲人所引发的大规模流行病,以及该地频繁爆发的土著部落冲突等战争,已经将分布在圣劳伦斯河流域以及西至休伦湖沿岸的五大湖下游地区的土著印第安人清除得所剩无几了。[1]

在与一些少数土著部落的接触中,法国殖民者对这些土著印第安人所产生的反应不相一致,可谓毁誉参半。冒险家认为这片大陆上遍布着众多小民族,"它们都一个比一个蛮悍",那里举目都是压迫妇女、充斥迷信的景象,"仇恨只能通过摧毁家庭和部落来平息,老者和病人被令人愤慨地抛弃",土著印第安人惯于"使用各种最不易察觉的毒药"。即使到访那里的旅行者受到了与众不同的慷慨款待和热心帮助,只要这些土著印第安人感觉到丝毫令自己不安的迹象,盛情款待的场景也可能会瞬间变得血腥残酷。[2] 除却这种惨不忍睹的残暴印象外,土著印第安人生活习性的场景倒增添了几分恬静淳朴。在法国殖民者的眼中,这些土著印第安人尽管生活在寒冷难耐的严酷气候中,却仍旧衣着单薄;他们将狩猎看作与战争同样神圣的事业,每个家庭都在严格禁食、征召众神帮助

---

① James Pritchard, *In Search of Empire：The French in the Americas，1670—1730*，New York：Cambridge University Press，2004，pp. 4—5.

② Guillaume-Thomas Raynal，*Histoire Philosophique et Politique des Établissements et du Commerce des Européens dans les Deux Indes*，Tome VII，Genève，1781，pp. 46—47.

后一同出发捕猎,灌木丛、沟壑、湖泊或河流都无法阻挡这些土著印第安人的步伐,他们身手灵巧,常常满载而归。在两次集体狩猎探险之间,他们忙于制作或修理弓箭、雪地鞋和独木舟,还悉心地修筑栅栏以保卫自己的小屋不受攻击。在法国殖民者看来,这些土著印第安人习惯于狩猎和战争的危险,看上去勇猛强悍,他们因经常在外风吹日晒,再加上喜欢在身体上和脸上绘画的癖好,故而皮肤"暗红而肮脏"。① 就像对北美洲有直接观察的殖民者尚普兰所描述的,这些土著印第安人不过是一些"粗鲁而卑劣"的人。② 由此观之,对于那些试图征服、掠夺和压榨土著印第安人的法国殖民者而言,这些土著印第安人"粗野、不可教化且无可救药",他们或赤身裸体,或衣衫褴褛,蓬头垢面,生活在欧洲人无法想象的简陋落后的住处之中,依靠朝不保夕的狩猎活动来谋求生计,浑然不知文明与进步。③ 这种既陌生又熟悉的朦胧印象,唤醒了法国殖民者遥远记忆中的那些古希腊罗马时期的蛮族,这些新近出现被称作"野蛮人"(savage)的"新"人类,与古希腊罗马时期的那些"蛮族"(barbarian)有何异同,便成为了在描述这些土著印第安人及其文化时亟待区分的重要议题。

在成文史学出现时,"蛮族"早已存在,希罗多德撰写其代表作的开场白,便是"蛮族"进入历史的"基础性时刻"。④ 作为一个比"野蛮人"古老得多的概念,"蛮族"曾被古希腊人用来指代所有那些"说话模糊不清、不会说希腊语"的非希腊人。此外,在古希腊人看来,这些异族人因其像野兽一般的残忍行径而使自己混同于其他动物,进而丧失了作为人类的独一无二的属性。因此,残忍(cruelty)和凶残(ferocity)就成为异族人作

① Guillaume-Thomas Raynal, *Histoire Philosophique et Politique des Établissements et du Commerce des Européens dans les Deux Indes*, Tome VIII, Genève, 1781, pp. 13—15.

② Bruce G. Trigger, *Natives and Newcomers: Canada's "Heroic Age" Reconsidered*, Montreal, Kingston, London, Ithaca: McGill-Queen's University Press, 1985, p. 21.

③ 菲利普·费尔南多—阿梅斯托:《美洲五百年:一部西半球的历史》,余巍译,北京:中信出版社,2018 年,第 88 页。

④ J. G. A. Pocock, *Barbarism and Religion*, Vol. 4: *Barbarians, Savages and Empires*, p. 157.

为"蛮族"、具备"蛮悍"(barbarous)本质的鲜明特征。[1]

与"蛮族"被用于将观察者自身社会的成员与那些非成员区分开[2]的历史渊源不同,追溯"野蛮人"的萌生时却需要区分概念层面和历史层面的出现。早在新航路开辟之前的旧大陆,与"野蛮人"相关的一套形象、修辞甚至包括话语都在某种程度上"到位"了,"野蛮人"成为旧大陆居民想象远古或原始时期人类先民所使用的指代工具,带着浓厚的原始或前人类社会的意味;直到发现新大陆,"野蛮人"才作为确确实实的现实存在呈现在旧大陆民众的眼前。换言之,"野蛮人"的概念要比"历史性的邂逅"更加古老。作为概念层面的"野蛮人",它在古代想象中往往具备了包含体型硕大、孤僻独身、穴居者、食人等在内的明确属性,而到了中世纪之后,则呈现出与古代完全相反的形象,变为生活在"黄金时代"或"纯真时代"(age of innocent)的易于满足之人。由此一来,淳朴天真的"野蛮人"同凶猛残忍的"野蛮人"相互并存,在发现新大陆之前,概念层面的"野蛮人"虽与"蛮族"是两个不同的词语,但往往可以互相替换,它们都被用于表示这样一些人:"尚未实现或可能无法实现人类生活的自然目标,即在城市生活,呈现出包括行使自由在内的社会和政治方面的德行",由此,"蛮族"和"野蛮人"成为了那些"或偶然或本质地缺乏人类某些属性的人"。[3]

此外,关于"野蛮人"的想象是与其词源一脉相承的。"野蛮人"(savage)源自新拉丁语中的"森林"(silva)一词,经由法语中"野生的"或"未驯服的"所对应的词汇(sauvage)发展而来,与古代和中世纪之后富有想象力的传说相糅合后,"野蛮人"成为了文明程度最低的"未开化野人",并因此与"蛮族"区分开来:"蛮族"是部分文明开化的"野蛮人",已

---

① Anthony Pagden, *The Fall of Natural Man：The American Indian and the Origins of Comparative Ethnology*, London：Cambridge University Press, 1982, pp. 17—18.

② Anthony Pagden, *The Fall of Natural Man：The American Indian and the Origins of Comparative Ethnology*, p. 15.

③ J. G. A. Pocock, *Barbarism and Religion*, Vol. 4：*Barbarians, Savages and Empires*, pp. 157—160.

经处于迈向文明化的道路上；而"野蛮人"则全然没有沾染上文明开化的特质。① 然而，随着发现新大陆而涌现出来的一大批"新人类"，则为原初作为想象性建构而无关乎客观或历史现实的"野蛮人"赋予了历史蕴涵，在此后的欧洲著述中，"野蛮人"变成土著印第安人最为常见的"同义词"。② 当欧洲探险家和殖民者越洋来到那块陌生的新大陆时，这些衣不蔽体的土著印第安人使用着最为简易粗糙的生产工具，从事狩猎、捕鱼活动，当维持生计的需求一经满足，他们便再无其他欲求，终日懒散，如此一幅图景所勾起的记忆并非关于古希腊罗马时期的"蛮族"，而是存在于想象架构里的"野蛮人"。

尽管自美洲新大陆进入欧洲视野以来，纷至沓来的探险家、殖民者调用原有的知识体系，给土著印第安人冠上"野蛮人"之名，但他们仍旧错愕于新大陆扑面而来的新鲜感、差异感与陌生感，尤其是那些兼具探险者与旅行者角色的身影，他们在认识和描述这块新奇大陆上所面临的未知之谜与空前挑战伴随着众多混乱和争论。安东尼·帕戈登将这一进程称作"缓慢且有时痛苦的同化过程"③，与此前对中国、非洲和印度等地区由来已久的广泛认识和想象不同，当时只有美洲才经历了大规模殖民活动，而殖民在生活方式和信仰体系方面所引起的深入接触，迫使欧洲人调动其认知架构，逐渐为眼前的陌生事物提供适宜的描述、分类和评价。由此，自文艺复兴以来，为了认识陌生新大陆的地理环境、动植物和土著印第安人，前往美洲的殖民者、探险者与旅行者努力运用欧洲的认知体系去观察和描述，新大陆的一切虽然截然不同，但有时却在被认识的过程中变得熟悉而亲切。

这种现象在遭遇美洲新大陆上的"野蛮人"时尤其如此。"野蛮人"

---

① Nathaniel Wolloch, *History and Nature in the Enlightenment : Praise of the Mastery of Nature in Eighteenth-Century Historical Literature* , p. 60.

② James Axtell, *After Columbus : Essays in the Ethnohistory of Colonial North America* , New York: Oxford University Press, 1988, p. 39.

③ Anthony Pagden, *European Encounters with the New World : From Renaissance to Romanticism* , p. 10.

生活的简朴自然同古代和中世纪所形成的各种习俗惯例相融合,特别是与文艺复兴时期流行一时的"黄金时代"概念相互裹挟,推动了美洲"野蛮人"的熟悉化和浪漫化。塔西佗(Tacitus)的《日耳曼尼亚志》(Germania)就描绘了生活在未开化状态中的日耳曼尼亚人,他们善良慷慨、民风淳朴而英勇善战,这些对日耳曼尼亚人的描述对后世讨论美洲"野蛮人"产生了深远影响。此外,形形色色的古典和中世纪传说都提及了一些远离西方的神秘海岛,所谓的亚特兰蒂斯(Atlantis)、金苹果园(Hesperides)、阿瓦隆(Avalon)在欧洲人看来都是一片天堂般的乐土、一片"极乐之地"(Land of the Best)。① 当美洲新大陆及其周边群岛浮现在欧洲人眼前时,他们中一部分人的脑海里闪现的是极乐岛和人间天堂的景象。这种异域海岛的传说与欧洲人关于"黄金时代"的古老想象颇为相似。这一出自古希腊神话的古老"黄金时代"在赫西俄德(Hesiod)的《工作与时日》中得到了广泛使用。据赫西俄德的区分②,"黄金时代"作为人类的第一个时代,是人类最为天真纯朴、最未受玷污的安宁时期,到中世纪期间,"黄金时代"概念因《哲学的慰藉》③和《玫瑰传奇》④两部作品而愈加广为流传,发展到文艺复兴时期时,"野蛮人"似乎成为了传说中"黄金时代"的居民。

　　在赞扬美洲"野蛮人"淳朴善良的探险家中,哥伦布就毫不吝惜赞赏之词:"他们对自己所拥有的所有事物是如此地坦诚大方,以致若无亲眼

---

① Hoxie Neale Fairchild, *The Noble Savage : A Study in Romantic Naturalism*, p. 6.

② 即人类时代可以依序划分为黄金时代、白银时代(Silver Age)、青铜时代(Bronze Age)、英雄时代(Heroic Age)和黑铁时代(Iron Age)。

③ 《哲学的慰藉》(*De Consolatione Philosophiae*),即古罗马哲学家波伊提乌斯(Boethius)于公元524年左右撰写的哲学巨著。该书是波伊提乌斯身陷囹圄时创作而成的,采取作者本人与哲学女神进行对话的形式,是中世纪最具影响力的哲学作品,欧洲学者借此学习并了解古代世界哲学。

④ 《玫瑰传奇》(*Romance of the Rose*),即13世纪法国的一部长篇叙事诗和宫廷文学作品,由古法语的奥依语方言写成,是中世纪西方流传最为普遍的文学作品之一。该作品先后由纪尧姆·德·洛里(Guillaume de Lorris)和让·德·默恩(Jean de Meung)完成,采取描述梦境的形式,旨在消遣娱乐和教导浪漫爱情的艺术。

所见则极难去相信","这些民众没有任何宗教,不是神像崇拜者,但非常温和,既不知道何为邪恶,也不知道谋杀和偷盗的罪行",此外,"他们是一个充满爱的民族,没有贪婪,并且适合一切事物……他们像爱自身一样爱护他们的邻居,他们的语言是世界上最甜美文雅的语言,而且他们总是面带微笑",总的来说,"他们是世界上最好的人,也是最温和的人"。① 这样一番描述立即拉近了旧大陆与新大陆间的距离,这些生活在大西洋彼岸却长期未被发现的美洲"野蛮人",似乎就是古老记忆中的那些保留了自然纯朴美德的先民。

然而,认识这些"野蛮人"的过程的确是混乱的,将"野蛮人"定位成时空体系深处的古老浪漫存在,并不能消解"野蛮人"给欧洲认知体系所带来的震撼。"野蛮人"的复杂面向使欧洲人总能够在其积淀已久的记忆中找到与之相应的对应物,日耳曼尼亚人、极乐岛岛民、"黄金时代"先民是一类,"多毛野人"、庞然野兽则是共存的另一类。

在中世纪欧洲,文学艺术作品中多见汲取了古代世界有关古罗马半人半羊的农牧神(faun)和森林田野之神(Silvanus)等传说的"多毛野人"形象。这些赤身裸体又毛发浓密的野人作为文明开化的对立面,生活在世界的偏僻之处,肮脏不洁、粗野堕落,是血腥残忍的"食人肉者"(anthropohages)。当美洲"野蛮人"出现时,欧洲部分探险者、旅行者就找到了这些"多毛野人"的形象与之对应,这些初次接触的美洲"野蛮人"也就遭到了侮蔑和诽谤,不是作为拥有所有内在美德、与乡村环境一同浪漫相处的大自然贵族,而是作为半人类的多毛野人。② 如此一来,美洲"野蛮人"在欧洲人的印象中便呈现出鲜明的对立与反差,这在冈萨罗·费尔南德斯·德·奥维耶多·易·瓦尔德斯(Gonzalo Fernández de

---

① Hoxie Neale Fairchild, *The Noble Savage: A Study in Romantic Naturalism*, pp. 8—9.

② Margaret T. Hodgen, *Early Anthropology in the Sixteenth and Seventeenth Centuries*, Philadelphia: University of Pennsylvania Press, 1964, p. 362.

Oviedo y Valdes)[1]与巴托洛梅·德·拉斯·卡萨斯(Bartolomé de Las Casas)[2]两人那里体现得淋漓尽致。

当欧洲探险者、旅行者将这些美洲"野蛮人"呈现到欧洲社会面前时,他们除了调用古典神话等记忆资料库里的内容之外,别无其他具备良好概括能力和分类特性的描述性词汇。针对美洲新大陆上形形色色的动植物,欧洲探险者、旅行者可以诉诸绘图或取样,将其收藏于博物馆,尽管如此,分类和描述对词汇和术语的要求也使得这项工作极具挑战性;而当这些欧洲到访者处理的是美洲"野蛮人"时,问题就愈加棘手了。通过援引那些关于"黄金时代"和"多毛野人"等方面的神话,欧洲社会试图剥除美洲"野蛮人"身上强烈的差异气息,在自身所处的世界中为这些美洲"野蛮人"找到所属位置。然而,鉴于他们对大多数社会准则的普遍性与人类各种族文化间的高度统一具有坚定不移的信心,因而在面对如此陌生新奇的美洲"野蛮人"时,他们又不可避免地感觉到这些文化"他者"特殊得令人难以忍受,拒绝因进行任何抽丝剥茧式的剖析而暴露出他们更多的独特性。或许,欧洲社会在此过程中被迫开始首次尝试对现实的差异进行分类和描述,但是当时欧洲的大多数人都仍旧在致力于寻找人类行为中"有限的相似轮廓"[3],而这也使得16世纪将事物局限在相似性和同一性的圈子内的认识论备受指责。一方面,它无法知道指涉性词汇和事物共同体之外的内容;另一方面,正是它们彼此跟随的这种

---

[1] 冈萨罗·费尔南德斯·德·奥维耶多·易·瓦尔德斯(Gonzalo Fernández de Oviedo y Valdes,1478—1557),西班牙殖民者、历史学家,曾参与西班牙在美洲的殖民活动。其《印度群岛通史和自然史》(*Historia general y natural de las Indias*)使奥维耶多获得了"新世界的普林尼"(Pliny of the New World)之称,此外他对土著印第安人的评价较为负面。

[2] 巴托洛梅·德·拉斯·卡萨斯(Bartolomé de Las Casas,1484—1566),西班牙殖民者、历史学家。拉斯·卡萨斯是最早到美洲开展殖民活动的西班牙殖民者之一,后因目睹土著印第安人所遭受的迫害及其反抗,而放弃获得的奴隶和监护地,极力为土著印第安人的权利辩护。著有《印第安史》(*Historia de las Indias*)、《印第安辩护史》(*Apologética historia sumaria*)和《西印度毁灭述略》(*Brevísima Relación de la Destrucción de las Indias*)等。

[3] Anthony Pagden, *The Fall of Natural Man: The American Indian and the Origins of Comparative Ethnology*, p. 5.

永无止境的循环,导致它们永远都不可能完全了解这些词汇和事物的本质。① 当新大陆带来新鲜感和差异感时,这种认识论就出现了裂痕。诸如此类的交相混杂对欧洲认知体系所带来的冲击和撕裂一直持续到后世。

二、人文主义者笔下的美洲"野蛮人"形象

与那些将对美洲"野蛮人"的新近观察和古典神话相融合的做法不同,以龙萨、蒙田等为代表的法国人文主义者萌生出对照的兴趣,在他们的笔下,美洲"野蛮人"的形象显得更加和谐而美好,他们往往关注美洲"野蛮人"本身,尤其是美洲"野蛮人"身上被反复强调的自然善良、天真纯朴的品质。换言之,法国人文主义者通过观照美洲大陆与欧洲社会、美洲"野蛮人"与欧洲文明人之间的两番景象,以美洲大陆和美洲"野蛮人"的原初淳朴为烘托,反衬欧洲社会与欧洲文明人的堕落颓唐,进而推动美洲"野蛮人"向成为批判近代欧洲的参照物的方向发展。

在16世纪法国诗人龙萨那里,欧洲探险者进入美洲新大陆所犯下的罪行连同欧洲社会本身的流弊窳败,都在其诗歌中遭到了批判和劝诫。针对法国殖民者维尔盖尼翁②在新大陆的殖民征服活动,龙萨在其《论反对财富》(*Discours contre fortune*)中力劝维尔盖尼翁等殖民者停止诸如此类的入侵行为,归还美洲"野蛮人"一片怡然自得的净土:

> 卖弄学问的维尔盖尼翁,你犯了一个大错

① Peter Mason, *Deconstructing America : Representations of the Other*, London, New York: Routledge, 1990, p. 20.

② 尼古拉·迪朗·德·维尔盖尼翁(Nicolas Durand de Villegaignon,1510—1571),法国科学家、探险家和海军军官。1555年,法国国王亨利二世派遣船队和士兵(主要由想要躲避欧洲天主教迫害的法国胡格诺教徒和瑞士加尔文文教徒组成)入侵今天巴西的里约热内卢地区,并建立了一个小型居民点,该地区自此被称为南极法兰西(*La France Antarctique*),维尔盖尼翁在其中扮演了重要角色。起初,维尔盖尼翁打算帮助胡格诺教徒在美洲建立殖民地,并在巴西获得一个永久基地以便探索巴西丛林和资源,但此后该殖民地遭到了葡萄牙人的多次攻击,法国落败。1559年,维尔盖尼翁回到法国,参与镇压安布瓦斯阴谋(Amboise conspiracy)。

想要让一个如此美好的民族

正如你的美洲那样,在那里陌生的人们

天真地游荡着,非常野蛮、赤裸着,

没有穿衣服,就像是赤裸裸的恶作剧一样。

……

为此,请让他们待在那里吧;不要再去打破了(我恳求你)

他们原始生活的安宁;

请随他们吧,我恳求你,如果你再次激起恻隐之心的话,

不要再折磨他们了,并且远离他们的边界吧。

唉! 如果你教他们划定地界,

以此扩大他们的耕地,他们将会发动战争。

……

然而,因为已经使他们的黄金时代镶铁

通过使其过于单薄,当它们使用时

他们会回到岸上,

在那里驻扎着你的营地,并且通过诅咒你

用铁器来惩罚你的错误。

……

万岁,幸福的民族,没有痛苦亦没有烦恼,

快乐地生活吧;我也想这样生活![1]

　　在龙萨的描述中,美洲"野蛮人"生活在令其艳羡不已的幸福安宁中,尽管赤身裸体,但却无忧无虑、天真善良,到访的法国殖民者试图征服这块土地,把法国社会的制度与习俗搬到这块土地上,使美洲"野蛮人"沾染上诸如自私贪婪的恶习。龙萨似乎深知自身力量微薄,无可奈何之余,仍旧苦口婆心地"恳求"以维尔盖尼翁为代表的法国殖民者,远离这片人类社会难得遗存下来的纯真之地,不愿美洲"野蛮人"同样遭受

---

[1] Léon Deschamps, *Histoire de la Question Coloniale en France*, pp. 49—50.

遗失原初美好而悔恨的厄运。如此一来,美洲新大陆虽仍旧带有黄金时代的色彩,但却通过与大洋彼岸的欧洲社会的对照,成为了人类社会天然良善价值的留存之所。

以美洲"野蛮人"为批判工具,到了人文主义者蒙田那里则愈加明显。蒙田通常被称为"第一位完全从人道视角看待土著问题的法国作家,抛弃所有个人的或社会的偏见,并在这一主题上注入一定程度的个人感情,这种感情在他的作品中非同寻常,也无法为之后的作家所超越"①。在蒙田随笔集中,《论食人部落》(*Des Cannibales*)与《论马车》(*Des Coches*)两篇文章都以美洲"野蛮人"为核心,颂扬美洲"野蛮人"是生活于纯粹自然状态中的高尚淳朴之人,鞭挞欧洲社会的虚伪矫饰、腐化堕落。在 1580 年所撰写的《论食人部落》中,经由曾在新大陆生活十余年的友人,蒙田了解到美洲"野蛮人"的诸多特征,他坚信这位友人能够为他提供真实证言。根据这位友人所说,蒙田得知在美洲新大陆"没有任何蛮悍的事物,除非人人都把不合自己习惯的东西称为野蛮"。② 在那些美洲"野蛮人"居住的部落里,"宗教总是完美无瑕的,治理总是令人满意,任何事物都无可挑剔",他们拥有着"真正且最有用的品质,而我们却把这些品质用于迎合我们自身腐败品味的愉悦"。欧洲社会认为这些美洲"野蛮人"粗鲁落后、愚昧无知,在蒙田看来,之所以产生这种印象是因为这些美洲"野蛮人""鲜少接受到人类智慧的塑造,并且仍然十分亲近他们原初的淳朴。自然法尚未因我们而腐化,仍对他们起作用,他们是如此纯洁,有时候我为没能更早了解他们而感到遗憾。"③对蒙田而言,人类智慧固然富有创造力,但仍旧是大自然智慧的产物,因而那些未经人类智慧塑造、却顺从自然法则的美洲"野蛮人",才是深谙大自然智慧

---

① Vincent Confer, "French Colonial Ideas before 1789", *French Historical Studies*, Vol. 3, No. 3 (Spring, 1964), p. 344.

② Michel de Montaigne, *Les Essais de Michel Seigneur de Montaigne*, Paris, 1617, p. 153.

③ Michel de Montaigne, *Les Essais de Michel Seigneur de Montaigne*, p. 154.

的智者,进而"超越了诗歌和哲学最崇高的梦想"①。在《论食人部落》一文中,蒙田数次提及柏拉图等古希腊罗马时期的贤哲,他将美洲"野蛮人"的生活与这些贤哲所勾勒的理想图景并举,甚至认为美洲新大陆的纯真景象已经超越了古典时期的美好想象。蒙田如此感叹:

> 在我看来,我们通过切身经历在这些部族身上所观察到的事实,不仅胜过以恣肆诗意来极大美化"黄金时代"的一切绘画,也超过一切臆造人类幸福状态的虚言浮语,而且还超越了哲学的构想和追求。来库古和柏拉图未能想象会有如此纯洁和单纯的朴实……也未曾相信我们的社会可以凭着那么一点人工产物和人际联系就得以维持。②

蒙田还将美洲新大陆与欧洲社会进行了铺陈式的对比,与后者相比,美洲新大陆剔除了迈入文明社会后所浮现的种种积弊:

> 我要告诉柏拉图,那是一个这样的民族:没有任何非法买卖,不识任何文字,不懂算术,没有官吏,没有政治特权,不需服侍,不分穷富,不立契约,不留遗产,不分财物,不事劳作而安逸自在,不论亲疏血缘,一视同仁,衣不蔽体,不事农业,没有金属和酒麦。谎言、背叛、掩饰、吝啬、嫉妒、诽谤、宽恕,一概闻所未闻。③

对于蒙田来说,美洲"野蛮人"虽然几乎缺乏文明社会所珍视的一切事物,但却因此摆脱了与文明相伴随的恶习。蒙田承认这些几近完美的美洲"野蛮人"存在着极端报复性的食人行为,但他也认为,比起欧洲宗教迫害的残酷无情做法来说,这种食人行为本身的罪恶性反而显得没那么严重了:"吃活人比起吃刚死掉的人要更加蛮悍;用地狱般的折磨来残

---

① Hoxie Neale Fairchild, *The Noble Savage*: *A Study in Romantic Naturalism*, pp. 16—17.
② Michel de Montaigne, *Les Essais de Michel Seigneur de Montaigne*, pp. 154—155.
③ Michel de Montaigne, *Les Essais de Michel Seigneur de Montaigne*, p. 155.

害神志清醒的人……比在他死后烤熟再吃他也要更加野蛮。"①

八年之后，在《论马车》一文中，蒙田再次提及美洲新大陆的这些"野蛮人"：

> 在不到 50 年前，他既不知道字母，也不知道度量衡、衣服、麦子、葡萄藤。但是赤身裸体的他完全纯真地睡在大自然的腿上……我担心，由于我们的传染，我们将直接助长他的堕落，加速他的毁灭，而且我们还将使他以高昂的代价来接受我们的观念、我们的新奇事物以及我们的技艺。那是一个未受污染、无害的初期世界，如若我们没有用鞭子抽打它，迫使它服从我们的规则，或没有用我们的正义和正直教导它，也没有使它屈服于我们的宽宏大量的话，他们的大多数回答以及我们与其所进行的许多谈判都证明他们在知识上丝毫不短于我们。库斯科城和墨西哥城精妙绝伦的城市……都向我们表明他们在工艺精巧方面毫不逊色于我们。但是关于虔诚、敬畏法律、毫无瑕疵的诚实正直、慷慨大方、应有的忠诚以及不受约束的自由，这对我们有极大的益处，我们在这些方面的程度没有他们高。②

在这段描述中，字里行间混杂着对天真纯朴的美洲"野蛮人"的赞扬以及对美洲古老文明成就的钦佩，显得有些近乎矛盾的不和谐。这种混乱是"野蛮人"生活的那些早期解释者所具有的显著特征，他们往往不区分美洲"野蛮人"的自然简朴状态与印加人、阿兹特克人所创造的先进文明③，但是蒙田在野蛮与文明间看似摇摆不定的态度，终究在他对美洲"野蛮人"不吝惜笔墨篇幅的大肆称赞中得到了解决，对于文明进步所伴随的恶习和冲突，蒙田既希望能够得到克服，又带有些许失望的意味。

---

① David Allen Harvey, *The French Enlightenment and Its Others: The Mandarin, the Savage, and the Invention of the Human Sciences*, p. 70.

② Michel de Montaigne, *Les Essais de Michel Seigneur de Montaigne*, pp. 783—784.

③ Hoxie Neale Fairchild, *The Noble Savage: A Study in Romantic Naturalism*, p. 21.

这种对文明化进程的怀疑态度、对田园牧歌式生活的热望,不独在蒙田一人身上彰显出来,该时期的思想界清晰可辨类似追忆逝去纯真的描述,譬如尼德兰人文主义者伊拉斯谟,就在其1509年用拉丁文写就的讽刺作品《愚人颂》(*The Praise of Folly*)①中假借"愚人"之口如此说道:

> 学校知识……源于所有可恶事物的始作俑者……"黄金时代"的淳朴民众不具备这种学校知识。大自然就足以指导他们;本能足以提示他们如何生活……对于那些从未发生过冲突争论的人们来说,逻辑原理将会有什么用途呢? ……在那些邪恶的道德——良好法律的唯一替代物——不存在的人们中间,法律知识的好处是什么? ……因为在那个时候,专业技术越以愚蠢为特征,那么它们就发展得愈加蓬勃,因此迄今为止,世界上最幸福的民众是那些免除了全部人为训练,并唯独以自然作为其指南的人……我想,您现在已经很清楚,那些将智慧作为其研究对象的人,因为这种做法而使自己成为人类中最痛苦的人……另一方面,人类中最不痛苦的人——那些尽可能少地遭受苦难的人——是在身体状况和智力发展上仅仅比野兽略胜一筹的人,他们对其卑贱的命运感到心满意足,没有渴求除此之外的事物的野心……因此,不朽的诸神作证,我向你们庄严发誓,没有哪一类人比世界上那些被称为傻子、傻瓜和笨蛋的人更加快乐的……这一类人完全没有对死亡的恐惧……没有经历那些折磨着其他人心灵的成千上万的忧虑,他们幸福地生活着。他们感受不到羞耻、牵挂、野心、嫉妒、爱……啊,你们这些充满智慧的糊涂人,如果你们只能估计出所有那些你们的灵魂被焦虑所充斥着的无数日日夜夜;如果你们只能把你们已经遭受过的所有各种生活灾厄堆成一堆,那么你们将不需要进一步的论据,就能使你

---

① 该作品借"愚神"之口在公众面前进行演说,大加赞扬"愚蠢",讽刺"贤人"表里不一的言行,如世人贪婪自负、君王聚敛财富、朝臣谄媚、教士狂热而滥用教义、学者咬文嚼字且好争高下等,暗示本性真实、顺从自然的愚人比贤人更为幸福。

们从我所经历的大量灾难中相信我愚蠢的喜爱者。①

　　这种厌倦文明弊病而向往原初纯粹的态度无疑与蒙田,乃至后世启蒙时代的哲人们相互呼应。然而,这些思想家仍旧寄希望于文明的改善。蒙田借助其作为人文主义思想家等身份角色的重要影响力,使原先极富"黄金时代"等古典神话光环的美洲"野蛮人"与欧洲社会现实相结合,在推动美洲"野蛮人"走向理想化和浪漫化之余,也使美洲"野蛮人"成为解释和批判现实社会的工具。尽管蒙田未曾使用"高贵野蛮人"一词,但他的相关论述却直接勾勒了"高贵野蛮人"的应有要素和理想形象,这些褒扬性的要素和形象在此后众多的旅行者、作家与哲学家那里得到了回响,尤其对后世启蒙学者利用"高贵野蛮人"作为批判工具,来抨击近代欧洲现实流弊产生了确凿实在的深远影响。

---

① Hoxie Neale Fairchild, *The Noble Savage*: *A Study in Romantic Naturalism*, pp. 18—19.

附　录

一、大事年表

1328 年
2 月,查理四世去世
5 月,菲利普六世加冕,开创瓦卢瓦王朝

1337 年
英法百年战争爆发

1340 年
6 月,埃克吕兹战役

1346 年
8 月,克雷西战役

1347 年
11 月,黑死病传入马赛

1356 年
9 月,普瓦提埃战役,法国大败,国王让二世被俘

1357 年

3 月,通过《三月大敕令》,确认三级会议的诸项权力

1358 年

2 月,艾田·马赛领导巴黎起义

5 月,爆发扎克雷农民起义

1360 年

5 月,英法在布雷蒂尼谈判达成协议

10 月,英法在加莱签订《布雷蒂尼-加莱条约》

1364 年

4 月,让二世死于伦敦

5 月,查理五世加冕

1380 年

9 月,查理五世去世

11 月,查理六世加冕

1392 年

8 月,查理六世首次疯癫

1415 年

8 月,英军在诺曼底登陆

10 月,阿金库尔战役

1417 年

8 月,英王亨利五世围攻卡昂

1419 年

1 月,英王亨利五世占领鲁昂

1420 年

5 月,"疯王"查理六世与英王亨利五世签订《特鲁瓦条约》

1429 年

4 月 29 日—5 月 8 日,贞德解除奥尔良之困

7 月,查理七世在兰斯加冕

1430 年

5 月,贞德在贡比涅被俘虏

1431 年

5 月,贞德在鲁昂被处以火刑

1438 年

7 月,颁布《布尔日国事诏书》

1451 年

6 月,首次收复波尔多

1453 年

7 月,卡斯蒂荣战役

10 月,法国收回加莱之外的全部领土,百年战争结束

1461 年

7 月,查理七世去世

8 月,路易十一加冕

1470 年

巴黎出现了第一家印刷作坊

1475 年

法、英签订《皮吉尼条约》

1483 年

8 月,路易十一去世,查理八世即位

1487—1491 年

"布法战争"

1491 年

查理八世与安娜·德·布列塔尼成婚

1494 年

查理八世发动意大利战争

1495 年

查理八世进入那不勒斯

1498 年

4 月,查理八世去世,路易十二即位

1499 年

1 月,路易十二与安娜·德·布列塔尼成婚

8 月,路易十二占领米兰

1500 年

11 月,法国与阿拉贡签订《格拉纳达条约》,瓜分那不勒斯王国

1515 年

1 月,路易十二去世,弗朗索瓦一世即位

9 月,马里尼昂战役

1516 年

法国国王弗朗索瓦一世与教皇签订《博洛涅协定》

1524 年

受弗朗索瓦一世资助的探险家维拉扎诺横渡大西洋,抵达北美洲并返回

1525 年

帕维亚战役,弗朗索瓦一世被俘

1530 年

成立王家学院,即法兰西公学前身

1532 年

布列塔尼公国正式并入法国

拉伯雷出版小说《庞大固埃》(《巨人传》中的一卷)

1534 年

10 月,"揭贴事件"

1534—1542 年

雅克·卡蒂埃三次赴北美洲探险

1536 年
弗朗索瓦一世同奥斯曼帝国结盟

1539 年
弗朗索瓦一世颁布《维莱科特雷法令》

1541 年
加尔文的《基督教原理》被译成法文出版

1547 年
弗朗索瓦一世去世,亨利二世即位

1549 年
杜贝莱完成了《保卫与弘扬法兰西语言》

1552 年
法军占领梅斯、图勒和凡尔登三个主教辖区
亨利二世设立初等法院

1558 年
法军收复加莱
亨利二世之子弗朗索瓦与玛丽·斯图亚特成婚

1559 年
4 月,法、西签订卡托—康布雷齐和约
6 月,亨利二世参加马上比武去世,随后弗朗索瓦二世即位

1560 年
12 月,弗朗索瓦二世去世,查理九世即位
召开三级会议

1562 年
3 月,瓦西屠杀,引发胡格诺战争

1563 年
颁布《安布瓦斯敕令》,保证新教徒的信仰自由

1572 年
8 月 23 日—24 日夜间,圣巴托罗缪大屠杀

1574 年
查理九世去世,亨利三世即位

1587—1589 年
"三亨利之战"

1589 年
7 月,亨利三世遇刺身亡
8 月,亨利四世即位,开创波旁王朝

1598 年
亨利四世颁布《南特敕令》

1608 年
尚普兰在加拿大建立魁北克殖民地

1610 年
5 月,亨利四世被刺身亡,路易十三即位

1614 年
10 月在巴黎召开三级会议

1617 年
路易十三诛杀孔契尼

1618 年
三十年战争爆发

1624 年
黎塞留担任首相

1626 年
建立圣克里斯托弗公司殖民加勒比地区

1627 年
建立新法兰西公司殖民北美大陆

1627—1628 年
黎塞留围攻拉罗歇儿

1635 年
成立法兰西学院
法国向西班牙宣战
在马提尼克建立加勒比地区的首个法国殖民地
建立瓜德罗普殖民地

1641 年
马扎然担任枢机主教

1642 年
黎塞留去世

1643 年
路易十三去世,路易十四即位,王太后摄政,马扎然担任首相

1648—1649 年
高等法院福隆德运动

1648 年
10 月,《威斯特伐利亚条约》签订,法国获得阿尔萨斯的大部分

1650—1653 年
亲王福隆德运动

1659 年
法、西签订《比利牛斯条约》
在塞内加尔河口圣路易岛建立堡垒

1661 年
路易十四亲政

1664 年
将殖民公司改造、整合为东印度公司和西印度公司

1665 年
科尔贝担任财政总监

1666 年

8 月,法国取得在印度的贸易特权

12 月,创立法兰西科学院

1667—1668 年

遗产战争

1668 年

5 月,法、西签订《亚琛条约》

1670 年

2 月,路易十四下令成立荣军院

1671 年

成立建筑学院

1672 年

路易十四向荷兰宣战

1673 年

2 月,路易十四颁布诏书限制高等法院的谏诤权

1675 年

布列塔尼爆发城乡起义

1678—1679 年

签订结束法荷战争的《尼姆维根条约》

1682 年

开始探索并占领密西西比河谷地区,命名为路易斯安那

1683 年

科尔贝去世

1685 年

颁布《枫丹白露敕令》,废除了《南特敕令》

1688—1697 年
奥格斯堡同盟战争

1697 年
法、西签署《里斯维克条约》
从西班牙手中获得圣多明各殖民地

1701—1714 年
西班牙王位继承战争

1702—1704 年
卡米扎尔起义

1709 年
10 月,路易十四下令解散冉森派的大本营波尔—罗亚尔修道院

1713 年
4 月,签订《乌特勒支和约》
9 月,颁布《乌尼詹尼乌斯谕旨》

1714 年
3 月,法、奥签订《拉施塔特条约》

1715 年
9 月,路易十四去世,路易十五即位

二、参考文献

第一章　绝对君主制的形成与发展

西文

（一）原始资料

La Roche-Flavin, Bernard de, *Treze livres des parlements de France*, Bordeaux, 1617.

Du Bellay, Joachim, "Quels genres de poems doit élire le poete françois", *La*

Défense et Illustration de la langue française, *suivie De la Précellence du langage françois par Henri Estienne*, Édition de Louis Humbert, 1930.

（二）著作

Bély, Lucien, *La France moderne*, *1498—1789*, PUF, 1994.

Bély, Lucien（dir.）, *Dictionnaire de l'Ancien Régime : royaume de France*, *XVᵉ-XVIIIᵉ siècle*, Paris, PUF, 1996.

Bercé, Yves-Marie, *The Birth of Absolutism. A History of France*, *1598—1661*, translated by Richard Rex, London: Macmillan Press Ltd, 1996.

Blanchard, Joël, *Louis XI*, Perrin, 2015.

Bonney, Richard, *L'absolutisme*, PUF, 1989.

Bove, Boris, *Le temps de la guerre de cent ans*, Belin, 2014.

Briggs, Robin, *Early Modern France*, *1560—1715*, Oxford: Oxford University Press, 1977.

Cornette, Joël, *Absolutisme et Lumières*, *1652—1783*, Hachette Livre, 2014.

Drévillon, Hervé, *Les rois absolus*, Belin, 2011.

Gildea, Robert, *The Past in French History*, New Haven: Yale University Press, 1994.

Goubert, Pierre, *The Course of French History*, London and New York: Routledge, 1991.

Fraioli, Deborah A. , *Joan of Arc and the Hundred Years War*, Greenwood, 2005.

France, Anatole, *Rabelais*, Paris: Calmann-Lévy, 1928.

Franklin, Julian H. , *Jean Bodin and the Rise of Absolutist Theory*, Cambridge University Press, 1973.

Hamon, Philippe, *Les Renaissances*, *1453—1559*, Belin, 2009.

Heers, Jacques, *Louis XI*, Perrin, 1999.

Henshall, Nicholas, *The Myth of Absolutism*, Longman, 1992.

Kendall, Paul Murray, *Louis XI : The Universal Spider*, W. W. Norton, 1986.

Le Fur, Didier, *Louis XII*, *Un autre César*, Perrin, 2001.

Lemaire, André, *Les lois fondamentales de la monarchie française*, Fontemoing, 1907.

Le Roux, Nicolas, *Les Guerres de Religion*, Belin, 2009.

Melzer, Sara E. and Norberg, Kathryn（eds.）, *From the Royal to the Republican Body*, University of California Press, 1998.

Mousnier, Roland, *The Institutions of France under the Absolute Monarchy*, *1598—1789*, The University of Chicago Press, 1979.

Mousnier，Roland，*L'assassinat d'Henri IV*，Folio，1992.

Price，Roger，*A Concise History of France*，Cambridge：Cambridge University Press，2014.

Roelker，Nancy Lyman，*One King*，*One Faith*：*The Parlement of Paris and the Religious Reformations of the Sixteenth Century*，California University Press，1996.

State，Paul F.，*A Brief History of France*，Facts on File，2010.

Sumption，Jonathan，*The Hundred Years War*，volume I，*Trial by Battle*，London and Boston：Faber and Faber，1990.

（三）辞书

Sirinelli，Jean-François（dir.），*Dictionnaire de l'histoire de France*，Paris：Larousse，2006.

（四）论文

Febvre，Lucien，"Maladies et civilisations：La peste noire en 1348"，*Annales. Économies*，*Sociétés*，*Civilisations*，4e année N. 1，1949.

Jacquart，Danielle，"La perception par les contemporains de la peste de 1348"，*Publications de l'Académie des Inscriptions et Belles-Lettres*，Année 2006.

Merrick，Jeffrey，"The Body Politics of French Absolutism"，in Sara E. Melzer and Kathryn Norberg（eds.），*From the Royal to the Republican Body*：*Incorporating the Political in Seventeenth-and-Eighteenth-Century France*，Berkeley，Calif.：University of California Press，1988.

Rogers，Clifford J.，"The Military Revolutions of the Hundred Years' War"，*The Journal of Military History*，Apr.，1993，Vol. 57，No. 2.

Salins，Peter，"Natural Frontiers Revisited：France's Boundaries since the Seventeenth Century"，*The American Historical Review*，Vol. 95，No. 5（Dec.，1990）.

Thireau，Jean-Louis，"l'absolutisme monarchique a-t-il existé？"，*Revue française d'histoire des idées politiques*，6，1997.

Thompson，M. P.，"the History of Fundamental Law in Political Thought from the French Wars of Religion to the American Revolution"，*American Historical Review*，vol. 91，No. 5，1986.

中文

（一）著作

（英）佩里·安德森：《绝对主义国家的系谱》，刘北成、龚晓庄译，上海人民出版社，2000 年。

(法)让-皮埃尔·里乌等:《法国文化史》第一卷,杨剑译,华东师范大学出版社,2006年。

(法)让-皮埃尔·里乌等:《法国文化史》第二卷,傅绍梅等译,华东师范大学出版社,2006年。

(法)阿莱特·茹阿纳:《圣巴托罗缪大屠杀——一桩国家罪行的谜团》,梁爽译,北京大学出版社,2015年。

(法)G·勒纳尔,G·乌勒西:《近代欧洲的生活与劳作》,杨军译,上海三联书店,2008年。

(美)彼得·赖尔等:《启蒙运动百科全书》,刘北成等译,上海人民出版社,2004年。

(英)昆廷·斯金纳:《近代政治思想的基础》下卷,奚瑞森、亚方译,商务印书馆,2002年。

(意)萨尔沃·马斯泰罗内:《欧洲政治思想史》,黄华光译,社会科学文献出版社,1998年。

(德)恩内斯特·康托洛维茨:《国王的两个身体》,徐震宇译,华东师范大学出版社,2018年。

(法)伏尔泰:《巴黎高等法院史》,吴模信译,商务印书馆,2015年。

(法)伏尔泰:《哲学辞典》下册,王燕生译,商务印书馆,1991年。

郭华榕:《法国政治制度史》,人民出版社,2005年。

郭华榕:《放言惊世法兰西》,东方出版社,2018年。

(英)德斯蒙德·苏厄德:《百年战争简史》,文俊译,四川人民出版社,2017年。

(法)皮埃尔·诺拉主编:《记忆之场:法国国民意识的文化社会史》,黄艳红等译,南京大学出版社,2015年。

(法)乔治·杜比、罗贝尔·芒德鲁:《法兰西文明史》I,傅先俊译,东方出版社,2019年。

(法)乔治·杜比、罗贝尔·芒德鲁:《法兰西文明史》II,傅先俊译,东方出版社,2019年。

(法)吕西安·费弗尔:《法国文艺复兴时期的生活》,施诚译,上海三联书店,2018年。

(法)伊旺·克卢拉:《文艺复兴时期卢瓦尔河谷的城堡》,肖红译,上海人民出版社,2007年。

(法)拉伯雷:《巨人传》,成钰亭译,上海译文出版社,2007年。

罗芃、冯棠、孟华:《法国文化史》,北京大学出版社,1997年。

(法)费夫贺、马尔坦:《印刷书的诞生》,广西师大出版社,2006年。

(法)丹尼尔·德塞尔:《科尔贝尔:路易十四王朝的神话》,廖宏鸿译,社会科学文献出版社,2023年。

理查德·邦尼主编:《欧洲财政国家的兴起:1200—1815年》,沈国华译,上海财经大学出版社，2016 年。

（法）乔治·杜比主编：《法国史》上卷，吕一民、沈坚、黄艳红等译，商务印书馆，2010 年。

（二）论文

陈文海：《〈撒利克法典〉在法国中世纪后期的复兴和演化》，《历史研究》，1998 年第 6 期。

汤晓燕：《〈萨利克法典〉"神话"与十六七世纪法国排斥女性的政治文化传统》，《世界历史》，2017 年第 4 期。

熊芳芳：《16 世纪法国的地方记忆与王国认同——以安娜王后为中心》，《历史研究》，2024 年第 1 期。

许二斌：《14—17 世纪欧洲的军事革命与社会变革》，《世界历史》，2003 年第 1 期。

许二斌：《14 世纪的步兵革命与西欧封建制的瓦解》，《史学理论研究》，2004 年第 4 期。

第二章　乡村共同体与国家

西文

（一）原始资料

伊勒-维莱讷省档案（Archives départementalesd'Ille-et-Vilaine）C 系列：ADIV, série C 3125. États de Bretagne. Privilèges de la Bretagne，1491—1565：Contrat de mariage d'Anne de Bretagne avec le roi Charles VIII, en date du 6 décembre 1491；États de Bretagne. Privilèges de la Bretagne，1491—1565：Contrat de mariage de Louis XII avec Anne de Bretagne, en date du 7 janvier 1498；Ch. de La Lande de Calan, Documents inédits relatifs aux États de Bretagne de 1491 à 1589，T. 1, Nantes，1908.

De Saint-Jacob, Pierre, *Documents relatifs à la communauté villageoise en Bour-gogne du milieu du XVIIe siècle à la Révolution*, Dijon-Paris，1962，http://www. pierredesaintjacob. fr/page16. html.

Chalet, Frédéric, *Histoire de Saint Vert*（ http://saint. vert. free. fr/）（2009 - 10 - 07）.

（二）著作

Abel, Wilhelm, *Agricultural Fluctuations in Europe：From the Thirteenth to the Twentieth Centuries*, London：Methuen Co. Ltd，1980.

Arthur de La Borderie, *La Révolte du Papier Timbré advenue en Bretagne en 1675*, Saint-Brieuc, 1884; Réd. , Rennes, 1995.

Audisio, Gabriel, *Les français d'Hier*, Tome I: *Des paysans*, *XVᵉ-XIXᵉ siècle*, Paris: Armand Colin, 1993.

Babeau, Albert, *Le village sous l'Ancien Régime*, Paris: Librairie académique, 1879.

Benedict, Philip (ed.), *Cities and Social Change in Early Modern France*, London and NY: Routledge, 1992.

Bercé, Yves-Marie, *Histoire des Croquants : Etudes des soulèvements populaires au XVIIᵉ siècle dans le sud-ouest de la France*, Paris, Geneve, 1974.

Bercé, Yves-Marie, *History of Peasant Revolts. The Social Origins of Rebellion in Early Modern France*, Cambridge: Polity Press, 1990.

Blanquie, Christophe, *Les Institutions de la France des Bourbons (1589—1789)*, Paris: Belin, 2003.

Bloch, Marc, *Les caractères originaux de l'histoire rurale française*, 3ᵉ éd. , Paris: Armand Colin, 1988.

Bordes, Maurice, *Les Communautés villageoises en Europe occidentale du Moyen Age aux temps modernes : Quatièmes Journées internationals d'histoire*, Flaran, 1982.

Braudel, Fernand & Labrousse, Ernest (dir.), *Histoire économique et sociale de la France. Tome 1: De 1450 à 1660*, vol. 1: *L'État et la Ville*, Paris: Presses Universitaires de France, 1977.

Braudel, Fernand & Labrousse, Ernest (dir.), *Histoire économique et sociale de la France. Tome 1: De 1450 à 1660*, vol. 2: *Paysannerie et Croissance*, Paris: Presses Universitaires de France, 1977.

Briggs, Robin, *Early Modern France, 1560—1715*, Oxford University Press, 1977.

Chaunu, Pierre et Gascon, Richard, *Histoire économique et sociale de la France. Tome 1: De 1450 à 1660*, Premier volume: *L'Etat et la Ville*, Paris: Presses Universitaires de France, 1977.

Clamageran, J. , *Histoire de l'impôt en France*, T. 2, Paris: Librairie de Guillaumin et Cⁱᵉ, 1868.

Collins, James B. , *Fiscal Limits of Absolutism. Direct Taxation in Early Seventeenth-Century France*, Berkeley: University of California Press, 1988.

Collins, James B. , *La Bretagne dans l'État royal. Classes sociales, États provinciaux et ordre public de l'Édit d'Union à la Révolte des bonnets rouges*,

Renne: Presses universitaires de Rennes, 2006.

Croix, Alain, *L'Age d'or de la Bretagne : 1532—1675*, Rennes: Editions Ouest-France, 1993.

Dorigny, M. , *L'Administration des finances sous l'Ancien Régime*, *Colloque tenu à Bercy les 22 et 23 février 1996*, Paris: Ministère de l'Economie et de Finance, 1997.

Earle, Peter (ed.), *Essays in European Economic History*, *1500—1800*, Oxford: Clarendon Press, 1974.

Esmonin, Edmond, *La Taille en Normandie au temps de Colbert (1661—1683)*, Paris: Librairie Hachette et Cie, 1913.

Follain, Antoine, *Le village sous l'Ancien Régime*, Paris:Fayard, 2008.

Follain, Antoine, et Larguier, Gilbert(dir.), *L'impôt des campagnes. Fragile fondement de l'État dit moderne (XVe-XVIIIe siècle)*, Paris: Ministère de l'Economie, des Finances et de l'industrie, 2005.

Follain, Antoine (éd.), *L'Argent des villages. Comptabilités paroissiales et communales. Fiscalité locale du XIIIe au XVIIIe siècle*, Rennes, 2000.

Gallet, Jean, *Seigneurs et paysans Bretons du Moyen Age à la Révolution*, Rennes: Éditions Ouest-France, 1992.

Garlan, Yvon et Nières, Claude, *Les Révoltes bretonnes de 1675. Papier timbré et Bonnets rouges*, Paris, 1975 (2004 年修订版: *Les Révoltes Bretonnes. Rébellions urbaines et rurales au XVIIe siècle*, Toulouse, 2004).

Goubert,Pierre & Roche, Daniel, *Les Français et l'Ancien régime*. Tome 1: *La Société et L'État*, Paris: Armand Colin, 1984.

Gutton, Jean-Pierre, *La sociabilité villageoise dans la France d'Ancien Régime*, Paris: Hachette, 1979.

Higounet, Charles(dir.), *Les Communautés villageoises en Europe occidentale du Moyen Age aux Temps modernes*, Auch, 1984.

Isambert, A. , Taillandier, A. H. &Decrusy, J. (éd.), *Recueil Général des Anciennes Lois Françaises*, *depuis l'an 420 jusqu'à la Révolution de 1789*, Tome XVI,Paris, 1829.

Isambert, A. , Decrusy, J. &Taillandier , A. H. (éd.), *Recueil Général des Anciennes Lois Françaises*, *depuis l'an 420 jusqu'à la Révolution de 1789*, Tome XX, Paris, 1830.

Jacquart, Jean, *La crise rurale en Ile-de-France. 1550—1670*, Paris: A. Colin, 1974.

Jourdan, A. , Isambert, F. A. &Decrusy, J. (éd.), *Recueil Général des*

Anciennes Lois Françaises, *depuis l'an 420 jusqu'à la Révolution de 1789*, Tome XXVIII, Paris, 1827.

Mandrou, Robert, *Introduction à la France moderne. Essai de psychologie collective* (*1500—1640*), Paris: Albin Michel, 1961 et 1974.

Mandrou, Robert, *Classes et luttes de classes en France au début du XVIIᵉ siècle*, Florence: Casa Editrice G. D'Anna, 1965.

Monnier, Jean-Jacques et Cassard, Jean-Christophe, *Toute l'histoire de Bretagne des origines à la fin du XXᵉ siècle*, Skol Vreizh, 2012.

Mousnier, Roland, *Fureurs paysannes. Les Paysans dans les révoltes du XVIIᵉ siècle* (*France, Russie, Chine*), Paris, 1967.

Neveux, Hugues, *Les révoltes paysannes en Europe* (*XIVᵉ-XVIIᵉ siècle*), Albin Michel, 1997.

Nicolas, Jean, *La Rébellion française. Mouvements populaires et conscience sociale* (*1661—1789*), Folio, 2002.

Tocqueville, Alexis de, *L'Ancien Régime et la Révolution*, Paris: Michel Lévy Frères, 1866.

Wolfe, Martin, *The Fiscal System of Renaissance France*, New Haven and London: Yale University Press, 1972.

（三）辞书

Bély, Lucien (dir.), *Dictionnaire de l'Ancien Régime. Royaume de France, XVIᵉ-XVIIIᵉ siècle*, Paris: Presses Universitaires de France, 1996.

（四）论文

Bernard, Leon, "French Society and Popular Uprisings under Louis XIV", *French Historical Studies*, Vol. 3, No. 4(Autumn, 1964).

Blum, Jerome, "The Internal Structure and Polity of the European Village Community from the Fifteenth to the Nineteenth Century", *The Journal of Modern History*, Vol. 43, No. 4 (Dec. , 1971).

Chartier, Roger, "Comptes Rendus: Yvon Garlan et Claude Nières, Les révoltes bretonnes de 1675. Papier timbré et Bonnets rouges", *Annales. Économies, Sociétés, Civilisations*, Année 1977, Volume 32, No. 2.

Follain, Antoine, "Le contentieux des réunions de communes en France au début du XIXᵉ siècle: l'exemple normand", *Histoire et Sociétés Rurales*, Vol. 25, (1ᵉʳ semestre, 2006).

Follain, Antoine, "L'administration des villages par les paysans au XVIIᵉ siècle", *XVIIᵉ Siècle*, No. 1, (Janvier-Mars, 2007).

Follain, Antoine, "Gouverner, Dominer et Servir au Village (XVIᵉ - XVIIIᵉ siècle)", *Enguêtes Rurales*, No. 11,2007.

Fossier, Robert, "Les Communautés villageoises en France du Nord au Moyen Age", *Les Communautés villageoises en Europe occidentale du Moyen Age aux Temps modernes*, Auch, 1984.

Goubert, Pierre, "The French Peasantry of the Seventeenth Century: A Regional Example", *Past & Present*, 1956.

Henneman, J. B. , "Nobility, Privilege and Fiscal Politics in Late Medieval France", *French Historical Studies*, Vol. 13, No. 1,1983.

Hoffman, Philip. T, "Taxes and Agrarian Life in Early Modern France: Land Sales, 1550—1730", *Journal of Economic History*, 1986, vol. XLVI, No. 1.

Jacquart, Jean, "Réflexions sur la communauté d'habitants", *Bulletin du Centre d'histoire économique et sociale de la région lyonnaise*, No. 3, 1976.

Lagadec, Yann, "Élites villageoises et pouvoir local: l'exemple de la Bretagne au XVIIIᵉ siècle", in « Société, pouvoirs et politique dans les campagnes », *Enquêtes Rurales*, No. 11, 2007.

Le Cerf, René, "Le général d'une paroisse bretonne [Mûr]", *Revue de Bretagne et de Vendée. Etudes d'histoire locale*, juillet 1888.

Le Goff,T. J. A. and Sutherland, D. M. G. , "The Social Origins of Counter-Revolution in Western France", *Past & Present*, No. 99 (May, 1983).

Lemoine, Jean, "Documents inédits relatifs à la révolte du Papier timbré en Basse-Bretagne en 1675", *Bulletin de la Société nationale des antiquaires de France*, T. 23, 1896.

Lemoine, Jean, "La révolte du Papier timbré ou des Bonnets rouges en Bretagne en 1675"(documents),*Annales de Bretagne*, T. 13, 1897—1898.

Mathias, Peter, & O'Brien, Patrick, "Taxation in Britain and France, 1715—1810. A comparison of the Social and Economic Incidence of Taxes Collected for the Central Governments",*Journal of European Economic History*, 1976(5).

Maillard, Brigitte, "Les Communautés d'habitants et la perception de la taille aux XVIIᵉ et XVIIIᵉ siècles, en Pays d'Élection", in Follain, Antoine (dir.), *L'impôt des campagnes. Fragile fondement de l'État dit moderne (XVᵉ-XVIIIᵉ siècle)*, Paris: Ministère de l'Economie, des Finances et de l'industrie, 2005.

Mousnier, Roland, "Recherches sur les Soulèvments populaires en France avant la Fronde", *Revue d'Histoire Moderne et Contemporaine*, Avril-juin 1958, Tome. V.

Ourliac, Paul, "Les Communautés villageoises dans le Midi de la France au Moyen Age", *Les Communautés villageoises en Europe occidentale du Moyen Age aux Temps modernes*, Auch, 1984.

Root，Hilton-Lewis，" État et communautés villageoises dans la France moderne：en Bourgogne aux XVIIᵉ et XVIIIᵉ siècles"，*Revue d'histoire moderne et contemporaine*，Vol. 39，No. 2，1992.

Soboul，Albert，"The French Rural Community in the Eighteenth and Nineteenth Centuries"，*Past and Present*，No. 10（Nov.，1956）.

Tanguy，Jean，"Les révoltes paysannes de 1675 et la conjuncture en Basse Bretagne au XVIIᵉ siècle"，*Annales de Bretagne et des Pays de l'Ouest*（*Anjou*，*Maine*，*Touraine*），Année 1975，volume 82.

T. Hoffman，Philip，"Taxes and Agrarian Life in Early Modern France：Land Sales，1550—1730"，*Journal of Economic History*，1986.

中文

（一）著作

（法）布阿吉尔贝尔:《布阿吉尔贝尔选集》,伍纯武、梁守锵译,商务印书馆,1984 年。

陈文海:《权力之鹰:法国封建专制时期督办官制度研究》,吉林大学出版社,1999 年。

（美）道格拉斯·诺思,（美）罗伯斯·托马斯:《西方世界的兴起》,华夏出版社,1999 年。

（英）E. E. 里奇,（英）C. H. 威尔逊 主编:《剑桥欧洲经济史 第五卷:近代早期的欧洲经济组织》,高德步、蔡挺、张林等译,经济科学出版社,2002 年。

许平:《法国农村社会转型研究（19 世纪—20 世纪初）》,北京大学出版社,2001 年。

（美）约翰·N·德勒巴克:《新制度经济学前沿 第二辑》,经济科学出版社,2003 年。

里夏德·范迪尔门:《欧洲近代生活》,王亚平译,东方出版社,2004 年。

（二）论文

陈日华:《中古英国地方自治研究综述》,载《世界历史》2008 年第 5 期。

高毅:《"波穆之争"的来龙去脉及其他》,载《清华大学学报（哲学社会科学版）》2008 年第 5 期。

赵文洪:《中世纪欧洲村庄的自治》,载《世界历史》2007 年第 3 期。

赵文洪:《庄园法庭、村规民约与中世纪欧洲的"公地共同体"》,载《历史研究》2007 年第 4 期。

赵文洪:《欧洲公地共同体管理中的法制因素》,载《史学理论研究》2008 年第 3 期。

赵文洪:《公地制度中财产权利的公共性》,载《世界历史》2009 年第 2 期。

第三章　司法体系的政治与社会职能

西文

（一）原始资料

Delamare, Nicolas, *Traité de la Police*, Tome I, Paris, 1707.

Diderot, Denis, d'Alembert (éds.), *Encyclopédie, ou dictionnaire raisonné des sciences, des arts et des métiers*, Paris, 1752.

Le Paige, Louis-Adrien, *Lettre historique, sur les fonctions essentielles du Parlement; sur le droit des pairs, et sur les loix fondamentales du royaume*, Amsterdam, 1753—1754.

Le Paige, Louis-Adrien, *Lettre sur les Lits de Justice*, 1756.

（二）著作

Adams, Thomas McStay, *Bureaucrats and Beggars : French Social Policy in the Age of the Enlightenment*, Oxford: Oxford University Press, 1990.

Andrews, Richard Mowery, *Law, Magistracy, and Crime in Old Regime Paris*, 1735—1789, Volume I, Cambridge University Press, 1994.

Aubert, Gauthier, et Chaline, Olivier (dirs.), *Les Parlements de Louis XIV : Opposition, coopération, autonomisation?* Rennes: Presses universitaires de Rennes.

Aubin, Gérard et Gallinato, Bernanrd (dirs.), *Les espaces locaux de la protection sociale : études offertes au Professeur Pierre Guillaume*. Association pour étude de l'histoire de la sécurité sociale, 2004.

Baker, Keith (ed.), *The Political Culture of the Old Regime*, Oxford: Pergamon Press, 1987.

Bluche, François, *Les magistrats du Palrement de Paris au XVIIIe siècle*, Paris: Economica, 1986.

Boucher, Philippe (dir.), *La Révolution de la justice*, Paris: Jean-Pierre de Monza, 1989.

Brown, Elizabeth A. R. and C. Famiglietti, Richard, *The Lit de Justice : Semantics, Ceremonial, and the Parlement of Paris, 1300—1600*, Sigmaringen: Thorbecke, 1994.

Carey, John A. , *Judicial Reform in France before the Revolution of 1789*, Cambridge, Mass. : Harvard University Press, 1981.

Chaline, Olivier et Sassier, Yves (dirs.), *Les Parlements et la vie de la cité*

(*XVIe-XVIIIe Siècle*)，Rouen：Publications de l'Université de Rouen，2004.

Coulomb，Clarisse，*Les pères de la patrie：La société parlementaire en Dauphiné au temps des Lumières*，Grenoble：Presse universitaires de Grenoble，2006.

Dauchy，Serge，el. dir.，*Les Parlementaires，acteurs de la vie provinciale*，Rennes：Presse Universitaires de Rennes，2013.

Doyle，William，*Venality，the Sale of Offices in Eighteenth-Century France*，Oxford：Clarendon Press，1996.

Durand，B. et Mayali，L.（eds.），*Excerptionesiuris：Studies in Honor of André Gouron*，Robbins Collection，2000.

Favier，René（dir.），*Le Parlement de Dauphiné，des origines à la Révolution*，Grenoble：Presses Universitaires de Grenoble，2002.

Gutton，Jean-Pierre，*la société et les pauvres en Europe*（*XVIe-XVIIIe Siècles*），Paris：Presse Universitaires de France，1974.

Hamscher，Albert N.，*The Parlement of Paris after the Fronde，1653—1673*，Pittsburgh：University of Pittsburgh press，1976.

Hanley，Sarah，*The Lit de Justice of the Kings of France：Constitutional ideology in Legend，Ritual，and Discourse*，Princeton NJ：Princeton University press，1983.

Hurt，John J.，*Louis XIV and the Parlements：The Assertion of Royal Authority*，New York：Manchester University Press，2002.

Kaplan L.，Steven，*Bread，Politics and Political Economy in the Reign of Louis XV*，Martinus Nijhoff，1976.

Lebigre，Arlette，*La justice du roi，la vie judiciaire dans l'ancienne France*，Paris：Albin Michel，1988.

Le Mao，Caroline，*Parlement et Parlementaires：Bordeaux au grand siècle*，Bordeaux：Fédération historique du Sud-Ouest，2006.

Leuwers，Hervé，*La justice dans la France moderne*，Paris：Ellipses Édition Marketing S. A.，2010.

Moote，A. Lloyd，*The Revolt of the Judges：The Parlement of Paris and the Fronde，1643—1652*，Princeton NJ：Princeton University Press，1971.

Mousnier，Roland，*The Institutions of France under the Absolute Monarchy，1598—1789*，Chicago and London：University of Chicago Press，1979.

Mousnier，Roland，*La Vénalité des offices sous Henri IV and Louis XIII*，Paris，1971.

Nagle，Jean，*Un orgueil français. La vénalité des offices sous l'Ancien*

Régime, Paris: Odile Jacob, 2008.

Payen, Philippe, *Les arrêts de règlement du Parlement de Paris au XVIIIe siècle*, PUF, 1997.

Pichot-Bravard, Philippe, *Histoire constitutionnelle des Parlements de l'Ancienne France*, Paris: Ellipses Édition Marketing S. A. , 2012.

Poumarède, Jacques et Thomas, Jack (éds.), *Les Parlements de province. Pouvoir, justice et société du XVe au XVIIIe siècle*, Framespa, 1996.

Raynal, Jean, *Histoire des institutions judiciaires*, Paris : Librairie Armand Colin, 1964.

Robert, P. Albert, *Les remontrances et arrêtés du parlement du Provence au XVIIIe siècle*, Paris: Librairie nouvelle de droit et de jurisprudence, 1912.

Roelker, Nancy Lyman, *One King, One Faith : The Parlement of Paris and the Religious Reformations of the Sixteenth Century*, Berkeley and Los Angeles: University of California Press, 1996.

Rogister, John, *Louis XV and the Parlement of Paris, 1737—1755*, Cambridge : Cambridge University Press, 1995.

Rousselet, Marcel, *Histoire de la Justice*, Paris : Presses Universitairess de France, 1948.

Schwartz, Robert, *Policing the Poor in Eighteenth-Century France*, Chapel Hill: the University of North Carolina Press, 1988.

Shennan, J. H. , *The Parlement of Paris*, Cornwall : Sutton Publishing, 1968, 1998.

Slimani, Ahmed, *La modernité du concept de nation au XVIIIème siècle (1715—1789): apports des thèses parlementaires et des idées politiques du temps*, Aix-en-Provence: Presses Universitaires d'Aix-Marseille, 2004.

Stone, Bailey, *The French Parlements and the Crisis of the Old Regime*, Chapel Hill: the University of North Carolina Press, 1986.

Vergne, Arnaud, *La notion de constitution d'après les cours et assemblées à la fin de l'ancien régime (1750—1789)*, Paris: De Boccard, 2006.

Waele, Michel de, *Les Relations entre le Parlement de Paris et Henri IV*, Paris: Publisud, 2000.

（三）辞书

Barbiche, Bernard, *Les institution de la monarchie française à l'époque modern XVIe-XVIIIe siècle*, Paris: Presses Universitaires de France, 1999.

Bély, Lucien (dir.), *Dictionnaire de l'Ancien Régime : royaume de France, XVe-XVIIIe*, Paris: PUF, 1996.

Cabourdin, Guy and Viard, Georges, *Lexique historique de la France d'Ancien*

Ré-gime, Paris: Armand Colin, 1990.

Sirinelli, Jean-François (dir.), *Dictionnaire de l'histoire de France*, Paris: Larousse, 2006.

（四）论文

Chaline, Olivier, "Les infortunes de la fidélité: Les partisans du pouvoir royal dans les parlements au XVIIIᵉ siècle", dans *Histoire, économie et société*, n° 3, 2006.

Doyle, William, "Colbert et les offices", *Histoire, économie et société*, 2000 (19ᵉ année, n° 4).

Hurt, John J., "The Parlment of Brittany and the Crown: 1665—1675", *French Historical Studies*, Vol. 4, No. 4 (Autumn, 1966).

Kim, Seong-Hak, "The Chancellor's Crusade: Michel de l'Hôpital and the Parlement of Paris", *French History*, 1993, Vol. 7, No. 1.

Morris, Terry Ray, "The Concept of Bienfaisance and the Aristocracy of Eighteenth-Century France", University of Georgia, Ph. D. , 1976.

Stocker, Christopher W. , "The Politics of the Parlement of Paris in 1525", *French Historical Studies*, Vol. 8, No. 2 (Autumn, 1973).

Zeller, Gaston, "L'administration monarchique avant les intendants parlements et gouverneurs", *Revue Historique*, T. 197, Fasc. 2 (1947).

中文

（一）著作

（法）阿尔贝·索布尔:《法国大革命史》,马胜利、高毅、王庭荣译,中国社会科学出版社,1989 年。

（英）柏克:《法国革命论》,何兆武、许振洲、彭刚译,商务印书馆,1999 年。

陆康等编:《罪与罚:中欧法制史研究的对话》,中华书局 2014 年。

（法）马克·布洛赫:《法国农村史》,余中先等译,商务印书馆,1997 年。

（法）米歇尔·福柯:《疯癫与文明》,刘北成、杨远婴译,三联书店,2019 年。

（法）乔治·杜比主编:《法国史》,上卷,吕一民等译,商务印书馆,2010 年。

（法）若兹·库贝洛:《流浪的历史》,曹丹红译,广西师范大学出版社,2005 年。

许明龙:《东传西渐——中西文化交流史散论》,中国社会科学出版社,2015 年。

（英）威廉·多伊尔:《捐官制度:十八世纪法国的卖官鬻爵》,高毅、高煜译,中国方正出版社,2017 年。

（法）伏尔泰:《巴黎高等法院史》,吴模信译,商务印书馆,2015 年。

（二）论文

黄艳红:《钱与权:制度史视角下法国旧制度时代的职位买卖》,《史林》2015 年第 5 期。

詹娜:《16—17 世纪法国王权在中央高原地区的确立——以司法权为中心的考察》,《史学月刊》2018 年第 6 期。

第四章　16—17 世纪的宗教冲突与政治发展

西文

(一) 原始资料

Académie des sciences morales et politiques, *Collection des ordonnances des rois de France : catalogue des actes de François Ier*, 10 vols, Paris: Impr. nationale, 1887—1908.

Calvin, Jean, *Lettres de Jean Calvin, recueillies pour la première fois et publiées d'après les manuscrits originaux*, 2vols, Paris: Librairie de C. Meyrueis et compagnie, 1854.

Charles IX, *Edict du Roy sur la pacification des troubles de ce Royaume*. Paris: Parlement, 1570.

Theiner, Augustin, *Annales ecclesiasticiquos post Caesarem S. R. E. card. Baronium, Odoricum Raynaldum ac Jacobum Ladercjium...ab an. 1572 ad nostra usque tempora continuat*, 3vols. Rome: Ex TypographiaTiberina, 1856.

(二) 著作

Abercrombie, Nigel, *The Origin of Jansenism*, Oxford, 1936.

Adam, Antoine, *Du Mysticisme à la Révolte*, Fayard, 1968.

Adorno, Francesco Paolo, *La Discipline de l'Amour : Pascal, Port-Royal et la Politique*, Editions Kimé, Paris, 2010.

Allen, J. W. , *A History of Political Thought in the Sixteenth Century*, London: Methuen, 1951.

Baird, Henry M. , *History of the Rise of the Huguenots*, 2 vols, London: Hodder and Stoughton, 1880.

Baroni, Victor, *La Contre-Réforme devant la Bible : la question biblique : avec un supplément, Du XVIIIe siècle à nos jours*, Genève: Slatkine Reprints, 1986.

Baumgartner, Frederic J. , *Radical Reactionaries : the Political Thought of the French Catholic League*, Genève: Librairie Droz, 1976.

Benedict, Philip (dir.), *Rouen during the Wars of Religion*, Cambridge: Cambridge University Press, 1981.

Bèze, Théodore de et al. , *Correspondance de Théodore de Bèze*, 33vols.

Genève: Droz, 1960.

Bourrilly, V. L. , *Le Journal d'un bourgeois de Paris sous le règne de François Ier* (*1515—1536*), Paris: Picard et Fils, 1910.

Burns, J. H. and Goldie, Mark, *The Cambridge History of Political Thought*, *1450—1700*, Cambridge: Cambridge University Press, 1991.

Cameron, Euan, *Early Modern Europe : An Oxford history*, Oxford: Oxford University Press, 1999.

Crichton, J. D. , *Saints or Sinners : Jansenists and Jansenisers in Seventeenth Century France*, Veritas, 1996.

Diefendorf, Barbara B. , *Beneath the Cross : Catholics and Huguenots in Sixteenth-Century Paris*. New York: Oxford University Press, 1991.

Doyle, William, *Jansenism : Catholic Resistance to Authority from the Reforma-tion to the French Revolution*, Macmillan Press Ltd, 2000.

Drion, Charles, *Histoire chronologique de l'église protestante de France jusqu'à la révocation de l'Edit de Nantes*, 2vols, Paris: Veuve Berger-Levrault et fils, 1855.

Dufour, Alain, *Théodore de Bèze : poète et théologien*, Genève: Droz, 2006.

Dulaure, Jacques-Antoine, *Histoire physique, civile et morale de Paris*, 8 vols. Paris:Furne et Cie. , 1837—1838.

Dupuy, Antoine, *La Réunion de la Bretagne à la France, these pour le doctorat, présentée à la Faculté des lettres de Paris*, Brest:Impr. de Gardreau, 1879.

Elton, G. R. , *The New Cambridge Modern History : v. 2, the Reformation*, *1520—1559*, Cambridge: Cambridge University Press, 1979.

Estèbe, Janine, *Tocsin pour un massacre : la saison des Saint-Barthélémy*, Paris: le Centurion, 1968.

Farge, James K. , *Orthodoxy and Reform in Early Reformation France : the Faculty of Theology of Paris, 1500—1543*. Leiden: E. J. Brill, 1985.

Feretti, Michel, *Les victims française du fanatisme huguenot*, Paris:Litoo, 2001.

Finley-Croswhite, S. Annette, *Henry IV and the Towns : the Pursuit of Legitimacy in French Urban Society, 1589—1610*, Cambridge: Cambridge University Press, 2004.

Gaillard, Gabriel-Henri, *Histoire de François Premier, roi de France, dit le grand roi et le père des lettres*, 5 vols, Paris: J. L. F. Foucault, 1819.

Greengrass, Mark, *France in the Age of Henri IV : the Struggle for Stability*, London: Longman, 1984.

Guiraud, Jean, *Histoire partiale, histoire vraie*, 4 vols, Paris: Beauchesne, 1912—1924.

Herminjard, A. L. , *Correspondance des réformateurs dans les pays de langue francaise. Recueillie et publiée avec d'autres lettres relatives à la réforme et des notes historiques et biographiques*, 9 vols. Nieuwkoop: B. De Graaf, 1956—1966.

Holt, Mack P. , *The French Wars of Religion, 1562—1629*. New York: Cambridge University Press, 1995.

Hotman, François, *La vie de Messire Gaspar de Colligny, seigneur de Chastillon, admiral de France.* Leyde: B. Et A. Elzevier, 1643.

Hulling, Marc, *The Autocritique of Enlightenment : Rousseau and the Philosophers*, Cambridge: Harvard University Press,1994.

Jouanna, Arlette, *La Saint-Barthélémy : les mystères d'un crime d'Etat: 24 août 1572*, Paris: Gallimard, imp. , 2007.

Kelley, Donald R. , *The Beginning of Ideology : Consciousness and Society in the French Reformation.* Combridge: Cambridge University Press, 1981.

Kley, Dale K. Van, *The Religious Origin of the French Revolution*, New Haven and London: Yale University, 1996.

Kley, Dale K. Van, *The Jansenists and the Expulsion of the Jesuits from France : 1757—1765*, New Haven and London: Yale University Press, 1975.

Knecht, R. J. ,*Francis I*, Cambridge: Cambridge University Press, 1982.

Kingdon, Robert M. , *Geneva and the Coming of the Wars of Religion in France, 1555—1563.* Genève: Librairie E. Droz, 1956.

Kolakowski, Leszek, *God Owes Nothing : A Brief Remark on Pascal's Religion and on the Spirit of Jansenism*, Chicago: the University of Chicago,1995.

La Tour, Pierre de, Imbart and Chevalier, Jacques, *Les origines de la réforme*, 4vols, Paris: Hachette et cie, 1905—1935.

Lavisse, Ernest, *Histoire de France illustrée depuis les origines jusqu'à la Révolution*, 9 vols, Paris: Hachette, 1911.

Major, J. Russell, *From Renaissance Monarchy to Absolute Monarchy : French Kings, Nobles, &Estates*, Baltimore: Johns Hopkins University Press, 1994.

Manetsch, Scott M. , *Theodore Beza and the Quest for Peace in France, 1572—1598*. Leiden:Brill, 2000.

Mann, Margaret, *Érasme et les débuts de la réforme française (1517—1536)*, Paris: H. Champion, 1934.

Monter, E. William, *Judging the French Reformation : Heresy Trials by Sixteenth-Century Parlements.* Cambridge, Mass. : Harvard University Press, 1999.

Morris, T. A. , *Europe and England in the Sixteenth Century*, London: Routledge, 1998.

O'Connell, Marvin R. , *Blaise Pascal: Reasons of the Heart*, William B. Eerdmans Publishing Company: 1997.

Palm, Franklin Charles, *Politics and Religion in Sixteenth-Century France: a Study of the Career of Henry of Montmorency-Damville Uncrowned King of the South*. Boston: The Athenæum Press, 1927.

Pascal, *Les Provinciales*, in Pascal, *Oevures Complètes*, Gallimard, 1998.

Philpott, Daniel, *Revolutions in Sovereignty: How Ideas Shaped Modern International Relations*, Princeton N. J. : Princeton University Press, 2001.

Reid, Jonathan A. , *King's Sister: Queen of Dissent: Marguerite of Navarre (1492—1549) and Her Evangelical Network*. Leiden:Brill, 2009.

Robertson, William, *L'histoire du règne de l'empereur Charles-Quint, précédée d'un tableau des progrès de la société en Europe, depuis la destruction de l'Empire romain jusqu'au commencement du seizième siècle*, Paris: Saillant & Nyon, 1771.

Sabatier-Plantier, Henri de, *Role de Jacques Lefèvre d'Étaples a l'origine de la réformation française: thèse*, Toulouse: A. Chauvin, 1870.

Salmon, John H. M. , *Society in Crisis: France in the Sixteenth Century*. New York: St. Martin's Press, 1975.

Sedgwick, Alexander, *Jansenism in Seventeenth-Century France: Voices from the Wilderness*, Charlottesville: University Press of Virginia, 1978.

Sedgwick, Alexander, *The Travails of Conscience: The Arnauld Family and the Ancient Regime*, Harvard University Press, 1998.

Sutherland, N. M. , *Princes, Politics and Religion, 1547—1589*, London: Hambledon Press, 1984.

Sutherland, N. M. , *The Massacre of St. Bartholomew and the European Conflict, 1559—1572*. New York: Barnes &Noblem, 1973.

Tommaséo, Niccolò, *Relations des ambassadeurs vénetiens sur les affaires de France au XVIe siècle*. Paris: Imprimerie Royale, 1838.

Thuau,Etienne, *Raison d'Etat et pensée politque à l'époque de Richelieu*, Albin Michel,1968.

Wintroub, Michael, *A Savage Mirror: Power, Identity, and Knowledge in Early Modern France*, Stanford, Calif. : Stanford University Press, 2006.

Zinguer, Ilana and Yardeni, Myriam, *Les deux réformes chrétiennes: propagation et diffusion*, Leiden: Brill, 2004.

（三）论文

Benedict，Philip，"The Saint Bartholomew's Massacres in the Provinces"，*The Historical Journal*，vol. 21，no. 2，1978.

Edgard，Boutaric，"La Saint-Barthélémy d'après les archives du Vatican"*Bibliothèque de l'école des chartes*，vol. 23，1862.

Reuss，Rodolphe ed.，"Un nouveau récit de la Saint-Barthélemy par un bourgeois de Strasbourg"，*Bulletin de la Société de l'histoire du protestantisme français*，vol. 22，1873.

中文

G. R. 波特编：《新编剑桥世界近代史：第一卷文艺复兴(1493—1520)》，中国社会科学院世界历史研究所组译，中国社会科学出版社，1988 年。

米歇尔·艾伦·吉莱斯皮：《现代性的神学起源》，张卜天译，湖南科学技术出版社，2011 年。

第五章　路易十四时代的文化集权与胡格诺移民

西文

（一）原始资料

Anonymous，*Etat et Description des Sevennes*，*par Raport à ce qui s'y passe aujourd'hui*，Hague and Berlin，1703.

Anonymous，*Le Manifeste des habitans des Sevennes*，*sur leur Prise d'armes*，Berlin，1703.

Bayle，Pierre，*Ce que c'est que la France toute catholique sous le règne de Louis le Grand*，Chez Jean Pierre，1686.

Bossuet，*Politique tirée des propres paroles de l'Ecriture sainte*，Paris，1709.

Boyer，Abel，*the Lawfulness*，*Glory and Advantage of Giving Immediate and Effectual Relief to the Protestants in the Cevennes*，*Humbly Submitted to the Consideration of the Queen*，*the Prince*，*and the Privy Council*，J. Nutt，1703.

Jurieu，Pierre，*Les Soupirs de la France Esclave*，*qui aspire après la Liberté*，1690.

Jurieu，Pierre，*Lettres pastorals addressées aux fidèles de France qui gémissent sous la capitivité de Babylon*，Chez Jean Leonard，1709.

Lettres patentes du roy，*pour l'établissement de l'Académie royale de danse en* la ville de Paris. Vérifiées en Parlement le 30 mars 1662, Paris, 1663.

Pufendorf, Samuel, Les Devoirs de l'Homme et du Citoyen, trans. and ed. by Jean Barbeyrac, 2 Vols, J. Nours, 1989.

（二）著作

Baird, Henry M., The Huguenots and the Revocation of the Edict of Nantes, I, Charles Scribner's Sons, 1895.

Baker, Keith Michael, Inventing the French Revolution : Essays on French Political Culture in the Eighteenth Century, Cambridge University Press, 1990.

Barbier, Frédéric, Histoire du livre, Paris : Armand Colin, 2000.

Baridon, Laurent & Guédron, Martial (eds.), L'art et L'histoire de la Caricature, Citadelles & Mazenod, 2015.

Benoist, Elie, Histoire de L'Edit de Nantes, Delft & London, Dutton, 1694/5.

Blanning, T. C. W., The Culture of Power and the Power of Culture, Oxford:Oxford University, Press, 2002.

Bluche, François, Louis XIV, trans. by Mark Greengrass, Oxford: Basil Blackwell Ltd, 1990.

Bluche, François, La vie quotidienne au temps de Louis XIV, Paris:Hachette, 1984.

Brewer, Daniel (eds.), the French Enlightenment, Cambridge University Press, 2014.

Burke, Peter, Languages and Communities in Early Modern Europe, Cambridge University Press, 2004.

Cerny, Gerald, Theology, Politics and Letters at the Crossroads of European Civilization, Martinus Nijhoff Publishers, 1987.

Champfleury, Jules, Histoire de la caricature sous la Réforme et la Ligue, Louis XIII à Louis XVI, Ressouvenances, 1880.

Charles, Sébastien & J. Smith, Plínio(eds.), Scepticism in the Eighteenth Century : Enlightenment, Lumières, Aufklärung, Springer Dordrecht, 2013.

Claydon, Tony & Édouard Levillain, Charles (eds.), Louis XIV Outside in, Images of the Sun King Beyond France, 1661—1715, Ashgate Publishing Limit, 2015.

Cobban, Alfred, A History of Modem France, Vol. 1, London: Penguin Books, 1963.

Collins, James, The State in Early Modern France, Cambridge: Cambridge University Press, 1995.

Cooper, Kristen L., Inventing a French Tyrant : Crisis, Propaganda, and the Origins of Fénelon's Ideal King, Chapel Hill, 2013.

Courtines, Léo Pierre, *Bayle's Relations with England and the English*, Columbia university press, 1938.

Crété, Liliane, *Les Camisards*, FeniXX, 1992.

Davies, Horton and Davies, Marie-Hélène, *French Huguenots in England-Speaking Lands*, Peter Lang Publishing, 2000.

Deyss, Charles, *Mémoires de Louis XIV : Pour l'instruction du Dauphin*, T. 2, Paris: Didier et Cie, 1860.

Dunan-Page, Anne, *the Religious Culture of Huguenots*, 1660—1750, Ashgate Publishing Limited, 2006.

Edelstein, Dan, *the Enlightenment*, University of Chicago Press, 2010.

Eisenstein, Elizabeth, *Grub Street Abroad : Aspect of French Cosmopolitan Press from the Age of Louis XIV to the French Revolution*, Clarendon Press, 1992.

Foster Flagg, James, *Abel Boyer : A Huguenot Intermediary*, University Microfilms, 1973.

Franko, Mary, *Dance as Text*, Cambridge: Cambridge University Press, 1993

Fuhring, Peter &.Marchesano, Louis &. Mathis, Rémi&.Selbach, Vanessa (eds.), *A Kingdom of Images*, *French Prints in the Age of Louis XIV*, 1660—1715, Getty Research Institute, 2015.

Gaiffe, Felix, *L'Envers du Grand Siècle*, Albin Michel, 1924.

Geertz, Clifford, *Negara : The Theatre State in Nineteenth-Century Bali*, Princeton University Press, 1980.

Glozier, Matthew &.Onnekink, David (eds.), *War, Religion and Service, Huguenot Soldering*, 1685—1713, Ashgate Publishing, 2007.

Goldstein, Robert Justin, *Censorship of Political Caricature in Nineteenth-century France*, Kent State University Press, 1989.

Grell, Ole Peter &. Porter, Roy (eds.), *Toleration in Enlightenment Europe*, Cambridge University Press, 2000.

Gwynn, Robin, *Huguenot Heritage : The History and Contribution of the Huguenots in Britain*, Sussex Academic Press, 1985.

Hatin, Eugène, *Histoire politique et littéraire de la presse en France*, T. 2, Paris : Poulet-Malassis et de Broise, 1859.

Hazard, Paul, *The Crisis of The European Mind*, 1680—1715, Hollis and Carter, 1953.

Hellinga, Lotte &. Duke, Alastair&.Harskamp, Jacob &.Hermans, Theo (eds.), *the Bookshop of the World : The Role of the Low-Countries in the Book-trade*, 1473—1941, HES &. DEGRAAF Publishers BV, 2001.

Henri-Jean Martin, *Livre, Pouvoirs et Société à Paris au XVIIᵉ Siècle*, Librairie Droz, 1969.

Isambert, Decrusy, Taillandier (éds.), *Recueil général des anciennes lois française*, Paris : Belin-Leprieur, 1821—1833.

Israel, Jonathan, *Enlightenment Contested : Philosophy, Modernity, and the Emancipation of Man, 1670—1752*, Oxford University Press, 2006.

Knecht, R. J., *the French Wars of Religion, 1559—1598*, Pearson Education Limited, 2010.

Labrousse and McKenna, A. (eds.), *Correspondance de Pierre Bayle*, Oxford, 1999—2008.

Levron, Jacques, *La Cour de Versailles aux XVIIᵉ et XVIIIᵉ siècles*, Paris : Hachette Littératures, 1999.

Louis XIV, *Mémoires de Louis XIV*, présentés et annotés par Jean Longnon, Paris : Librairie Jules Tallandier, 1978.

Macpherson, David, *Annals of Commerce, II*, Nichols & Son, 1805.

Mandrou, Robert, *Louis XIV en son temps, 1661—1715*, Paris : Presses Universitaires de France, 1978.

Martin, Henri-Jean, *Livre : pouvoirs et société à Paris au XVIIᵉ siècle (1598—1701)*, T. 2, Genève : Librairie Droz, 1969.

Martin, Henri-Jean & Chartier, Roger (eds.), *Histoire de l'édition française*, Paris, 1983—86.

Martin, Henri-Jean, *The French Book : Religion, Absolutism, and Readership, 1585—1715*, Johns Hopkins University Press, 1996.

Mentzer, A. Raymond & Van Ruymbeke, Bertrand, *A Companion to the Huguenots*, Brill, 2016.

Mesnard, Paul, *Histoire de l'Académie française, depuis sa fondation jusqu'en 1830*, Paris : Charpentier, 1857.

Miles, Samuel, *The Huguenots : Their Settlements, Churches, and Industries in England and Ireland*, Clark Edinburgh, 1869.

Moine, Marie-Christine, *Les fête à la cour du roi soleil, 1653—1715*, Paris : F. Lanore, 1984.

Mousnier, Roland, *The Institution of France under the Absolute Monarchy*, Vol. 2, trans. by Arthur Goldhammer, Chicago : University of Chicago Press, 1984.

Päivärinne, Meri, *Translating Grotius's De jure belli ac pacis : Courtin vs Barbeyrac*, Translation Studies, Vol. 5, No. 1, 2012.

Parton, James, *Caricature and other Comic Art in all Times and Many Lands*,

Harper & Brothers, 1877.

Pottinger, David, *The French Book Trade in the Ancien Regime*, *1500—1791*, Cam-bridge: Cambridge University Press, 1958.

Price, Roger, *A Concise History of France*, Shanghai Foreign Language Education Press, 2005.

Rioux, Jean-Pierre & Sirinelli, Jean-François (éds.), *Histoire culturelle de la France*, T. 2, Paris : Éditions du Seuil, 1998.

Roche, Daniel, *Les Républicains des lettres : Gens de culture et Lumières au XVIIIᵉ Siècle*, Paris : Fayard, 1988.

Rothrock, George A. , *The Huguenots : A Biography of Minority*, Nelson Hall, 1979.

Saint-Simon, Lopuis de Rouvroy, *Louis XIV et sa cour : portraits, jugements et anecdots*, Paris: Librairie de L. Hachette et Cie, 1857.

Scouloudi, Irene, *Huguenots in Britain and their French Background*, *1550—1800*, Macmillan Press, 1987.

Sorkin, David, *the Religious Enlightenment : Protestants, Jews, and Catholics from London to Vienna*, Princeton University Press, 2008.

Stankiewicz, W. J. , *Politics and Religion in Seventeenth-Century France*, University of California Press, 1960.

Starnes, De Witt T. & Noyes, Gertrude E. , *the English Dictionary from Cawdrey to Johnson*, the University of North Carolina Press, 1946.

Tocqueville, Alexis de, *Oeuvre complètes*, T. 4, Paris, 1866.

Van Der Linden, David, *Experiencing Exile : Huguenot Refugees in the Dutch Republic*, *1680—1700*, Ashgate Publishing Limited, 2015.

Vigne, Randolph & Littleton, Charles (eds.), *From Strangers to Citizens : The Integration of Immigrant Communities in Britain, Ireland and Colonial America*, *1550—1750*, Sussex Academic Press, 2001.

Voltaire, *Oeuvre complètes de Voltaire*, T. 31, Paris, 1819.

Weiss, M. Charles, *History of the French Protestant Refugees I*, Stringer and Townsend, 1854.

Wright, Thomas, *A History of Caricature and Grotesque in Literature and Art*, Virtue Broth, 1865.

Ziegler, Hendrik, *Louis XIV et Ses Ennemis, Image, Propagande et Contestation*, Presse Universitaires de Vincennes, 2013.

（二）论文

Asfour, A. , "Hogarth's post-Newtonianuniverse," *Journal of the History of*

Ideas, 1999, Vol. 60(4).

Baillon, Jean-François, "Early Eighteenth-Century Newtonianism: the Huguenot Contribution", *Studies in History and Philosophy of Science*, Vol. 35, 2004.

Bisset, Sophie, "Jean Barbeyrac's Theory of Permissive Natural Law and the Foundation of Property Rights," *Journal of the History of Ideas*, Vol. 76, No. 4, 2015.

Broome, J. H., "An Agent in Anglo-French Relationships: Pierre Des Maizeaux, 1673—1745," Doctoral thesis, University of London, 1949.

Guitteau, Joanne Patsy, "Influence of the Huguenot Refugees on English Manufactures," *The Social Studies*, Vol. XXXIII, No. 6, 1942.

Hoftijzer, P. G., "Dutch Printing and Bookselling in the Golden Age", in Boot W. J. & Shirahata Y. (eds.), *The Faces of the Early Modern World. The Netherlands and Japan in the 17th and 18th Centuries*, Kyoto, 2001.

Hornung, Erik, "Immigration and the Diffusion of Technology: the Huguenot Diaspora in Prussia," *American Economic Review*, Vol. 104, No. 1, 2014.

Kennedy, Máire, "Reading the Enlightenment in Eighteenth-Century Ireland," *Eighteenth-Century Studies*, Vol. 45, No. 3, 2012.

Laborie, Lionel, "Huguenot Propaganda and the Millenarian Legacy of the Désert in the Refuge", *Proceedings of the Huguenot Society*, XXIX (5), 2012.

Mckenna, Antony, Pierre Bayle, "Free Thought and Freedom of Conscience," *Reformation & Renaissance Review*, Vol. 14, No. 1, 2012.

Mori, Gianluca, Pierre Bayle, "the Rights of the Conscience, the 'Remedy' of Toleration," *Ratio Juris*, Vol. 10, No. 1, 1997.

Scoville, Warren C., "the Huguenots and the Diffusion of Technology II," *Journal of Political Economy*, Vol. 60, No. 4, 1952.

Solère, Jean-Luc, "the Coherence of Bayle's Theory of Toleration," *Journal of the History of Philosophy*, Vol. 54, No. I, 2016.

Soulard, Delphine, "Anglo-French Cultural Transmission: the Case of John Locke and the Huguenots," *Historical Research*, Vol. 85, No. 227, 2011.

Tricoire, Damien, "Attacking the Monarchy's Sacrality in Late Sevententh-Century France: The Underground Literature against Louis XIV, Jansenism and the Dauphin's Court Faction," *French History*, Vol. 31, No. 2, 2017.

中文

（一）著作

（英）彼得·伯克:《制造路易十四》,郝名玮译,商务印书馆,2007年。

柯春桥主编:《世界军事简史》,解放军出版社,2015 年。

军事科学院世界军事研究部编:《世界军事革命史》上卷,军事科学出版社,2012 年。

(法)乔治·杜比主编:《法国史》,吕一民等译,人民出版社,2011 年。

(法)乔治·杜比、罗贝尔·芒德鲁:《法国文明史 II—从 17 世纪到 20 世纪》,傅先俊译,东方出版中心,2019 年。

(法)让-皮埃尔·里乌、让-弗朗索瓦·西里内利编:《法国文化史 III 启蒙与自由:十八世纪和十九世纪》,朱静、许光华译,华东师范大学出版社,2012 年。

(英)托马斯·马丁·林赛:《宗教改革史》,刘林海、徐洋等译,商务印书馆,2016 年。

邢来顺:《德国贵族文化史》,人民出版社,2006 年。

(美)威尔·杜兰:《路易十四时代》,东方出版社,2007 年。

(意)文森佐·费罗内:《启蒙观念史》,马涛、曾允译,商务印书馆, 2018 年。

张芝联主编:《法国通史》,北京大学出版社,1988 年。

(二) 论文

洪庆明:《路易十四时代的文化控制策略》,《史林》,2011 年第 6 期。

王加丰:《法国宗教战争与欧洲近代政治思想的产生》,《世界历史》,第 5 期,2000 年。

第六章　宫廷文化、贵族文化和大众文化

西文

(一) 原始资料

Anonymous, *Description des tournois faits l'an 1519 à Chambly et à Bailleul-sur-Cirches*, Bibliothèque nationale de France, 1436.

Anonymous, *Roman d'Alexandre*, Oxford University Bodley Library, Ms Bodley 264.

Archives Historiques et Statistiques du Départment du Rhône, Vol. 10, Lyon: J. M., 1829.

Arrêt du Parlement de Paris Relatif à la Fête des Innocents dans la Ville de Tournay, 1499, in Bibliothèque de l'École des Chartes, t. 3, Paris, 1842.

Bassompierre, François de, *Journal de ma vie: mémoires du maréchal de Bassompierre*, Paris, 1870.

Anonymous, *Chronique d'Enguerrand de Monstrelet: l'Années 1380—1432*, Bibliothèque nationale de France.

Humbert, Henry, *Combat à la Barriere, Faict en Cour de Lorraine le 14*

Febvrier, en *l'Année Présente 1627*.

Les Triomphes de l'Abbaye des Conards avec une Notice sur la Fête des Fous, Paris,1874.

l'Estoile, Pierre de, *Registre-journal d'un Curieux etc. pendant le Règne de Henri III（1574—1589）*, Paris, 1854.

Nangis, Beauvais, *Mémoires du Marquis de Beauvais-Nangis et Journal du Procès du Marquis de la Boulaye*, Paris, 1862.

Pluvinel, Antoine de, *L'instruction du roy en l'exercice de monter à cheval*, Amsterdam, 1629.

Procez et Amples Examinations sur la Vie de Caresme-prenant, Paris, 1605.

Thiers, Jean-Baptiste, *Traité des jeux et des divertissemens qui peuvent être permis, ou qui doivent être défendus aux chrétiens selon les règles de l'Eglise et le sentiment des Pères*, Paris, 1686.

（二）著作

Andersson, Theodore M. and Barney, Stephen A. eds. , *Contradictions: from Beowulf to Chaucer: Selected Studies of Larry D. Benson*, Aldershot,1995.

Ariès, Philippe, *L'enfant et la Vie Familiale sous l'Ancien Régime*, Paris: Seuil, 1973.

Ashley, Kathleen and Hosken, Wim ed. , *Moving Subjects: Processional Performance in the Middle Ages and the Renaissance*, Amsterdam: Rhodope Press, 2001.

Barbat, L. , *Histoire de la ville de Châlons-sur-Marne et de ses monuments depuis son origine jusqu'à l'époque actuelle*, Châlons-sur-Marne, 1855.

Barber, Richard and Barker, Juliet, *Tournaments: Jousts, Chivalry and Pageants in the Middle Ages*, NewYork, 1989.

Barker, Juliet, *The Tournament in England: 1100—1400*, Wolfeboro, 1986.

Boulton, D'Arcy J. D. , *The Knights of the Crown: The Monarchical Orders of Knighthood in Later Medieval Europe, 1325—1520*, Woodbridge, 1987.

Boutier, Jean et al. , *Un Tour de France royal: Le voyage de Charles IX（1564—1566）*, Paris, 1984.

Bumke, Joachim, *Courtly Culture: Literature and Society in the High Middle Ages*, trans. by Thomas Dunlap, California University Press, 1991.

Chambers, E. K. , *The Medieval Stage*, Oxford: Clarendon Press,1903.

Chazaud, A. M. , *La Chronique du Bon Duc Loys de Bourbon*, Paris: Libraire Renouard, 1876.

Clare, Lucien, *La Quintaine, la Course de Bague et le Jeu des Têtes*, Paris,

1983.

Crane, Susan, *The Performance of Self : Ritual, Clothing, and Identity During the Hundred Years War*, Philadelphia: Pennsylvania State University Press, 2002.

Crouch, David, *William Marshal : Knighthood, War and Chivalry, 1147—1219*, London, 2002.

Crouch, David, *Tournament*, London, 2005.

Duby, Georges, *The Chivalrous Society*, trans. by Cynthia Postan, trans. by Cynthia Postan, California University Press, 1977.

Du Tilliot, Lucotte, *Mémoires pour servir à l'Histoire de la fête des Foux*, Lausanne : Marc-Michel Bousquet, 1741.

Eisenbichler, Konrad and Hiisker, Wim eds. , *Carnival and the Carnivalesque : The Fool, the Reformer, the Wildman, and Others in Early Modern Theatre*, Amsterdam: Rodopi, 1999.

Eschenbach, Wolfram von, *Parzival and Titurel*, trans. by Cyril Edwards, Oxford University Presss, 2006.

Faret, Nicolas, *L'Honneste Homme ou l'Art de Plaire à la Court*, Paris, 1631.

Fléchier, Esprit, *Mémoires de Esprit Flechier sur les Grands-Jours Tenus à Clermont en 1665—1666*, Paris: Porquet Libraire, 1844.

Gassier, J. M. , *Histoire de la Chevalerie Française, ou Recherches Historiques sur la Chevalerie, depuis la Fondation de la Monarchie jusqu'à Napoléon*, Paris, 1814.

Gerson, Jean, *Contre la fête des fous*, in *Oeuvrescompletes*, t. 7, Paris, New York: Desclee, 1961.

Gerson, Jean, *Jean Gerson : Early Works*, trans. by Brian Patrick McGuire, New York-Mahwah: Paulist Press, 1998.

Gieseler, J. C. I. , *Text-book of Ecclesiastical History*, v. 2, Philadelphia, 1836.

Gilbert of Mons, *Chronicle of Hainaut*, trans. by Laura Napran, Woodbridge, 2005.

Goldschmidt, Moritz ed. , *Sone von Nausay*, Tubingen, 1899.

Harris, Max, *Sacred Folly : A New History of the Feast of Fools*, Cornell University Press, 2011.

Heers, Jacques, *Fêtes des fous et carnavals*, Hachette, 2001.

Hewitt, John, *Ancient Armour and Weapons in Europe*, Cambridge, 1855.

Hugo, A. , *France pittoresque ou description pittoresque, topographique et sta-*

tistique des départements et colonies de la France, Paris, 1835.

Huguenin, J. F. , *Les Chroniques de la Ville de Metz 900—1552*, Metz: S. Ramall Press, 1838.

Jusserand, Jean Jules, *Les Sports et Jeux D'exercise dans L'ancienne France*, Paris, 1901.

Kelly, Thomas Forrest (ed.), *Plainsong in the Age of Polyphony*, Cambridge University Press, 1992.

Leber, Constant (ed.), *Collection des meilleurs dissertations, notices et traités particuliers relatifs à l'histoire de France*, t. 9, Paris, 1826.

Lebeuf, Jean, *Mémoires concernant l'histoire civile et ecclésiastique d'Auxerre*, t. 4, Paris, 1855.

Le Goff, Jacques and Schmitt, Jean-Claude, *Le Charivari*, Paris : École des Hautes Etudes en Sciences Sociales, 1981.

Le Roy Ladurie, Emmanuel, *Carnival in Romans : Mayhem and Massacre in a French City*, trans. by Mary Feeney, London: Phoenix, 2003.

Liechtenstein, Ulrich von, *The Service of Ladies*, trans. by J. W. Thomas, Woodbridge, 2004.

Manning, Aubrey and Serpell, James eds. , *Animals and Human Society : Changing Perspectives*, London: Routledge Press, 1994.

Menestrier, Claude-François, *Traité des Tournois, Joustes, Carrousels, et autres Spectacles Publics*, Lyon: Jacques Miguel Presse, 1669.

Meyer, Paul ed. , *L'histoire de Guillaume le Maréchal*, Vol. 2, Paris, 1891—1901.

Michalski, Sergiusz, *The Reformation and the Visual Arts : The Protestant Image Question in Western and Eastern Europe*, London: Routledge Press, 1993.

Michaude, MM. &Poujoulat, eds. , Nouvelle Collection des Mémoires pour Servir à l'Histoire de France, Paris: l'Editeur du commentaire analytique du code civil, 1837.

Michel, Francisque, *Histoire des Ducs de Normandie et des Rois d'Angleterre*, Paris, 1840.

Mills, Charles, *The History of Chivalry, or Knighthood and Its Times*, Vol. 1, Londdon, 1825.

Moine, Marie-C. , *Les Fêtes à la Cour du Roi Soleil : 1653—1715*, Paris, 1984.

Muchembled, Robert, trans. Lydia Cochrane, *Popular Culture and Elite Culture in France, 1400—1750*, Louisiana: Louisiana State University Press, 1985.

Muchembled, Robert, *La violence au village : sociabilité et comportements populaires en Artois du XVe au XVll^e siècle*, Paris,1989.

Muchembled, Robert, *A History of Violence : From the End of the Middle Ages to the Present*, Cambridge, 2012.

Muir, Edward, *Ritual in Early Modern Europe*, Cambridge: Cambridge University Press, 2005.

Munby, Julian et al. , *Edward III's Round Table at Windsor*, Woodbridge, 2007.

Noel, François & Planche, Joseph, *Éphémérides Politiques, Littéraires et Religieuses*, Paris: Le Norman Press, 1803.

Parisiensis, Matthaei, *Chronica Majora*, London: Cambridge University Press, 1880.

Pasquier, Nicolas, *Le Gentilhomme*, Paris: Garnier, 2003.

Petitot, M. (ed.), *Collection Complète des Mémoires Relatifs à l'Histoire de France*, Paris, 1825.

Reimes, Philippe de, *Roman de la Manekine*, Paris,1840.

Schroeder, Henry J. (ed. and trans.), *Canons and Decrees of the Council of Trent*, St. Louis: B. Herder, 1941.

Strong, Roy C. , *Art and Power : Renaissance Festivals, 1450—1650*, California University Press, 1984.

Villetard, Henri (ed.), *Office de Pierre de Corbeil*, Paris, 1907.

（三）论文

Grinberg, Martine & Kinser, Sam, "Les Combats de Carnaval et de Carême: Trajets d'une Métaphore", *Annales. Histoire, Sciences Sociales*, Vol. 38, No. 1, 1983.

Grinberg, Martine, "Carnaval et Société Urbaine XIVe-XVIe Siècles: le Royaume dans la Ville", *Ethnologie Française*, Vol. 4, No. 3, 1974.

Moffat, Ralph Dominic, "The Medieval Tournament: Chivalry, Heraldry and Reality: An Edition and Analysis of Three Fifteenth-century Tournament Manuscripts", PhD thesis, the University of Leeds, 2010.

Reid, Dylan, "Carnival in Rouen: A History of the Abbaye desConards", *The Sixteenth Century Journal*, Vol. 32, No. 4, 2001.

Rossiaud, Jacques, Fraternités de Jeunesse et Niveaux de Culture dans les Villes du Sud-Est à la Fin du Moyen Âge, *Cahiers d'Histoire*, Vol. 21, 1976.

Shusterman, Noah, "The Decline of Religious Holidays in Old Regime France (1642 - 1789)", *French History*, Vol. 23, No. 3, 2009.

Ultée, J. Maarten, "The Suppression of Fêtes in France, 1666", *The Catholic Historical Review*, Vol. 62, No. 2, 1976.

Valcke, Juliette, *La société Joyeuse de la Mère Folle de Dijon : Histoire (XVe-XVIIes.) et Edition du Répertoire*, Ph. D thesis, 1997.

中文

(法)埃马纽埃尔·勒华拉杜里:《罗芒狂欢节》,许明龙译,商务印书馆,2013年。

(苏)巴赫金:《弗朗索瓦·拉伯雷的创作与中世纪和文艺复兴时期的民间文化》,李兆林、夏忠宪等译,河北教育出版社,1998年。

(英)彼得·伯克:《欧洲近代早期的大众文化》,杨豫、王海良译,上海人民出版社,2005年。

(法)菲力浦·阿利埃斯:《儿童的世纪:法国旧制度下的儿童和家庭生活》,沈坚、朱晓罕译,北京大学出版社,2013年。

(法)菲利浦·阿利埃斯、乔治·杜比编:《私人生活史》II《肖像——中世纪》和III《激情——文艺复兴》,洪庆明等译,北方文艺出版社,2009年。

(法)吕西安·费弗尔:《16世纪的不信教问题:拉伯雷的宗教》,赖国栋译,上海三联书店,2011年。

(英)玛丽·霍林斯沃斯:《红衣主教的帽子》,张立群译,上海人民出版社,2007年。

(法)马克·布洛赫:《封建社会》,张绪山译,商务印书馆,2004年。

(法)米歇尔·福柯:《规训与惩罚:监狱的诞生》,刘北成、杨远婴译,生活·读书·新知三联书店,1999年。

(法)米歇尔·沃维尔:《死亡文化史》,高潜翰、蔡锦涛译,中国人民大学出版社,2004年。

(法)乔治·杜比编:《法国史》上卷,吕一民、沈坚等译,商务印书馆,2010年。

(法)让·皮埃尔·里乌等主编:《法国文化史》II《从文艺复兴到启蒙前夜》,傅绍梅、钱林森译,华东师范大学出版社,2011年。

(英)詹·乔·弗雷泽:《金枝——巫术与宗教之研究》,徐育新、汪培基等译,大众文艺出版社,1998年。

第七章　探索欧洲以外的世界

西文

(一)原始资料

Archives de Pondichéry, No. 5057, Edmond Gaudart et Société de l'histoire de l'Inde franc,aise, *Les privilèges du commerce français dans l'Inde*, Pondichéry: Impr. moderne, 1935.

Cartier, Jacques, *Briefrecit de la navigationfaicte es ysles de Canada* ([Reprod.]), Paris, 1545.

Département Cartes et plans. Bibliothèque nationale de France: GE SH 18 PF 111 DIV 4 P 1 D, GE DD - 2987 (6825), GE D - 17834.

Durand, Jean-Baptiste-Léonard, Atlas pour servir au voyage du Sénégal par Jean-Baptiste-Léonard Durand, Paris: Dentu, 1807.

Great Britain. Foreign Office. Historical Section, *France and the Levant*, London: Stationary Office, 1920.

Montaigne, Michel de, *Les Essais de Michel Seigneur de Montaigne*, Paris, 1617.

Raynal, Guillaume-Thomas, *Histoire Philosophique et Politique des Établissements et du Commerce des Européens dans les Deux Indes*, Tome VII, Tome VIII, Genève, 1781.

（二）著作

Agmon, Danna, *A Colonial Affair : Commerce, Conversion, and Scandal in French India*, Ithaca: Cornell University Press, 2017.

Axtell, James, *After Columbus : Essays in the Ethnohistory of Colonial North America*, New York: Oxford University Press, 1988.

Ballesteros-Gaibrois, M. et Bataillon, M. ed. , *La découverte de l'Amérique, Esquisse d'une synthése, Conditions historiques et conséquences culturelles*, Paris: Librairie phi-losophique J. Vrin, 1968.

Bolster, W. Jeffrey, *The Mortal Sea : Fishing the Atlantic in the Age of Sail*, Cambridge, MA: Belknap Press of Harvard University Press, 2012.

Bothwell, Robert, *Une histoire du Canada*, traduit de l'anglais par Michel Buttiens, Québec: Les Presses de l'Université Laval, 2009.

Boucher, Philip P. , *France and the American Tropics to* 1700 : *Tropics of Discontent?* Baltimore, MD: The Johns Hopkins University Press, 2008.

Colby, Charles William, *The Founder of New France-A Chronicle of Champlain*, Glasgow: Brook & Company, 1915.

Cornevin, Robert, *Histoire de l'Afrique*, Tome II, Paris: Payot, 1966.

Davidson, Basil & Buah, F. K. & Ajayi, J. F. , *The Growth of African Civilization : A History of West Africa*, *1000—1800*, London: Longmans, 1985.

D'Errey, H. de Closets et Société de l'histoire de l'Inde franc,aise, *Précis chro-nologique de l'histoire de l'Inde française*, *1664—1816*, Pondichéry: Bibliothéque publique; Paris: Librairie E. Leroux, 1934.

Deschamps, Léon, *Histoire de la Question Coloniale en France*, Paris, 1891.

Dew, Nicholas, *Orientalism in Louis XIV's France*, Oxford: Oxford University Press, 2009.

Dix, Edwin Asa, *Champlain, the Founder of New France*, New York: D. Appleton and Company, 1903.

Dorigny, Marcel et Klein, Jean-François ed., *Grand Atlas des empires coloniaux*, Autrement, 2015.

Fage, J. D., *A History of West Africa : An Introductory Survey*, Cambridge: Cambridge University Press, 1969.

Fairchild, Hoxie Neale, *The Noble Savage : A Study in Romantic Naturalism*, New York: Columbia University Press, 1928.

Figueredo, D. H., Frank Argote-Freyre, *A Brief History of the Caribbean*, New York: Facts on File, 2008.

Gaffarel, Paul, *Histoire de la Floride française*, Paris: Libraire de Firmin-Didot, 1875.

Galloway, Patricia Kay, *La Salle and His Legacy-Frenchmen and Indians in the Lower Mississippi Valley*, University Press of Mississipi, 1983.

Harvey, David Allen, *The French Enlightenment and Its Others : The Mandarin, the Savage, and the Invention of the Human Sciences*, New York: Palgrave Macmillan, 2012.

Hodgen, Margaret T., *Early Anthropology in the Sixteenth and Seventeenth Centuries*, Philadelphia: University of Pennsylvania Press, 1964.

Jacquin, P., *Les Indiens blancs : Français et Indiens en Amérique du Nord, XVIe-XVIIIe siècle*, Montréal: Libre Expression, 1996.

Knecht, Robert, *The Valois : Kings of France, 1328—1589*, London: Hambledon Continuum, 2007.

La Roncière, Charles Bourel de, *Nègres et négriers*, Paris: Éditions des Portiques, 1933.

Lane, Kris E. and O'Shaughnessy, Hugh, *Blood and Silver : A History of Piracy in the Caribbean and Central America*, Kingston, Jamaica: Ian Randle, 1999.

Laudonnière, René de Goulaine de, *L'Histoire notable de la Floride située ès Indes Occidentales : contenant les trois voyages faits en icelle par certains capitaines et pilotes français*, Paris, P. Jannet, 1853.

Marley, David, *Wars of the Americas : A Chronology of Armed Conflict in the

New World, 1492 *to the Present*, ABC-CLIO, 1998.

Mason, Peter, *Deconstructing America : Representations of the Other*, London, New York: Routledge, 1990.

Miller, J. R. , *Skyscrapers Hide the Heavens-A History of Indian-White Relations in Canada*, University of Toronto Press, 2000.

Mollat, Michel et Hapert, Jacques, *Bibliothèque de l'école des chartes*, Paris, Genève: Droz, 1985.

Nester, William, *The Great Frontier War-Britain, France, and the Imperial Struggle for North America*, 1607—1755, Westport, CT: Praeger, 2000.

Pagden, Anthony, *European Encounters with the New World : From Renaissance to Romanticism*, New Heaven: Yale University Press, 1993.

Pagden, Anthony, *The Fall of Natural Man : The American Indian and the Origins of Comparative Ethnology*, London: Cambridge University Press, 1982.

Pocock, J. G. A. , *Barbarism and Religion*, Vol. 4: *Barbarians, Savages and Empires*, New York: Cambridge University Press, 2005.

Prakash, Om, *European Commercial Enterprise in Pre-colonial India : The New Cambridge History of India*, Vol. II (5), Cambridge: Cambridge University Press, 1998.

Pritchard, James, *In Search of Empire-The French in the Americas*, 1670—1730, Cambridge University Press, 2004.

Raychaudhuri, Tapan and Habib, Irfan ed. , *The Cambridge Economic History of India*. Volume 1, c. 1200 – c. 1750, New York: Cambridge University Press, 1982.

Roy, Tirthankar, *India in the World Economy : From Antiquity to the Present*, Cambridge: Cambridge University Press, 2012.

Shaw, Stanford J. , *History of the Ottoman Empire and Modern Turkey*, Volume I, *Empire of the Gazis : The Rise and Decline of the Ottoman Empire*, 1280—1808, Cambridge: Cambridge University Press, 1976.

Sik, Endre, *The History of Black Africa*, Vol. I, Budapest: Akadémiai Kiadó, 1966.

Sinou, Alain, *Comptoirs et villes coloniales du Sénégal-Saint-Louis, Gorée, Dakar*, Paris:Karthaka : Ed. de l'Orstom, 1993.

Taillemite, Etienne,*Giovanni et Girolamo Verrazano, navigateurs de François Ier*, Dossiers de voyages établis et commentéspar Michel Mollat et Jacques Hapert, Paris : Imprimerie nationale, 1982. In-8°, dans *Bibliothèque de l'école des chartes*, 1985, tome 143, livraison 1.

Trigger, Bruce G., *Natives and Newcomers：Canada's "Heroic Age" Reconsidered*, Montreal, Kingston, London, Ithaca：McGill-Queen's University Press, 1985.

Trudel, Marcel, *Histoire de la Nouvelle-France*, I, *Les vaines tentatives*, *1524—1663*, Montréal：Fides, 1963.

Weber, Henry et Levasseur, E., *La compagnie française des Indes*, *1604—1875*, Paris：Arthur Rousseau, 1904.

Williams, Eric, *From Columbus to Castro：The History of the Caribbean*, *1492—1969*, London：André Deutsch Limited, 1970.

Wolloch, Nathaniel, *History and Nature in the Enlightenment：Praise of the Mastery of Nature in Eighteenth-Century Historical Literature*, Farnham, Surrey；Burlington, VT：Ashgate, 2011.

（三）期刊文章

Confer, Vincent, "French Colonial Ideas before 1789", *French Historical Studies*, Vol. 3, No. 3 (Spring, 1964).

中文

（美）D. H. 菲格雷多、弗兰克·阿尔戈特-弗雷雷：《加勒比海地区史》,王卫东译,中国大百科全书出版社,2011 年。

（法）费尔南·布罗代尔：《法兰西的特性》,顾良、张泽乾译,商务印书馆,1994 年。

（英）G. R. 波特编：《新编剑桥世界近代史》(第一卷),中国社会科学院世界历史研究所组译,中国社会科学出版社,1988 年。

（法）乔治·杜比主编：《法国史》(上卷),吕一民等译,商务印书馆,2010 年。

（特立尼达和多巴哥）埃里克·威廉斯：《加勒比地区史(1492—1969 年)》,辽宁大学经济系翻译组,辽宁人民出版社,1976 年。

（苏）约·彼·马吉多维奇：《世界探险史》,屈瑞、云海译,世界知识出版社,1988 年。

（英）菲利普·费尔南多-阿梅斯托：《美洲五百年：一部西半球的历史》,余巍译,中信出版社,2018 年。

张芝联主编：《法国通史》,北京大学出版社,1988 年。

三、索　引